國家社科基金重大招標項目“中外《史記》文學研究資料整理與研究”階段性成果

陝西師範大學優秀學術著作出版資助

史記論文

（下册）

〔清〕吴見思　編撰
劉彦青　整理
張新科　審定

陝西師範大學出版總社　西安

屈原賈生列傳

屈原者，名平，楚之同姓也。爲楚懷王左徒。博聞彊志，明於治亂，嫻於辭令。入則與王圖議國事，以出號令；出則接遇賓客，應對諸侯。用兩對排句。遇詞客，因用詞語。王甚任之。|

上官大夫與之同列爭寵，而心害其能。懷王使屈原造爲憲令，屈平屬草藁未定。上官大夫見而欲奪之，屈平不與，因讒之讒屈原，作兩節寫。害其能，一節，虛；奪草藁，一節，實。曰："王使屈平爲令，衆莫不知，每一令出，平伐其功，曰以爲'非我莫能爲'也。"才人多自負，每罹此謗。王怒而疏屈平。|

屈平疾王聽之不聰也，讒諂之蔽明也，邪曲之害公也，方正之不容也，四疊句用韻。序《離騷》，即用騷體。故憂愁幽思而作《離騷》。離騷者，猶離憂也。夫天者，人之始也；父母者，人之本也。人窮則反本，故勞苦倦極，未嘗不呼天也；疾痛慘怛，未嘗不呼父母也。|忽入議論。○此段本淮南王《離騷傳》。屈平正道直行，竭忠盡智，以事其君，讒人間之，可謂窮矣。信而見疑，忠而被謗，能無怨乎？屈平之作《離騷》，蓋自怨生也。回環曲折，多永言之致。《國風》好色而不淫，《小雅》怨誹而不亂。若《離騷》者，可謂兼之矣。又一

折,極咏歎之妙。上稱帝嚳,下道齊桓,中述湯武,以刺世事。明道德之廣崇,治亂之條貫,靡不畢見。其文約,其辭微,其志潔,其行廉,其稱文小而其指極大,舉類邇而見義遠。其志潔,故其稱物芳。其行廉,故死而不容自疎。濯淖汙泥之中,蟬蛻於濁穢,以浮游塵埃之外,不獲世之滋垢,皭然泥而不滓者也。推此志也,雖與日月爭光可也。|又夾議論,《離騷》只虛寫。

屈平既絀,其後秦欲伐齊,此又入序事。齊與楚從親,惠王患之,乃令張儀詳去秦,厚幣委質事楚,曰:"秦甚憎齊,齊與楚從親,楚誠能絕齊,秦願獻商、於之地六百里。"楚懷王貪而信張儀,遂絕齊,使使如秦受地。張儀詐之曰:"儀與王約六里,不聞六百里。"楚使怒,去,歸告懷王。懷王怒,大興師伐秦。秦發兵擊之,大破楚師於丹、淅[①],斬首八萬,虜楚將屈匄,遂取楚之漢中地。懷王乃悉發國中兵,以深入擊秦,戰于藍田。魏聞之襲楚,至鄧。楚兵懼,自秦歸而齊竟怒,不救楚,楚大困。一段。

明年,秦割漢中地與楚以和。楚王曰:"不願得地,願得張儀而甘心焉。"張儀聞,乃曰:"以一儀而當漢中地,臣請往如楚。"如楚,又因厚幣用事者臣靳尚,而設詭辯於懷王之寵姬鄭袖。懷王竟聽鄭袖,復釋去張儀。兩段,俱用簡法。是時屈平既疎,忽接入本傳。不復在位,使於齊顧反諫懷王曰:"何不殺張儀?"懷王悔,追張儀不及。|只爲"何不殺張儀"一句,乃倒裝楚願得張儀一段,又倒裝張儀詐楚一段[②],意思在此而序事在彼。

其後諸侯共擊楚,大破之,殺其將唐眛。|張儀詐楚,客也,於此

① 淅,中華書局本《史記》作"淅"。
② 段,底本作"殺",疑誤,據校本改。

一結。

時秦昭王與楚婚,欲與懷王會。懷王欲行,屈平曰:"秦虎狼之國,不可信,不如無行。"懷王稚子子蘭,勸王行:"奈何絶秦歡!"伏再用之根。懷王卒行。入武關,秦伏兵絶其後,因留懷王,以求割地。懷王怒,不聽。亡走趙,趙不内。復之秦,竟死於秦而歸葬。|處處夾入楚王事,爲屈原作證,亦爲楚辭作序也。

長子頃襄王立,以其弟子蘭爲令尹。|再用子蘭深著楚王之不明也。楚人既咎子蘭以勸懷王入秦而不反也。

屈平既嫉之,嫉子蘭先從楚人說起,是非屈原之私怨。雖放流,睠顧楚國,繫心懷王,不忘欲反,冀幸君之一悟,俗之一改也。一折。其存君興國,而欲反覆之,一篇之中三致志焉。二折。然終無可奈何,故不可以反,卒以此見懷王之終不悟也。三折。人君無愚智賢不肖,莫不欲求忠以自爲,舉賢以自佐,然亡國破家相隨屬,而聖君治國累世而不見者,其所謂忠者不忠,而所謂賢者不賢也。四折。懷王以不知忠臣之分,故内惑於鄭袖,外欺於張儀,疏屈平,而信上官大夫、令尹子蘭。頂上三項,作一收。兵挫地削,亡其六郡,身客死於秦,爲天下笑。此不知人之禍也。五折。《易》曰:"井泄不食,爲我心惻,可以汲。王明,竝受其福。"王之不明,豈足福哉!又夾議論,止虚敘闡《離騷》大意,回環轉折,無限烟波。

令尹子蘭聞之大怒,卒使上官大夫短屈原於頃襄王,回應上官大夫。頃襄王怒而遷之。

屈原至於江濱,被髮行吟澤畔。顔色憔悴,形容枯槁。此下《漁父》詞。漁父見而問之曰:"子非三閭大夫歟?何故而至此?"屈原曰:"舉世混濁而我獨清,衆人皆醉而我獨醒,是以見放。"漁父

曰:"夫聖人者,不凝滯於物而能與世推移。舉世混濁,何不隨其流而揚其波? 衆人皆醉,何不餔其糟而啜其醨? 前"清""濁""醉""醒"字,已奇,復申兩意更妙。何故懷瑾握瑜,而自令見放爲?"屈原曰:"吾聞之,新沐者必彈冠,新浴者必振衣,人又誰能以身之察察,受物之汶汶者乎! 寧赴常流而葬乎江魚腹中耳,又安能以皓皓之白而蒙世之溫蠖乎!"|

乃作《懷沙》之賦。其辭曰:

陶陶孟夏兮,草木莽莽。傷懷永哀兮,汩徂南土。眴兮窈窕[①],孔靜幽墨。冤結紆軫兮,離愍之長鞠;撫情效志兮,俛詘以自抑。

刓方以爲圜兮,常度未替;易初本由兮,君子所鄙。章畫職墨兮,前度未改;內直質重兮,大人所盛。巧匠不斲兮,孰察其揆正? 玄文幽處兮,矇謂之不章;離婁微睇兮,瞽以爲無明。變白而爲黑兮,倒上以爲下。鳳凰在笯兮,雞雉翔舞。同糅玉石兮,一概而相量。夫黨人之鄙妒兮,羌不知吾所臧。

任重載盛兮,陷滯而不濟;懷瑾握瑜兮,窮不得余所示。邑犬群吠兮,吠所怪也;誹俊疑桀兮,固庸態也。文質疏內兮,衆不知吾之異采;材樸委積兮,莫知予[②]之所有。重仁襲義兮,謹厚以爲豐;重華不可牾兮,孰知余之從容! 古固有不竝兮,豈知其故也? 湯禹久遠兮,邈不可慕也。懲違改忿兮,抑心而自彊;離湣而不遷兮,願志之有象。進路北次兮,日昧昧其將暮;含憂虞哀兮,限之以大故。

① 窈窕,中華書局本《史記》作"窈窈"。

② 予,中華書局本《史記》作"余"。

亂曰:浩浩沅、湘兮,分流汨兮。修路幽拂兮,道遠忽兮。曾唫恒悲兮,永嘆慨兮。世既莫吾知兮,人心不可謂兮。懷情抱質兮,獨無匹兮。伯樂既没兮,驥將焉程兮?人生有命兮,各有所錯兮。定心廣志,余何畏懼兮?曾傷爰哀,永歎喟兮。世溷不吾知,心不可謂兮。知死不可讓兮,願勿愛兮。明以告君子兮,吾將以爲類兮。原賦甚多,而獨載《漁父》《懷沙》二篇者,《漁父》則其出處之節,《懷沙》則其絕命之詞也。

於是懷石,遂自投汨羅以死。|

屈原既死之後,又緊接屈原。楚有宋玉、唐勒、景差之徒者,皆好辭而以賦見稱;然皆祖屈原之從容辭令,終莫敢直諫。借宋玉等前襯屈原,後引賈誼。其後楚日以削,數十年竟爲秦所滅。|收完屈原直諫,并張儀事,一并結盡。

自屈原沉汨羅後百有餘年,漢有賈生,爲長沙王太傅,過湘水,投書以弔屈原。|借投書事接下。

賈生名誼,雒陽人也。年十八,賈誼傳通篇言其少年奮發、少年才畧、少年夭折,而先點明其年歲,終以三十三應之。以能誦《詩》屬《書》聞於郡中。吳廷尉爲河南守,聞其秀才,召置門下,甚幸愛。孝文皇帝初立,聞河南守吳公治平爲天下第一,故與李斯同邑而常學事焉,閒插吳公事,正所以爲賈誼重也。乃徵爲廷尉。廷尉乃言賈生年少,年少是主。頗通諸子百家之書。文帝召以爲博士。

是時賈生年二十餘,最爲少。|又序歲數,點出年少。每詔令議下,諸老先生不能言,老先生反襯年少。賈生盡爲之對,人人各如其意所欲出。諸生於是乃以爲能,不及也。前借吳公,此借諸老先生,只就傍人寫,襯出賈誼。孝文帝說之,超遷,一歲中至太中大夫。|

賈生以爲漢興,至孝文,二十餘年,天下和洽,而固當改正朔,易服色,法制度,定官名,興禮樂,乃悉草具其事儀法,色尚黄,數用五,爲官名,悉更秦之法。孝文帝初即位,謙讓未遑也。諸律令所更定,及列侯悉就國,其説皆自賈生發之。|賈誼實事,只用虚寫,文章間插之妙。於是天子議以爲賈生任公卿之位。絳、灌、東陽侯、馮敬之屬盡害之,乃短賈生曰:"雒陽之人,年少初學,應年少。專欲擅權,紛亂諸事。"於是天子後亦疏之,不用其議,乃以賈生爲長沙王太傅。|

賈生既辭往行,聞長沙卑溼,自以壽不得長,又以適音謫。去,意不自得。及度湘水,爲賦以弔屈原。始環應弔屈原事。其辭曰:

共承嘉惠兮,俟罪長沙音梭。側聞屈原兮,自沉汨羅。造託湘流兮,敬弔先生。遭世罔極兮,乃隕厥身。嗚呼哀哉,逢時不祥!鸞鳳伏竄兮,鴟梟翱翔。闒茸尊顯兮,讒諛得志;賢聖逆曳兮,方正倒植音稚。世謂伯夷貪兮,謂盜跖廉;莫邪爲頓兮,鉛刀爲銛。于嗟嚜嚜兮,生之無故!斡棄周鼎兮,而寶康瓠,音戶。騰駕罷牛兮,驂蹇驢,驥垂兩耳兮服鹽車。章甫薦屨兮,漸不可久;嗟苦先生兮,獨離此咎!上段歎世道,下乃爲屈原作解。

訊曰:已矣,國其莫我知,獨堙鬱兮其誰語?鳳漂漂其高遰兮,夫固自縮而遠去。襲九淵之神龍兮,沕深潛以自珍。彌融爚以隱處兮,夫豈從蝦與蛭螾?所貴聖人之神德兮,遠濁世而自藏。使騏驥可得係羈兮,豈云異夫犬羊!般紛紛其離此尤兮,亦夫子之辜也!瞝九州而相君兮,何必懷此都也?

鳳凰[1]翔于千仞之上兮，覽德輝焉下之；見細德之險微兮，搖增翮逝而去之。彼尋常之汙瀆兮，豈能容吞舟之魚！横江湖之鱣鱏兮，固將制於螻蟻[2]。|只此住，好！螻蟻指子蘭、上官大夫之類，而絳、灌、東陽亦在其中。

賈生爲長沙王太傅三年，有鴞飛入賈生舍，止于坐隅。楚人命鴞曰"服"。賈生既以適居長沙，長沙卑溼，自以爲壽不得長，又重序兩句，以深明賈生之不得意也。傷悼之，乃爲賦以自廣。其辭曰：

單閼之歲兮，四月孟夏，庚子日施兮，服集予舍，止于坐隅，貌甚閒暇。鴞鳥入舍，正宜倉皇，而反閒暇，記異也。異物來集兮，私怪其故，發書占之兮，策言其度。曰"野鳥入處兮，主人將去"。請問于服兮："予去何之？吉乎告我，凶言其菑音支。淹數之度兮，語予其期。"服乃歎息，舉首奮翼，口不能言，請對以臆。

萬物變化兮，固無休息。斡流而遷兮，或推而還。形氣轉續兮，化變[3]而嬗。沕穆無窮兮，胡可勝言！禍兮福所倚，福兮禍所伏；憂喜聚門兮，吉凶同域。彼吳彊大兮，夫差以敗；越棲會稽兮，句踐霸世。斯游遂成兮，卒被五刑；傅說胥靡兮，乃相武丁。夫禍之與福兮，何異糾纆。命不可說兮，孰知其極？水激則旱兮，矢激則遠。萬物回薄兮，振蕩相轉。雲蒸雨降兮，錯繆相紛。大專槃物兮，坱軋無垠。天不可與慮兮，道不可與謀。遲數有命兮，惡識其時？

---

① 鳳凰，中華書局本《史記》作"鳳皇"。

② 螻蟻，中華書局本《史記》作"蟻螻"。

③ 化變，中華書局本《史記》作"變化"。

且夫天地爲爐兮,造化爲工;陰陽爲炭兮,萬物爲銅。合散消息兮,安有常則;千變萬化兮,未始有極。忽然爲人兮,何足控摶;化爲異物兮,又何足患!音頑。小知自私兮,賤彼貴我;通人大觀兮,物無不可。貪夫狥財兮,烈士狥名;夸者死權兮,品庶馮生。怵迫之徒兮,或趨西東;大人不曲兮,億變齊同。拘士繫俗兮,攌如囚拘;至人遺物兮,獨與道俱。衆人或或兮,好惡積意;真人淡漠兮,獨與道息。釋知遺形兮,超然自喪音桑;寥廓忽荒兮,與道翱翔。乘流則逝兮,得坻則止;縱軀委命兮,不私與己。其生若浮兮,其死若休;澹乎若深淵之靜,氾乎若不繫之舟。不以生故自寶兮,養空而游;德人無累兮,知命不憂。細故蔕薊兮,何足以疑!|

後歲餘,賈生徵見孝文帝,方受,釐,坐宣室。上因感鬼神事,而問鬼神之本。賈生因具道所以然之狀。至夜半,文帝前席。問鬼神事,亦只虛寫。既罷,曰:"吾久不見賈生,自以爲過之,今不及也。"又借文帝一襯。居頃之,拜賈生爲梁懷王太傅。梁懷王,文帝之少子,句。愛,句。而好書,故令賈生傅之。|

文帝復封淮南厲王子四人,皆爲列侯。賈生諫,以爲患之興自此起矣。賈生數上疏,言諸侯或連數郡,非古之制,可稍削之。文帝不聽。|諫淮南事,亦虛寫。

居數年,懷王騎,墮馬而死,無後。賈生自傷爲傅無狀,哭泣歲餘,亦死。賈生之死時,年三十三矣。應年少。及孝文崩,孝武皇帝立,舉賈生之孫二人,至郡守,而賈嘉最好學,世其家,與余通書。至孝昭時,列爲九卿。孝昭句,後人增入。

太史公曰:余讀《離騷》《天問》《招魂》《哀郢》,悲其志。楚辭甚多,篇中不及序,故於贊中點出。適長沙,觀屈原所自沉淵,未嘗不垂涕,想見其爲人。及見賈生弔之,又怪屈原以彼其材,游諸侯,何國不容,而自令若是。即用他弔屈原之意,以歎賈生。讀《服鳥賦》,同生死,輕去就,又爽然自失矣。凡四折。

屈原傳,俱用議論,而實事于中間穿插點綴,浩然往復,純是一片神理運旋。賢人蛟之,聖人龍之,吾於此文,不免猶龍之歎也。賈誼傳,實事亦虚寫,正與前傳相配,以成一篇。蓋史公之文,每篇各有一機軸,各有一主意,不然,寧免狐裘黄狗之誚?〇屈原、賈誼,作一傳者,止爲兩人俱詞客,而賈生復有弔屈原一事耳。篇中止以楚詞照應。而賈生如正朔、服色事,俱虚寫。乃老師宿儒,以不載《治安策》,爲史公疎畧。夫一篇文字,變化波俏起頭,而以累墜重複結尾,豈有此作文之法邪?〇賈誼傳,畧其實事,一句點過。屈原傳,反摭張儀欺楚諸閒事,整段寫入。而兩處寫來,增減一字不得,不特咸陽國門書也。

呂不韋列傳

呂不韋者，陽翟大賈人也。往來販賤賣貴，家累千金。丨先賈財，只一句，下即入秦事。

秦昭王四十年，太子死。其四十二年，以其次子安國君爲太子。一節。安國君有子二十餘人。二節。安國君有所甚愛姬，立以爲正夫人，號曰華陽夫人。華陽夫人無子。三節。安國君中男名子楚，子楚母曰夏姬，毋愛。四節。子楚爲秦質子於趙。秦數攻趙，趙不甚禮子楚。五節。

子楚，秦諸庶孽孫，質於諸侯，車乘進用不饒，居處困，不得意。六節。多少事層疊，不支不蔓。呂不韋賈邯鄲，見而憐之，曰"此奇貨可居"。只就大賈上借用，極妙。乃往見子楚，說曰："吾能大子之門。"子楚笑曰："且自大君之門，而乃大吾門！"呂不韋曰："子不知也，吾門待子門而大。"三折，五"門"字清倩便捷。子楚心知所謂，乃引與坐，深語。呂不韋曰："秦王老矣，安國君得爲太子。竊聞安國君愛幸華陽夫人，華陽夫人無子，能立適嗣者獨華陽夫人耳。今子兄弟二十餘人，子又居中，不甚見幸，久質諸侯。即大王薨，安國君立爲王，則子無幾得與長子，及諸子旦暮在前者，爭爲太子矣。"只序情事,前文所有。子楚曰:"然。爲之奈何?"呂不韋曰:"子貧,客於此,非有以奉獻於親及結賓客也。不韋雖貧,請以千金爲子西游,事安國君及華陽夫人,立子爲適嗣。"不說明好。子楚乃頓首曰:"必如君策,請得分秦國,與君共之。"丨

呂不韋乃以五百金與子楚,爲進用,結賓客;前云以千金西游,其且先存其半。而復以五百金買奇物玩好自奉,而西游秦,求見華陽夫人姊,而皆以其物獻華陽夫人。因言子楚賢智,結諸侯賓客徧天下,常曰"楚也以夫人爲天,日夜泣思太子及夫人"。先以軟語入,一得其歡心,下便易入,是婦人情性。夫人大喜。不韋因使其姊說夫人曰:說詞作兩層寫。"吾聞之,以色事人者,色衰而愛弛。一句是主。今夫人事太子,甚愛,而無子,不以此時蚤自結于諸子中賢孝者,舉立以爲適而子之,夫在則重尊,夫百歲之後,所子者爲王,終不失勢,此所謂一言而萬世之利也。不以繁華時樹本,即色衰愛弛後,雖欲開一語,尚可得乎?先一段切言之,下乃入子楚。今子楚賢,而自知中男也,次不得爲適,其母又不得幸,自附夫人,夫人誠以此時拔以爲適,夫人則竟世有寵於秦矣。""此時"二字緊頂"色衰愛馳"。華陽夫人以爲然,承太子閒,從容言子楚質於趙者,絕賢,來往者皆稱譽之。乃因涕泣曰:亦作兩層寫,先言子楚,下乃入自己。"妾幸得充後宮,不幸無子,願得子楚立以爲適嗣,以託妾身。"安國君許之,乃與夫人刻玉符,約以爲適嗣。安國君及夫人因厚餽遺子楚,而請呂不韋傅之,子楚以此名譽益盛於諸侯。一束。

呂不韋取邯鄲諸姬,絕好善舞者與居,知有身。子楚從不韋飲,見而說之,因起爲壽請之。呂不韋怒,念業已破家爲子楚,欲以釣奇,乃遂獻其姬。姬自匿有身,至大期時,生子政。子楚遂立

姬爲夫人。|

秦昭王五十年，使王齮圍邯鄲，急，趙欲殺子楚。子楚與呂不韋謀，行金六百斤，予守者吏，千金之外者。得脱，亡赴秦軍，遂以得歸。趙欲殺子楚妻子，子楚夫人趙豪家女也，得匿，補一句不漏。以故母子竟得活。|秦昭王五十六年，薨，太子安國君立爲王，華陽夫人爲王后，子楚爲太子。趙亦奉子楚夫人及子政歸秦。|

秦王立一年，薨，謚爲孝文王。太子子楚代立，是爲莊襄王。莊襄王所養母華陽后爲華陽太后，真母夏姬尊以爲夏太后。莊襄王元年，以呂不韋爲丞相，封爲文信侯，食河南洛陽十萬户。|

莊襄王即位三年，薨，太子政立爲王，尊呂不韋爲相國，號稱"仲父"。|秦王年少，太后時時竊私通呂不韋。不韋家僮萬人。|

當是時，魏有信陵君，楚有春申君，趙有平原君，齊有孟嘗君，皆下士，喜賓客以相傾。呂不韋以秦之彊，羞不如，亦招致士，厚遇之，至食客三千人。|是時諸侯多辯士，如荀卿之徒，著書布天下。呂不韋乃使其客，人人著所聞集論，以爲八覽、六論、十二紀，二十餘萬言。以爲備天地萬物古今之事，號曰《呂氏春秋》。布咸陽市門，懸千金其上，延諸侯游士賓客，有能增損一字者予千金。增損千金，亦一時傳言耳，其書具①在，豈皆字字金玉乎？史公即此住，不言有增損與否，妙！

始皇帝益壯，太后淫不止。三字寫得不堪。呂不韋恐覺禍及己，乃私求大陰人嫪毐以爲舍人，時縱倡樂，使毐以其陰關桐輪而行，令太后聞之，以啗太后。"關桐輪"奇，"啗"字尤奇，寫得不堪之極。

① 具，底本作"其"，據校本改。

太后聞,果欲私得之。呂不韋乃進嫪毐,詐令人以腐罪告之。不韋又陰謂太后曰:“可事詐腐,則得給事中。”太后乃陰厚賜主腐者吏,詐論之,拔其鬚眉爲宦者,遂得侍太后。太后私與通,絕愛之。有身,太后恐人知之,詐卜當避時,徙宮居雍。嫪毐常從,賞賜甚厚,事皆决于嫪毐。嫪毐家僮數千人,與前“家僮萬人”對。諸客求宦,爲嫪毐舍人千餘人。丨伏後案。

始皇七年,莊襄王母夏太后薨。孝文王后曰華陽太后,與孝文王會葬壽陵。夏太后子莊襄王葬芷陽,故夏太后獨别葬杜東,曰“東望吾子,西望吾夫。後百年,旁當有萬家邑”。丨完夏太后事。

始皇九年,有告嫪毐實非宦者,常與太后私亂,生子二人,皆匿之。與太后謀曰“王即薨,以子爲後”。添一句是深文語。於是秦王下吏治,具得情實,事連相國呂不韋。九月,夷嫪毐三族,殺太后所生兩子,而遂遷太后于雍。諸嫪毐舍人,皆没其家,而遷之蜀。應前舍人。王欲誅相國爲其奉先王功大,及賓客辯士,爲游説者衆,王不忍致法。因賓客而生。

秦王十年十月,免相國呂不韋。及齊人茅焦説秦王,秦王乃迎太后于雍,歸復咸陽,而出文信侯就國河南。

歲餘,諸侯賓客使者,相望于道,請文信侯。復因賓客而死。秦王恐其爲變,乃賜文信侯書曰:“君何功于秦?秦封君河南,食十萬戶。君何親於秦?號稱仲父。“何功”“何親”兩對,“何親”句,隱然爲假父辨也。其與家屬徙處蜀!”呂不韋自度稍侵,恐誅,乃飲酖而死。秦王所加怒呂不韋、嫪毐皆已死,乃皆復歸嫪毐舍人遷蜀者。又閒借舍人串插。

始皇十九年,太后薨,謚爲帝太后,與莊襄王會葬茝陽。

太史公曰：不韋及嫪毐，貴封號文信侯。人之告嫪毐，毐聞之。秦王驗左右，未發。上之雍郊，毐恐禍起，乃與黨謀，矯太后璽，發卒以反蘄年宮。發吏攻毐，毐敗亡走，追斬之好時，遂滅其宗。而呂不韋由此絀矣。孔子之所謂"聞"者，其呂子乎？嫪毒反攻蘄年宮事，若入文信侯傳中覺無謂，而嫪毒無傳，故借贊中發之。

寫呂不韋陰謀，始而賈國，終而賈禍，一篇權術徂詐，寫來如見。○史公寫閨房事，往往大雅。獨嫪毒、太后事，極其不堪，使人不欲卒讀。蓋太后老淫，縱恣不堪，不能爲之諱也。○說華陽夫人處、華陽夫人涕泣請立子楚處，俱作兩層寫，極得當時情事。

刺客列傳

曹沫者,魯人也,以勇力事魯莊公。莊公好力。曹沫爲魯將,與齊戰,三敗北。魯莊公懼,乃獻遂邑之地以和。猶復以爲將。丨寫得曹沫之怯弱,後乃翻出奇文。莊公之知人,曹沫之忍恥,止爲後一著耳,人豈可易量哉!

齊桓公許與魯會於柯而盟。桓公與莊公既盟於壇上,曹沫執匕首劫齊桓公,桓公左右莫敢動,而問曰:"而問"字正見其急詞。"子將何欲?"曹沫曰:"齊彊魯弱,三北之故,四字說明,非盡曹沫之罪也。而大國侵魯,亦以甚矣。今魯城壞即壓齊境,蓋言魯城之下,即齊地也,句法奇峭。君其圖之。欲反侵地,竟不說出,反令桓公自悟,妙!"桓公乃許盡歸魯之侵地。既已言,曹沫投其匕首,下壇,北面就群臣之位,顏色不變,辭令如故。形容曹沫之勇,只此八字。桓公怒,欲倍其約。管仲曰:"不可。夫貪小利以自快,棄信於諸侯,失天下之援,不如與之。"於是桓公乃遂割魯侵地,曹沫三戰所亡地盡復與魯。丨割魯侵地,止矣,又疊曹沫所亡地一句,見曹沫之功已成,曹沫之恥已雪,曹沫傳,故爲曹沫寫也。

其後百六十有七年而吳有專諸之事。承上起下作過文。

專諸者,吳堂邑人也。伍子胥之亡楚而如吳也,知專諸之能。伍子胥既見吳王僚,説以伐楚之利。吳公子光曰:"彼伍員,父兄皆死於楚,而員言伐楚,欲自爲報私讐也,非能爲吳。"吳王乃止。伍子胥知公子光之欲殺吳王僚,乃曰:"彼光將有內志,未可説以外事。"乃進專諸於公子光。|結住,此下附序吳事,簡而有法。蓋吳事煩,於專諸傳中,只可如此序也。

光之父曰吳王諸樊。諸樊弟三人:次曰餘祭,次曰夷眛,次曰季子札。諸樊知季子札賢而不立太子,以次傳三弟,欲卒致國於季子札。諸樊既死,傳餘祭。餘祭死,傳夷眛。夷眛死,當傳季子札;季子札逃不肯立,吳人乃立夷眛之子僚爲王。公子光曰:"使以兄弟次耶[①],季子當立;必以子乎,則光真適嗣,當立。"兩語亦不排偶,各有句法。故嘗陰養謀臣以求立。

光既得專諸,善客待之。|接上進專諸句,此下又序吳事。九年而楚平王死。春,吳王僚欲因楚喪,使其二弟公子蓋餘、屬庸將兵圍楚之灊;使延陵季子於晉,以觀諸侯之變。楚發兵絕吳將蓋餘、屬庸路,吳兵不得還。於是公子光謂專諸曰:"此時不可失,不求何獲!且光真王嗣,當立,前兩"當立"已明,此又找一句應。季子雖來,不吾廢也。"專諸曰:"王僚可殺也。母老子弱,而兩弟將兵伐楚,楚絕其後。方今吳外困於楚,而內空,無骨鯁之臣,是無如我何。"公子光頓首曰:"光之身,子之身也。"光只一句更不多説,而感激托重,俱現此內。

四月丙子,光伏甲士於窟室中,而具酒請王僚。王僚使兵陳,自宫,至光之家,門戶階陛左右,皆王僚之親戚也。夾立侍,皆持

① 耶,中華書局本《史記》作"邪"。

長鈹。寫得威嚴謹密之至，非表王僚之防，正深表專諸之勇也。酒既酣，公子光詳爲足疾，入窟室中，使專諸置匕首魚炙之腹中而進之。既至王前，專諸擘魚，因以匕首刺王僚，王僚立死。武衛森嚴，亦何益哉？回想昔時布置，可以一笑。左右亦殺專諸，王人擾亂。公子光出其伏甲以攻王僚之徒，盡滅之，遂自立爲王，是爲闔閭。闔閭乃封專諸之子以爲上卿。|

其後七十餘年而晉有豫讓之事。

豫讓者，晉人也，故嘗事范、中行氏，而無所知名。|伏。去而事智伯，智伯甚尊寵之。|伏。及智伯伐趙襄子，趙襄子與韓、魏合謀滅智伯，滅智伯之後，而三分其地。趙襄子最怨智伯，漆其頭以爲飲器。豫讓遁逃山中，曰："嗟乎！士爲知己者死，女爲說己者容。今智伯知我，我必爲報讎而死，以報智伯，則吾魂魄不愧矣。"|"無所知名""甚尊寵之""智伯知我"，豫讓心事，於此已明，不須國士眾人二語始爲歎息也。〇"報智伯"，"報"字，乃"報知"之"報"也，後死時曰"吾可以下報智伯矣"正應此句。〇"魂魄不愧"句奇。乃變名姓爲刑人，入宮塗廁，中挾匕首，欲以刺襄子。襄子如廁，心動，執問塗廁之刑人，則豫讓，内持刀兵，曰：此"曰"字上"問"字之對詞。"欲爲智伯報讎①！"左右欲誅之。襄子曰："彼義人也，吾謹避之耳。且智伯亡，無後，應前滅智伯之後。而其臣欲爲報讎，此天下之賢人也。"卒釋去之。|此兼寫趙襄子。

居頃之，豫讓又漆身爲厲，吞炭爲啞，使形狀不可知，三字妙。行乞於市。其妻不識也。行見其友，其友識之，曰："汝非豫讓邪？"曰："我是也。"其友爲泣曰："以子之才，委質而臣事襄子，襄

---

① 讎，中華書局本《史記》作"仇"。

子必近幸子。近幸子,乃爲所欲,顧不易邪?非勸其臣襄子,正勸其殺襄子也,所以爲豫讓之友也。何乃殘身苦形,欲以求報襄子,不亦難乎!"一"易"一"難"正對,一"邪"一"乎"呼應。豫讓曰:"既已委質臣事人,而求殺之,是懷二心以事其君也。且吾所爲者極難耳!還他"難"字。然所以爲此者,將以愧天下後世之爲人臣懷二心以事其君者也。"|長句。

既去,頃之,襄子當出,豫讓伏於所當過之橋下。襄子至橋,馬驚,前"心動",此"馬驚",寫襄子之天幸,而非豫讓之不了事也。襄子曰:"此必是豫讓也。"使人問之,果豫讓也。前先執而後知其爲豫讓,此則先知其是豫讓而後問,正寫襄子意中,刻刻有一豫讓也。於是襄子乃數豫讓曰:"子不嘗事范、中行氏乎?智伯盡滅之,而子不爲報讎,而反委質臣於智伯。智伯亦已死矣,而子獨何以爲之報讎之深也?"長句。豫讓曰:"臣事范、中行氏,范、中行氏皆衆人遇我,應"無所知名"。我故衆人報之。至於智伯,國士遇我,應"甚尊寵之"。我故國士報之。"襄子喟然歎息而泣即仇讎亦爲泣下,正寫豫讓也。曰:"嗟乎豫子!加以尊稱。子之爲智伯,名既成矣,而寡人赦子,亦已足矣。子其自爲計,寡人不復釋子!"使兵圍之。豫讓曰:"臣聞明主不掩人之美,而忠臣有死名之義。前君已寬赦臣,天下莫不稱君之賢。今日之事,臣固伏誅,然願請君之衣而擊之焉,以致報讎之意,則雖死不恨。非所敢望也,敢布腹心!"不是謙,正見其難也。於是襄子大義之,"大義之",不在請衣之時,益見平日之心折。乃使使持衣與豫讓。豫讓拔劍三躍而擊之,曰:"吾可以下報智伯矣!"正見魂魄不愧。遂伏劍自殺。死之日,趙國志士聞之,皆爲涕泣。|

其後四十餘年而軹有聶政之事。

聶政者,軹深井里人也。殺人避讎,與母、姊如齊,母、姊伏。○不自報讎,爲人報讎,奇! 以屠爲事。|

久之,濮陽嚴仲子事韓哀侯,與韓相俠累有郤。兩人有郤,事獨畧。嚴仲子恐誅,句。亡去,句。游,句。求人可以報俠累者。至齊,齊人或言聶政勇敢士也,避讎隱於屠者之間。聶政前半截事,只就或人口中敘出,不了了爲妙。嚴仲子至門請,數反,然後具酒自暢聶政母前。知其孝母,故先敬其母,寫嚴仲子深心結納處。酒酣,嚴仲子奉黄金百鎰,前爲聶政母壽。聶政驚怪其厚,固謝嚴仲子。嚴仲子固進,"固謝""固進"顛倒成文。而聶政謝曰:"臣幸有老母,"幸"字妙! 家貧,客游照"避仇如齊"。以爲狗屠,可以旦夕得甘毳以養親。說得一母之外,餘無所知。親供養備,不敢當仲子之賜。"嚴仲子辟人,因爲聶政言曰:"臣有讎,而行游諸侯,衆矣;然至齊,竊聞足下義甚高,故進百金者,將用爲大人麤糲之費,得以交足下之驩,豈敢以有求望邪!"明說有讎,又說不敢有望。寫一時口頭熬不住,說不出,光景如見。聶政曰:"臣所以降志辱身,居市井屠者,徒幸以養老母;以養母爲幸,真愛日矣。○因仲子囁嚅,故只得再明說一遍。老母在,政身未敢以許人也。"回得決絕,反將文情颺開,妙! 嚴仲子固讓,聶政竟不肯受也。然嚴仲子卒備賓主之禮而去。|畧一頓住。

久之,聶政母死。既已葬,除服,聶政曰:"嗟乎! 政乃市井之人,鼓刀以屠;而嚴仲子乃諸侯之卿相也,不遠千里,枉車騎而交臣。臣之所以待之,至淺鮮矣,正指前之拒卻。未有大功可以稱者,而嚴仲子奉百金爲親壽,我雖不受,然是者徒深知政也。感激只在此一句。夫賢者以感忿睚眦之意而親信窮僻之人,而政獨安得嘿然而已乎！又下此三句，作反覆思惟，千萬不得推托，竝非好事也。且前日要政，政徒以老母；老母今以天年終，政將爲知己者用。”應前深知。乃遂西至濮陽，見嚴仲子曰：“前日所以不許仲子者，徒以親在；今不幸而母以天年終。昔幸有母，今不幸矣。仲子所欲報讐者爲誰？請得從事焉！”昔回得決絕，今應得爽快，是丈夫作事。嚴仲子具告曰：“臣之讐韓相俠累，至此方說出。俠累又韓君之季父也，宗族盛多，居處兵衛甚設，臣欲使人刺之，句。眾。句。終莫能就。今足下幸而不棄，請益具車騎壯士，可以爲足下輔翼者①。”行刺何用車騎壯士？正借此以反襯政之獨行也。聶政曰：“韓之與衛，相去，中間不甚遠，今殺人之相，相又國君之親，此其勢不可以多人，多人不能無生得失，生得失，則語泄，語泄是韓舉國而與仲子爲讐，豈不殆哉！”逐句相比，一句緊一句。〇多人數句，凡事皆然，可爲三嘆。遂謝車騎人徒。

聶政乃辭，獨行杖劍至韓，韓相俠累，方坐府上，持兵戟而衛侍者甚眾。應“兵衛甚設”，亦以反襯聶政之獨行也。聶政直入，句。上階寫得旁若無人。刺殺俠累，左右大亂。聶政大呼，所擊殺者數十人，因自皮面，決眼，自屠出腸，遂以死。“皮面”“決眼”，使人解不出，至後乃恍然，此文章之樂。

韓取聶政尸暴於市，購問，莫知誰子。於是韓購縣之，有能言殺相俠累者，予千金。久之莫知也。畧頓。〇兩“莫知”，遂逼出政姊。

政姊榮聞人有刺殺韓相者，賊不得，國不知其名姓，暴其尸而縣之千金，數句俱遙遙傳聞語，妙矣。乃於邑曰：“其是吾弟與？嗟

① 請益具車騎壯士，可以爲足下輔翼者。中華書局本《史記》作“請益其車騎壯士可爲足下輔翼者”。

乎,嚴仲子知吾弟!”從傳聞語下,陡接“是吾弟”句,默默相照,即攙入仲子知弟,是急語,感慨語,尤妙!立起,句。如韓,句。之市,句。六字,三斷段。而死者果政也,伏尸,哭極哀,曰:“是軹深井里所謂聶政者也。”先“其是”,次“果是”,後乃出“是所謂聶政”。先傳聞,次目見,後乃與天下共聞見之,作三節寫,正見身分。市行者諸衆人皆曰:“此人暴虐吾國相,王縣購其名姓千金,夫人不聞與?何敢來識之也?”榮應之曰:“聞之。應前“聞”字,亦見其姊目中無韓。然政所以蒙汙辱,自棄於市販之間者,爲老母幸無恙,妾未嫁也。昔政止言其母,今并及其姊,始悉。親既以天年下世,妾已嫁夫,嚴仲子乃察舉吾弟困汙之中而交之,一篇情事,偏於忙中詳序,然句句是其姊口中語,不是聶政口中語。澤厚矣,可奈何!士固爲知己者死,“可奈何”妙甚!千古俠士,不是孟浪殺身,亦是千籌萬算,無可奈何之事也,正寫聶政之品。今乃以妾尚在之故,重自刑以絶從,方説出聶政皮面決眼心事。妾其奈何畏没身之誅,終滅賢弟之名!”方①説出自己此來心事。大驚韓市人。|又插一句,妙甚!蓋觀者必有千萬人,聞此語時,一齊下淚,有此五字,前後神情俱動。○正忙時回一筆,寫傍人,非寫傍人也,正寫此當場之一人也,如韓信一軍皆驚,正寫韓信也。乃大呼天者三,卒於邑悲哀而死政之傍。三句感動傍人,感動天地。

晉、楚、齊、衛聞之,皆曰:“非獨政能也,乃其姊亦烈女也。鄉使政誠知其姊無濡忍之志,不重暴骸之難,必絶險千里以列其名,姊弟俱僇於韓市者,亦未必敢以身許嚴仲子也。嚴仲子亦可謂知人能得士矣!”|忽作論贊語,由政及姊,由姊及嚴,一齊收束。

其後二百二十餘年秦有荊軻之事。

---

① 方,底本作“右”,疑誤,據校本改。

荊軻者,衛人也。其先乃齊人,徙於衛,衛人謂之慶卿。而之燕,燕人謂之荊卿。|

荊卿好讀書擊劍,寫得荊卿儒雅,便不是暴虎馮河一流人。以術說衛元君,衛元君不用。其後秦伐魏,置東郡,徙衛元君之支屬於野王。|寫得荊卿先見,亦非無識之士也。

荊軻嘗游,過榆次,與蓋聶論劍,蓋聶怒而目之。荊軻出,人或言復召荊卿。蓋聶曰:"曩者吾與論劍,有不稱者,吾目之;試往,是宜去,不敢留。"使使往之主人,荊卿則已駕而去榆次矣。使者還報,蓋聶曰:"固去也,吾曩者目攝之!"|

荊軻游於邯鄲,魯句踐與荊軻博,爭道,魯句踐怒而叱之,荊軻默而逃去,遂不復會。|正欲寫荊卿勇敢,偏先寫其儒怯,知柔知剛,正見荊卿之品。

荊軻既至燕,愛燕之狗屠不知其人,觀其所與,則狗屠亦非常人也,藏卻一人,不著其名姓。及善擊築者高漸離。先提。荊軻嗜酒,日與狗[①]屠及高漸離飲於燕市,酒酣以往,高漸離擊筑,荊卿[②]和而歌於市中,相樂也,已而相泣,傍若無人者。奇踪奇態,着力出色寫。荊軻雖游於酒人乎,然其爲人深沈好書;酣酒高歌,固才人悲憤,故態然,太過便是市井無賴矣,故借前好讀書事,一句帶轉。其所游諸侯,盡與其賢豪長者相結。其之燕,燕之處士田光先生亦善待之,知其非庸人也。|倒提田光作伏脈。

居頃之,會燕太子丹質秦亡歸燕。燕太子丹者,故嘗質於趙,而秦王政生於趙,其少時與丹驩。及政立爲秦王,而丹質於秦。

---

① 狗,底本作"狥",疑誤,據校本改。

② 卿,中華書局本《史記》作"軻"。

秦王之遇燕太子丹,不善,故丹怨而亡歸。歸而求爲報秦王者,國小,力不能。其後秦日出兵山東,以伐齊、楚、三晉,稍蠶食諸侯,且至於燕,燕君臣皆恐禍之至。太子丹患之,插入序太子丹事,作附傳體。問其傅鞠武。武對曰:"秦地徧天下,威脅韓、魏、趙氏,北有甘泉、谷口之固,南有涇、渭之沃,擅巴、漢之饒,右隴、蜀之山,左關、殽之險,民眾而士厲,兵革有餘。意有所出,則長城之南,易水以北,燕地。未有所定也。奈何以見陵之怨,欲批其逆鱗哉!"丹曰:"然則何由?"對曰:"請入圖之。"作不了語,頓住,亦見一時事勢如此,無可奈何之極,束手無策也。

居有間,秦將樊於期得罪於秦王,亡之燕,太子受而舍之。鞠武諫曰:"不可。夫以秦王之暴,而積怒於燕,足爲寒心,又況聞樊將軍之所在乎?是謂'委肉當餓虎之蹊'也,禍必不振矣!雖有管、晏,不能爲之謀也。又疊一句,以見其急。願太子疾遣樊將軍入匈奴以滅口。請西約三晉,南連齊、楚,北購於單于,燕境極於遼水,故東無與國也。其後迺可圖也。"非必真有是事,正寫得無可奈何之極,逼出行刺一着耳。太子曰:"太傅之計,曠日彌久,心惛然,恐不能須臾。漸漸引入行刺。且非獨於此也,轉。夫樊將軍窮困於天下,天下畏秦,莫肯容之。歸身於丹,丹終不以迫於彊秦,而棄所哀憐之交,置之匈奴,是固丹命卒之時也。願太傅更慮之。"兼寫太子。鞠武曰:"夫行危欲求安,造禍而求福,計淺而怨深,連結一人之後交,不顧國家之大害,此所謂'資怨而助禍'矣。夫以鴻毛燎於爐炭之上,必無事矣。且以雕鷙之秦,行怨暴之怒,豈足道哉!轉到太子身上,言秦不足怨。燕有田光先生,其爲人智深而勇沈,可與謀。"先說彊秦聲勢赫奕,萬萬無可奈何,先出一鞠武,鞠武束手無策,方脫出一田光,

田光不敢圖,然後脱出荊軻。逐節寫來,決不一氣説出,可想筆墨之妙。○鞠武、田光兩人,議論千餘字,總是荊軻引子,荊軻一出,已盡掃矣。太子曰:“願因太傅而得交於田先生,可乎?”鞠武曰:“敬諾。”與下句對。出見田先生,道“太子願圖國事於先生也”。省筆。田光曰:“敬奉教。”|乃造焉。

太子逢迎,卻行爲導,跪而蔽席。田光坐定,左右無人,太子避席而請曰:“燕秦不兩立,願先生留意也。”燕秦事勢,前已詳明,太子口中不説不可,再説又累墜,只五字一句,更不多説,而文意已足。田光曰:“臣聞騏驥盛壯之時,一日而馳千里;至其衰老,駑馬先之。今太子聞光盛壯之時,不知臣精已消亡矣。雖然,光不敢以圖國事,若坐圖國事,何必嫌老,必田光亦刺客一流也。所善荊卿可使也。”太子曰:“願因先生得結交於荊卿,可乎?”田光曰:“敬諾。”與上句竟作對。即起,句。前坐定也。趨出。太子送至門,戒曰:“丹所報,先生所言者,國之大事也,願先生勿泄也!”田光俛而笑曰:“諾。”|僂行見荊卿,“僂行”,見“精已消亡”也。曰:“光與子相善,燕國莫不知。足見兩人名士。今太子聞光壯盛之時,不知吾形已不逮也,幸而教之曰‘燕秦不兩立,願先生留意也’。太子口中,説得簡淨,故田光口中,述得簡淨,益知多一字不得也。光竊不自外,言足下於太子也,願足下過太子於宮。”荊軻曰:“謹奉教。”與“田光曰‘敬奉教’”對。田光曰:“吾聞之,長者爲行,不使人疑之。今太子告光曰:‘所言者,國之大事也,願先生勿泄’,是太子疑光①也。夫爲行而使人疑之,非節俠也。”欲自殺以激荊卿,又握一句,擊動上下。曰:“願足下急

① 光,底本作“先”,疑誤,據校本改。

過太子,言光已死,明不言也。"因遂自刎而死。田光果刺客流也。

荊軻遂見太子,言田光已死,致光之言。太子再拜而跪,膝行流涕,有頃而後言曰:"丹所以戒田先生毋言者,欲以成大事之謀也。今田先生以死明不言,豈丹之心哉!"引出荊軻。田光事已竟。〇田光一段,純用對語、述語,不改一字,照應生情。荊軻坐定,太子避席頓首曰:"田先生不知丹之不肖,使得至前,敢有所道,此天之所以哀燕而不棄其孤也。今秦有貪利之心,而欲不可足也。非盡天下之地,臣海內之王者,其意不厭。今秦已虜韓王,盡納其地。又舉兵南伐楚,北臨趙;王翦將數十萬之眾距漳、鄴,而李信出太原、雲中。趙不能支秦,必入臣,入臣則禍至燕。燕小弱,數困於兵,今計舉國不足以當秦。內無兵力。諸侯服秦,莫敢合從。外無救援,正寫得無可奈何之極,以見太子之計,亦無聊而一擲耳,不然何以至此。後人不深心讀之,故言其愚。丹之私計,愚以爲誠得天下之勇士,使於秦,闚以重利;秦王貪,其勢必得所願矣。誠得劫秦王,使悉反諸侯侵地,若曹沫之與齊桓公,則大善矣;則不可,三字疾轉,因上是不可得之事,故轉之甚捷。因而刺殺之。彼秦大將擅兵於外,而內有亂,則君臣相疑,以其間,諸侯得合從,應"莫敢合從"。其破秦必矣。此亦非至計,乃無可奈何之中,而算及此耳,嗚呼苦矣!此丹之上願,而不知所委命,唯荊卿留意焉。"久之,正見荊軻滿懷不然。荊軻曰:"此國之大事也,臣駑下,恐不足任使。"非虛詞,正見軻不然之意。太子前頓首,固請毋讓,然後許諾。八字中極其勉強。荊軻已將性命付之太子,亦不能必其事之成也,正寫此行不萬全本荊軻意中事。於是尊荊卿爲上卿,舍上舍。太子日造門下,供太牢,具異物,閒進車騎美女恣荊軻所欲,以順適其意。|此極力寫太子耳,於荊軻何有哉?

久之,荊軻未有行意。又下"久之"二字,"未有行意"字,正見其難。荊軻千思萬算,亦無可奈何,而以性命殉太子耳。秦將王翦破趙,虜趙王,盡收入其地,應前。進兵北略地,至燕南界。太子丹恐懼,寫得無可奈何。乃請荊軻曰:"秦兵旦暮渡易水,則雖欲長侍足下,豈可得哉!"荊軻曰:"微太子言,臣願謁之。今行而毋信,則秦未可親也。夫樊將軍,秦王購之,金千斤,邑萬家。誠得樊將軍首,與燕督亢之地圖,奉獻秦王,秦王必說,見臣,臣乃得有以報。"太子曰:"樊將軍窮困而[①]歸丹,丹不忍以己之私,而傷長者之意,願足下更慮之!"

荊軻知太子不忍,乃遂私見樊於期曰:"秦之遇將軍,可謂深矣,父母宗族,皆爲僇沒。今聞購將軍首,金千斤,邑萬家,將奈何?"一頓。於期仰天太息流涕曰:"於期每念之,常痛於骨髓,顧計不知所出耳!"就人乞首,是不可開口事,故先作一頓,等其開口,說出"痛於骨髓"四字,便覺斷首報讐,亦爲易事,下又不直說,再作一頓,是設身處地,算計出來。荊軻曰:"今有一言,可以解燕國之患,報將軍之仇者,何如?"再一頓。於期乃前曰:"爲之奈何?"荊軻曰:"願得將軍之首以獻秦王,秦王必喜而見臣,臣左手把其袖,右手揕其胷,下應。然則將軍之仇報,而燕見陵之愧除矣。將軍豈有意乎?""得將軍之首"一句,突兀驚人,此下便作極快心語,極快心事,手舞足蹈,遂令於期心肯。樊於期偏袒搤捥而進曰:"此臣之日夜切齒腐心也,乃今得聞教!""乃今得聞教",是欣喜之至,尚嫌其遲也。遂自剄。太子聞之,馳往,伏尸而哭,極哀。既已不可奈何,曲一筆。乃遂盛樊於期首,函封之。

① 而,中華書局本《史記》作"來"。

於是太子預求天下之利匕首,得趙徐夫人匕首,取之百金,使工以藥焠之,以試人,血濡縷,人無不立死者。一路來令人眼光正忙,忽於匕首上出色一番,妙甚!乃裝爲遣荊卿。燕國有勇士秦舞陽,年十三,殺人,人不敢忤視。寫荊卿,先寫其柔懦;寫秦舞陽,先寫其勇敢,皆反襯法也。乃令秦舞陽爲副。荊軻有所待,欲與俱;其人居遠未來,而爲治行。頃之,未發,太子遲之,疑其改悔,乃復請曰:"日已盡矣,荊卿豈有意哉?丹請得先遣秦舞陽。"唐突語。荊軻怒,叱太子曰:"何太子之遣?往而不反者,豎子也!秦舞陽,已爲荊軻一句斷定。且提一匕首入不測之彊秦,夫"提匕首""入彊秦",應如何如何也,竟不說完,是荊卿日夜思算,萬萬難事,故衝口說出,而又忍住。僕所以留者,待吾客與俱。今太子遲之,請辭決矣!"客何如人,竟爾不傳,與狗屠而二。遂發。

太子及賓客知其事者,皆白衣冠以送之。至易水之上,既祖,取道,高漸離擊筑,荊卿和而歌,"擊築""和歌"應前,又點出高漸離。爲變徵[①]之聲,士皆垂淚涕泣。又前而歌曰:"風蕭蕭兮易水寒,壯士一去兮不復還!"復爲羽聲慷慨,士皆瞋目,髮盡上指冠。於是荊軻就車而去,終已不顧。|一路寫來,流連悲歌,幾成惜別,故接荊軻"就車而去,終已不顧"八字,於是將萬萬難事,不復躊躇,而性命從此一擲矣,荊軻亦從此八字中,翩然直往,如見當日。

遂至秦,持千金之資幣物,厚遺秦王寵臣中庶子蒙嘉。嘉爲先言於秦王曰:"燕王誠振怖大王之威,不敢舉兵以逆軍吏,願舉國爲內臣,比諸侯之列,給貢職如郡縣,而得奉守先王之宗廟。恐懼不敢自陳,謹斬樊於期之頭,及獻燕督亢之地圖,函封,燕王拜

① 徵,底本作"微",疑誤,據校本改。

送於庭,使使以聞大王,唯大王命之。”前寫得淋漓慷慨,此處寫得從容委蛇,另換一種筆墨。秦王聞之,大喜,乃朝服,設九賓,見燕使者咸陽宮。寫秦王“大喜”,正映後“大怒”。“朝服九賓”,極寫其喜,以反襯也。荊軻奉樊於期頭函,而秦舞陽奉地圖匣,以次進。至陛,秦舞陽色變振恐,群臣怪之。荊軻顧笑舞陽,借舞陽,反襯荊軻,神勇。前謝曰:“北蕃蠻彝之鄙人,未嘗見天子,故振慴。願大王少假借之,使得畢使於前。”秦王謂軻曰:“取舞陽所持地圖。”軻既取圖奏之,秦王發圖,圖窮而匕首見。因左手把秦王之袖,而右手持匕首揕之。來得迅疾,如真有一荊軻,從紙上躍起。未至身,句。秦王驚,句。自引而起,句。袖絕。句。拔劍,句。劍長,句。操其室。句。時惶急,句。劍堅,句。故不可立拔。凡二十九字,爲十句,作急語,然又詳盡如此。荊軻逐秦王,秦王環柱而走。荊軻逐秦王,即持匕首揕之之時,秦王環柱走,即拔劍之時也,此處不容頃刻,而偏間隔寫之。群臣皆愕,卒起不意,盡失其度。而秦法,群臣侍殿上者,不得持尺寸之兵;諸郎中執兵,皆陳殿下,非有詔召,不得上。方急時,不及召下兵,以故荊軻乃逐秦王。而卒惶急,無以擊軻,而以手共搏之。是時侍醫夏無且,以所奉藥囊提荊軻也。此時正忙,作者筆不及轉,觀者眼不及眨之時也,乃偏寫劍長操室,又寫群臣,及殿下諸郎,及夏無且,然偏不覺累墜,而一時惶急神情如見。秦王方環柱走,上文太放開,故緊接“秦王環柱走”一句直頂上文。“環柱走”正是此一刻也。卒惶急,不知所爲,凡插三句,真危急之甚。左右乃曰:“王負劍!負劍!”此時秦王正環柱走,正劍長不可拔,故左右教王,將劍負之,乃可拔耳。一時心忙口吃,故止曰“王負劍”也。《國策》作“王負劍!王負劍!”語氣猶緩,此刪一“王”字,語益促,心益忙矣。遂拔以擊荊軻,斷其左股。荊軻廢,乃引其匕首,以擿秦王，前操劍，今始拔出。前持匕首，今擿之，止此一刻間耳。"擿"即"擲"字。不中，中銅[①]柱。秦王復擊軻，軻被八創。軻自知事不就，倚柱而笑，所倚之柱，即匕首所中之柱，秦王環走之柱也。時止頃刻，地止尋丈耳。箕倨[②]以罵一笑一駡，寫荊軻死生之際，從容如此。曰："事所以不成者，以欲生刼之，必得約契以報太子也。""生刼"一語，正映太子所云曹沫一段，然豈荊卿意中事哉？於是左右既前殺軻，秦舞陽死生，竟不足數。秦王不怡者良久。寫得秦王竟如死人，出氣不得，其神已爲軻所奪也。已而論功，賞群臣，及當坐者，各有差，此句收完殿上諸臣、殿下諸郎。而賜夏無且黄金二百鎰[③]，曰："無且愛我，乃以藥囊提荊軻也。"此句收完夏無且。

於是秦王大怒，至此方大怒，痛定思痛。秦王此時方敢出氣也。益發兵詣趙，詔王翦軍以伐燕。十月而拔薊城。燕王喜、太子丹等，盡率其精兵，東保於遼東。秦將李信，追擊燕王急，代王嘉乃遺燕王喜書曰："秦所以尤追燕急者，以太子丹故也。今王誠殺丹，獻之秦王，秦王必解，而社稷幸得血食。"其後李信追丹，丹匿衍水中，燕王乃使使斬太子丹，欲獻之秦。秦復進兵攻之。後五年，秦卒滅燕，虜燕王喜。此時之燕，刺秦王亦亡，不刺秦王亦亡。太子所以刺秦王也，誅太子亦亡，不誅太子亦亡。燕王何必誅太子哉？滅天性之恩，無救於國事。嗚呼，愚矣！

其明年，秦并天下，立號爲皇帝。於是秦逐太子丹、荊軻之客，皆亡。高漸離變名姓爲人庸保，荊軻一段文字，奇肆極矣，故又附

① 銅，中華書局本《史記》作"桐"。

② 倨，中華書局本《史記》作"踞"。

③ 鎰，中華書局本《史記》作"溢"。

高漸離一段,以爲後勁,文章方不孤寂。匿作於宋子。久之,作苦,四字中多少艱辛。聞其家堂上客擊筑,傍偟不能去。高漸離始終一擊筑,故即筑上寫。每出言曰:"彼有善有不善。"從者以告其主,曰:"彼庸乃知音,竊言是非。"家丈人召使前,擊筑,一坐稱善,賜酒。一擊筑,亦作兩節寫。而高漸離念久隱,畏約無窮時,乃退,出其裝匣中筑與其善衣,更容貌而前。舉坐客皆驚,下與抗禮,以爲上客。使擊筑而歌,客無不流涕而去者。前刺秦王,寫得忙亂甚矣,此又容容與與,態度蹁仙,另換一番眼界。宋子傳客之,傳,即"傳食"之"傳",所以聞於始皇也。聞於秦始皇。秦始皇召見,人有識者曰:"乃高漸離也。"①"乃"字妙!猶言此即是高漸離也,以見高漸離久在秦人之意中也。秦皇帝惜其善擊筑,重赦之,乃矐其目。使擊筑,未嘗不稱善。稍益近之,高漸離乃以鉛置筑中,復進,得近,稍近、復進、得近,步步逼入,決不一氣寫,妙!舉筑扑秦皇帝,他皆匕首,此以筑,翻出新奇。不中。於是遂誅高漸離,終身不復近諸侯之人。前出高漸離爲荊軻作波,後敘高漸離,爲荊軻作襯,扑之不中,亦爲荊軻之不中作照應。

魯句踐已聞荊軻之刺秦王,私曰:"嗟乎,惜哉其不講於刺劍之術也!寫荊軻讀書好士,而不專爲劍士也,"惜哉""甚矣",作兩對句。甚矣吾不知人也!曩者吾叱之,彼乃以我爲非人也!"借魯句踐之言,仍以荊軻結。蓋以高漸離爲附傳也。○前聶蓋、魯句踐雙起,偏放過聶蓋,而以魯句踐單收,是文家避呆板處。

太史公曰:世言荊軻,其稱太子丹之命,"天雨粟,馬生角"也,太過。天粟馬角事,世所盛傳,偏畧之於贊中寫。又言荊軻傷秦王,皆非也。始公孫季功、董生,與夏無且游,具知其事,爲余道之如是。

---

① 此句中華書局本《史記》作"人有識者,乃曰:'高漸離也。'"

獨重荊軻,是史公着眼着意處。**自曹沫至荊軻五人**,一總。高漸離以附傳不敘。**此其義或成或不成**,成者,曹沫、專諸、聶政;不成者,豫讓、荊軻。**然其立意較然,不欺其志,名垂後世,豈妄也哉!**

刺客是天壤間第一種激烈人,刺客傳是《史記》中第一種激烈文字。故至今淺讀之,而鬚眉四照;深讀之,則刻骨十分。史公遇一種題,便成一種文字,所以獨雄千古。〇此文逐①段脱卸,如鱗之次,如羽之壓,故論事則一人勝一人論文則一節更深一節。曹沫有桓公包容,故身名俱全。不然,則不成死,成亦死。夫以性命贈人,決非孟浪之事,故寫豫讓、聶政、荊軻,其於感恩知己之際,再四躊躇,不得已而後應,否則,非愚則狂,一莽男子耳。史公於此,不知費幾許心思,幸弗輕易讀過。〇世之論人者,絕未曾設身處地,便輕易立言,不知讀書心不可不細,尤不可不虚。如世嘗言荊軻行刺,反促燕亡。而不知此日之燕,已具必亡之勢,故史公預先序明。燕、秦不兩立之勢,於鞠武言之,鞠武再言之,太子自言之。荊軻未行之前,又提明之。蓋萬萬計無復之,而後出行刺一着耳,豈得已哉!篇中已明。吾願天下讀書人,虚心細心,取古人之文,再三以讀之也。〇據史公云:"荊軻之事,親得之公孫季②功、董生。"而此文反若從《戰國策》中,改出,何也?豈《國策》既缺,而劉向之徒,摭史公之文,以附益之輿?請以俟博雅君子③。

① 逐,底本作"遂",疑誤,據校本改。
② 季,底本作"李",按前文,应作"季"。
③ 君子,底本作"君",疑誤,據校本改。

李斯列傳

李斯者，楚上蔡人也。年少時，爲郡小吏，見吏舍厠中鼠食不潔，近人犬，數驚恐之。斯入倉，觀倉中鼠，食積粟，居大廡之下，不見人犬之憂。一篇大文字，反從"鼠"字起，奇甚！○"厠中鼠""倉中鼠"，相對而起。於是李斯乃嘆曰："人之賢不肖譬如鼠矣，在所自處耳！"|李斯一嘆。

乃從荀卿學帝王之術。學已成，度楚王不足事，而六國皆弱，無可爲建功者，李斯胷中，固自不凡。欲西入秦。辭於荀卿曰："斯聞得時無怠，今萬乘方爭時，游者主事。只四字，精健。今秦王欲吞天下，稱帝而治，此布衣馳騖之時，而游說者之秋也。一折。處卑賤之位，而計不爲者，此禽鹿視肉，人面而能彊行者耳。二折。句奇甚。故詬莫大於卑賤，而悲莫甚於窮困。久處卑賤之位，困苦之地，非世而惡利，自託於無爲，此非士之情也。是李斯一生心事。故斯將西說秦王矣。"一篇議論，只此一句，掉轉決絕而行義不反顧，是李斯神情。

至秦，會莊襄王卒，李斯乃求爲秦相文信侯呂不韋舍人；不韋賢之，任以爲郎。李斯因以得說，前列得說之故，下乃列說之之詞。說秦王曰："胥人者，去其幾也。成大功者，在因瑕釁而遂忍之。兩調語古後,下乃入事。昔者秦繆公之霸,終不東并六國者,何也?諸侯尚眾,周德未衰,故五霸迭興,更尊周室。自秦孝公以來,周室卑微,諸侯相兼,關東爲六國,秦之乘勝役諸侯,蓋六世矣。今諸侯服秦,譬若郡縣。夫以秦之彊,大王之賢,由竈上騷除,足以滅諸侯,成帝業,爲天下一統,此萬世之一時也。應秦王欲吞天下,稱帝而治,迎其機而道之也。今怠而不急就,諸侯復彊,相聚約從,雖有黄帝之賢,不能并也。"秦王乃拜斯爲長史,聽其計,先點一句,截住,下乃李斯之計也。陰遣謀士,齎持金玉,以游説諸侯。諸侯名士,可下以財者,厚遺結之;不肯者,利劍刺之。離其君臣之計,秦王乃使其良將隨其後。秦王拜斯爲客卿。

會韓人鄭國來間秦,以作注溉渠,已而覺。秦宗室大臣,皆言秦王曰:"諸侯人來事秦者,大抵爲其主游間於秦耳,請一切逐客。"一切者,無所不逐也,是秦人之言。李斯議亦在逐中。所謂一切也。斯乃上書曰:

臣聞吏議逐客,竊以爲過矣。|先提一句。昔繆公求士,西取由余於戎,東得百里奚於宛,迎蹇叔於宋,求丕豹、公孫支於晉。此五子者,不產於秦,而繆公用之,并國二十,遂霸西戎。|一段繆公用客。孝公用商鞅之法,移風易俗,民以殷盛,國以富彊,百姓樂用,諸侯親服,獲楚、魏之師,舉地千里,至今治彊。|二段孝公用客。惠王用張儀之計,拔三川之地,西并巴、蜀,北收上郡,南取漢中,包九夷,制鄢、郢,東據成皋之險,割膏腴之壤,遂散六國之從,使之西面事秦,功施到今。|三段惠王用客。昭王得范雎,廢穰侯,逐華陽,彊公室,杜私門,蠶食諸侯,使秦成帝業。|四段昭王用客。四段只用秦事,妙!此

四君者,皆以客之功。一句總收,下即轉入。由此觀之,客何負於秦哉!又一轉,下反振語,氣乃足。向使四君卻客而不內,疏士而不用,是使國無富利之實而秦無彊大之名也。|結完上半篇,乃入時事,必以爲說正意矣,偏又發許多譬喻,滚滚不窮,其才如此。

今陛下致昆山之玉,有隨、和之寶,垂明月之珠,服太阿之劍,乘纖離之馬,建翠鳳之旗,樹靈鼉之鼓。此數寶者,秦不生一焉,而陛下說之,何也?一頓。必秦國之所生然後可,一折。則是夜光之璧不飾朝廷,犀象之器不爲玩好,鄭、衛之女不充後宮,而駿良駃騠不實外廐,江南金錫不爲用,西蜀丹青不爲采。句法不排偶,氣勢已極宕折,可以止矣,偏作兩節寫,但見其妙,不見其煩,此文章之樂。所以飾後宮充下陳娱心意說耳目者,必出於秦然後可,則是宛珠之簪,傅璣之珥,阿縞之衣,錦繡之飾不進於前,而隨俗雅化,佳冶窈窕①趙女,不立於側也。語氣肆宕,采色爛然,可以止矣,又偏再衍出下節,彊努穿甲,勁勢未已。夫擊甕叩缻彈箏搏髀,而歌呼嗚嗚快耳目者,真秦之聲也;鄭、衛、桑間、昭、虞、武、象者,異國之樂也。今棄擊甕叩缻而就鄭衛,退彈箏而取昭虞,若是者何也?快意當前,適觀而已矣。此節亦作反正兩比。今取人則不然。上邊事已多,文已長,不知如何收拾,他只用一句折轉,盡數包羅,其才如此!不問可否,不論曲直,非秦者去,爲客者逐。取人正意,只四句。然則是所重者在乎色樂珠玉,而所輕者在乎人民也。此非所以跨海內制諸侯之術也。|又將兩意正說,總結數句,以完上節。

臣聞地廣者粟多,國大者人眾,兵彊則士勇。此下即完上

---

① 窈窕,底本作"窕窈",疑誤,據校本改。

意,而更起一峯,妙! 是以太山不讓土壤,故能成其大;河海不擇細流,故能就其深;王者不卻衆庶,故能明其德。又下二喻。是以地無四方,民無異國,四時充美,鬼神降福,此五帝三王之所以無敵也。今乃棄黔首以資敵國,卻賓客以業諸侯,使天下之士退而不敢西向,裹足不入秦,此所謂"藉寇兵而齎盜糧"者也。|一段始正言逐客事。

夫物不產於秦,可寶者多;收完昆山之玉兩段。士不產於秦,而願忠者衆。收完秦繆公四段。一篇大文字,只此二語收盡,更無餘蘊,其才如此! 今逐客以資敵國,損民以益讎,內自虛而外樹怨于諸侯,求國無危,不可得也。|又收地廣者一段,完棄黔首資敵國等語,而正意俱足。

秦王乃除逐客之令,復李斯官,卒用其計謀。先點用其計謀,下并天下、夷城、銷兵等,即李斯之計也,與前一樣寫,相照。官至廷尉。二十餘年,竟并天下,尊主爲皇帝,以斯爲丞相。夷郡縣城,銷其兵刃,示不復用。使秦無尺土之封,不立子弟爲王,功臣爲諸侯者,使後無戰攻之患。|

始皇三十四年,置酒咸陽宮,博士僕射周青臣等,頌稱始皇威德。省筆。齊人淳于越進諫曰:"臣聞之,殷周之王,千餘歲,封子弟功臣,自爲支輔。今陛下有海內,而子弟爲匹夫,卒有田常、六卿之患,臣無輔弼,何以相救哉? 事不師古,而能長久者,非所聞也。今青臣等又面諛以重陛下過,非忠臣也。"始皇下其議丞相。丞相謬其說,絀其辭,先點明。乃上書曰:"古者天下散亂,莫能相一,是以諸侯並作,|應分封。語皆道古以害今,飾虛言以亂實,人善其所私學,以非上所建立。|應師古。○起雖雙起,蓋不分封之制已

定,而《詩》《書》之禁未行,故下單言道古非今之事。今陛下并有天下,辯黑白[①]而定一尊;而私學乃相與非法教之制,聞令下,即各以其私學議之,入則心非,出則巷議,非主以爲名,異趣以爲高,率群下以造謗。如此不禁,則主勢降乎上,黨與成乎下。禁之便。|臣請諸有文學《詩》《書》百家語者,蠲除去之。令到,滿三十日弗去,黥爲城旦。所不去者,醫藥卜筮種樹之書。若有欲學者,以吏爲師。"始皇可其議,收去《詩》《書》百家之語,以愚百姓,使天下無以古非今。明法度,定律令,皆以始皇起。同文書。治離宫别館,周徧天下。明年,又巡狩,外攘四彝,斯皆有力焉。|以上俱始皇事,只一句便歸到李斯。

斯長男由爲三川守,諸男皆尚秦公主,女悉嫁秦諸公子。三川守李由,告歸咸陽,李斯置酒于家,百官長皆前爲壽,門廷車騎以千數。李斯喟然而嘆曰:李斯二歎。"嗟乎!吾聞之荀卿曰'物禁大盛'。應還荀卿。夫斯乃上蔡布衣,閭巷之黔首,上不知其駑下,遂擢至此。當今人臣之位,無居臣上者,可謂富貴極矣。物極則衰,吾未知所稅駕也!"|上半篇,李斯極盛,下半篇,李斯從此衰矣,借此一嘆挽合前後。

始皇三十七年十月,行出游會稽,並海上,北抵琅邪。丞相斯、中車府令趙高兼行符璽令事,皆從。始點出趙高,夾序。始皇有二十餘子,長子扶蘇以數直諫上,上使監兵上郡,蒙恬爲將。少子胡亥愛,請從,上許之。餘子莫從。"皆從""請從""莫從"參差點次。

其年七月,始皇帝至沙丘,病甚,令趙高爲書賜公子扶蘇曰:"以兵屬蒙恬,與喪會咸陽而葬。"書已封,未授使者,始皇崩。書

① 黑白,中華書局本《史記》作"白黑"。

及璽皆在趙高所,一頓。獨子胡亥、丞相李斯、趙高夾序李斯、趙高。及幸宦者五六人知始皇崩,餘群臣皆莫知也。李斯以爲上在外崩,無真太子,故秘之。置始皇居轀輬車中,百官奏事上食如故,宦者輒從轀輬車中,可諸奏事。敘一時事,明晰不繁。

趙高因留所賜扶蘇璽書,間接,此下獨序趙高事。而謂公子胡亥曰:"上崩,無詔封王諸子,而獨賜長子書。長子至,即立爲皇帝,而子無尺寸之地,爲之奈何?"寫趙高與胡亥對答處,節節入情,有對處,有不對處,有入處,有不入處,細觀自見。胡亥曰:"固也。吾聞之,明君知臣,明父知子。父捐命,不封諸子,何可言者!"丨先以無封地動之,胡亥若安之者,是一段。趙高曰:"不然。方今天下之權,存亡在子與高及丞相耳,願子圖之。且夫臣人,與見臣於人;制人,與見制於人,豈可同日道哉!"胡亥曰:"廢兄而立弟,是不義也;不奉父詔而畏死,是不孝也;能薄而材譾,彊因人之功,是不能也:三者逆德,天下不服,身殆傾危,社稷不血食。"次以權勢指示之,胡亥以道理應之,是第二段。高曰:"臣聞湯、武殺其主,天下稱義焉,不爲不忠。衛君殺其父,而衛國載其德,孔子著之,不爲不孝。夫大行不小謹,盛德不辭讓,鄉曲各有宜,而百官不同功。故顧小而忘大,後必有害;狐疑猶豫,後必有悔。斷而敢行,鬼神避之,後有成功。願子遂之!"奇語,若歌謠,用古韻。胡亥喟然嘆曰:"今大行未發,喪禮未終,豈宜以此事干丞相哉!"丨次就胡亥之言即以道理説之,胡亥反以時事難之,是第三段。趙高曰:"時乎時乎,間不及謀!贏糧躍馬,唯恐後時!"丨第三段後,二世之意已動,故俱以"時"字贊決,斗出四語,截然便住,若歌謠,用韻,奇絕。

胡亥既然高之言,丨一句已寫兩人會意,下寫趙高。高曰:"不與丞

相謀，恐事不能成，臣請爲子與丞相謀之。”李斯奸雄，趙高亦奸雄也，兩奸相對，政如兩虎相爭，一往一來，一進一退，多少機權，默默相照。高乃謂丞相斯曰：“上崩，賜長子書，與喪會咸陽而立爲嗣。書未行，今上崩，未有知者也。所賜長子書，及符璽，皆在胡亥所，定太子，在君侯與高之口耳。不說明，妙！事將何如？”四字，是微探神情。斯曰：“安得亡國之言！此非人臣所當議也！”|第一段，先以微言動之，被李斯兜頭一喝，無隙可乘，可以止矣，下偏生出許多說法，妙！高曰：“君侯自料能孰與蒙恬？功高孰與蒙恬？謀遠不失，孰與蒙恬？無怨於天下，孰與蒙恬？長子舊而信之，孰與蒙恬？”只此便住，待李斯自悞。○五“孰與蒙恬”句，連句而下，另換一種筆仗，豈非奇文？斯曰：“此五者皆不及蒙恬，而君責之何深也？”|第二段以權勢使自度之，李斯若不會意者，妙！高曰：“高固內官之厮役也，幸得以刀筆之文進入秦宮，管事二十餘年，未嘗見秦免罷丞相功臣，有封及二世者也，卒皆以誅亡。皇帝二十餘子，皆君之所知。長子剛毅而武勇，信人而奮士，截住。即位必用蒙恬爲丞相，應“孰與蒙恬”句。君侯終不懷通侯之印，歸於鄉里，明矣。應“罷免丞相”句。高受詔教習胡亥，使學以法事接內宮句。數年矣，接管事二十餘年句。未嘗見過失。慈仁篤厚，輕財重士，辨[①]於心而詘於口，盡禮敬士，句句與太子相反。秦之諸子未有及此者，可以爲嗣。君計而定之。”斯曰：“君其反位！斯奉主之詔，聽天之命，何慮之可定也？”|第三段，以利害熟商之，可以動心矣，故即明白說胡亥事，奈李斯竟不招收。高曰：“安可危也，危可安也。安危不定，何以貴聖？”斯曰：“斯，上蔡閭巷布衣也，上幸擢爲

① 辨，中華書局本《史記》作“辯”。

丞相,封爲通侯,子孫皆至尊位重祿者,故將以存亡安危屬臣也。豈可負哉！夫忠臣不避死而庶幾,孝子不勤勞而見危,人臣各守其職而已矣。君其勿復言,將令斯得罪。”丨第四段趙高見李斯不受說,遂推開一步,泛將安危之機,畧點化之,竟不深言,李斯乃反打進一步,序述本意,雖句句正論,句句權術,其中不能無動矣。蓋觀無令斯得罪一語,已明放開一條門路。高曰:“蓋聞聖人遷徙無常,就變而從時,見末而知本,觀指而覩歸。物固有之,安得常法哉！方今天下之權命懸於胡亥,高能得志焉。竟突出此二句,險絕,趙高之奸更出斯上。且夫從外制中謂之惑,從下制上謂之賊。故秋霜降者草花落,水搖動者萬物作,此必然之效也。君何見之晚?”斯曰:“吾聞晉易太子,三世不安;齊桓兄弟爭位,身死爲戮;紂殺親戚,不聽諫者,國爲丘墟,遂危社稷:三者逆天,宗廟不血食。斯其猶人哉,安足爲謀!”丨第五段。趙高見李斯可動,因以禍害暢言之,趙高明說出權在胡亥,高能得志。李斯乃明說出易太子爭位。雖作推辭語,已與趙高熟商之矣。高曰:“上下合同,可以長久;中外若一,事無表裏。君聽臣之計,即長有封侯,世世稱孤,必有喬松之壽,孔、墨之智。今釋此而不從,禍及子孫,足以爲寒心。善者因禍爲福,君何處焉?”斯乃仰天而嘆,垂淚太息李斯三嘆。曰:“嗟乎！獨遭亂世,既以不能死,安託命哉!”於是斯乃聽高。丨第六段。高以利害暢言之,李斯一嘆泣,蓋貪位慕祿,無可奈何,不得不就趙高之纏索,而李斯之爲李斯,已爲趙高窺破矣。高乃報胡亥曰:“臣請奉太子之明命,以報丞相,丞相斯敢不奉令!”丨前與胡亥三段反覆,後與李斯六段反覆,至此結盡。

於是乃相與謀,詐爲受始皇詔,丞相立子胡亥爲太子。更爲書,賜長子扶蘇曰:“朕巡天下,禱祠名山諸神,以延壽命。今扶蘇與將軍蒙恬，將師數十萬以屯邊，十有餘年矣，不能進而前，士卒多耗①，無尺寸之功，乃反數上書，直言誹謗我所爲，以不得罷歸爲太子，日夜怨望。扶蘇爲人子不孝，其賜劍以自裁！將軍恬，與扶蘇居外，不匡正，宜知其謀。爲人臣不忠，其賜死，一不孝，一不忠，對挽。以兵屬裨將王離。"封其書以皇帝璽，詔書似李斯筆仗。遣胡亥客奉書，賜扶蘇於上郡。

使者至，發書，扶蘇泣，入内舍，欲自殺。蒙恬止扶蘇曰："陛下居外，未立太子，使臣將三十萬衆守邊，公子爲監，此天下重任也。今一使者來，即自殺，安知其非詐？請復請，復請而後死，未暮也。"三"請"字，聯得好。使者數趣之。扶蘇爲人仁，謂蒙恬曰："父而賜子死，尚安復請！"即自殺。蒙恬不肯死，使者即以屬吏，繫於陽周。

使者還報，胡亥、斯、高大喜。一路寫來，幾不知誰賓誰主，大書一句"胡亥、斯、高大喜"，以著三人之陰謀成，三人之罪狀定。至咸陽，發喪，太子立爲二世皇帝。以趙高爲郎中令，常侍中用事。胡亥爲皇帝，趙高爲郎中令用事，而不及李斯，即後所云"丞相貴不益"也。

二世燕居，乃召高與謀事，此下竟放開李斯專序趙高。謂曰："夫人生居世間也，譬猶騁六驥過決隙也。吾既已臨天下矣，欲悉耳目之所好，窮心志之所樂，以安宗廟，而樂萬姓，長有天下，終吾年壽，其道可乎？"與本紀意大同，而辭則全異。高曰："此賢主之所能行也，而昏亂主之所禁也。臣請言之，不敢避斧鉞之誅，願陛下少留意焉。夫沙丘之謀，諸公子及大臣皆疑焉，而諸公子盡帝兄，大臣

① 耗，中華書局本《史記》作"秏"。

又先帝之所置也。今陛下初立,此其屬意怏怏,皆不服,恐爲變。且蒙恬已死,蒙毅將兵居外,臣戰戰栗栗,唯恐不終。且陛下安得爲此樂乎?”反跌一段,正中二世心坎。二世曰:“爲之奈何?”故不得不問。趙高曰:“嚴法而刻刑,令有罪者相坐誅,至收族,滅大臣而遠骨肉;貧者富之,賤者貴之。盡除去先帝之故臣,更置陛下之所親信者,近之。此則陰德歸陛下,害除而奸謀塞,群臣莫不被潤澤,蒙厚德,陛下則高枕肆志寵樂矣。高枕肆志寵樂益中二世之心。計莫出於此。”二世然高之言,乃更爲法律。於是群臣諸公子有罪,輒下高,令鞠治之。殺大臣蒙毅等,公子十二人僇死咸陽市,十公主矺死於杜,財物入於縣官,相連坐者,不可勝數。

公子高欲奔,恐收族,乃上書曰:“先帝無恙時,臣入則賜食,出則乘輿。御府之衣,臣得賜之;中廄之寶馬,臣得賜之。句調俊逸。臣當從死而不能,爲人子不孝,爲人臣不忠。又以“不孝”“不忠”對。不忠者無名以立於世,臣請從死,願葬酈山之足。唯上幸哀憐之。”蒙毅、十二公子、十公主不序其詳,而詳序請死之高,正反襯刑罰之嚴酷,至此而極也。書上,胡亥大說,召趙高而示之,曰:“此可爲急乎?”趙高曰:“人臣當憂死而不暇,何變之得謀!”胡亥可其書,賜錢十萬以葬。

法令誅罰,日益刻深,群臣人人自危,欲畔者衆。又作阿房之宫,治直、馳道,賦歛愈重,戍徭無已。丨以上敘嚴刑、土木、賦斂、戍徭,俱趙高所爲,而李斯固位而已,真可爲歎息。○作阿房、馳道只作一筆帶,所謂罄竹難書矣。於是楚戍卒陳勝、吴廣等,乃作亂起於山東,傑俊相立,自置爲侯王,叛秦,兵至鴻門而卻。李斯數欲請間諫,二世不許。此下放開趙高,獨序李斯。而二世責問李斯曰:“吾有私議,而有

所聞於韓子也,曰‘堯之有天下也,堂高三尺,采椽不斲,茅茨不翦,雖逆旅之宿,不勤於此矣。冬日鹿裘,夏日葛衣,粢糲之食,藜藿之羹,飯土匭,啜土鉶,雖監門之養,不觳於此矣。禹鑿龍門,通大夏,疏九河,曲九防,決渟水,致之海,而股無胈,脛無毛,手足胼胝,面目黎黑,遂以死於外,葬於會稽,臣虜之勞,不烈於此矣’。然則夫所貴於有天下者,轉。豈欲苦形勞神,身處逆旅之宿,口食監門之養,手持臣虜之作哉?上排三段,掉轉三句應,即作一總。此不肖人之所勉也,非賢者之所務也。轉。彼賢人之有天下也,專用天下適己而已矣,此所以貴於有天下也。轉。夫所謂賢人者,必能安天下而治萬民,今身且不能利,將惡能治天下哉!故吾願肆[①]志廣欲,長享天下而無害,爲之奈何?”|二世語只此住。李斯子由爲三川守,群盜吳廣等西畧地,過去弗能禁。章邯以破逐廣等兵,使者覆案三川相屬,誚讓斯居三公位,如何令盜如此。逆插一段,當日情事,爲下文地。李斯恐懼,重爵祿,不知所出,“恐懼”,畏死也;“重爵祿”,貪位也。有此二者,何事之敢爲?李斯之所以制于趙高也。乃阿二世意,欲求容,以書對曰:督責之意,大約同責問,李斯之書所云阿意也。

夫賢主者,必且能全道而行督責之術者也。主意先用一句提明。督責之,則臣不敢不竭能以狥其主矣。此臣主之分定,上下之義明,則天下賢不肖,莫敢不盡力竭任以狥其君矣。是故主獨制於天下,而無所制也。能窮樂之極矣,賢明之主也,可不察焉!此段行督責之主意已完。

故《申子》曰“有天下而不恣睢,命之曰以天下爲桎梏”

① 肆,中華書局本《史記》作“賜”。

者，無他焉，不能督責，而顧以其身勞於天下之民，若堯、禹然，故謂之“桎梏”也。引申子作註解，并應還前問。夫不能修申、韓之明術，行督責之道，專以天下自適也，而徒務苦形勞神，以身狥百姓，則是黔首之役，非畜天下者也，何足貴哉！一轉，其事益明，其說益暢。夫以人狥己，則己貴而人賤；以己狥人，則己賤而人貴。故狥人者賤，而人所狥者貴，自古及今，未有不然者也。凡古之所爲尊賢者，爲其貴也；而所爲惡不肖者，爲其賤也。而堯、禹以身狥天下者也，因隨而尊之，則亦失所爲尊賢之心矣，夫可謂大謬矣。謂之爲“桎梏”，不亦宜乎？不能督責之過也。歸還督責本旨。〇一段申子。

故《韓子》曰：“慈母有敗子，而嚴家無格虜”者，何也？則能罰之加焉必也。故商君之法，刑棄灰于[1]道者。轉。夫棄灰，薄罪也，而被刑，重罰也。彼唯明主爲能深督輕罪。轉。夫罪輕且督深，而況有重罪乎？故民不敢犯也。是故《韓子》曰又進一層。“布帛尋常，庸人不釋，鑠金百鎰[2]，盜跖不搏”者，轉。非庸人之心重，尋常之利深，而盜跖之欲淺也；三句一連，姿致宕逸。又不以盜跖之行，轉。爲輕百鎰之重也。搏必隨手刑，則盜跖不搏百鎰；而罰不必行也，則庸人不釋尋常。是故轉。城高五丈，而樓季不輕犯也；泰山之高百仞，而跛牂牧其上。夫樓季也轉。而難五丈之限，豈跛牂也而易百仞之高哉？峭塹之勢異也。明主聖王之所以能久處尊位，長執重勢，而獨擅天下之利者，非有異道也，能獨斷而審督責，必深

① 于，底本作“十”，疑“于”之形訛，據校本改。

② 鎰，中華書局本《史記》作“溢”。

罰,故天下不敢犯也。今不務所以不犯,而事慈母之所以敗子也,則亦不察于聖人之論矣。此段韓子,多少轉折,語意俱妙,引韓子,即用韓子法,奇才!奇才!夫不能行聖人之術,則舍爲天下役何事哉?可不哀邪!一總,掉轉,應堯、禹桎梏等。

且夫儉節仁義之人立於朝,則荒肆之樂輟矣;諫說論理之臣閒於側,則流漫之志詘矣;烈士死節之行顯於世,則淫康之虞廢矣。故明主能外此三者,而獨操主術,以制聽從之臣,而修其明法,故身尊而勢重也。凡賢主者,必將能拂世摩俗,而廢其所惡,立其所欲,故生則有尊重之勢,死則有賢明之謚也。是以明君獨斷,故權不在臣也。然後能滅仁義之塗,掩馳說之口,困烈士之行,塞聰揜明,內獨視聽,故外不可傾以仁義烈士之行,而內不可奪以諫說忿爭之辯。故能犖然獨行恣睢之心而莫之敢逆。若此然後可謂能明申、韓之術,點還申、韓。而修商君之法。法修術明而天下亂者,未之聞也。故曰"王道約而易操"也。唯明主爲能行之。若此則謂督責之誠,歸還督責。則臣無邪,臣無邪則天下安,天下安則主嚴尊,主嚴尊則督責必,督責必則所求得,所求得則國家富,國家富則君樂豐。故督責之術設,則所欲無不得矣。群臣百姓救過不給,何變之敢圖?若此則帝道備,而可謂能明君臣之術矣。一段用五"故"字、兩"然"字、三"若此"字,一路滚下,另一筆法。雖申、韓復生,不能加也。一句結還申、韓。

書奏,二世説。於是行督責益嚴,税民深者爲明吏。二世曰:"若此則可謂能督責矣。"刑者相半於道,而死人日成積於市。殺人眾者爲忠臣。二世曰:"若此則可謂能督責矣。""税民深""殺人衆”二句分開，中插兩“二世曰”，作兩節寫，文法變化之妙。

初，趙高爲郎中令，此下又放開李斯，獨敘趙高，夾序法。所殺及報私怨衆多，恐大臣入朝奏事，毀惡之，乃說二世曰：“天子所以貴者，但以聞聲，群臣莫得見其面，故號曰‘朕’。“朕”字作如此解，奇！○一轉。且陛下富於春秋，未必盡通諸事，今坐朝廷，譴舉有不當者，則見短於大臣，非所以示神明於天下也。二轉。且陛下深拱禁中，與臣及侍中習法者侍[①]事，事來，有以揆之。三轉。如此則大臣不敢奏疑事，天下稱聖主矣。”數語作三轉，玲瓏得妙！二世用其計，乃不坐朝廷，見大臣，居禁中。趙高常侍中用事，事皆決於趙高。

高聞李斯以爲言，此下李斯、趙高合敘。乃見丞相曰：“關東群盜多，今上急發繇治阿房宮[②]，聚狗馬無用之物。臣欲諫，爲位賤。此真君侯之事，君何不諫？”投入其心事，妙！自立胡亥後，李斯每爲趙高所愚弄。李斯曰：“固也，吾欲言之久矣。今時上不坐朝廷，上居深宮，吾有所言者，不可傳也，欲見無間。”趙高謂曰：“君誠能諫，請爲君俟[③]上間語君。”於是趙高待二世方燕樂，婦女居前，使人告丞相：“上方間，可奏事。”丞相至宮門上謁，如此者三。二世怒曰：“吾常多間日，丞相不來。吾方燕私，丞相輒來請事。丞相豈少我哉？且固我哉？”兩“哉”字，是怒語，是急語。趙高因曰：“如此殆矣！此一折惡極。初投斯心，此投亥忌。寫趙高權術，十分駭人。夫沙丘之謀，丞相與焉。今陛下已立爲帝，而丞相貴不益，即“功高不賞”四字，說得危險。此其意，亦望裂地而王矣。且陛下不問臣，臣不敢

---

① 侍，中華書局本《史記》作“待”。

② 此句中華書局本《史記》作“今上急益發繇治阿房宮”。

③ 俟，中華書局本《史記》作“候”。

言。又作一折,巧妙。丞相長男李由,爲三川守,楚盜陳勝等,皆丞相傍縣之子,至此惡極無餘地。以故楚盜公行,過三川,城守不肯擊。高聞其文書相往來,又作莫須有事以實之。未得其審,故未敢以聞。又作一語以閃之。且丞相居外,權重於陛下。”又結二語,以威刼之,寫趙高之惡至此,不意天地之中,有此毒物。二世以爲然。欲案丞相,恐其不審,乃使人案驗三川守,與盜通狀。李斯聞之。故作危逼語。

是時二世在甘泉,方作觳抵優俳之觀。李斯不得見,極急時,又作一極緩語,急固急殺,緩則緩極。因上書言趙高之短不得已而寄于書,已落趙高之局。曰:“臣聞之,臣疑其君,無不危國;妾疑其夫,無不危家。今有大臣於陛下,擅利擅害,與陛下無異,此甚不便。此數語說趙高,即趙高語,然趙高說李斯便入,李斯説趙高不入。蓋李斯地逼,趙高地親也。昔者司城子罕相宋,身行刑罰,以威行之,朞年,遂刼其君。田常爲簡公臣,爵列無敵於國,私家之富與公家均,布惠施德,下得百姓,上得群臣,陰取齊國,殺宰予於庭,即弑簡公於朝,遂有齊國。此天下所明知也。又引喻二段,斯文所長。今高有邪佚之志,危反之行,如子罕相宋也;私家之富,若田氏之于齊也。兼行田常、子罕之逆道承上兩段一總。而刼陛下之威信,其志若韓玘爲韓安相也。上趙高之語,多少曲折,而斯語則直言其欲變,詞令亦懈。○又添出韓玘一語。陛下不圖,臣恐其爲變也。”二世曰:“何哉?滿腔不然,只此二字已盡,極妙形容。夫高,故宦人也,所信在此。然不爲安肆志,不以危易心,潔行修善,自使至此,以忠得進,以信守位,朕實賢之,而君疑之,何也?一頓。○一段稱趙高。且朕少失先人,無所識知,不習治民,而君又老,恐與天下絕矣。朕非屬趙君,當誰任哉?一段量度時勢不得不任趙高。且趙君爲人精廉彊力,下知人情，上能適朕，君其勿疑。”又稱趙高，反覆圖維，絶無可疑，蓋“爲變”二字，形跡未露，李斯越說得重，胡亥越不信也。李斯曰：“不然。夫高，故賤人也，無識於理，貪欲無厭，求利不止，列勢次主，求欲無窮，臣故曰殆。”李斯之言，二世竟不答。二世已前信趙高，恐李斯殺之，乃私告趙高。高曰：“丞相所患者獨高，高已死，丞相即欲爲田常所爲。”即以李斯、田常事反用之，只一句，毒甚，李斯一篇文章，反爲趙高所用，何物文心，體貼至此？於是二世曰：“其以李斯屬郎中令！”｜郎中令即趙高也。

趙高案治李斯。李斯拘執束縛，居囹圄中，仰天而嘆李斯四嘆。曰：“嗟乎，悲夫！不道之君，何可爲計哉！昔者桀殺關龍逄，紂殺王子比干，吳王夫差殺伍子胥。此三臣者，豈不忠哉，然而不免於死，身死而所忠者非也。今吾智不及三子，而二世之無道，過于桀、紂、夫差，吾以忠死，宜矣。先作一冒。且二世之治，豈不亂哉！日者夷其兄弟而自立也，殺忠臣而貴賤人，作爲阿房之宮，賦斂天下。吾非不諫也，而不吾聽也。凡古聖王，飲食有節，車器有數，宮室有度，出令造事，加費而無益於民利者禁，故能長久治安。今行逆於昆弟，不顧其咎；侵殺忠臣，不思其殃；大爲宮室，厚賦天下，不愛其費：三者已行，天下不聽。今反者已有天下之半矣，而心尚未寤也，而以趙高爲佐，吾必見寇至咸陽，麋鹿游於朝也。”｜此一段固是正論，然妙在與督責書，句句相反，所謂孽鏡火珠，神識自首。史公正于此等照應作章法也。

於是二世乃使高案丞相獄，治罪，責斯與子由謀反狀，皆收捕宗族賓客。前案治李斯，泛言也。此接下疊一句，正按其謀反之獄也，緊一步。趙高治斯，榜掠千餘，不勝痛，自誣服。斯所以不死者，自負其辯,有功,實無反心,幸得上書自陳,幸二世之寤而赦之。又曲折補出李斯心事,爲上書作引。李斯乃從獄中上書曰:"臣爲丞相,治民三十餘年矣。逮秦地之狹[①]隘。先王之時秦地不過千里,兵數十萬。臣盡薄材,謹奉法令,陰行謀臣,資之金玉,使游說諸侯,陰修甲兵,飾政教,官鬬士,尊功臣,盛其爵祿,故終以脅韓,弱魏,破燕、趙,夷齊、楚,卒兼六國,鹵其王,立秦爲天子。罪一矣。地非不廣,又北逐胡、貉,南定百越,以見秦之彊。罪二矣。尊大臣,盛其爵祿[②],以固其親。罪三矣。立社稷,修宗廟,以明主之賢。罪四矣。更剋畫,平斗斛度量文章,布之天下,以樹秦之名。罪五矣。治馳道,興游觀,以見主之得意。罪六矣。緩刑罰,薄賦斂,以遂主得眾之心,萬民戴主,死而不忘。罪七矣。自數其罪,實句句自揚其功,是另一種文法。又借李斯一書,總收完一篇事實,如金玉游說等,直應至篇首。若斯之爲臣者,罪足以死,固久矣。上幸盡其能力,乃得至今,只如此便住,作感恩語,不作辨白語,妙!願陛下察之!"書上,趙高使吏棄去不奏,曰:"囚安得上書!"

趙高使其客十餘輩,詐爲御史、謁者、侍中,更往覆訊斯。斯更以其實對,輒使人復榜之。後二世使人驗斯,斯以爲如前,終不敢更言,辭服。寫趙高惡極。奏當上,二世喜曰:"微趙君,幾爲丞相所賣。"及二世所使案三川之守,至則項梁已擊殺之。使者來,會丞相下吏,趙高皆妄爲反辭。

二世二年七月,具斯五刑,論腰斬咸陽市。斯出獄,與其中子俱執,顧謂其中子曰:李斯五歎。"吾欲與若復牽黃犬,俱出上蔡東

① 狹,中華書局本《史記》作"陜"。
② 祿,中華書局本《史記》作"位"。

門,逐狡兔,豈可得乎!”李斯心事,前一歎已明,故百忙中作此閒語結。遂父子相哭,而夷三族。|

李斯已死,李斯事完,又一句交付排場,下單序趙高事。二世拜趙高爲中丞相,事無大小輒決於高。高自知權重,乃獻鹿,謂之馬。二世問左右:“此乃鹿也?”左右皆曰“馬也”。二世驚,自以爲惑,與本紀微不同,彼序事,此會意。“自以爲惑”尤奇。乃召太卜,令卦之,太卜曰:“陛下春秋郊祀,奉宗廟鬼神,齋戒不明,故至於此。可依盛德而明齋戒。”於是乃入上林齋戒。愚二世者一。日游弋獵,有行人入上林中,二世自射殺之。趙高教其女壻咸陽令閻樂劾,不知何人,賊殺人,移上林。高乃諫二世曰:“天子無故賊殺不辜人,此上帝之禁也,鬼神不享,天且降殃,當遠避宮以禳之。”二世乃出居望夷之宮。愚二世者二。

留三日,趙高詐詔衛士,令士皆素服持兵內鄉,入告二世曰:“山東群盜兵大至!”二世上觀而見之,恐懼,高即因刧令自殺。愚二世者三。〇二世一路看來,似狼戾自用之人,乃爲趙高愚弄如木偶,何也?蓋木偶無知,有物憑之則靈矣。未殺李斯,趙高憑之;已殺李斯,趙高愚之。二世一木偶而已。引璽而佩之,左右百官莫從;上殿,殿欲壞者三。高自知天弗與,群臣弗許,雙接。乃召始皇弟,授之璽。“召”字、“授之”字,一時匆匆輕脱,其情事如此。

子嬰即位,患之,乃稱疾不聽事,與宦者韓談及其子謀殺高。高上謁,請病,因召入,令韓談刺殺之,夷其三族。|序完趙高事。

子嬰立三月,沛公兵從武關入,至咸陽,群臣百官皆畔,不適。子嬰與妻子,自係其頸以組,降軹道旁。沛公因以屬吏。項王至而斬之。遂以亡天下。帶序完子嬰事。

太史公曰：李斯以閭閻歷諸侯，入事秦，因以瑕釁，以輔始皇，卒成帝業，斯爲三公，可謂尊用矣。一段。斯知六藝之歸，不務明政，以補王上之缺，持爵禄之重，阿順苟合，嚴威酷刑，聽高邪說，廢適立庶。諸侯已畔，斯乃欲諫爭，不亦末乎！二段。人皆以斯極忠，而被五刑死，察其本，乃與俗議之異。不然，斯之功，且與周、召列矣。末作一宕，結。

一篇文字，幾及萬言，中間包藏許多文字，如逐客書、焚書書、賜扶蘇書、公子高從葬書、責問李斯書、督責書、言趙高書、獄中書。與說襄王處、謀立胡亥處、趙高讚李斯處，俱以文詞勝。乃一篇樣，又有一篇幾樣，讀之不厭其多，反惟恐其盡。文章至此，可以無遺憾矣。○李斯凡五歎，而盛衰貴賤，俱于歎中關合照應，以爲文情，令人爲之低回。○文中極勝處，是逐客、督責二書。而立胡亥處，節節與趙高反覆，神情相照，權術不相下。如觀相撲，如聽面談，文心文筆，兩者兼之。○《史記》附傳，皆附首末於一篇之中。獨趙高一傳，于此紀其終。而其出處，反附于蒙恬傳內，是創法。

蒙恬列傳

蒙恬者，其先齊人也。丨先點一句，下序蒙驁。恬大父蒙驁，自齊事秦昭王，官至上卿。秦莊襄王元年，蒙驁爲秦將，伐韓，取成皋、滎陽，作置三川郡。二年，蒙驁攻趙，取三十七城。始皇三年，蒙驁攻韓，取十三城。五年，蒙驁攻魏，取二十城，作置東郡。始皇七年，蒙驁卒。即蒙恬附序蒙驁，獨作一段。〇蒙驁取七十餘城，功畧而著。驁子曰武，武子曰恬。恬嘗書獄，典文學。由驁入武，由武入恬，恬又點一句，下序武事。始皇二十三年，蒙武爲秦裨將軍，與王翦攻楚，大破之，殺項燕。二十四年，蒙武攻楚，虜楚王。丨序武事完。蒙恬弟毅。丨又由恬點出蒙毅，不序，下入恬事。

始皇二十六年，蒙恬因家世得爲秦將，總一句。攻齊，大破之，拜爲內史。秦已并天下，乃使蒙恬將三十萬衆，北逐戎狄，收河南。築長城，因地形，用險制塞，起臨洮，至遼東，延袤萬餘里。於是渡河，據陽山，委蛇而北。暴師於外十餘年，居上郡。是時蒙恬威振匈奴。丨蒙恬事，總序，蓋前已排，此不得不總，章法也，序恬之功，而其罪自見。始皇甚尊寵蒙氏，信任賢之。而親近蒙毅，間接毅事。位至上卿，出則參乘，入則御前。恬任外事而毅常爲內謀，恬、毅合序。

名爲忠信,故雖諸將相,莫敢與之爭焉。|總序數語,結上起下。

趙高者,諸趙疏遠屬也。趙高附傳,餘事在李斯傳中。趙高昆弟數人,皆生隱宫,其母被刑僇,世世卑賤。正與家世秦將者對照,帶序趙高昆弟一筆,回映蒙毅。秦王聞高彊力,通於獄法,舉以爲中軍①府令。高即私事公子胡亥,喻之決獄。伏案。高有大罪,秦王令蒙毅法治之。毅不敢阿法,當高罪死,除其宦籍。帝以高之敦於事也,赦之,復其官爵。|趙高事截住。

始皇欲游天下,道九原,直抵甘泉,乃使蒙恬通道,自九原抵甘泉,游天下,始皇之志,而蒙恬通道,止北方一帶也。塹山堙谷,千八百里。道未就。

始皇三十七年冬,行出游會稽,並海上,北走瑯邪。道病,使蒙毅還禱山川,未反。

始皇至沙丘崩,祕之,群臣莫知。是時丞相李斯、少子胡亥、中軍②府令趙高常從。高雅得幸於胡亥,欲立之,又怨蒙毅法治之,而不爲己也。因有賊心,趙高心事,作兩層寫,序得詳盡,通貫前後。乃與丞相李斯、少子胡亥陰謀,立胡亥爲太子。太子已立,已詳斯傳,此用省筆。遣使者以罪賜公子扶蘇、蒙恬死。扶蘇已死,蒙恬疑而復請之。使者以蒙恬屬吏,更置。胡亥以李斯舍人爲護軍。使者還報,胡亥已聞扶蘇死,即欲釋蒙恬。故作一縱。趙高恐蒙氏復貴而用事,怨之。趙高心事,又作兩層寫,"恐其用事",一③層,"怨之"是一層。

---

① 軍,中華書局本《史記》作"車"。
② 軍,中華書局本《史記》作"車"。
③ 一,底本作"二",疑誤,據校本改。

毅還至,趙高因爲胡亥忠計,因爲忠計,妙! 寫趙高權詐。欲以滅蒙氏,乃言曰:"臣聞先帝欲舉賢,立太子久矣,而毅諫曰'不可'。若知賢而兪不立,則是不忠而惑主也。以臣愚意,不若誅之。"胡亥聽,而繫蒙毅於代。前已囚蒙恬於陽周。|故作一頓,再起,一路序蒙毅,忘却蒙恬,故雙結一筆。喪至咸陽,已葬,太子立爲二世皇帝,而趙高親近,日夜毀惡蒙氏,求其罪過,舉劾之。

子嬰進諫曰:"臣聞故趙王遷,殺其良臣李牧,而用顏聚;燕王喜陰用荊軻之謀,而倍秦之約;齊王建殺其故世忠臣,而用后勝之議。此三君者,皆各以變古者,失其國,而殃及其身。今蒙氏,秦之大臣謀士也,而主欲一旦棄去之,臣竊以爲不可。臣聞輕慮者不可以治國,獨智者不可以存君。誅殺忠臣,而立無節行之人,是內使群臣不相信,而外使鬬士之意離也,臣竊以爲不可。"

胡亥不聽。|此一段總序蒙毅、蒙恬,後乃分序。而遣御史曲宮,乘傳之代,令蒙毅曰:"先主欲立太子,而卿難之。今丞相以卿爲不忠,罪及其宗。朕不忍,乃賜卿死,亦甚幸矣。以賜死爲幸,反跌法,足見其陰毒。卿其圖之!"毅對曰:"以臣不能得先主之意,則臣少宦,順幸沒世。可謂知意矣。以臣不知太子之能,則太子獨從,周旋天下,去諸公子絕遠,臣無所疑矣。作兩反詰勢起。夫先主之舉用太子,數年之積也,臣乃何言之敢諫,何慮之敢謀! 非敢飾辭以避死也,爲羞累先主之名,願大夫爲慮焉,使臣得死情實。序已詳盡,一轉,另起,入古事,作引証。且夫順成全者,道之所貴也;刑殺者,道之所卒也。昔者秦繆公殺三良而死,罪百里奚而非其罪也,故立號曰'繆'。昭襄王殺武安君白起。楚平王殺伍奢。吳王夫差殺伍子胥。此四君者,前子嬰舉趙王,遷燕王喜、齊王建三人,今蒙毅引

繆公、昭襄、夫差、楚平四王,後蒙恬復引成王、桀、紂三君,前後照應。皆爲大失,而天下非之,以其君爲不明,以是籍於諸侯。故曰'用道治者,不殺無罪,而罰不加於無辜'。惟大夫留心!"使者知胡亥之意,不聽蒙毅之言,遂殺之。|一傳序二蒙,用總起,以分結,此一段先結蒙毅事。

二世又遣使者之陽周,令蒙恬曰:"君之過多矣,而卿弟毅有大罪,法及內史。"恬曰:"自吾先人,及至子孫,積功信于秦,三世矣。應前。今臣將兵三十餘萬,身雖囚繫,其勢足以倍畔,自知必死,而守義者,不敢辱先人之教,以不忘先主也。先點明後引證。昔周成王初立,未離襁褓,周公旦負王以朝,卒定天下。及成王有病,甚殆,公旦自揃其爪,以沈於河,曰:'王未有識,是旦執事。有罪殃,旦受其不祥。'乃書而藏之記府,可謂信矣。此說不見於經傳,即金縢一事,秦人焚書,壁經未出之時,傳聞之異詞也。及王能治國,有賊臣言:'周公旦欲爲亂久矣,王若不備,必有大事。'王乃大怒,周公旦走而奔於楚。成王觀於記府,得周公旦沈書,乃流涕曰:'孰謂周公旦欲爲亂乎!'殺言之者而反周公旦。故《周書》曰'必參而伍之'。引証之後,又夾序心事。與前法變。今恬之宗,世無二心,而士卒如此,是必孽臣逆亂,內陵之道也。夫成王失而復振,則卒昌;桀殺關龍逢,紂殺王子比干而不悔,身死則國亡。臣故曰過可振而諫可覺也。察於參伍,上聖之法也。凡臣之言,非以求免於咎也,一掉,另作一論,好!將以諫而死,願陛下爲萬民思從道也。"使者曰:"臣受詔行法于將軍,不敢以將軍言,聞於上也。"蒙恬喟然太息曰:"我何罪于天,無過而死乎?"良久,徐曰:"恬罪固當死矣。起臨洮,屬之遼東,城塹萬餘里,此其中不能無絕地脈哉?此乃恬之罪也。”終以不了了語,竟收,以明蒙恬之無罪也。乃吞藥自殺。一段結完蒙恬事。

太史公曰:吾適北邊,自直道歸,行觀蒙恬所爲秦築長城亭障,塹山堙谷,通直道,固輕百姓力矣。夫秦之初滅諸侯,天下之心未定,痍傷者未瘳,而恬爲名將,不以此時彊諫,振百姓之急,養老存孤,務修眾庶之和,而阿意興功,此其兄弟遇誅,不亦宜乎!何乃罪地脈哉?

此傳作三段,前世系戰功是一段,立二世是一段,誅蒙恬兄弟是一段。○《史記》合傳,多用穿插頓挫淩駕法。此傳只以子嬰諫詞,與蒙毅對詞、蒙恬對詞,三處照映成篇,而前後起結乾淨明簡,不作支蔓,是史傳中一篇老實文字。○《史記》附傳,一篇之中,必記其始卒。獨趙高于此記其始,于李斯傳,記其終,分附于兩篇之中,是另一法。

張耳陳餘列傳

張耳者,大梁人也。其少時,及魏公子毋忌爲客。|張耳嘗亡命游外黄。外黄富人女,甚美,嫁庸奴,亡其夫,去抵父客。父客素知張耳,乃謂女曰:"必欲求賢夫,從張耳。"女聽,乃卒爲請決,嫁之張耳。張耳是時脱身游,應亡命。女家厚奉給張耳,張耳以故致千里客。乃宦魏爲外黄令。名由此益賢。|一段序張耳。陳餘者,亦大梁人也,好儒術,數游趙。苦陘富人公乘氏,以其女妻之,亦知陳餘非庸人也。|一段序陳餘雙起,"亦知"字,跟張耳來,便稍作低昂。餘年少,父事張耳,兩人相與爲刎頸交。|從此兩人合序。

秦之滅大梁也,張耳家外黄。高祖爲布衣時,嘗數從張耳游,客數月。|畧分序張耳,應"能致千里客"。秦滅魏,數歲,已聞此兩人魏之名士也,又合序耳、餘。購求有得張耳千金,陳餘五百金。耳、餘同購。〇兩人價乃爭一倍,秦人具眼。張耳、陳餘乃變名姓,俱之陳,爲里監門以自食。耳、餘同隱。兩人相對。只兩人相對句,寫得兩人心相知,脉脉神情如見。里吏嘗有過笞陳餘,陳餘欲起,張耳躡之,使受笞。吏去,張耳乃引陳餘之桑下而數之曰:"始吾與公言何如?只虛點一句,並不提何言何事,妙!今見小辱而欲死一吏乎?"陳餘然之。

秦詔書購求兩人，兩人，亦反用門者以令里中。丨連下五“兩人”字，以見兩人之膠漆。

陳涉起蘄，至入陳，兵數萬。張耳、陳餘上謁陳涉。耳、餘同起事。涉及左右，生平數聞張耳、陳餘賢，耳、餘同有名。未嘗見，見即大喜。丨正好處且頓住。

陳中豪傑父老乃說陳涉曰：“將軍身被堅執鋭，率士卒以誅暴秦，復立楚社稷，存亡繼絶，功德宜爲王。且夫監臨天下諸將，不爲王不可，願將軍立爲楚王也。”陳涉問此兩人，兩人對曰：耳、餘同說。○又連下“兩人”字，妙！“夫秦爲無道，破人國家，滅人社稷，絶人後世，罷百姓之力，盡百姓之財。將軍瞋目張膽，出萬死不顧一生之計，爲天下除殘也。今始至陳而王之，示天下私。一段勸無王。願將軍毋王，急引兵而西，遣人立六國後，自爲樹党，爲秦益敵也。敵多則力分，與衆則兵彊。如此野無交兵，縣無守城，妙句。誅暴秦，據咸陽以令諸侯。諸侯亡而得立，以德服之，如此則帝業成矣。一段勸進兵。今獨王陳，恐天下解也。”二段如銅丸走阪，急勢跳躍而下，但從末句一掉而意已足。陳涉不聽，遂立爲王。丨

陳餘乃復說陳王遥接。○陳餘獨說。曰：“大王舉梁、楚而西，務在入關，未及收河北也。臣嘗游趙，知其豪傑，及地形，願請奇兵，北畧趙地。”於是陳王以故所善陳人武臣爲將軍，邵騷爲護軍，以張耳、陳餘爲左右校尉，予卒三千人，北畧趙地。

武臣等從白馬渡河，至諸縣，說其豪傑曰：“秦爲亂政虐刑，以殘賊天下數十年矣。北有長城之役，南有五嶺之戍，外内騷動，百姓罷敝，頭會箕斂，以供軍費，財匱力盡，民不聊生。重之以苛法峻刑，使天下父子不相安。陳王奮臂爲天下倡始，與前瞋目張膽俱

爲佳語。王楚之地，方二千里，莫不響應，家自爲怒，人自爲鬭，妙句。各報其怨而攻其讐，縣殺其令丞，郡殺其守尉。今已張大楚，王陳，使吳廣、周文將卒百萬西擊秦。於此時而不成封侯之業者，非人豪也。與前法同而語異。諸君試相與計之！夫天下同心而苦秦久矣。因天下之力，而攻無道之君，報父兄之怨而成割地有土之業，此士之一時也。"總數語，又一激，踴躍有勢。豪傑皆然其言乃行收兵，得數萬人，號武臣爲武信君。下趙十城，餘皆城守，莫肯下。|

乃引兵東北擊范陽。"乃"字正接餘皆城守，始插入范陽令一段。范陽人蒯通說范陽令曰："竊聞公之將死，故弔。雖然，賀公得通而生。"故作險語，佳！范陽令曰："何以吊之？"對曰："秦法重，只三字，一斷後乃應完。足下爲范陽令十年矣，殺人之父，孤人之子，斷人之足，黥人之首，不可勝數。然而慈父孝子莫敢倳刃公之腹中者，畏秦法耳。應秦法。今天下大亂，秦法不施，然則慈父孝子且倳刃公之腹中，以成其名，此臣之所以弔公也。前一反，此一側，開闔成文。今諸侯畔秦矣，武信君兵且至，而君堅守范陽，少年皆爭殺君，下武信君。君急遣臣見武信君，可轉禍爲福，在今矣。"亦一直說下，末一句掉轉。

范陽令乃使蒯通見武信君曰："足下必將戰勝，然後畧地，攻得然後下城，臣竊以爲過矣。誠聽臣之計，可不攻而降城，不戰而畧地，傳檄而千里定，可乎？"亦作一反一側之法。武信君曰："何謂也？"蒯通曰："今范陽令宜整頓其士卒，以守戰者也，一層。怯而畏死，貪而重富貴，故欲先天下降，二層。畏君以爲秦所置吏，誅殺如前十城也。三層。然今范陽少年亦方殺其令，自以城距君。四層。

君何不齎臣侯印，拜范陽令，范陽令則以城下君，少年亦不敢殺其令。五層。收完上兩意，峭拔。令范陽令乘朱輪華轂，使驅馳燕、趙郊。燕、趙郊見之，皆曰，此范陽令先下者也，即喜矣，燕、趙城可毋戰而降也。六層，逐層包裹，如花之苞，逐層脱卸，如筍之籜，妙甚！此臣之所謂傳檄而千里定者也。”一句應前。武信君從其計，因使蒯通賜范陽令侯印。趙地聞之，不戰以城下者，三十餘城。|

至邯鄲，張耳、陳餘聞周章軍入關至戲一事。却，又聞諸將爲陳王狥地，多以讒毁得罪誅，二事。怨陳王不用其筴，不以爲將，而以爲校尉。三事。叠三事，作釁端。乃説武臣曰：耳、餘同説。“陳王起蘄，至陳，而王，非必立六國後。將軍今以三千人，下趙數十城，獨介居河北，不王，無以填之。一轉。且陳王聽讒，還報恐不脱於禍。二轉。又不如立其兄弟；不，即立趙後。三轉。將軍毋失時，四轉。時間不容息。”“毋失時”已足動人，又轉找一句，令人聳然。武臣乃聽之，遂立爲趙王。以陳餘爲大將軍，張耳爲右丞相，邵騷爲左丞相。

使人報陳王，陳王大怒，欲盡族武臣等家，而發兵擊趙。陳王相國房君諫曰：“秦未亡，而誅武臣等家，此又生一秦也。句峭。不如因而賀之，使急引兵西擊秦。”陳王然之，從其計，徙繫武臣等家宫中，封張耳子敖爲成都君。獨封張耳子。

陳王使使者賀趙，令趣發兵西入關。|張耳、陳餘説武臣曰：耳、餘同説。“王王趙，非楚意，特以計賀王。楚已滅秦，必加兵於趙。願王毋西兵，北狥燕、代，南收河内以自廣。趙南據大河，北有燕、代，楚雖勝秦，必不敢制趙。”趙王以爲然，因不西兵，而使韓廣畧燕，李良畧常山，張黶畧上黨。|韓廣、李良、張黶，先立一案。

韓廣至燕，燕人因立廣爲燕王。先序韓廣事。趙王乃與張耳、陳餘北畧地燕界。耳、餘同畧地。趙王閒出，爲燕軍所得。燕將囚之，欲分與趙地半，乃歸王。使者往，燕輒殺之，以求地。張耳、陳餘患之。有厮養卒，謝其舍中曰："吾爲公説燕，與趙王載歸。"先點載歸，妙！舍中皆笑曰："使者往，十餘輩，輒死，若何以能得王？"竟不答，好！乃走燕壁。燕將見之，問燕將曰："知臣何欲？"反問起作勢。燕將曰："若欲得趙王耳。"曰："君知張耳、陳餘何如人也？"燕將曰："賢人也。"曰："知其志何欲？"曰："欲得其王耳。"得王本意乃將兩得王句，叠作波，後反颺去，欲擒故縱之法。趙養卒乃笑曰："君未知此，兩人所欲也。一轉。夫武臣、張耳、陳餘，杖馬箠下趙數十城，此亦各欲南面而王，豈欲爲卿相終已邪？二轉。夫臣與主，豈可同日而道哉，三轉。顧其勢初定，未敢參分而王，四轉。且以少長先立武臣爲王，以持趙心。五轉。今趙地已服，此兩人亦欲分趙而王，時未可耳。六轉。今君乃囚趙王。此兩人名爲求趙王，實欲燕殺之，此兩人分趙自立。七轉。又四出"兩人"字。夫以一趙，尚易燕，况以兩賢王左提右挈，而責殺王之罪，滅燕易矣。"許多轉折，一轉一勝。燕將以爲然，乃歸趙王，養卒爲御而歸。|應前載歸。

李良已定常山，遥接序李良事。還報趙王，復使良畧太原。至石邑，秦兵塞井陘，未能前。秦將詐稱二世使人遺李良書，不封，曰："良嘗事我，得顯幸。良誠能反趙爲秦，赦良罪，貴良。"書詞簡質。良得書，疑不信。先作一頓。乃還之邯鄲，益請兵。未至，道逢趙王姊，出飲，從百餘騎。李良望見，以爲王，伏謁道旁。王姊醉，不知其將，使騎謝李良。李良素貴，句。起，句。慙其從官。從官有一人曰："天下畔秦，能者先立。且趙王素出將軍下，今女兒乃

不爲將軍下車,請追殺之。"李良已得秦書,固欲反趙,未決,接一筆。因此怒,遣人追殺王姊道中,乃遂將其兵襲邯鄲。邯鄲不知,竟殺武臣、邵騷。趙人多爲張耳、陳餘耳目者,以故得脱出。耳、餘同脱。收其兵,得數萬人。|客有説張耳獨説張耳。曰:"兩君羈旅,而欲附趙,難獨立,立①趙後,扶以義,可就功。"簡質。乃求得趙歇,立爲趙王,居信都。|李良進兵擊陳餘,陳餘敗李良,李良走歸章邯。陳餘獨功。

章邯引兵至邯鄲,皆徙其民河内,夷其城郭。張耳與趙王歇,走入鉅鹿城,王離圍之。陳餘北收常山兵,得數萬人,軍鉅鹿北。章邯軍鉅鹿南棘原,築甬道屬河,餉王離。王離兵食多,急攻鉅鹿。鉅鹿城中,食盡,兵少,張耳數使人召前陳餘,"召前"字法。陳餘自度兵少,不敵秦,不敢前。數月張耳大怒,怨陳餘,耳、餘相怨。使張黶、陳澤往讓陳餘曰:"始吾與公爲刎頸交,今王與耳旦暮且死,而公擁兵數萬,不肯相救,安在其相爲死!苟必信,胡不赴秦軍,俱死?且有十一二相全。"促節中佳句。陳餘曰:"吾度前終不能救趙,徒盡亡軍。且餘所以不俱死,欲爲趙王、張君報秦。今必俱死,如以肉委餓虎,何益?"張黶、陳澤曰:"事已急,要以俱死立信,安知後慮!"陳餘曰:"吾死顧以爲無益。必如公言。"只四字,寫陳餘一肚皮不然,匆匆説不盡處,猶云"死固無益,今定依爾云爾",故下直接"乃使"二字。乃使五千人令張黶、陳澤,先嘗秦軍,句。至,句。皆沒。

當是時,燕、齊、楚,聞趙急,皆來救。張敖亦北收代兵,得萬

① 中華書局本《史記》無此"立"字。

餘人,句。來,句。皆壁餘旁,未敢擊秦。項羽兵數絕章邯甬道,應前築甬道。王離軍乏食,項羽悉引兵渡河,遂破章邯。正忙時,又夾序救兵、楚軍事,只用“當是時”三字插入。章邯引兵解,諸侯軍乃敢擊圍鉅鹿秦軍,遂鹵王離。涉間自殺。卒存鉅鹿者,楚力也。下一句斷。

於是趙王歇、張耳乃得出鉅鹿,謝諸侯。“乃使”,“乃敢”,“乃得”,寫出煩難,寫出僥倖。張耳與陳餘相見,此處張耳、陳餘,又畧一合。責讓陳餘,以不肯救趙,及問張黶、陳澤所在。陳餘怒曰:“張黶、陳澤,以必死責臣,臣使將五千人先嘗秦軍,皆沒不出。”張耳不信,以爲殺之,數問陳餘。陳餘怒曰:“不意君之望臣深也!豈以臣爲重去將哉?”乃脫解印綬,推予張耳。張耳亦愕不受。先作一疑,如兩虎相對各不相下。陳餘起,如廁。客有說張耳曰:“臣聞‘天與不取,反受其咎’。今陳將軍與君印,君不受,反天不祥。急取之!”張耳乃佩其印,收其麾下。而陳餘還,亦望張耳不讓,遂趨出。後作一決,如兩虎掉尾,各自歸山。張耳遂收其兵。陳餘獨與麾下所善數百人,之河上澤中漁獵。由此陳餘、張耳遂有卻。|耳、餘搆卻,陳餘既去,下獨序張耳。

趙王歇復居信都。張耳從項羽諸侯入關。張耳獨從項羽。漢元年二月,項羽立諸侯王,張耳雅游,字新。人多爲之言,項羽亦素數聞張耳賢,乃分趙立張耳爲常山王,張耳獨王。治信都。信都更名襄國。|

陳餘客多說項羽曰:“陳餘、張耳一體有功於趙。”只一句,省。項羽以陳餘不從入關,聞其在南皮,即以南皮旁三縣以封之,而徙趙王歇王代。|

張耳之國,陳餘愈益怒,又插入陳餘事。曰:“張耳與餘功等也,今張耳王,餘獨侯,此項羽不平。”頓住,下接入别事。及齊王田榮畔楚,陳餘乃使夏説説田榮曰:“項羽爲天下宰,不平,盡王諸將善地,徙故王王惡地,今趙王乃居代! 願王假臣兵,請以南皮爲扞蔽。”田榮欲樹党於趙以反楚,乃遣兵從陳餘。陳餘因悉三縣兵襲常山王張耳。|耳、餘相攻。張耳敗走,念諸侯無可歸者,曰:“漢王與我有舊故,而項羽又彊,立我,我欲之楚。”甘公曰:“漢王之入關,五星聚東井。東井者,秦分也。先至必霸。楚雖彊,後必屬漢。”故耳走漢。漢王亦還定三秦,方圍章邯廢丘。張耳謁漢王,漢王厚遇之。|張耳獨歸漢。

陳餘已敗張耳,間接。皆復收趙地,迎趙王於代,復爲趙王。趙王德陳餘,立以爲代王。陳餘獨王。陳餘爲趙王弱國初定,不之國,留傅趙王,而使夏説以相國守代。

漢二年,東擊楚,使使告趙,欲與俱。陳餘曰:“漢殺張耳陳餘殺張耳。乃從。”於是漢王求人類張耳者斬之,持其頭遺陳餘。陳餘乃遣兵助漢。漢之敗於彭城西,陳餘亦復覺張耳不死,即背漢。|

漢三年,韓信已定魏地,遣張耳與韓信擊破趙井陘,斬陳餘泜水上,張耳殺陳餘,完陳餘事。追殺趙王歇襄國。漢立張耳爲趙王。|漢五年,張耳薨,謚爲景王。張耳薨,完張耳事。子敖嗣立爲趙王。|高祖長女魯元公主,爲趙王敖后。

漢七年,高祖從平城過趙,趙王朝夕袒韝蔽,作一裝束,妙! 自上食,禮甚卑,有子壻禮。兩“禮”字環應。高祖箕踞詈,甚慢易之。趙相貫高、趙午等年六十餘,故張耳客也。又點張耳。生平爲氣,乃怒曰:“吾王孱王也!”先點一句,方下說詞,固盡一時情景,然直照下王不倍德齧指出血事。說王曰:“夫天下豪傑竝起,能者先立。今王事高祖甚恭,而高祖無禮,請爲王殺之!”張敖齧其指,出血,曰:“君何言之誤!且先人亡國,賴高祖得復國,德流子孫,秋毫①皆高祖力也。淋漓曲至,句句懇誠,體貼至此。願君無復出口。”又找一句以決絕之。貫高、趙午等十餘人先點十餘人。皆相謂曰:“乃吾等非也。吾王,長者,不倍德。映孱王句。且吾等義不辱,應生平爲氣。今怨高祖辱我王,故欲殺之,何乃洿②王爲乎?令事成,歸王,事敗,獨身坐耳。”一句是主,貫下一段。

漢八年,上從東垣還,過趙,貫高等乃壁人柏人,要之置。只七字,序一番布置簡質詳盡置驛遞也。上過,欲宿,心動,亦只六字,情景已盡。問曰:“縣名爲何?”曰:“柏人。”“柏人者,迫於人也!”不宿而去。

漢九年,貫高怨家知其謀,乃上變告之。於是上皆并逮捕趙王、貫高等。句。十餘人皆爭自剄,應十餘人。貫高獨怒,罵曰:“誰令公爲之?只一句,歷歷入情。今王實無謀,而并捕王;公等皆死,誰白王不反者!”乃轞車膠致,字新。與王詣長安。治張敖之罪。上乃詔趙群臣賓客,有敢從王皆族。貫高與客孟舒等十餘人,皆自髡鉗,爲王家奴,從來。貫高至,對獄,曰:“獨吾屬爲之,王實不知。”吏治,榜笞數千,刺剟,身無可擊者,只五字寫盡慘毒不堪。終不復言。吕后數言張王以魯元公主故,不宜有此。上怒曰:“使張敖據天下,豈少而女乎!”不聽。廷尉以貫高事辭聞,上曰:“壯士!

① 毫,中華書局本《史記》作“豪”。

② 洿,中華書局本《史記》作“汙”。

誰知者,以私問之。”只九字作三句,寫得傾倒嘆服,神情逼露。中大夫泄公曰:“臣之邑子素知之。對“誰知者”。此固趙國立名義不侵爲然諾者也。”應“生平爲氣”。上使泄公持節問之,箯輿前仰視曰:“泄公邪?”情狀宛然,摹寫盡致,文心之妙如此。泄公勞苦如平生驩,與語,問張王果有計謀不。高曰:“人情寧不各愛其父母妻子乎?今吾三族皆以論死,豈以王易吾親哉!顧爲王實不反,獨吾等爲之。”“誰令公爲之”“吾屬爲之”“吾等爲之”,照映成文。具道本指,所以爲者王不知狀。省法。於是泄公入,具以報,上乃赦趙王。

上賢貫高爲人,能立然諾,應前。使泄公具告之,曰:“張王已出。”因赦貫高。貫高喜曰:“吾王審出乎?”只五字,欣喜踴躍情事聲色,種種如生。泄公曰:“然。”泄公曰:多一“泄公曰”,是一頓,再說也,正寫當時情事。“上多足下,故赦足下。”貫高曰:“所以不死,一身無餘者,三族盡論也,倒句。白張王不反也。今王已出,吾責已塞,死不恨矣。且人臣有篡殺之名,何面目復事上哉!縱上不殺我,我不愧於心乎?”乃仰絶肮,遂死。當死[1]之時,名聞天下。|序完貫高事,只四字贊。

張敖已出,以尚魯元公主故,封爲宣平侯。於是上賢張王諸客,以鉗奴從張王入關,無不爲諸侯相、郡守者。又借鉗奴作一餘波,以襯貫高也。及孝惠、高后、文帝、孝景時,張王客子孫,皆得爲二千石。

張敖,高后六年薨。子偃爲魯元王。以母吕后女故,吕后封爲魯元王。元王弱,兄弟少,乃封張敖他姬子二人:壽爲樂昌侯,

---

[1] 死,中華書局本《史記》作“此”。

侈爲信都侯。高后崩,諸呂無道,大臣誅之,而廢魯元王,及樂昌侯、信都侯。孝文帝即位,復封故魯元王偃爲南宮侯,續張氏。

太史公曰:張耳、陳餘,世傳所稱賢者;其賓客厮役,莫非天下俊傑,所居國無不取卿相者。一轉。然張耳、陳餘始居約時,相然信以死,豈顧問哉。二轉。及據國爭權,卒相滅亡,何鄉者相慕用之誠,後相倍之戾也！豈非以利哉?三轉。名譽雖高,賓客雖盛,所由殆與太伯、延陵季子異矣。

《史記》合傳,皆每人一段,以關鎖穿插見妙。獨此傳則兩人出處同、事業同,即後來構①怨亦同,故俱以一筆雙寫,安章頓句,處處妥貼,而無東枝西梧之病,豈不獨雄千古哉?〇耳、餘傳,如兩龍同一海,始則弭耳而游,後則巖角而鬭,水立雲飛,一海皆動。乃既去之後,雙尾一掉,而餘波猶復翻天,則貫高一段是也。〇局法不待言矣。而詞致之妙,則反在蒯通兩說。厮養卒歸王,多少曲折,多少層叠！其妙已盡。而貫高一段,則又用短句促節,而事語詳盡,情景逼真,正神手也。〇寫耳、餘刎頸交,用多少"兩人"字！若天生兩人,膠漆相固,形影相比,終天地而不可離者,而孰知其如此哉！正爲後文作三歎也。〇寫陳餘往往不如張耳,即千金五百,價爭以倍,可爲一笑！

① 構,底本作"搆",據校本改。

魏豹彭越列傳

魏豹者,故魏諸公子也。其兄魏咎,故魏時封爲甯陵君。秦滅魏,遷咎爲家人。魏豹傳先從其兄序起。陳勝之起王也,咎往從之。陳王使魏人周市狥魏地,魏地已下,欲相與立周市爲魏王。周市曰:"天下昬亂,忠臣乃見。今天下共畔秦,其義必立魏王後,乃可。"齊、趙使車各五十乘,立周市爲魏王。市辭不受,欲立魏後矣,借齊、趙車乘再爲周市勾勒一筆,正爲周市出色一番。迎魏咎于陳。五反,陳王乃遣立咎爲魏王。|"五反",非寫陳王之難,正寫周市之忠也。

章邯已破陳王,乃進兵擊魏王於臨濟。先擊魏,魏近秦也。魏王乃使周市出,請救于齊、楚。齊、楚遣項它、田巴將兵隨市救魏。章邯遂擊破殺周市等軍,圍臨濟。咎爲其民約降。約定,咎自燒殺。|

魏豹亡走楚。始入豹事。楚懷王予魏豹數千人,復狥魏地。項羽已破秦,降章邯。豹下魏二十餘城,立豹爲魏王。豹引精兵從項羽入關。漢元年,項羽封諸侯,欲有梁地,乃徙魏王豹于河東,都平陽,爲西魏王。|

漢王還定三秦,渡臨晉,魏王豹以國屬焉,遂從擊楚于彭城。漢敗,還至滎陽,豹請歸視親病,至國,即絕河津畔漢。漢王聞魏豹反,方東憂楚,未及擊,謂酈生曰:"緩頰往說魏豹,"緩頰"二字,寫辨士之神。能下之,吾以萬戶封若。"酈生說豹。豹謝曰:"人生一世間,如白駒過隙耳。今漢王慢而侮人,罵詈諸侯群臣,如罵奴耳,非有上下禮節也,吾不忍復見也。"於是漢王遣韓信擊虜豹于河東,傳詣滎陽,以豹國為郡。漢王令豹守滎陽。楚圍之急,周苛遂殺魏豹。|

彭越者,昌邑人也,字仲。常漁鉅野澤中,為群盜。|陳勝、項梁之起,少年或謂越曰:"諸豪傑相立,畔秦,仲可以來,亦效之。"彭越曰:"兩龍方鬬,且待之。"|待時而動,審顧却慮,寫彭越不凡,起手便不草草,正見老成處。

居歲餘,澤間少年相聚百餘人,往從彭越,曰:"請仲為長。"越謝曰:"臣不願與諸君。"少年彊請,乃許。寫得雍容審慮,亦與他人不同。與期,旦日日出會,後期者斬。旦日日出,十餘人後,後者至日中。於是越謝曰:"臣老,諸君彊以為長。今期而多後,不可盡誅,誅最後者一人。"誅最後一人,情法兼盡。令校長斬之。皆笑曰:"何至是?百餘人耳,且同出等夷,怨行軍法,真若可笑,極寫當時情事。請後不敢。"戲笑之中,又周旋彭越一句。於是越乃引一人斬之,眾人方笑而毅然斬之,眾人不敢爭,又不敢不服,寫彭越慴服眾人處才氣不凡。設壇祭,乃令徒屬。徒屬皆大驚,畏越莫敢仰視。乃行略地,收諸侯散卒,得千餘人。|所難在斬一人耳,既斬之後,勢所必至,借眾人,正以形容彭越也。

沛公之從碭北擊昌邑,彭越助之。昌邑未下,沛公引兵西。

彭越亦將其衆居鉅野中,收魏散卒。|項籍入關,王諸侯,還歸,彭越衆萬餘人,毋所屬。|漢元年秋,齊王田榮畔項王,漢乃使人賜彭越將軍印,使下濟陰,以擊楚。楚命蕭公角將兵擊越,越大破楚軍。|漢王二年春,與魏王豹及諸侯東擊楚,彭越將其兵三萬餘人,歸漢于外黄。漢王曰:"彭將軍收魏地,得十餘城,欲急立魏後。彭越之才,只作相國,殊屬過抑,故反就彭越身上,點一句,以爲其自願如此耳,極寫彭越與周市一樣。今西魏王豹,亦魏王咎從弟也,真魏後。"乃拜彭越爲魏相國,擅將其兵,畧定梁地。|

漢王之敗彭城,解而西也,彭越皆復亡其所下城,獨將其兵,北居河上。|漢王三年,彭越常往來爲漢游兵,擊楚,絕其後糧于梁地。|漢四年冬,項王與漢王相距滎陽,彭越攻下睢陽、外黄十七城。項王聞之,乃使曹咎守成皋,自東收彭越所下城邑,皆復爲楚。越將其兵北走穀城。|漢五年秋,項王之南走陽夏,彭越復下昌邑旁二十餘城,得穀十餘萬斛,以給漢王食。|以上七段無所屬也、畧地也、絕楚糧也、得城而亡,亡而復下,下而復爲楚,楚走而復下城也,往來反復終是一支游兵,然因楚爲漢,正在此處。

漢王敗,使使召彭越并力擊楚。越曰:"魏地初定,尚畏楚,未可去。"漢王追楚,爲項籍所敗固陵。乃謂留侯曰:"諸侯兵不從,爲之奈何?"留侯曰:"齊王信之立,非君王之意,信亦不自堅。彭越本定梁地,功多,始君王以魏豹故,拜彭越爲魏相國。今豹死毋後,且越亦欲王,又點明彭越爲相國之不稱也。而君王不蚤定。與此兩國約:即勝楚,睢陽以北至穀城,皆以王彭相國;從陳以東傅海,與齊王信。齊王信家在楚,此其意欲復得故邑。君王能出捐此地許二人,二人今可致;即不能,事未可知也。"將齊王夾說,比羽紀更復

多姿。於是漢王乃發使使彭越,如留侯策。使者至,彭越乃悉引兵會垓下,遂破楚。|上兼說韓信,實事也。此單接彭越,傳體也。五年,項籍已死。春,立彭越爲梁王,都定陶。|

六年,朝陳。|九年,十年,皆來朝長安。|

十年秋,陳豨反代地,高帝自往擊,至邯鄲徵兵梁王。梁王稱病,使將將兵詣邯鄲。高帝怒,使人讓梁王。梁王恐,欲自往謝。其將扈輒曰:"王始不往,見讓而往,往則爲禽矣。不如遂發兵反。"梁王不聽,稱病。兩"稱病"作兩頓寫,梁王志不在反。梁王怒其太僕,欲斬之。太僕亡走漢,告梁王與扈輒謀反。於是上使使掩梁王,梁王不覺,只四字便辨梁王之不反矣。捕梁王,囚之雒陽。有司治,反形已具,請論如法。上赦以爲庶人,傳處蜀青衣。西至鄭,逢吕后從長安來,欲之雒陽,道見彭王。彭王爲吕后泣涕,自言無罪,此寫彭王乞憐處,頗爲不堪,豈老而喪志耶?願處故昌邑。吕后許諾,與俱東,至雒陽。吕后白上曰:"彭王壯士,今徙之蜀,此自遺患,不如遂誅之。妾謹與俱來。"於是吕后乃令其舍人告彭越復謀反。信、越、布三人之死也,越最無罪,故史公直書不諱。廷尉王恬開奏請族之。上乃可,遂夷越宗族,國除。

太史公曰:魏豹、彭越,雖故賤,然已席卷千里,南面稱孤,喋血乘勝,日有聞矣。一折。懷畔逆之意,及敗,不死而虜囚,身被刑戮,何哉?二折。中材以[①]上,且羞其行,況王者乎!三折。彼無異故,智略絕人,獨患無身耳。得攝尺寸之柄,其雲蒸龍變,欲有所會其度,以故幽囚而不辭云。贊語凡三折,三折之後,亦若雲蒸龍變,另

① 以,中華書局本《史記》作"已"。

有一種氣勢。○《老子》曰:“吾之患,在吾有身。”此則獨患無身,同是一種妙理。

魏豹爲魏王,彭越爲魏相國,同起魏地,故作兩人合傳。然魏豹殊不足取,故畧具事體而已。至韓信擊鹵以後,更復索然。○寫彭越老成練達,有堅忍不拔之志。爲項羽所敗,累仆累起。雖非重瞳敵手,然終以制重瞳之命,寫來自是不凡。○彭越初起處,雖未甚淋漓,然百許人之中,毅然行法,便不是草竊規模。寫彭越有老吏心胸、老奸手段,止是臨死一泣,大減分數耳!

黥布列傳

黥布者，六人也，姓英氏。|以黥爲名，倒出姓氏，奇！秦時爲布衣。少年，有客相之曰："當刑而王。"及壯，坐法句。黥。句。布欣然笑曰："人相我當刑而王，幾是乎？"人有聞者，共俳笑之。|寫得英氣逼人。俳，即戲意。布已論輸麗山，接坐法事。麗山之徒數十萬人，布皆與其徒長豪傑交通，迺率其曹偶，亡之江中，爲群盜。|

陳勝之起也，布傳，即借時事提序夾序，不特時事明晰，亦且熱鬧可觀。〇陳勝之起一。布乃見番君，與其衆叛秦，聚兵數千。番君以其女妻之。|章邯之滅陳勝，破呂臣軍，章邯滅陳勝破呂臣二。布乃引兵北，擊秦左右校，破之清波，引兵而東。|聞項梁定江東會稽，涉江而西。項梁定江東三。陳嬰以項氏世爲楚將，迺以兵屬項梁，渡淮南，陳嬰屬項梁四。英布、蒲將軍亦以兵屬項梁。|亦以字，奇！反若以布陪說。

項梁涉淮而西，擊景駒、秦嘉等，項梁涉淮五。布常冠軍。|項梁至薛，聞陳王定死，迺立楚懷王。項梁立懷王六。項梁號爲武信君，英布爲當陽君。|項梁敗死定陶，懷王徙都彭城，項梁敗死，懷王徙都七。諸將英布亦皆保聚彭城。以上三節，英布俱帶序。當是時，

秦急圍趙，趙數使人請救。懷王使宋義爲上將，范增[1]爲末將，項籍爲次將，英布、蒲將軍皆爲將軍，悉屬宋義，北救趙。及項籍殺宋義於河上，懷王因立籍爲上將軍，項羽殺宋義八。諸將皆屬項籍。項籍使布先涉渡河，擊秦，布數有利，籍乃悉引兵涉河從之，遂破秦軍，降章邯等。項羽破秦軍九。楚兵常勝，功冠諸侯。諸侯兵皆以服屬楚者，以布數以少敗衆也。一鎖。○一路寫項梁、項羽，而帶序布事，至此點序數句，歸功英布，則以上寫梁、羽處俱是寫布處也，文章之妙。

項籍之引兵西至新安，項籍至新安十。又使布等夜擊坑章邯秦卒二十餘萬人。至關，不得入，項籍至關十一。又使布等先從間道破關下軍，遂得入，至咸陽。布常爲軍鋒。以兵屬項梁後，常冠軍，數有利，以少敗衆，常爲軍鋒。極寫英布，反借項羽寫英布[2]，看來反若英布高出項羽一頭，借客形主之妙。項王封諸將，立布爲九江王，都六。

漢元年四月，以下用漢提綱。諸侯皆罷戲下，各就國。項氏立懷王爲義帝，徙都長沙，迺陰令九江王布等行擊之。使布坑秦卒，又使布破關，令布擊義帝，寫英布與項羽，同功一體，兩人一樣。其八月，布使將擊義帝，追殺之郴縣。

漢二年，齊王田榮畔楚，項王往擊齊，徵兵九江，九江王布稱病不往，遣將將數千人行。漢之敗楚彭城，布又稱病不佐楚。項王由此怨布，前寫英布、項羽同功同惡，至此遂分。數使使者誚讓，召布，布愈恐，不敢往。項王方北憂齊、趙，西患漢，所與者獨九江王，又多布材，欲親用之，以故未擊。二鎖。又將時事提序一段，且頓住，真如生龍活虎，不可捉搦。

---

① 范增，中華書局本《史記》作“范曾”。

② 布，底本作“巾”，疑誤，據校本改。

漢三年，漢王擊楚，大戰彭城，不利，出梁地，至虞，謂左右曰："如彼等者，無足與計天下事。"忽劈頭出一句，使人不知所謂，真得躊躇四顧，心口商度之態，下乃接出隨何，若從天而下，其妙至此。謁者隨何進曰："不審陛下所謂。"以下極寫隨和。漢王曰："孰能爲我使淮南，"孰能"，正應"如彼等"句。令之發兵倍楚，留項王于齊，數月，我之取天下，可以百全。"隨何曰："臣請使之。"只一句，並不商度，妙！迺與二十人俱使淮南。二十人伏。至，句。因太宰主之，三日不得見。故作一頓。隨何因說太宰曰："王之不見何，必以楚爲彊，以漢爲弱，此臣之所以爲使。一句，瞥入矯健。使何得見，言之而是邪，是大王所欲聞也；言之而非邪，使何等二十人，伏斧質淮南市，以明王倍漢而與楚也。"忽作兩調，以韻勝。太宰乃言之王，王見之。隨何曰："漢王使臣，敬進書大王御者，竊怪大王與楚何親也。"亦一句瞥入，妙！"親"字當作親密解，即欲親用之，"親"字也正與上相應，并照上英布屬項羽、項羽使英布等事也。淮南王曰："寡人北向而臣事之。"答曰，爲臣事之，所以不得不親密也。隨何曰："大王與項王，俱列爲諸侯，北向而臣事之，必以楚爲彊，可以託國也。項王伐齊，身負版[①]築，以爲士卒先，大王宜悉淮南之衆，身自將之，爲楚軍前鋒，今乃發四千人以助楚。夫北面而臣事人者，固若是乎？夫漢王戰于彭城，項王未出齊也，大王宜騷淮南之兵，渡淮，日夜會戰彭城下，大王撫萬人之衆，無一人渡淮者，垂拱而觀其孰勝。夫託國于人者，固若是乎？亦作兩調，與前應，北面臣事、託國于人，分借作兩調，實互說也。大王提空名以向楚，而欲厚自託，臣竊爲大王不取也。總收上

① 版，中華書局本《史記》作"板"。

兩段。然而大王不背楚者，以漢爲弱也。又頓出一峯。夫楚兵雖彊，天下負之以不義之名，以其背盟約而殺義帝也。然而楚王恃戰勝自彊，漢王收諸侯，還守成皋、滎陽，下蜀、漢之粟，深溝壁壘，分卒守徼乘塞，楚人還兵，間以梁地，深入敵國八九百里，欲戰則不得，攻城則力不能，老弱轉糧千里之外；楚兵至滎陽、成皋，漢堅守而不動，進則不得攻，退則不能[①]解。故曰楚兵不足恃也。一段說利害明晳。使楚勝漢，則諸侯自危懼而相救。夫楚之彊，適足以致天下之兵耳。又一挽結，其勢全，其理密，愈覺其姸。故楚不如漢，其勢易見也。又一收。今大王不與萬全之漢而自託于危亡之楚，臣竊爲大王惑之。臣非以淮南之兵足以亡楚也。又一轉，愈轉愈足。夫大王發兵而倍楚，項王必留；留數月，漢之取天下，可以萬全。方說正事。臣請與大王提劒而歸漢，漢王必裂地而封大王，又況淮南，淮南必大王有也。英布已王淮陽矣，何又裂地之有？故又足一句，益見縝密，與上俱用一樣筆法。故漢王敬使使臣進愚計，願大王之留意也。"淮南王曰："請奉命。"|陰許畔楚與漢，未敢泄也。寫一時情事色態俱備。○一節。

楚使者在，方急責英布發兵，舍傳舍。二節。隨何直入，坐楚使者上坐，三節。直入妙。"上坐"尤妙！曰："九江王已歸漢，楚何以得發兵？"布愕然。楚使者起。何因說布曰："事已搆，可遂殺楚使者，無使歸，而疾走漢，并力。"一時匆忙中，故只用短句，妙！布曰："如使者教，因起兵而擊之耳。"於是殺使者，|因起兵而攻楚。楚使項聲、龍且，攻淮南，項王留而攻下邑。數月，龍且擊淮南，破布

① 能，中華書局本《史記》作"得"。

軍。布欲引兵走漢,恐楚王殺之,故間行與何俱歸漢。|完隨何使事。

淮南王至,上方踞牀洗,召布入見,布甚大怒,悔來,欲自殺。出就舍,帳御飲食,從官如漢王居,布又大喜過望。|寫得頓挫有態,聲色俱妙! 於是,乃使人入九江。楚已使項伯收九江兵,盡殺布妻子。布使者頗得故人幸臣,將衆數千人歸漢。漢益分布兵,而與俱北,收兵至成皋。|四年七月,立布爲淮南王,與擊項籍。|

漢五年,布使人入九江,得數縣。|六年,布與劉賈入九江,誘大司馬周殷,周殷反楚,遂舉九江兵與漢擊楚,破之垓下。|以上散序英布事。

項籍死,天下定,上置酒。上折隨何之功,謂何爲腐儒,爲天下安用腐儒。兩"腐儒"聲色俱妙。突然而起,與"如彼等者"一樣筆法。隨何跪曰:"夫陛下引兵攻彭城,楚王未去齊也,陛下發步卒五萬人,騎五千,能以取淮南乎?"上曰:"不能。"隨何曰:"陛下使何與二十人使淮南,二十人應前。至,如陛下之意,是何之功賢於步卒五萬人,騎五千也。然而陛下謂何腐儒,爲天下安用腐儒,何也?"又疊兩"腐儒"句,聲色俱妙。上曰:"吾方圖子之功。"迺以隨何爲護軍中尉。一傳寫英布事,而隨何無傳,插序于此,其文法之妙又不待言也。布遂剖符爲淮南王,都六,九江、廬江、衡山、豫章郡皆屬布。|又接入布事,不見痕跡。

七年,朝陳。|八年,朝雒陽。|九年,朝長安。|

十一年,高后誅淮陰侯,布因心恐。|夏,漢誅梁王彭越,醢之,盛其醢徧賜諸侯。至淮南,淮南王方獵,見醢,因大恐,陰令人部

聚兵,候伺傍[①]郡警急。|“因心恐”“因大恐”“陰令聚兵”事已搆矣,偏頓住。

布所幸姬疾,請就醫,醫家與中大夫賁赫對門,姬數如醫家,賁赫自以爲侍中,迺厚餽遺,從姬飲醫家。姬侍王,從容語次,譽赫長者也。王怒曰:“汝安從知之?”具說狀。王疑其與亂。赫恐,稱病。王愈怒,欲捕赫。寫瑣細事曲折如見。赫言變事,乘傳詣長安。因言變事,故得乘傳耳。此變事虛。布使人追,不及。赫至,上變,至此乃上變耳,實。言布謀反有端,可先未發誅也。此即書語也,下乃出書字。上讀其書,語蕭相國。相國曰:“布不宜有此,恐仇怨妄誣之。請擊赫,使人微驗淮南王。”欲合未合間,又作一縱。淮南王布見赫以罪亡,上變,固已疑其言國陰事;漢使又來,頗有所驗,遂族赫家,發兵反。敘反因,委曲有致。反書聞,上乃赦賁赫,以爲將軍。|

上召諸將問曰:“布反,爲之奈何?”皆曰:“發兵擊之,坑豎子耳。何能爲乎!”廷議如此,下便應序滕公薦薛公事矣,乃反放過,倒插入滕公私議一段,文法變幻。汝陰侯滕公召故楚令尹問之。令尹曰:“是固[②]當反。”先作一縱。滕公曰:“上裂地而王之,疏爵而貴之,南靣而立萬乘之主,其反何也?”令尹曰:“往年殺彭越,前年殺韓信,言此三人者[③],同功一體之人也。自疑禍及身,故反耳。”只說反故,並不說何以策英布,留至上前方說,文法之妙。滕公言之上曰:“臣客故楚令尹薛公者,其人有籌筴之計,可問。”籌畫虛說,妙!蓋已爲滕公說一遍,直述兩遍,無此文法,先于滕公前述過,下無色澤,故且藏過,至下方

① 傍,中華書局本《史記》作“旁”。

② 固,中華書局本《史記》作“故”。

③ 中華書局本《史記》作“此三人者”。

説,作文之法也。上乃召見問薛公。此事則應接無能爲句,下一時事耳。滕公先問一段,倒插法也。薛公對曰:"布反不足怪也。"布反不足怪",即殺彭越、韓信云云也。一篇說話,上半節,于滕公前述,上前不序上計云云。下半節,于上前述,滕公前不序,文法互見之妙。使布出于上計,山東非漢之有也;出于中計,勝敗之數未可知也;出于下計,陛下安枕而臥矣。"先出上、中、下三計,作一頓。上曰:"何爲[①]上計?"令尹對曰:"東取吳,西取楚,并齊取魯,傳檄燕、趙,固守其所,山東非漢之有也。""何謂中計?"畧"上曰""對曰",省。"東取吳,西取楚,并韓取魏,據敖倉之粟,塞成皋之口,勝敗之數未可知也。""何謂下計?""東取吳,西取下蔡,歸重于越,身歸長沙,陛下安枕而臥,漢無事矣。"上曰:"是計將安出?"上三詳作兩段序,妙矣。此又閃出一段,益奇。令尹對曰:"出下計。"亦作一頓,配上。上曰:"何謂廢中上計而出下計?"令尹曰:"布故麗山之徒也,自致萬乘之主,此皆爲身,不顧後爲百姓萬世慮者也,故曰出下計。"上曰:"善。"封薛公千戶。|迺立皇子長爲淮南王。|間插一句。上遂發兵自將,東擊布。"遂"字緊接。

布之初反,謂其將曰:"上老矣,厭兵,必不能來。使諸將,諸將獨患淮陰、彭越,今皆已死,餘不足畏也。"故遂反。|正忙中,又插出反前一段,妙!果如薛公籌之,间接。東擊荊,荊王劉賈走死富陵。盡刦其兵,渡淮,擊楚。楚發兵與戰徐、僮間,爲三軍,欲以相救爲奇。或說楚將曰:"布善用兵,民素畏之。且兵法,諸侯戰其地爲散地。今別爲三,彼敗吾一軍,餘皆走,安能相救!"兩"相救",應。

① 爲,中華書局本《史記》作"謂"。

不聽。布果破其一軍,其二軍散走。|

遂西,與上兵遇蘄西,會甀。布兵精甚,上乃壁庸城,望布軍,置陳,如項籍軍,上惡之。極寫英布之能,仍帶定項籍,以應上半篇。與布相望見,遙謂布曰:"何苦而反?"布曰:"欲爲帝耳。"此時布訴功訴冤,俱屬孱弱,只作倔彊一語,不特時事固爾,而英布身分俱現。上怒,罵之,遂大戰。布軍敗,走渡淮,數止戰不利,寫英布倔彊。與百餘人走江南。|布故與番君婚,應前番君,以女妻之。以故長沙哀王使人紿布,僞與亡,誘走越,故信而隨之番陽。番陽人殺布茲鄉民田舍,遂滅黥布。|完布事。

立皇子長爲淮南王,封賁赫爲期思侯,諸將率多以功封者。復以閒事作波,并結完賁赫。

太史公曰:英布者,其先豈《春秋》所見,楚滅英、六,皋陶之後哉?身被刑法,何其拔興之暴也!項氏之所坑殺人以千萬數,而布常爲首虐。功冠諸侯,用此得王,亦不免于身爲世大僇。禍之興自愛姬殖,妒媢生患,竟以滅國!贊語若斷若續,或韻或否,另有一種風神。

文章之妙,不在字句之內。如花之有光,另有一種妍妙,而非房蕊鬚瓣也。如山之有色,另有一種輝潤,而非烟嵐樹石也。語此方可與言文矣。讀英布傳,不過逐段敘事,亦若另有一種銛鋒利刃,犀利觸目,不可解也。〇項羽一時英雄,英布亦一時英雄,兩人一時同事,故夾寫項羽之英雄,正是寫英布之英雄也。借筆反襯,益見其妍。〇乘說英布事,便插入隨何。因隨何之說,便插入隨何敘功一段。絕無痕跡,固是妙手!〇隨何之後,又插入一薛公,俱以閒人照耀。而策英布一段,分作兩下,妙甚。

淮陰侯列傳

淮陰侯韓信者,淮陰人也。始爲布衣時,貧無行,不得推擇爲吏,又不能治生商賈,不衫不履,又是一種寫法。常從人寄食飲,人多厭之者,丨寫英雄失路。常數從其下鄉南昌亭長寄食,數月,亭長妻患之,乃晨炊蓐食。食時信往,不爲具食。信亦知其意,怒,竟絕去。丨只此是英雄本色,不是沿門乞食一流。

信釣於城下,諸母漂,有一母見信饑,飯信,竟漂數十日。倒句,直至漂完數十日,皆飯信也。信喜,應前怒。謂漂母曰:"吾必有以重報母。"母怒曰:"大丈夫不能自食,吾哀王孫而進食,豈望報乎!"丨乞食而重報,便有齊王在其意中,然寫漂母,更高一層,妙! ○一反一正章法。

淮陰屠中少年,有侮信者,曰:"若雖長大,好帶刀劍,中情怯耳。"衆辱之曰:前乃私言,此則衆中辱之,是小人形狀。"信能死,刺我;不能死,出我袴下。"於是信孰視之,俛出袴下,蒲伏。出袴下辱矣,下益"蒲伏"二字,寫袴下之狀極其不堪,然上有"孰視之"三字,而信之籌畫已定,豈孟浪哉! 一市人皆笑信,以爲怯。丨三段極寫英雄失路。

及項梁渡淮,信仗劍從之,方爲帶刀劍出色。居戲下,無所知

名。|一頓。項梁敗,又屬項羽,羽以爲郎中。數以策干項羽,羽不用。|又一頓。漢王之入蜀,信亡楚歸漢,未得知名,爲連敖。坐法當斬,三頓。寫英雄失路,無事可做,無地自容。至今讀之,尚爲淚下。其輩十三人,皆已斬,次至信,故作危語。信乃仰視,適見滕公,曰:"上不欲就天下乎?何爲斬壯士!"故作奇語。滕公奇其言,壯其貌,釋而不斬。與語,大説之。先作一挑,漸漸引入。言于上,上拜以爲治粟都尉,上未之奇也。臨時又一頓,颺開。

信數與蕭何語,何奇之。前滕公奇之,上未之奇也,而蕭何奇之,欲合未合之間,多少轉折。至南鄭,諸將行道亡者,數十人,信度何等已數言上,上不我用,即亡。何聞信亡,不及以聞,自追之。度何已言而亡,不及以聞而追,寫兩人權術相照處。人有言上曰:"丞相何亡。"上大怒,如失左右手。又反寫一筆,妙甚!非寫蕭何也,正寫漢王極重蕭何,而蕭何極重韓信,則信爲何如人哉?是固加一倍法也。居一二日,何來謁上,上且怒且喜,駡何曰:"若亡,何也?"借何以寫韓信,恐人易曉,故就何再逼入一步,然後挑剔出來。何曰:"臣不敢亡也,臣追亡者。"上曰:"若所追者誰?"何曰:"韓信也。"上復駡曰:"諸將亡者以十數,公無所追;追信,詐也。"既説韓信,漢王又復颺開。何曰:"諸將易得耳。至如信者,國士無雙。只四字極贊韓信,然他人所不能當。王必欲長王漢中,無所事信;先挑一句。必欲爭天下,非信無所與計事者。後跌入一句。顧王策安所決耳。"王曰:"吾亦欲東耳,安能鬱鬱久居此乎?"何曰:"王計必欲東,"必欲""亦欲"照應生情。能用信,信即留;不能用,信終亡耳。"又要挾一句。王曰:"吾爲公以爲將。""爲公"是面情之語,正寫漢王尚未之信。何曰:"雖爲將,信必不留。"王曰:"以爲大將。"何曰:"幸甚。"蕭何以漢王未信,故又要挾一句,然後逼出"大將"二字。小小數語,用幾許心思,文章夫豈易事!於是王欲召信拜之。何曰:"王素慢無禮,今拜大將如呼小兒耳,此乃信所以去也。王必欲拜之,擇良日,齋戒,設壇場,具禮,乃可耳。"至此已盡致矣,又起一峯,再要挾一句,再叮嚀一番,真文思飄渺。王許之。諸將皆喜,人人各自以爲得大將。至拜大將,乃信也,一軍皆驚。信之拜將,千穩萬妥矣,乃從四旁寫來,故作驚疑,然後推出韓信,遂令直至追信一段,文章斗然生色。

信拜禮畢,上坐。王曰:"丞相數言將軍,將軍何以教寡人計策?"信謝,因問王曰:"今東鄉爭權天下,豈非項王邪?"已將天下大勢,一語斷定,所謂餘子碌碌,不足數也。漢王曰:"然。"曰:"大王自料勇悍仁彊孰與項王?"提出四字,反問一句,字字刻入漢王心中,故使開口不得。四字作三段應。漢王默然良久,曰:"不如也。"信再拜賀曰:"惟信亦以爲大王不如也。然臣嘗事之,請言項王之爲人也。項王喑噁叱咤,四字雖費解,然不必作何解,說來自然是一項王,妙甚!千人皆廢,然不能任屬賢將,此特匹夫之勇耳。應"勇悍"字。項王見人恭敬慈愛,言語嘔嘔,人有疾病,涕泣分食飲,至使人有功,當封爵者,印刓弊,忍不能予,此所謂婦人之仁也。應"仁"字。項王雖霸天下而臣諸侯,不居關中而都彭城。一層。有背義帝之約,二層。而以親愛王,諸侯不平。三層。諸侯之見項王遷逐義帝置江南,亦皆歸逐其主,而自王善地。四層。項王所過,無不殘滅者,五層。天下多怨,百姓不親附,特劫於威彊耳。名雖爲霸,實失天下心。故曰其彊易弱。應"彊"字。今大王誠能反其道:任天下武勇,何所不誅!以天下城邑封功臣,何所不服!以義兵從思東歸之士,何所不散!前以三段應前四字,此又以三段緊頂上三節。一繁一簡,前緩此急,

正是節奏。且三秦王爲秦將,將秦子弟,數歲矣,所殺亡不可勝計,又欺其眾降諸侯,至新安,項王詐坑秦降卒二十餘萬,唯獨邯、欣、翳得脫,秦父兄怨此三人,痛入骨髓。今楚彊以威王此三人,秦民莫愛也。此時之勢,先定三秦,則項羽之下,邯等三人爲急,故又提出,一對論之。大王之入武關,秋毫[①]無所害,除秦苛法,與秦民約法三章耳,秦民無不欲得大王王秦者。於諸侯之約,大王當王關中,關中民咸知之。大王失職,入漢中,秦民無不恨者。知彼必先知己,故又內揣一句。今大王舉而東,三秦可傳檄而定也。”謀成勢便,一句斷定,天下事在掌握矣,豈非國士無雙。於是漢王大喜,自以爲得信晚。|至此才心服,具禮築壇時,猶疑信半耳。遂聽信計,部署諸將所擊。虛寫。

八月,漢王舉兵東出陳倉,定三秦。|插漢事畧。|漢二年,出關,收魏、河南,韓、殷王皆降。合齊、趙共擊楚。|插漢事畧。四月,至彭城,漢兵敗散而還。信復收兵,與漢王會滎陽,復擊破楚京、索之間,以故楚兵卒不能西。|信擊楚事畧。

漢之敗卻彭城,塞王欣、翟王翳,亡漢降楚,齊、趙亦反漢,與楚和。|插漢事畧。六月,魏王豹謁歸視親疾,至國,即絕河關,反漢,與楚約和。漢王使酈生説豹,不下。|插漢、魏事畧。其八月,以信爲左丞相,擊魏。魏王盛兵蒲坂,塞臨晉,信乃益爲疑兵,陳船欲渡臨晉,而伏兵從夏陽,以木罌缻渡軍,襲安邑。魏王豹驚,引兵迎信,信遂虜豹定魏,爲河東郡。信擊虜魏王事,亦畧其大槩,蓋後欲詳者,前不得不畧,法當如是也。漢王遣張耳,與信俱,引兵東,北擊趙、代。後九月,破代兵,禽夏説閼與。|信擊趙、代事畧。信之下

---

① 毫,中華書局本《史記》作“豪”。

魏,破代,漢輒使人收其精兵,詣滎陽以距楚。|又總結信之與漢,一體如此。

信與張耳,以兵數萬,欲東下井陘,擊趙。至此始詳序起。趙王、成安君陳餘,聞漢且襲之也,聚兵井陘口,號稱二十萬。廣武君李左車說成安君曰:“聞漢將韓信,涉西河,鹵魏王,禽夏說,新喋血閼與,今乃輔以張耳,議欲下趙,此乘勝而去國遠鬬,其鋒不可當。臣聞千里餽糧,士有饑色,樵蘇後爨,師不宿飽。忽下成語,四句精鍊有色。今井陘之道,車不得方軌,騎不得成列,行數百里,其勢糧食必在其後。願足下假臣奇兵三萬人,從間路絕其輜重;足下深溝高壘,堅營勿與戰。彼前不得鬬,退不得還,吾奇兵絕其後,又重說一句,是得意之作。使野無所掠,不至十日,而兩將之頭可致於戲下。願君留意臣之計。否,必爲二子所禽矣。”成安君,儒者也,寫得儒者一無所用如此。常稱義兵,不用詐謀奇計,曰:“吾聞兵法,十則圍之,倍則戰之。泥定兵法,絕無權變,真儒者也! 今韓信兵號數萬,其實不過數千。能千里而襲我,亦已罷極。今如此,避而不擊,後有大者,何以加之! 則諸侯謂吾怯,而輕來伐我。”不聽廣武君策,廣武君策不用。

韓信使人間視,知其不用,前極寫廣武君,不得不少抑韓信,此又寫韓信用間窺破,即用廣武君之策,必別有那移變化,必不至爲李左車所禽,正極揚韓信處,低昂互用,具見文心。還報,則大喜,乃敢引兵遂下。“大喜”“乃敢”,又極寫李左車也。未至井陘口三十里,止舍。夜半傳發,選輕騎二千人,人持一赤幟,從間道萆山而望趙軍,誡曰:“趙見我走,必空壁逐我,若疾入趙壁,拔趙幟,立漢赤幟。”一段選騎是明寫,然故作奇語,不了了,如持赤幟奇,望趙軍奇,入趙壁奇,拔幟立幟奇。令其

裨將傳飱,曰:“今日破趙會食!”諸將皆莫信,佯應曰:“諾。”一段傳飱是暗寫,先作一決,復作一疑,分外著色。謂軍吏曰:“趙已先據便地爲壁,且彼未見吾大將旗鼓,未肯擊前行,恐吾至阻險而還。”信乃使萬人先行,一段旗鼓,是明寫。出,背水陣[①]。趙軍望見而大笑。一段背水陣是暗寫,兩明兩暗,裝點鋪排,如優人私講劇戲,介白已定,但未知當場演出如何,令人心癢。平旦,信建大將之旗鼓,鼓行出井陘口,想士馬雄靜,旗鼓穆淵,韓信于中,精神萬倍,殊可觀也。此應還旗鼓段。趙開壁擊之,大戰良久。戰字一層寫。於是信、張耳佯棄鼓旗,走水上軍。水上軍開入之,復疾戰。戰作兩層寫。趙果空壁爭漢鼓旗,逐韓信、張耳。韓信、張耳已入水上軍,軍皆殊死戰,不可敗。戰作三層寫。“不可敗”,正見其殊死戰也,此應還“水上軍”段。信所出奇兵二千騎,應選騎。共候趙空壁逐利,應還趙軍。則馳入趙壁,皆拔趙旗,立漢赤幟二千。應入趙壁拔幟立幟,見令明卒勇,一絲不亂。○“赤幟”下,再著“二千”字,見繽紛滿天,耳目皆亂。趙軍已不勝,不能得信等,欲還歸壁,壁皆漢赤幟,而大驚,總收上段。以爲漢皆已得趙王將矣,又補一句,立赤幟之故,趙軍大驚之故。兵遂亂,遁走,趙將雖斬之,不能禁也。一寫得整暇,一寫得靡亂,各得其妙。於是[②]漢兵夾擊,一面水上軍,一面赤幟軍也。大破虜趙軍,斬成安君泜水上,禽趙王歇。|

信乃令軍中毋殺廣武君,有能生得者購千金。於是有縛廣武君而致戲下者,信乃解其縛,東鄉坐,西鄉對,師事之。|上詳寫戰

① 陣,中華書局本《史記》作“陳”。

② 是,底本作“暴”,疑誤,據校本改。

事,然一直而來,若再一直寫下,便如帳簿矣,故頓住,下閃①出別事,少間②隔之。

諸將効首鹵,休畢賀,因問信曰:"兵法右倍山陵,前左水澤,拘泥兵法,便與成安君一樣。今者將軍令臣等反背水陳,曰破趙會食,前四段,止應其三,忘卻、傳飧,卻于此點出。臣等不服。然竟以勝,此何術也?"信曰:"此在兵法,顧諸君不察耳。兵法不曰'陷之死地而後生,置之亡地而後存'? 答還兵法,却不是成安君與諸將之兵法也。且信非得素拊循士大夫也,此所謂'驅市人而戰之',其勢非置之死地,使人人自爲戰;今予之生地,皆走,寧尚可得而用之乎!"變化之妙,存乎一心,信之謂也。諸將皆服曰:"善。非臣所及也。"又將水上軍,再解一番,疑案皆白,照應已完。

於是信問廣武君間接。曰:"僕欲北攻燕,東伐齊,何若而有功?"廣武君辭謝曰:"臣聞敗軍之將,不可以言勇,亡國之大夫,不可以圖存。今臣敗亡之鹵,何足以權大事乎!"故作一頓。信曰:"僕聞之,百里奚居虞而虞亡,在秦而秦霸,非愚於虞而智於秦也,用與不用,聽與不聽也。誠令成安君聽足下計,若信者,亦已爲禽矣。應兩將之頭致戲下。以不用足下,故信得侍耳。"又一頓。因固問曰:又一促,如面談。"僕委心歸計,願足下勿辭。"廣武君曰:"臣聞智者千慮,必有一失;愚者千慮,必有一得。故曰'狂夫之言,聖人擇焉'。顧恐臣計未必足用,願効愚忠。又一謙,正爲敗軍之將也。夫成安君有百戰百勝之計,譽成安君,反襯韓信也。一旦而失之,軍敗鄗下,身死泜上。今將軍涉西河,鹵魏王,禽夏說閼與,一舉而

① 閃,底本作"門",疑誤,據校本改。

② 間,底本作"門",疑誤,據校本改。

下井陘，不終朝破趙二十萬衆，誅成安君。名聞海內，威震天下，魏、趙夾序。農夫莫不輟耕釋耒，褕衣甘食，傾耳以待命者。又下姿致語。若此，將軍之所長也。先揚之。然而衆勞卒罷，其實難用。今將軍欲舉倦罷之兵，頓之燕堅城之下，欲戰恐久，力不能拔，情見勢屈，曠日糧竭，而弱燕不服，齊必距境以自彊也。燕、齊夾序。燕齊相持而不下，則劉項之權，未有所分也。若此者，將軍所短也。後抑之，說得情事如見，必然之理。臣愚，竊以爲亦過矣。故善用兵者，不以短擊長，而以長擊短。”兩段竟住，故作搖曳，以盡文情。韓信曰：“然則何由？”廣武君對曰：“方今爲將軍計，莫如案甲休兵，鎮趙，撫其孤，百里之內，牛酒日至，以饗士大夫醳兵，北首燕路，而後遣辨[1]士奉咫尺之書，暴其所長於燕，應將軍所長。燕必不敢不聽從。燕已從，使諠言者東告齊，暗伏酈生。齊必從風而服，雖有智者，亦不知爲齊計矣。如是，則天下事皆可圖也。兵固有先聲而後實者，此之謂也。”事勢已明，必又找一句，以明理之，確然無足疑者。韓信曰：“善。”從其策，發使使燕，燕從風而靡。｜廣武君一段，已多故說燕事畧。乃遣使報漢，因請立張耳爲趙王，以鎮撫其國。漢王許之，乃立張耳爲趙王。｜請立張耳，自欲得王可知，何待躡足附耳時乎！

楚數使奇兵渡河擊趙，趙王耳、韓信往來救趙，因行定趙城邑，發兵詣漢。｜又虛寫一段。楚方急圍漢王於滎陽，漢王南出之宛、葉間，得黥布，走入成皋，楚又復急圍之。｜插入漢事畧。六月，漢王出成皋，東渡河，獨與滕公俱，從張耳軍脩武。至，宿傳舍。

---

① 辨，中華書局本《史記》作“辯”。下同。

晨自稱漢使,馳入趙壁。張耳、韓信未起,即其卧內,上奪其印符,以麾召諸將,易置之。信、耳起,乃知漢王來,大驚。寫得信、耳如此之疎,正所謂退一步法,讓漢王出一頭地也。漢王奪兩人軍,即令張耳備守趙地。拜韓信爲相國,收趙兵未發者擊齊。|

信引兵東,未渡平原,聞漢王使酈食其已說下齊,韓信欲止。范陽辨士蒯通,説信曰:後云"齊人",高祖亦曰"齊辨士",此云"范陽",恐誤也。○先出蒯通,遙伏後脉。"將軍受詔,擊齊,而漢獨發間使下齊,寧有詔止將軍乎?何以得毋行也!且酈生一士,伏軾掉三寸之舌,下齊七十餘城,將軍將數萬眾,歲餘,乃下趙五十餘城,爲將數歲,反不如一豎儒之功乎?"兩兩對形,且"七十餘城""五十餘城",自令韓信短氣。於是信然之,從其計,遂渡河。齊已聽酈生,即留縱酒,罷備漢守禦信因襲齊歷下軍,遂至臨菑。亦畧寫。齊王田廣,以酈生賣己,乃烹之,而走高密,使使之楚請救。韓信已定臨菑,遂東追廣至高密西。楚亦使龍且將,號稱二十萬,救齊。

齊王廣、龍且并軍與信戰,未合。人或說龍且曰:"漢兵遠鬭窮戰,字奇。其鋒不可當。齊、楚自居其地戰,語奇。兵易敗散。不如深壁,令齊王使其信臣,招所亡城,亡城聞其王在,楚來救,必反漢。漢兵二千里客居,齊城皆反之,其勢無所得食,可無戰而降也。"與李左車之意合,正與李左車相照耀。龍且曰:"吾平生知韓信爲人,易與耳。且夫救齊不戰而降之,吾何功?今戰而勝之,齊之半可得,何爲止!"亦與陳餘一樣,兩邊對照。遂戰,與信夾濰水陳。韓信乃夜令人爲萬餘囊,滿盛沙,壅水上流,引軍半渡,擊龍且,佯不勝,還走。龍且果喜曰:"固知信怯也。"遂追信渡水。信使人決壅囊,水大至。龍且軍大半不得渡,即急擊殺龍且。龍且水東軍散走，背水陣太詳，而此又不得畧，故只得以短語促節，而情致已盡，另一妙也。齊王廣亡去。信遂追北至城陽，皆鹵楚卒。

漢四年，遂皆降平齊。使人言漢王曰：“齊僞詐多變，反覆之國也，南邊楚，不爲假王以鎮之，其勢不定。願爲假王便。”當是時，楚方急圍漢王於滎陽，又點漢王一筆，乘其急而要之，故所恨獨深，不然張耳何以先王趙乎？韓信使者至，發書，漢王大怒，罵曰：“吾困於此，旦暮望若來佐我，乃欲自立爲王！”張良、陳平躡漢王足，因附耳語曰：“漢方不利，寧能禁信之王乎？不如因而立，善遇之，使自爲守。不然，變生。”只此妙！附耳急語，固宜如此。漢王亦悟，因復罵曰：“大丈夫定諸侯，即爲真王耳，何以假爲！”乃遣張良往，立信爲齊王，徵其兵擊楚。

楚已亡龍且，項王恐，使盱眙人武涉，往説齊王信曰：“天下共苦秦久矣，相與戮力擊秦。秦已破，計功割地，分土而王之，以休士卒。項羽説自己心事。今漢王復興兵而東，侵人之分，奪人之地，已破三秦，引兵出關，收諸侯之兵，以東擊楚，其意非盡吞天下者不休，其不知厭足，如是甚也。就天下説一遍。且漢王不可必，身居項王掌握中數矣，項王憐而活之，然得脱，輒倍約，復擊項王，其不可親信如此。就自己身上説一遍，評漢王亦甚明確。今足下雖自以與漢王爲厚交，爲之盡力用兵，終爲之所禽矣。就韓信説一遍。足下所以得須臾至今者，以項王尚存也。又逼入一步。當今二王之事，權在足下。足下右投則漢王勝，左投則項王勝。項王今日亡，則次取足下。又即須臾二句，以暢言之，深動之。足下與項王有故，何不反漢，與楚連和，三分天下王之？接右投左投句。今釋此時，而自必於漢，以擊楚，接漢王厚交句。且爲智者，固若此乎！”韓信謝曰：“臣

事項王,官不過郎中,位不過執戟,言不聽,畫不用,故倍楚而歸漢。只答他項王有故一句,餘不足動韓信也。漢王授我上將軍印,予我數萬眾,解衣衣我,推食食我,言聽計用,故吾得以至於此。是不倍本之言。夫人深親信我,我倍之,不祥,雖死不易。幸爲信謝項王!”|武涉一篇,後接寫蒯通一篇,說詞一詳一畧,故以相犯見奇。

武涉已去,齊人蒯通附傳。知天下權在韓信,極寫韓信。欲爲奇策而感動之,以相人說韓信曰:“僕嘗受相人之術。”韓信曰:“先生相人何如?”對曰:“貴賤在於骨法,憂喜在於容色,成敗在於決斷,雙關語。以此參之,萬不失一。”韓信曰:“善。先生相寡人何如?”對曰:“願少間。”信曰:“左右去矣。”通曰:“相君之面,不過封侯,又危不安。相君之背,貴乃不可言。”雙關語妙。韓信曰:“何謂也?”蒯通曰:“天下初發難也,俊雄豪傑,建號一呼,天下之士,雲合霧集,魚鱗雜遝,熛至風起。叠三句,有氣勢。當此之時,憂在亡秦而已。今楚漢分爭,使天下無罪之人,肝膽塗地,父子暴骸骨於中野,不可勝數。楚人起彭城,轉鬬逐北,至於滎陽,乘利席卷,威震天下。然兵困於京、索之間,迫西山而不能進者,三年於此矣。一邊抹殺項羽。漢王將數十萬之眾,距鞏、雒,阻山河之險,一日數戰,無尺寸之功,折北不救,敗滎陽,傷成皋,遂走宛、葉之間,一邊抹殺漢王。此所謂智勇俱困者也。此句雙結,智則漢王,勇乃項羽。夫銳氣挫於險塞,而糧食竭於內府,百姓疲極怨望,容容無所倚。以臣料之,其勢非天下之賢聖固不能息天下之禍。抹殺楚漢,即推出韓信。當今兩主之命,縣於足下。足下爲漢則漢勝,與楚則楚勝。臣願披腹心,輸肝膽,効愚計,恐足下不能用也。誠能聽臣之計,莫若兩利而俱存之,三分天下,鼎足而居,其勢莫敢先動。即左投右投之說，而申言之。夫以足下之賢聖，接上"賢聖"。有甲兵之衆，據彊齊，從燕、趙，出空虚之地，而制其後，因民之欲，西鄉，爲百姓請命，則天下風走而響應矣，孰敢不聽！即韓信登壇之語，而反用之者也。割大弱彊，以立諸侯，諸侯已立，天下服聽，而歸德於齊。案齊之故，有膠、泗之地，懷諸侯亡德，深拱揖讓，則天下之君王，相率而朝於齊矣。與三分之說，更進一層。蓋聞天與弗取，反受其咎；時至不行，反受其殃。願足下孰慮之。"

韓信曰："漢王遇我甚厚，載我以其車，衣我以其衣，食我以其食。連出三句。吾聞之，乘人之車者載人之患，衣人之衣者，懷人之憂，食人之食者，死人之事，連應三句。吾豈可以鄉利倍義乎！"還是對武涉之言，前序漢王之不可信，而韓信言其不倍；此則韓信先明其不倍，而後言漢王之不可信。作兩節寫，又是一樣文法。蒯生曰："足下自以爲善漢王，欲建萬世之業，臣竊以爲誤矣。始常山王、成安君爲布衣時，相與爲刎頸之交，後爭張黶、陳澤之事，二人相怨。常山王背項王，奉項嬰頭，而竄逃歸於漢王。漢王借兵而東下，殺成安君泜水之南，頭足異處，卒爲天下笑。此二人相與，天下至驩也。然而卒相禽者，何也？一頓。患生於多欲而人心難測也。一束。今足下欲行忠信，以交於漢王，必不能固於二君之相與也，一折。而事多大於張黶、陳澤。故臣以爲足下必漢王之不危己，亦誤矣。大夫種、范蠡，存亡越，霸句踐，立功成名，而身死亡。野獸已盡，而獵狗烹。陳餘一段已爲盡矣，又引出種、蠡，不作兩對，以錯落作致。夫以交友言之，則不如張耳之與成安君者也；以忠信言之，則不過大夫種、范蠡之於句踐也。此二人者，足以觀矣。願足下深慮之。又將耳、餘、種、蠡作雙結。且臣聞勇略震主者身危，而功蓋天下者不賞。

臣請言大王功畧：又起一頭，前說漢王，此說韓信，合而言之，情事愈顯。足下涉西河，虜魏王，禽夏説，引兵下井陘，誅成安君，狥趙，脅燕，定齊，南摧楚人之兵二十萬，東殺龍且，西鄉以報，此所謂功，無二於天下，應功。而畧，不世出者也。應"畧"。今足下戴震主之威，挾不賞之功，歸楚，楚人不信；歸漢，漢人震恐：足下欲持是安歸乎？昔所謂"爲漢，漢勝；爲楚，楚勝"者，今乃兩無著落。天地茫茫，此身靡托，說得韓信聳然。夫勢，在人臣之位，而有震主之威，名高天下，竊爲足下危之。"韓信謝曰："先生且休矣，吾將念之。"

後數日，蒯通復說急忙之中，又作一颺，不作一起說完。所以涵養文情也。曰："夫聽者，事之候也；計者，事之機也，聽過計失，而能久安者，鮮矣。聽不失一二者，不可亂以言；計不失本末者，不可紛以辭。夫隨厮養之役者，失萬乘之權；守儋石之祿者，闕卿相之位。故知者，決之斷也；疑者，事之害也，審毫[1]氂之小計，遺天下之大數，智誠知之，決弗敢行者，百事之禍也。故曰'猛虎之猶豫，不若蜂蠆之致螫；騏驥之跼躅，不如駑馬之安步；孟賁之狐疑，不如庸夫之必至也；雖有舜禹之智，吟而不言，不如瘖聾之指麾也'。第四句，另出，不排板。此言貴能行之。夫功者，難成而易敗；時者，難得而易失也。時乎時，不再來。又作一反振。願足下詳察之。"前文長辭繁，恐其懶散，又垂此長尾，鏗鏗振響，一氣瀉下，即一氣卷上，又借時事一激掉轉，收盡前篇，如黃河東注，必有大海以受之也。韓信猶豫，不忍倍漢，又自以爲功多，漢終不奪我齊，三句正寫猶豫。遂謝蒯通。蒯通說不聽，已佯狂爲巫。|

漢王之困固陵，用張良計，召齊王信，遂將兵會垓下。|待分地

① 毫，中華書局本《史記》作"豪"。

而後會兵,是韓信失著,故回護之,止畧寫。項羽已破,高祖襲奪齊王軍。漢五年正月,徙齊王信爲楚王,都下邳。

信至國,召所從食漂母,賜千金。及下鄉南昌亭長,賜百錢,曰:“公,小人也,爲德不卒。”召辱己之少年,令出袴下者,以爲楚中尉。恩酬怨報,歷歷分明,英雄至此,已無遺憾,然今日則漂母固不可得,而韓信復何人哉?告諸將相曰:“此壯士也。方辱我時,我寧不能殺之邪?殺之無名,故忍而就於此。”又獨注一段,承明熟視亡之心事。

項王亡將鍾離眛,家在伊廬,素與信善。項王死後,亡歸信。漢王怨眛,聞其在楚,詔楚捕眛。信初之國,行縣邑,陳兵出入。漢六年,人有上書告楚王信反。高帝以陳平計,天子巡狩,會諸侯,南方有雲夢,發使告諸侯,會陳:“吾將游雲夢。”實欲襲信,信弗知。高祖且至楚,信欲發兵反,自度無罪,欲謁上,恐見禽。先作兩路擒縱。人或說信曰:“斬眛謁上,上必喜,無患。”信見眛計事。眛曰:“漢所以不擊取楚,以眛在公所。若欲捕我,以自媚於漢,吾今日死,公亦隨手亡矣。”乃罵信曰:“公非長者!”又出一鍾離眛,爲漂母、亭長作襯,蓋恩仇太明,即非長者之事也。卒自剄。信持其首,謁高祖於陳。上令武士縛信,載後車。信曰:“果若人言,‘狡兔死,良狗亨;高鳥盡,良弓藏;敵國破,謀臣亡。’即蒯通之說而衍之,直至死時,固未嘗一日忘通也。天下已定,我固當亨!”只就成語之下,點一句,別不一辨,而情事已明,怨憤百出,妙甚。上曰:“人告公反。”遂械繫信。至雒陽,赦信罪,以爲淮陰侯。

信知漢王畏惡其能,常稱病不朝從。信由此日[1]怨望,居常鞅鞅,羞與絳、灌等列。寫韓信憤懷抑鬱,殊不可堪。信常過樊將軍噲,

① 日,中華書局本《史記》作“日夜”。

噲跪拜送迎,言稱臣,曰:"大王乃肯臨臣!"信出門,笑曰:"生乃與噲等爲伍!"|此發明"羞與絳、灌等列"也。上常從容,與信言諸將能不,各有差。上問曰:"如我能將幾何?"信曰:"陛下不過能將十萬。"上曰:"於君何如?"曰:"臣多多而益善耳。"語新。上笑曰:"多多益善,何爲爲我禽?"信曰:"陛下不能將兵,而善將將,"將將"字亦新。此乃信之所以爲陛下禽也。且陛下所謂天授,非人力也。"|此節發明"上畏惡其能"。

陳豨拜爲鉅鹿守,辭於淮陰侯。淮陰侯挈其手,辟左右,與之步於庭,仰天歎曰悄悄冥冥,情事如見。"子可與言乎?欲與子有言也。"欲說不可,不說不能,先釣一句,即接一句,妙甚!然屏人私語,何由知之,千古之事,大率如此。豨曰:"唯將軍令之。"淮陰侯曰:"公所居,天下精兵處也;而公,陛下之信幸臣也。兩句兩折。人言公之畔,陛下必不信;再至,陛下乃疑矣;三至,必怒而自將。吾爲公從中起,天下可圖也。"說得如此之易,韓信恐不若是之孟浪。陳豨素知其能也,遙接"上畏惡其能"。信之,曰:"謹奉教!"漢十一年,陳豨果反。上自將而往,信病不從。陰使人至豨所,曰:"第舉兵,吾從此助公。"信乃謀與家臣夜詐詔,赦諸官徒奴,欲發以襲吕后、太子。部署已定,待豨報。以上一段,即上變之言也,然赦官徒,襲吕后,韓信必不如此孟浪。其舍人得罪於信,信囚,欲殺之。舍人弟上變,告信欲反狀於吕后。吕后欲召,恐其黨不就,乃與蕭相國謀,詐令人從上所來,言豨已得死,列侯群臣皆賀。相國紿信曰:"雖疾,彊入賀。"信入,吕后使武士縛信,斬之長樂鐘室。信方斬之,曰:"吾悔不用蒯通之計,乃爲兒女子所詐,豈非天哉!"遂夷信三族。|信事已完,後乃借蒯通作餘波,作掉尾。

高祖已從豨軍來,句。至,句。見信死,且喜,且憐之,五字寫盡漢王心事。問:“信死亦何言?”吕后曰:“信言恨不用蒯通計。”高祖曰:“是齊辯士也。”乃詔齊捕蒯通。蒯通至,上曰:“若教淮陰侯反乎?”對曰:“然,臣固教之。豎子不用臣之策,故令自夷於此。如彼豎子用臣之計,陛下安得而夷之乎!”妙!固作快語,是辨士聲口。上怒曰:“亨之。”通曰:“嗟乎,冤哉亨也!”又一反振作態,妙!上曰:“若教韓信反,何冤?”對曰:“秦之綱絕而維弛,山東大擾,異姓並起,英俊烏集。秦失其鹿,天下共逐之,於是高材疾足者先得焉。一喻。頓住。蹠之狗吠堯,堯非不仁,狗固[①]吠非其主。兩喻。秦鹿、蹠狗,照應頗工。當是時,臣惟獨知韓信,非知陛下也。應蹠狗段。且天下鋭精持鋒,欲爲陛下所爲者甚衆,顧力不能耳。又可盡亨之邪?”應秦鹿段。高帝曰:“置之。”乃釋通之罪。

太史公曰:吾如淮陰,淮陰人爲余言,韓信雖爲布衣時,其志與衆異。其母死,貧無以葬,然乃行營高敞地,令其旁可置萬家。余視其母冢,良然。借軼事出色,是史公長伎。假令韓信學道,謙讓,不伐己功,不矜其能,則庶幾哉,於漢家勳可以比周、召、太公之徒,後世血食矣。不務出此,而天下已集,乃謀畔逆,夷滅宗族,不亦宜乎!

文章家逐段鋪排,絕無裁剪,則數一二而已,何以爲文?故韓信一傳,前半於追亡登壇,詳序之後,大如擊楚、擊魏、擊趙代,奇如木罌渡軍,只用畧寫、虚寫,至李左車井陘一說,方始詳,正虚實相參、疎密互見之妙也。○凡人之才,獨運則易,重發則難,蓋其才易盡也。史公於武涉之後,接入蒯通,使他人遇此,如果雷同,固非佳士,即別尋妙解,亦是支詞。他偏用一樣見解,一樣詞氣。而仔細看來,一則句句是爲項王,一則句句是爲韓信,寧可以道里計哉!

---

① 固,中華書局本《史記》作“因”。

韓王信盧綰列傳

韓王信者，故韓襄王孽孫也，長八尺五寸。及項梁之立楚後懷王也，燕、齊、趙、魏皆已前王，唯韓無有後，故立韓諸公子横陽君成爲韓王，欲以撫定韓故地。項梁敗死定陶，成犇懷王。沛公引兵擊陽城，使張良以韓司徒降下韓故地，以上虚序。得信，以爲韓將，將其兵從沛公入武關。序法明簡曲折。

沛公立爲漢王，韓信從入漢中，迺説漢王曰："項王王諸將近地，而王獨遠居此，此左遷也。士卒皆山東人，跂而望歸，及其鋒東嚮，可以爭天下。"此淮陰登壇語，或以同名誤耶。漢王還定三秦，迺許信爲韓王，先拜信爲韓太尉，將兵略韓地。終不脱韓地。

項籍之封諸王，皆就國，韓王成以不從，無功，不遣就國，更以爲列侯。應完韓王成。及聞漢遣韓信略韓地，迺令故項籍游吴時吴令鄭昌，爲韓王，以距漢。"更以""及聞""乃以"俱用虚字，神動。漢二年，韓信略定韓十餘城。漢王至河南，韓信急擊韓王昌陽城。昌降，漢王乃立韓信爲韓王，"乃許""乃立"照應。常將韓兵從。終不脱韓爭。三年，漢王出滎陽，韓王信、周苛等守滎陽。及楚敗滎陽，信降楚，已而得亡，復歸漢，漢復立以爲韓王，竟從擊破項籍，天下定。五年春，遂與剖符爲韓王，王潁川。數節只實序。

明年春，上以韓信材武，以前只序事，信之爲人，反從此點出。所王，北近鞏、洛，南迫宛、葉，東有淮陽，皆天下勁兵處，迺詔徙韓王信王太原，以北備禦胡，都晉陽。信上書曰："國被邊，匈奴數入，晉陽去塞遠，請治馬邑。"上許之，信乃徙治馬邑。秋，匈奴冒頓大圍信，信數使使胡求和解。漢發兵救之，疑信數間使，有二心，使人責讓信。信恐誅，因與匈奴約，共攻漢，句。反，句。以馬邑降胡，擊太原。

七年冬，上自往擊，破信軍銅鞮，斬其將王喜。信亡走匈奴。與其將白土人曼丘臣、王黄等，立趙苗裔趙利爲王，復收信敗散兵，而與信及冒頓謀攻漢。匈奴使左右賢王將萬餘騎，與王黄等屯廣武以南，至晉陽，與漢兵戰，漢大破之，追至於離石，後[1]復破之。匈奴復聚兵樓煩西北，漢令車騎擊破匈奴。匈奴常敗走，|"大破之""復破之""常敗走"一路實寫，漢之得勝，孰知爲平城之誘哉？欲擒故縱之法，兵法如是，文法亦如是。漢乘勝追北，一句結上起。聞冒頓居代上谷，高皇帝居晉陽，使人視冒頓，還報曰"可擊"。上遂至平城。上出白登，匈奴騎圍上，上乃使人厚遺閼氏。閼氏乃說冒頓曰："今得漢地，猶不能居；且兩主不相戹。"居七日，胡騎稍引去。只約畧寫，簡淨。時天大霧，漢使人往來，胡不覺。又周旋一句，爲被解圍。護軍中尉陳平言上曰："胡者全兵，請令彊弩傅兩矢外嚮，徐行出圍。"蓋曰匈奴全軍在此，難與爭鋒，惟有彊弩持滿徐行弗怯，庶可出圍耳，解者恐悞。入平城，漢救兵亦到，胡騎遂解去。漢亦罷兵歸。韓信

---

① 後，中華書局本《史記》無此字。

爲匈奴將兵,往來擊邊。頓住。

漢十年,信令王黄等説悮陳豨。"悮"字好。十一年春,故韓王信復與胡騎入居參合,距漢。漢使柴將軍擊之,遺信書曰:"陛下寬仁,諸侯雖有畔亡,而復歸,輒復故位號,不誅也。大王所知。今王以敗亡走胡,非有大罪,急自歸!"韓王信報曰:"陛下擢僕,起閭巷,南面稱孤,此僕之幸也。滎陽之事,僕不能死,囚於項籍,此一罪也。及寇攻馬邑,僕不能堅守,以城降之,此二罪也。今反爲寇將兵,與將軍爭一旦之命,此三罪也。夫種、蠡無一罪,身死亡;今僕有三罪於陛下,而欲求活於世,此伍子胥所以僨於吳也。一段。今僕亡匿山谷間,旦暮乞貸蠻夷,僕之思歸,如痿人不忘起,盲者不忘視也,勢不可耳。"兩段。詞令簡當。遂戰。柴將軍屠參合,斬韓王信。完信事。

信之入匈奴,與太子俱;及至穨當城,生子,因名曰穨當。韓太子亦生子,命曰嬰。至孝文十四年,穨當及嬰率其衆降漢。漢封穨當爲弓高侯,嬰爲襄城侯。吳楚軍時,弓高侯功冠諸將。傳子至孫,孫無子,失侯。嬰孫以不敬失侯。穨當孽孫韓嫣貴幸,名富顯於當世。其弟説,再封,數稱將軍,卒爲案道侯。子代,歲餘坐法死。後歲餘,説孫曾拜爲龍頟侯,續説後。|

盧綰者,豐人也,與高祖同里。盧綰親,與高祖太上皇相愛,及生男,高祖、盧綰同日生,里中持羊酒賀兩家。一段。及高祖、盧綰壯,俱學書,又相愛也。里中嘉兩家親相愛,生子同日,壯又相愛,復賀兩家羊酒。二段。序初生瑣細事,極爲濃郁。〇兩節對寫,句法各變。高祖爲布衣時,有吏事,辟匿,盧綰常隨,出入上下。一節。及高祖初起沛,盧綰以客從,入漢中爲將軍,常侍中。二節。從東擊項籍,以太尉常從,出入卧内,三節。衣被飲食賞賜,群臣莫敢望,雖蕭曹等,特以事見禮,至其親幸,莫及盧綰。四節。綰封爲長安侯。長安,故咸陽也。五節。長安復解一句,正見帝都重地,不惜與之,極寫親幸。〇以上寫盧綰親幸,正爲後文一嘆也。

漢五年冬,以破項籍,乃使盧綰别將,與劉賈擊臨江王共尉,破之。"乃使"者,向來親從侍中,至此始别將耳。七月還,從擊燕王臧荼,臧荼降。高祖已定天下,諸侯非劉氏而王者七人。欲王盧綰,爲群臣觖望。及虜臧荼,迺下詔,諸將相列侯,擇群臣有功者,以爲燕王。群臣知上欲王盧綰,皆言曰:"太尉長安侯盧綰,常從平定天下,功最多,可王燕。"詔許之。漢五年八月,迺立盧綰爲燕王。諸侯王得幸莫如燕王。又點一句,此固親幸之終,而違忤之始也。

漢十一年秋,陳豨反代地,高祖如邯鄲擊豨兵,燕王綰亦擊其東北。當是時,陳豨使王黄求救匈奴。燕王綰亦使其臣張勝於匈奴,言豨等軍破。所以沮王黄也。張勝至胡,故燕王臧荼子衍,出亡在胡,見張勝曰:"公所以重於燕者,以習胡事也。燕所以久存者,以諸侯數反,兵連不決也。一節正由勝説到燕。今公爲燕欲急滅豨等,已盡,次亦至燕,公等亦且爲虜矣。二節反由燕説到勝。公何不令燕且緩陳豨,而與胡和?事寬,得長王燕;即有漢急,可以安國。"兩節後緊淨明快。張勝以爲然,迺私令匈奴助豨等擊燕。燕王綰疑張勝與胡反,上書請族張勝。勝還,具道所以爲者。燕王寤,迺詐論他①人,脱勝家屬,使得爲匈奴間,而陰使范齊之陳豨所,欲令久亡,連兵勿決。又即燕王跳脱一番,且頓住。

① 他,中華書局本《史記》作"它"。

漢十二年,東擊黥布,豨常將兵居代,漢使樊噲擊斬豨。其裨將降,言燕王綰使范齊通計謀於豨所。高祖使使召盧綰,綰稱病。一節。上又使辟陽侯審食其、御史大夫趙堯,往迎燕王,因驗問左右。綰愈恐,閉匿,二節。謂其幸臣曰:"非劉氏而王,獨我與長沙耳。往年春,漢族淮陰,夏,誅彭越,皆吕后計。今上病,屬任吕后。吕后婦人,專欲以事誅異姓王者,及大功臣。"迺遂稱病不行。其左右皆亡匿。語頗泄,三節。辟陽侯聞之,歸具報上,上益怒。又得匈奴降者,降者言張勝亡在匈奴,爲燕使。四節。節節寫來,出寬入緊。於是上曰:"盧綰果反矣!"緊接一句,收上四節。使樊噲擊燕。燕王綰悉將其宫人家屬,騎數千居長城下,伺侯[①],幸上病瘉,自入謝。四月,高祖崩,盧綰遂將其眾亡入匈奴,匈奴以爲東胡盧王。綰爲蠻彝所侵奪,常思復歸。居歲餘,死胡中。一節。

高后時,盧綰妻子亡降漢,會高后病,不能見,舍燕邸,爲欲置酒見之。高后竟崩,不得見。盧綰妻亦病死。二節。前寫處處親幸,此寫事事不偶。

孝景中六年,盧綰孫他之,以東胡王降,封爲亞谷侯。|

陳豨者,宛朐人也,不知始所以得從。及高祖七年冬,韓王信反,入匈奴,上至平城還,迺封豨爲列侯,以趙相國將監趙、代邊兵,邊兵皆屬焉。寫陳豨簡畧之甚。

豨常告歸,過趙,趙相周昌,見豨賓客,隨之者千餘乘,邯鄲官舍皆滿。豨所以待賓客,如布衣交,皆出客下。陳豨待客,從周昌目中寫出,妙!豨還之代,周昌乃求入見。見上,具言豨賓客盛甚,擅

---

① 伺侯,中華書局本《史記》作"侯伺"。

兵於外數歲,恐有變。上乃令人覆案豨客居代者財物,諸不法事,多連引豨。豨恐,陰令客通使王黄、曼丘臣所。及高祖七年七月,太上皇崩,使人召豨,豨稱病甚。九月,遂與王黄等反,自立爲大王[①],刼畧趙、代。寫陳豨反事,甚草草。

上聞,乃赦趙、代吏人,爲豨所詿誤刼畧者,皆赦之。上自往,至邯鄲,喜曰:"豨不南據漳水,北守邯鄲,知其無能爲也。"陳豨無能爲,從高帝口中說出,妙! 趙相奏斬常山守、尉,曰:"常山二十五城,豨反,亡其二十城。"上問曰:"守、尉反乎?"對曰:"不反。"上曰:"是力不足也。"赦之,復以爲常山守、尉。一節。上問周昌曰:"趙亦有壯士,可令將者乎?"對曰:"有四人。"四人謁,上慢駡曰:"豎子能爲將乎?"四人慚伏。上封之,各千戶,以爲將。左右諫曰:"從入蜀、漢,伐楚,功未徧行,今此何功而封?"上曰:"非若所知! 陳豨反,邯鄲以北,皆豨有,吾以羽檄徵天下兵,未有至者,今唯獨邯鄲中兵耳。吾胡愛四千戶,封四人,以[②]慰趙子弟!"皆曰:"善。"二節。插入傳外閒事作勝,亦以陳豨無可寫耳。於是上曰:"陳豨將誰?"曰:"王黄、曼丘臣,皆故賈人。"上曰:"吾知之矣。"迺各以千金購黄、臣等。頓住,後應。

十一年冬,漢兵擊斬陳豨將侯敞、王黄於曲逆下,下云生得此,悮。破豨將張春於聊城,斬首萬餘。太尉勃入定太原、代地。十二月,上自擊東垣,東垣不下,卒駡上;東垣降,卒駡者斬之,不駡者黥之。更命東垣爲真定。傳外閒事。王黄、曼丘臣其麾下受購賞之,皆生得,以故陳豨軍遂敗。找明應上。

---

① 大王,中華書局本《史記》作"代王"。

② 以,中華書局本《史記》作"不以"。

上還至洛陽。上曰:“代居常山北,趙乃從山南有之,句。遠。”句。句法佳。迺立子恒爲代王,都中都,代、鴈門皆屬代。

高祖十二年冬,樊噲軍卒,追斬豨於靈丘。

太史公曰:韓信、盧綰非素積德累善之世,徼一時權變,以詐力成功,遭漢初定,故得列地,南面稱孤。内見疑彊大,外倚蠻貊以爲援,是以日疏自危,事窮智困,卒赴匈奴,豈不哀哉!一節。陳豨,梁人,其少時數稱慕魏公子;及將軍守邊,招致賓客而下士,名聲過實。陳豨事,反從贊中找出,奇!周昌疑之,瑕疵頗起,懼禍及身,邪人進說,遂陷無道。二節。於戲,悲夫!夫計之生孰成敗,於人也深矣!總收。

此不過以三叛將合作一傳,絶無關合處。〇韓王信傳,只寫大節,初不過將韓兵、畧韓地,後不過投匈奴等事。疎枝大葉,布置謹密而已。〇盧綰傳,前半極寫其親幸,後半極寫其齟齬,愛憎知遇,真有如是者,可爲三嘆。世間深仇積怨,往往從極相知而起,豈特一耳、餘哉!〇寫陳豨絶無好處,不過好客一節耳。忽然而來,無端而反,千古而下想之,不過一孟浪豎子耳,而淮陰豈足與謀哉?故握手仰天諸語,傳中不入,史公身在漢世,目擊其冤,故於此見意也。

田儋列傳

田儋者，狄人也，故齊王田氏族也。儋從弟田榮，榮弟田横，以田儋立名，是三人合傳，起處先總提。皆豪，句。宗彊，句。能得人。一句。“能得人”是主，直照至篇末。

陳涉之初起王楚也，直起一峯。使周市畧定魏地，北至狄，狄城守。田儋佯爲縛其奴，從少年之廷，欲謁殺奴。見狄令，因擊殺令，而召豪吏子弟曰：“諸侯皆反秦自立，齊，句。古之建國，句。儋，句。田氏，當王。”十一字，分四句，兩對，屹然竟住，妙！遂自立爲齊王，發兵以擊周市。周市軍還去，田儋因率兵東畧定齊地。一頓住，下又起一峯。

秦將章邯圍魏王咎於臨濟，句。急。句。魏王請救於齊，齊王田儋大書齊王，爲田儋吐氣。將兵救魏。章邯夜銜枚擊，大破齊、魏軍，殺田儋於臨濟下。一完田儋傳。儋弟田榮，收儋餘兵，走東阿。頓住。

齊人聞王田儋死，迺立故齊王建之弟田假爲齊王，田角爲相，田間爲將，以距諸侯。一又出一峯，又頓住。

田榮之走東阿，間接。章邯追圍之。項梁聞田榮之急，迺引兵

擊破章邯軍東阿下。章邯走而西,項梁因追之。|頓住,且颺開。○項梁有德於齊,齊背之,此種怨之根。而田榮怒齊之立假,"而"字,接得不即不離,妙! 迺引兵歸,擊逐齊王假。假亡走楚。齊相角亡走趙;角弟田間,前求救趙,插出。因留不敢歸。田榮乃立田儋子市爲齊王。榮相之,田橫爲將,平齊地。|頓住。

項梁既追章邯,間接。章邯兵益盛,項梁使使告趙、齊,發兵共擊章邯。田榮曰:"使楚殺田假,趙殺田角、田間,迺肯出兵。"楚懷王曰:"田假,與國之王,窮而歸我,殺之不義。"趙亦不殺田角、田間以市於齊。楚、趙一詳一畧,有筆法。齊曰:"蝮螫手則斬手,螫足則斬足。何者? 爲害於身也。一轉。今田假、田角、田間於楚、趙,非直手足戚也,何故不殺? 二轉。且秦復得志於天下,則齮齕用事者墳墓矣。"轉得明快。楚、趙不聽,齊亦怒,終不肯出兵。章邯果敗殺項梁,破楚兵,楚兵東走,而章邯渡河圍趙於鉅鹿。插入章邯,用"而"字便極。項羽往救趙,由此怨田榮。|且頓住作一結。

項羽既存趙,降章邯等,西屠咸陽,滅秦而立侯王也,既住又起,蛛絲馬跡之妙! 迺徙齊王田市更王膠東,治即墨。齊將田都從共救趙,因入關,故立都爲齊王,治臨淄。故齊王建孫田安,項羽方渡河救趙,田安下濟北數城,引兵降項羽,項羽立田安爲濟北王,治博陽。田榮以負項梁,不肯出兵助楚、趙攻秦,故不得王;點明上節作結。趙將陳餘亦失職,不得王:插入。二人俱怨項王。"怨"字根。

項王既歸,諸侯各就國,田榮使人將兵助陳餘,令反趙地,而榮亦發兵以距擊田都,插陳餘一筆,用"而"字收轉。田都亡走楚。田榮留齊王市,無令之膠東。市之左右曰:"項王彊暴,而王當之膠東,不就國,必危。”市懼,迺亡就國。田榮怒,追擊殺齊王市於即墨,還攻殺濟北王安。於是田榮乃自立爲齊王,盡并三齊之地。收完上段,簡淨。

項王聞之,大怒,迺北伐齊。齊王田榮兵敗,走平原,平原人殺榮。|完田榮傳。項王遂燒夷齊城郭,所過者盡屠之。齊人相聚畔之。榮弟横收齊散兵,得數萬人,反擊項羽於城陽。而漢王率諸侯敗楚,入彭城。間插入漢王,亦用“而”字。項羽聞之,乃釋齊而歸,擊漢於彭城,因連與漢戰,相距滎陽。以故田横復得收齊城邑,“以故”二字,點得明快。立田榮子廣爲齊王,而横相之,專國政,政無巨細皆斷於相。|頓住。

横定齊三年,大書一筆,見横之功。漢王使酈生往説下齊王廣,及其相國横。横以爲然,解其歷下軍。漢將韓信,引兵且東擊齊。齊初使華無傷、田解軍於歷下,以距漢,漢使至,乃罷守戰備,縱酒,倒序,解明解歷下軍之故。且遣使與漢平。漢將韓信已平趙、燕,用蒯通計,度平原,襲破齊歷下軍,三點歷下軍詳。因入臨淄。齊王廣、相横怒,以酈生賣己,而烹酈生。齊王廣東走高密,相横走博陽,守相田光走城陽,將軍田既軍於膠東。楚使龍且救齊,齊王與合軍高密。漢將韓信,與曹參破殺龍且,虜齊王廣。漢將灌嬰,追得齊守相田光。至博陽,而横聞齊王死,自立爲齊王,插入横王事,仍用“而”字,妙!還擊嬰,嬰敗横之軍於嬴下。田横亡走梁,歸彭越。彭越是時居梁地,中立,且爲漢,且爲楚。|閒中插入梁事,且兜住。韓信已殺龍且,間接。因令曹參進兵破殺田既於膠東,使灌嬰破殺齊將田吸於千乘。韓信遂平齊,乞自立爲齊假王,漢因而立之。|因齊事插入韓信一段,因非本傳,故一氣滚過。

後歲餘,漢滅項籍,漢王立爲皇帝,以彭越爲梁王。接上田横走梁事,越昔中立,故可依,今歸漢,故不得不去也。田横懼誅,而與其徒屬五百餘人,入海,居島中。高帝聞之,以爲田横兄弟,本定齊,齊人賢者多附焉,今在海中不收,後恐爲亂,三人事一路分敘,借高帝口中一總,出色一番。迺使使赦田横罪,而召之。田横因謝曰:“臣烹陛下之使酈生,今聞其弟酈商爲漢將,而賢,臣恐懼,不敢奉詔,請爲庶人,守海島中。”使還報,高皇帝迺詔衛尉酈商曰:“齊王田横即至,人馬從者,敢動摇者,致族夷!”又爲田横出色一番,田横上加“齊王”二字,壯甚!迺復使使持節具告以詔商狀,曰:“田横來,大者王,小者迺侯耳;不來,且舉兵加誅焉。”田横乃與其客二人,乘傳詣雒陽。

未至三十里,至尸鄉厩置,横謝使者曰:“人臣見天子,當洗沐。”止留。且一頓,若真爲洗沐留者。謂其客曰:“横始與漢王,倶南面稱孤,今漢王爲天子,而横乃爲亡虜,而北面事之,其恥固已甚矣。一轉。且吾烹人之兄,與其弟併肩而事其主,縱彼畏天子之詔,不敢動我,我獨不媿於心乎?二轉。且陛下所以欲見我者,不過欲一見吾面貌耳。今陛下在洛陽,今斬吾頭,馳三十里間,形容尚未能敗,猶可觀也。”遂自剄,一段奇事,寫得明白,千古如新,令人擊節。令客奉其頭,從使者馳奏之高帝。高帝曰:“嗟乎,有以也夫!只一句,寫得心折。起自布衣,兄弟三人更王,豈不賢乎哉!”又將兄弟三人一提。爲之流涕,而拜其二客爲都尉,發卒二千人,以王者禮葬田横。

既葬,二客穿其冢旁孔,皆自剄,下從之。又借二客出色。高帝聞之,迺大驚,以田横之客皆賢。吾聞其餘尚五百人,在海中,使使召之。句。至，句。則聞田横死，亦皆自殺。丨又借五百人出色，事固奇，而文章家寫此助色，如餘波欲平，而兩峯傑出，豈非樂事。於是乃知田横兄弟能得士也。只一句，收完三傳，直照至篇首“能得士”句，截然竟住，妙甚！

太史公曰：甚矣蒯通之謀，亂齊，驕淮陰，其卒亡此兩人！蒯通者，善爲長短説，論戰國之權變，爲八十一首。通善齊人安期生，安期生嘗干項羽，項羽不能用其筴。已而項羽欲封此兩人，兩人終不肯受，亡去。忽然出一蒯通，又忽然出一安期生，而田横只就篇末一點，奇甚！田横之高節，賓客慕義而從横死，豈非至賢！余因而列焉。無不善畫者，莫能圖，何哉？

原是三人合傳，而處處關合，首尾照映，此乃史公極有行列文字。中間寫田横自剄一段，尤慷慨明淨。〇中間接處、插處，凡四用“而”字，字字妙絶。讀者詳之。〇贊中忽寫蒯通，又傳外插出一安期生，非孟浪也。蓋“因田横兄弟能得士”一句，因思天下士如二客、如五百人，皆得因田横而見。此外如蒯通、如安期生者，不知埋没幾何？遂與草木同腐，故不覺爲之三嘆，而厠之傳末也。史公誠好士哉！

樊酈滕灌列傳

舞陽侯樊噲者,沛人也。以屠狗爲事,與高祖俱隱。|俱以高祖提綱,下同。

初從高祖起豐,攻下沛。|戰功一。高祖爲沛公,以噲爲舍人。|爵賞一。從攻胡陵、方與,|戰功二。還守豐,擊泗水監豐下,破之。|戰功三。復東定沛,破泗水守薛西。|戰功四。與司馬尼戰碭東,卻敵,斬首十五級,賜爵國大夫。|戰功五。爵賞二。常從沛公擊章邯,軍濮陽,攻城先登,斬首二十三級,賜爵列大夫。|戰功六。爵賞三。復常從,樊噲、高祖親臣,戰功從高祖處爲多,故又點此三字,即無功之時,亦常從也。從攻城陽,先登。|戰功七。下戶牖,破李由軍,斬首十六級,賜上間爵。|戰功八。爵賞四。從攻圍東郡守尉於城[①]武卻敵,斬首十四級,捕鹵十一人,賜爵五大夫。|戰功九。爵賞五。從擊秦軍,出亳南。河間守軍於杠里,破之。|戰功十。擊破趙賁軍開封北,以卻敵先登,斬候一人,首六十八級,捕鹵二十七人,賜爵卿。|戰功十一。爵賞六。從攻破楊熊軍於曲遇。|戰功十二。攻宛陵,先

① 城,中華書局本《史記》作“成”。

登，斬首八級，捕鹵四十四人，賜爵封，號賢成君。丨戰功十三。爵賞七。從攻長社、轘轅，絕河津，丨戰功十四。東攻秦軍於尸南，丨戰功十五。攻秦軍於犨。丨戰功十六。破南陽守齮於陽城東。丨戰功十七。攻宛城，先登。丨戰功十八。西至酈，以卻敵，斬首二十四級，捕鹵四十人，賜重封。丨戰功十九。爵賞八。攻武關，至霸上，斬都尉一人，首十級，捕鹵百四十六人，降卒二千九百人。丨戰功二十。

項羽在戲下，欲攻沛公。沛公從百餘騎，因項伯面見項羽，謝無有閉關事。略得妙。項羽既饗軍士，中酒，飲酒中間也。亞父謀欲殺沛公，令項莊拔劍舞坐中，欲擊沛公，項伯常肩蔽之。略得妙。時獨沛公與張良得入坐，樊噲在營外，始入噲事。聞事急，乃持鐵盾入，到營。營衛止噲，噲直撞入，立帳下。項羽目之，問爲誰。張良曰："沛公參乘樊噲。"項羽曰："壯士。"賜之卮酒彘肩。噲既飲酒，拔劍切肉，食盡之。略序處更覺色壯。項羽曰："能復飲乎？"噲曰："臣死且不辭，豈特卮酒乎！且沛公先入定咸陽，暴師霸上，以待大王。大王今日至，聽小人之言，與沛公有隙，臣恐天下解，心疑大王也。"與項紀不同，而情事更明淨。項羽默然。寫項羽心服。沛公如厠，麾樊噲去。既出，沛公留車騎，獨騎一馬，與樊噲等四人步從，從間道山下歸，走霸上軍，而使張良謝項羽。謝羽帶敘。項羽亦因遂已，無誅沛公之心矣。是日微樊噲犇入營誚讓項羽，沛公事幾殆。丨復綴數語，歸功樊噲，是噲傳體也。

明日，項羽入屠咸陽，立沛公爲漢王。漢王賜噲爵爲列侯，號臨武侯。爵賞九。遷爲郎中，從入漢中。丨爵賞十。

還定三秦，別擊西丞白水北，雍輕車騎於雍南，破之。丨戰功二十一。從攻雍、斄城，先登丨戰功二十二。擊章平軍好時，攻城，先登

陷陣,斬縣令丞各一人,首十一級,鹵二十人,遷郎中騎將。|戰功二十三。爵賞十一。從擊秦車騎壤東,卻敵,遷爲將軍。|戰功二十四。爵賞十二。攻趙賁,下郿、槐里、柳中、咸陽;灌廢丘,最。至櫟陽,賜食邑杜之樊鄉。|戰功二十五。爵賞十三。從攻項籍,屠煮棗。戰功二十六。擊破王武、程處軍于外黄。|戰功二十七。攻鄒、魯、瑕丘、薛。戰功二十八。項羽敗漢王於彭城,盡復取魯、梁地。噲還,至滎陽,益食平陰二千戶,|爵賞十四。以將軍守廣武。一歲,項羽引而東。從高祖擊項籍,下陽夏,鹵楚周將軍卒四千人。圍項籍於陳,大破之。屠胡陵。|戰功二十九。

項籍既死,漢王爲帝,以噲堅守,戰有功,益食八百戶。|爵賞十五。從高帝攻反燕王臧荼,鹵荼,定燕地。|戰功三十。楚王韓信反,噲從至陳,取信,定楚。戰功三十一。更賜爵列侯,與諸侯剖符,世世勿絕,食舞陽,號爲舞陽侯,除前所食。|爵賞十六。以將軍從高祖攻反韓王信于代。自霍人以往,至雲中,與絳侯等共定之,益食千五百戶。|戰功三十二。爵賞十七。因擊陳豨與曼丘臣軍,戰襄國,破柏人,先登,降定清河、常山凡二十七縣,殘東垣,戰功三十三。遷爲左丞相。|爵賞十八。破得綦毋卬、尹潘軍於無終、廣昌。|戰功三十四。破豨別將胡人王黄軍於代南,|戰功三十五。因擊韓信軍於參合。軍所將卒斬韓信,|戰功三十六。破豨胡騎橫谷,斬將軍趙既,鹵代丞相馮梁、守孫奮、大將王黄、將軍、太卜、太僕解福等十人。與諸將共定代鄉邑七十三。|戰功三十七。其後燕王盧綰反,噲以相國擊盧綰,破其丞相抵薊南,定燕地,凡縣十八,鄉邑五十一。益食邑千三百戶,定食舞陽五千四百戶。|戰功三十八。爵賞十九。從,斬首百七十六級,碭東十五、濮陽二十三、李由軍十六、城武十

四、趙賁軍六十八、宛陵八、鄘二十四、霸上十、好畤十一。鹵二百八十八人。城武十一、趙賁軍二十七、宛陵四十四、鄘四十、霸上一百六十四、好畤二十。別,破軍七,李由軍,趙賁軍,章平軍,王武、程處軍,曼丘臣軍,綦毋卬、尹潘軍,王黄軍。下城五,定郡六,縣五十二,戶、牖、宛、郾、清河等。得丞相一人,代馮梁。將軍十二人,豨將趙既、王黄及解福等十人。二千石已下至三百石十一人。孫奮等。○總敘戰功,以從與別兩項分敘,變法。

噲以吕后女弟吕須爲婦,生子伉,故其比諸將最親。|先點明吕須。

先黥布反時,前戰功直敘,至盧綰反時,已在黥布反後矣,此倒插法也,故著"先"字。高祖嘗病甚,惡見人,臥禁中,詔戶者無得入群臣。群臣絳、灌等莫敢入。十餘日,噲乃排闥直入,大臣隨之。正寫其最親也。上獨枕一宦者臥。噲等見上,流涕曰:"始陛下與臣等起豐沛,定天下,何其壯也!今天下已定,又何憊也!兩"也"字一疊。且陛下病甚,大臣震恐,不見臣等計事,顧獨與一宦者絶乎?且陛下獨不見趙高之事乎?"兩"且"字、兩"乎"字,以兩轉作兩疊,直淨而宛折。直淨者,樊噲之語,宛折者,史公之文也。高帝笑而起。|

其後盧綰反,一先一後,作兩節對照。高帝使噲以相國擊燕。是時高帝病甚,人有惡噲党於吕氏,即上一日宮車晏駕,則噲欲以兵盡誅滅戚氏、趙王如意之屬。高帝聞之大怒,不問所由來,是高帝意中,故大怒也。乃使陳平載絳侯代將,而即軍中斬噲。陳平畏吕后,執噲詣長安。至則高祖已崩,吕后釋噲,使復爵邑。|

孝惠六年,樊噲卒,謚爲武侯。子伉代侯。而伉母吕須,亦爲臨光侯,"而"字、"亦"字妙,女子封侯,故爲一笑。高后時用事耑權,大臣盡畏之。伉代侯九歲，伉代侯，前已著明，此乃伉代侯後之九年耳，作一句讀。高后崩。大臣誅諸吕、吕須嬃屬，因誅伉。"因"字好，以明非伉之罪也。舞陽侯中絕數月。孝文帝既立，乃復封噲他庶子市人爲舞陽侯，復故爵邑。市人立二十九歲卒，謚爲荒侯。子他廣，代侯。六歲，侯家舍人得罪他廣，怨之，乃上書曰："荒侯市人，病，不能爲人，奇語。令其夫人與其弟亂，而生他廣，他廣實非荒侯子，不當代後。"詔下吏。孝景中六年，他廣奪侯爲庶人，國除。

曲周侯酈商者，高陽人。陳勝起時，商聚少年，東西略人，得數千。沛公畧地至陳留，六月餘，商以將卒四千人屬沛公於岐。初見。從攻長社，先登，戰功一。賜爵封信成君。爵賞一。從沛公攻緱氏，絕河津，破秦軍洛陽東。戰功二。從攻下宛、穰，定十七縣。戰功三。別將攻旬關，定漢中。戰功四。

項羽滅秦，立沛公爲漢王。漢王賜商爵信成君，爵賞二。○下每節皆舉官名用"以"字貫下。以將軍爲隴西都尉。別將定北地、上郡。破雍將軍烏氏，周類軍栒邑，蘇駔軍於泥陽。賜食邑武成六千戶。戰功五。爵賞三。以隴西都尉從擊項籍軍，五月，出鉅野，與鍾離眛戰，疾鬬，字法異。○戰功六。受梁相國印，益食邑四千戶。爵賞四。以梁相國將從擊項羽，二歲三月，攻胡陵。戰功七。

項羽既已死，漢王爲帝。其秋，燕王臧荼反，商以將軍從擊荼，戰龍脫，先登，陷陣，破荼軍易下，卻敵，戰功八。遷爲右丞相，賜爵列侯，與諸侯剖符，世世勿絕，食邑涿五千戶，號曰涿侯。爵賞五。以右丞相別定上谷，因攻代，受趙相國印。戰功九。爵賞六。以右丞相趙相國別與絳侯等定代、鴈門，得代丞相程縱、守相郭同、將軍已下至六百石十九人。戰功十。還，以將軍爲太上皇衛

一歲七月。以右丞相擊陳豨，殘東垣。|戰功十一。又以右丞相從高帝擊黥布，攻其前拒，陷兩陣，得以破布軍，|戰功十二。更食曲周五千一百戶，除前所食，|爵賞七。凡別破軍三，雍將軍、周類軍、蘊騅軍。降定郡六，縣七十三，北地、上郡、宛穰等。得丞相、代程縱。守相、代郭同。大將，各一人，小將二人，無名。二千石已下至六百石十九人。|無名。

商事孝惠、高后時，商病，不治。|酈商戰功，俱在高帝時，此結住，下入酈寄傳。其子寄，字況，酈寄附傳。與呂祿善。及高后崩，大臣欲誅諸呂，呂祿爲將軍，軍於北軍，太尉勃不得入北軍，於是乃使人劫酈商，令其子況紿呂祿，呂祿信之，故與出游，而太尉勃乃得入據北軍，遂誅諸呂。紿呂事略寫，以高后紀已詳也。是歲商卒，諡爲景侯。子寄代侯。天下稱酈況賣交也。|

孝景前三年，吳、楚、齊、趙反，上以寄爲將軍，圍趙城，十月不能下。得俞侯欒布自平齊來，乃下①趙城，滅趙，王自殺，除國。孝景中二年，寄欲取平原君爲夫人，景帝怒，下寄吏，有罪，奪侯。景帝乃以商他子堅封爲繆侯，續酈氏後。繆靖侯卒，子康侯遂成立。遂成卒，子懷侯世宗立。世宗卒，子侯終根立，爲太常，坐法，國除。|

汝陰侯夏侯嬰，沛人也。爲沛厩司御。每送使客還，過沛泗上亭，與高祖語，未嘗不移日也。|先寫親密。嬰已而試補縣吏，與高祖相愛。高祖戲而傷嬰，人有告高祖。高祖時爲亭長，重坐傷人，告故不傷嬰，嬰證之。證其不傷也。後獄覆，覆按也。嬰坐高祖

① 下，底本作“不”，疑誤，據校本改。

繫歲餘,掠笞數百,終以是脱高祖。丨玩此則證其不傷爲是。

高祖之初與徒屬欲攻沛也,嬰時以縣令史爲高祖使。上降沛,一日高祖爲沛公,賜嬰爵七大夫,以爲太僕。丨爵賞一。從攻胡陵,嬰與蕭何降泗水監平,平以胡陵降,賜嬰爵五大夫。丨戰功一。爵賞二。從擊秦軍碭東,攻濟陽,下戶牖,破李由軍雍丘下,以兵車趣攻戰疾,戰功二。○此又多用"兵車趣功戰疾"字。賜爵執帛。丨爵賞三。常以太僕奉車既爲太僕,自是奉車,下節節以奉車冠。從擊章邯軍東阿、濮陽下,以兵車趣攻戰疾,破之,賜爵執珪。丨戰功三。爵賞四。復常奉車從擊趙賁軍開封,楊熊軍曲遇。嬰從捕鹵六十八人,降卒八百五十人,得印一匱。丨戰功四。因復常奉車從擊秦軍雒陽東,以兵車趣攻戰疾,賜爵封,轉爲滕公。丨戰功五。爵賞五。因復奉車從攻南陽,戰于藍田、芷陽,以兵車趣攻戰疾,戰功六。至霸上。項羽至,滅秦,立沛公爲漢王。漢王賜嬰爵列侯,號昭平侯,丨爵賞六。復爲太僕,從入蜀、漢。

還定三秦,從擊項籍。至彭城,戰功七。項羽大破漢軍。漢王敗,不利,馳去。見孝惠、魯元,載之。漢王急,馬罷,鹵在後,常蹶疊寫三句,正見其急也。兩兒欲棄之,嬰常收,竟載之,徐行面雍樹,乃馳。極急之時,寫得極從容。○"面雍樹"三字不可解,數千載流傳之書,豈無脱誤?闕疑可也,諸解恐鑿。漢王怒,行欲斬嬰者十餘,非真欲斬嬰也,寫其急極之時,不能顧兩兒,後并恨滕公也。急時爲人羈絆,真有此意,至事定而思乃爲可笑耳。卒得脱,而致孝惠、魯元於豐。

漢王既至滎陽,收散兵,復振,賜嬰食祈陽。丨爵賞七。爲其收兩兒也。復常奉車從擊項籍,追至陳,卒定楚,至魯,戰功八。益食茲氏。丨爵賞八。

漢王立爲帝。其秋,燕王臧荼反,嬰以太僕從擊荼。戰功九。明年,從至陳,取楚王信。|戰功十。更食汝陰,剖符世世勿絶。|爵賞九。以太僕從擊代,至武泉、雲中,益食千戶。|戰功十一。爵賞十。因從擊韓信軍胡騎晉陽旁,大破之。追北至平城,爲胡所圍,七日不得通。高帝使使厚遺閼氏,冒頓開圍一角。高帝出,欲馳,嬰固徐行,弩皆持滿外向,卒得脱。益食嬰細陽千戶。|戰功十二。爵賞十一。復以太僕從擊胡騎句注北,大破之。戰功十三。以太僕擊胡騎平城南,三陷陳,功爲多,戰功十四。賜所奪邑五百戶。|爵賞十二。以太僕擊陳豨、黥布軍,陷陣卻敵,益食千戶,定食汝陰六千九百戶,除前所食。|戰功十五。爵賞十三。○此兩陷陣,似自立功,非爲帝御也。

嬰自上初起沛,常爲太僕,竟高祖崩。以太僕事孝惠。|滕公一生功業,是爲太僕奉車,一路敘明,此又一總結。孝惠帝及高后,德嬰之脱孝惠、魯元於下邑之間也,乃賜嬰北縣[①]第第一,曰"近我",以尊異之。|繳完載兩兒事。孝惠帝崩,以太僕事高后。|太僕餘波。高后崩,代王之來,嬰以太僕與東牟侯入清宫,廢少帝,以天子法駕,迎代王代邸,太僕餘波。與大臣共立爲孝文皇帝,復爲太僕。|八歲卒,諡爲文侯。|子夷侯竈立,七年卒。子共侯賜立,三十一年卒。子侯頗尚平陽公主。立十九歲,元鼎二年,坐與父御婢姦罪,自殺,國除。|

潁陰侯灌嬰者,睢陽販繒者也。高祖之爲沛公,略地至雍丘下,章邯敗,殺項梁,而沛公還軍於碭,嬰初以中涓從,擊破東郡尉

① 北縣,中華書局本《史記》作"縣北"。

於成武,及秦軍於扛里,疾鬭,賜爵七大夫。丨戰功一。爵賞一。從攻秦軍亳南、開封、曲遇,戰疾力,賜爵執帛,號宣陵君。丨戰功二。爵賞二。從攻陽武以西,至雒陽破秦軍尸北,北絕河津,南破南陽守齮陽城東,遂定南陽郡。丨戰功三。西入武關,戰于藍田,疾力,丨戰功四。至霸上,賜爵執珪,號昌文君。丨爵賞三。

沛公立爲漢王,拜嬰爲郎中,丨爵賞四。從入漢中,十月,拜爲中謁者。丨爵賞五。從還定三秦,下櫟陽,降塞王。丨戰功五。還圍章邯於廢丘,未拔。從東出臨晉關,擊降殷王,定其地。丨戰功六。擊項羽將龍且、魏相項他軍定陶南,疾戰,破之。賜嬰爵列侯,號昌文侯,食杜平鄉。丨戰功七。爵賞六。

復以中謁者從降下碭,以至彭城。項羽擊,大破漢王。漢王遁而西,嬰從,還軍於雍丘。丨戰功八。王武、魏公申徒反,從擊破之。攻下黃,丨戰功九。○以上俱從。西收兵,軍於滎陽。楚騎來衆,漢王乃擇軍中可爲車騎將者,皆推故秦騎士重泉人李必、駱甲,習騎兵,今爲校尉,可爲騎將。漢王欲拜之,必、甲曰:“臣故秦民,恐軍不信臣,臣願得大王左右善騎者傅之。”灌嬰雖少,然數力戰,乃拜灌嬰爲中大夫,爵賞七。令李必、駱甲爲左右校尉,將郎中騎兵,擊楚騎於滎陽東,大破之。丨戰功十。○以下俱別將。受詔別擊楚軍後,絕其餉道,起陽武至襄邑。丨戰功十一。○以下功用所將卒多,蓋潁陰已爲大將也。擊項羽之將項冠於魯下,破之,所將卒斬右司馬、騎將各一人。丨戰功十二。擊破柘公王武軍於燕西,所將卒斬樓煩將五人,連尹一人。丨戰功十三。擊王武別將桓嬰白馬下,破之,所將卒斬都尉一人。丨戰功十四。以騎渡河南,送漢王到雒陽,使北迎相國韓信軍於邯鄲。還至敖倉,嬰遷爲御史大夫。丨戰功十五。爵賞八。

三年，以列侯食邑杜平鄉。丨爵賞九。○以下屬韓信。以御史大夫受詔，將郎中騎兵，東屬相國韓信，擊破齊軍於歷下，所將卒鹵車騎將軍華毋傷，及將吏四十六人。降下臨菑，得齊守相田光。追齊相田横，至嬴、博，破其騎，所將卒斬騎將一人，生得騎將四人。攻下嬴、博，破齊將軍田吸於千乘，所將卒斬吸。丨戰功十六。東從韓信攻龍且、留公於[1]高密，卒斬龍且，生得右司馬、連尹各一人，樓煩將十人，身生得亞將周蘭。丨戰功十七。前多用所將卒，故此用“身”字。

齊地已定，韓信自立爲齊王，使嬰别將擊楚將公杲於魯北破之。丨戰功十八。轉南，破薛郡長，身鹵騎將一人。丨戰功十九。攻博陽，前至下相以東南，僮、取慮、徐。度淮，盡降其城邑，至廣陵。丨戰功二十。項羽使項聲、薛公、郯公復定淮北。嬰度淮北，擊破項聲、郯公下邳，斬薛公，下下邳，擊破楚騎於平陽，遂降彭城，鹵柱國項佗，降留、薛、沛、酇、蕭、相。攻苦、譙，復得亞將周蘭。丨戰功二十一。與漢王會頤鄉。從復從漢王。擊項籍軍於陳下，破之，所將卒斬樓煩將二人，鹵騎將八人。賜益食邑二千五百户。丨戰功二十二。爵賞十。

項籍敗垓下去也，嬰以御史大夫受詔，將車騎，别追項籍，至東城，又别將。破之。所將卒五人，共斬項籍，皆賜爵列侯。降左右司馬各一人，卒萬二千人，盡得其軍將吏。下東城、歷陽。渡江，破吳郡長吳下，得吳守，遂定吳、豫章、會稽郡。還，定淮北，凡五十二縣。丨戰功二十三。

---

① 於，中華書局本《史記》作“旋於”。

漢王立爲皇帝，賜嬰邑三千戶。|爵賞十一。其秋，以車騎將軍從擊破燕王臧荼。|戰功二十四。○以下或從或別。明年，從至陳，取楚王信。還，剖符，世世勿絕，食潁陰二千五百戶，號曰潁陰侯。|戰功二十五。爵賞十二。

以車騎將軍從擊反韓王信於代，至馬邑，受詔別降樓煩以北六縣，斬代左相，破胡騎於武泉北。|戰功二十六。復從擊韓信胡騎晉陽下，所將卒斬胡白題將一人。|戰功二十七。受詔并將燕、趙、齊、梁、楚車騎，擊破胡騎於硰石。至平城，爲胡所圍，|戰功二十八。從還軍東垣。|

從擊陳豨，|受詔別攻豨丞相侯敞軍曲逆下，破之，卒斬敞及特將五人。降曲逆、盧奴、上曲陽、安國、安平。攻下東垣。|戰功二十九。

黥布反，以車騎將軍先出攻布，別將於相，破之，斬亞將樓煩將三人。又進擊破布上柱國軍，及大司馬軍。又進破布別將肥誅。嬰身生得左司馬一人，所將卒斬其小將十人，追北至淮上。益食二千五百戶。|戰功三十。爵賞十三。布已破，高帝歸，定令嬰，食潁陰五千戶，除前所食邑。|爵賞十四。凡從得二千石二人，無名別破軍十六，楚軍、齊軍、王武軍等。降城四十六，臨菑等。定國一，齊。郡二，縣五十二，嬴、博、博陽、取慮等。得將軍二人，齊華無傷、楚周蘭。柱國、楚項他。相國齊田光。各一人，二千石十人。無名。

嬰自破布歸，高帝崩，嬰以列侯事孝惠帝，及呂太后。太后崩，呂祿等，以趙王自置爲將軍，軍長安，爲亂。齊哀王聞之，舉兵西，且入誅不當爲王者。上將軍呂祿等聞之，乃遣嬰爲大將，將軍往擊之。嬰行至滎陽，乃與絳侯等謀，因屯兵滎陽，風齊王以誅呂

氏事,齊兵止不前。絳侯等既誅諸呂,齊王罷兵歸,嬰亦罷兵,自滎陽歸,常疑諸呂既誅,齊王何以不至京師,以覬尊位?蓋有灌嬰之兵以阻之也。嬰功不在于誅呂氏,而在于却齊,今歸功灌嬰,是本傳體。與絳侯、陳平共立代王爲孝文皇帝。孝文皇帝於是益封嬰三千户,賜黄金千斤,拜爲太尉。|

三歲,絳侯勃免相就國,嬰爲丞相,罷太尉官。|是歲,匈奴大入北地、上郡,令丞相嬰將騎八萬五千,往擊匈奴。匈奴去,濟北王反,詔乃罷嬰之兵。嬰戰功餘波,兩"罷兵"相對。後歲餘,嬰以丞相卒,謚曰懿侯。|子平侯阿代侯。二十八年卒,子彊代侯。十二年,彊有罪,絕二歲。元光三年,天子封灌嬰孫賢爲臨汝侯,續灌氏後,八歲,坐行賕有罪,國除。

太史公曰:吾適豐沛,問其遺老,觀故蕭、曹、樊噲、滕公之家,及其素,一頓。異哉所聞!歎息一句,七字作兩節。方其鼓刀屠狗賣繒之時,豈自知附驥之尾,垂名漢庭①,德流子孫哉?余與他廣通,爲言高祖功臣之興時若此云。贊語曲折縹渺,意在言外。

此篇與《曹相國世家》,是一樣筆法,固爲史公創格。大意雖相似,然其中用字處,各有變化。〇如此傳,以一樣筆法連寫四篇,爲之者固難,讀之者亦易厭。然細看其中,一篇是一樣筆法,如噲傳是親臣,故用"從"字,而中間插鴻門一段。酈傳,以官名提綱貫下。夏侯傳,是車將,故節節提奉車。灌傳是騎將,故一段從,一段别將,一段從韓信,縱横馳騁。古人作文,決不輕易下筆,讀者須細看。

① 庭,中華書局本《史記》作"廷"。

張丞相列傳

張丞相蒼者,陽武人也。好書律歷(曆)。總一句。秦時爲御史,主柱下方書。有罪,亡歸。|及沛公畧地過陽武,蒼以客從攻南陽。蒼坐法,當斬,解衣伏質,一生壽考福澤,劈頭先有此一難。身長大,肥白如瓠,張丞相固是痴肥一流人。時王陵見而恠其美士,乃言沛公,赦勿斬。|遂從西入武關,至咸陽。沛公立爲漢王,入漢中,還定三秦。|以漢事提綱。陳餘擊走常山王張耳,耳歸漢,漢乃以張蒼爲常山守。從淮陰侯擊趙,蒼得陳餘。趙地已平,漢王以蒼爲代相,備邊寇。|得陳餘事畧。已而徙爲趙相,相趙王耳。耳卒,相趙王敖。復徙相代王。|相代事畧。燕王臧荼反,高祖往擊之。蒼以代相從攻臧荼有功,以六年中封爲北平侯,食邑千二百戶。|攻臧荼事畧。

遷爲計相,一月,更以列侯爲主計,四歲。是時蕭何爲相國,而張蒼乃自秦時爲柱下史,明習天下圖書計籍。蒼又善用算律曆,故令蒼以列侯居相府,領主郡國上計者。|戰功序畢,提始末,總序作一束。黥布反亡,漢立皇子長爲淮南王,而張蒼相之。|相淮南事畧。十四年,遷爲御史大夫。|且截住,即御史大夫生出下周昌五傳。

周昌者,沛人也。其從兄曰周苛,因張蒼帶出周昌,因周昌又帶出周苛,鶩籠書生,逐層吞吐。秦時皆爲泗水卒史。及高祖起沛,擊破泗水守監,於是周昌、周苛,自卒史從沛公,沛公以周昌爲職志,周苛爲客。因周昌帶出周苛,即以周昌、周苛雙序。從入關,破秦。|事省,因蒼傳已明也。沛公立爲漢王,以周苛爲御史大夫,周昌爲中尉。周苛、周昌雙序。

漢王四年,楚圍漢王滎陽,急,漢王遁出去,而使周苛守滎陽城。楚破滎陽城,欲令周苛將。苛罵曰:"若趣降漢王!不然,今爲虜矣!"項羽怒,亨周苛。|於是乃拜周昌爲御史大夫。又即周苛仍歸到周昌。常從擊破項籍。以六年中,與蕭、曹等俱封:封周昌爲汾陰侯;周苛子周成,以父死事,封爲高景侯。|又帶序周苛,以終其事。

昌爲人至此始獨序周昌事。彊力,敢直言,直伏下如意事。自蕭、曹等皆卑下之。昌嘗燕時入奏事,高帝方擁戚姬,昌還走,高帝逐得,騎周昌項,非顛非癡,大是慚恧也。問曰:"我何如主也?"昌仰曰:一"騎"字、一"仰"字,思之如畫。"陛下即桀紂之主也。"於是上笑之,然尤憚周昌。"憚"字隱隱伏下脉。及帝欲廢太子,而立戚姬子如意爲太子,大臣固爭之,莫能得;上以留侯策,即止。而周昌廷爭之,彊,兩句連得妙。事有適然,使二人分功不得。上問其説,昌爲人吃,又盛怒,曰:"臣口不能言,然臣期期知其不可。陛下雖欲廢太子,臣期期不奉詔。"上欣然而笑。兩"笑"字相照,前則半慚,此則全憚。既罷,吕后側耳於東廂聽,見周昌,爲跪謝曰:"微君,太子幾廢。"|

是後戚姬子如意爲趙王,年十歲,高祖憂即萬歲之後不全也。趙堯年少,爲符璽御史。趙人方與公因張蒼帶出周昌,又因周昌帶出趙堯，乃正欲序趙堯時，忽又插入一方與公，其法同也，張蒼從御史大夫截住，序周昌、趙堯從符璽御史截住，序方與公，其法同也。謂御史大夫周昌曰："君之史趙堯，年雖少，然奇才也，君必異之，是且代君之位。"周昌笑曰："堯年少，刀筆吏耳，何能至是乎！"居頃之，趙堯侍高祖。間接。高祖獨心不樂，悲歌，與前兩"笑"字相照，笑乃強笑，悲則真悲。群臣不知上之所以然。前已點明，偏又頓一句。趙堯進，請問曰："陛下所爲不樂，非爲趙王年少，而戚夫人與吕后有郤邪？備萬歲之後，而趙王不能自全乎？"兩調俊健。高祖曰："然。吾私憂之，不知所出。"堯曰："陛下獨宜爲趙王置貴彊相，及吕后、太子、群臣素所敬憚乃可。"高祖曰："然。吾念之，欲如是，而群臣誰可者？"三句，作三斷，妙！正寫高祖平日宛轉思量，心口商度之語。堯曰："御史大夫周昌，其人有堅忍，質直，應"彊力直言"。且自吕后、太子及大臣皆素敬憚之。應"尤憚周昌"。獨昌可。"高祖曰："善。"於是乃召周昌，謂曰："吾欲固煩公，公彊爲我相趙王。"周昌泣曰："臣初起從陛下，陛下獨奈何中道而棄之於諸侯乎？"高祖曰："吾極知其左遷，然吾私憂趙王，念非公無可者。"乃可""誰可""獨昌可""非公無可"照應生情。公不得已，彊行！兩"彊"字，極寫情事。"於是徙御史大夫周昌爲趙相。

既行，久之，高祖持御史大夫印弄之，曰："誰可以爲御史大夫者？"孰視趙堯，曰："無以易堯。"玩弄頓挫，事情固佳，文情更妙。遂拜趙堯爲御史大夫。|堯亦前有軍功食邑，及以御史大夫，從擊陳豨，有功，封爲江邑侯。|又提趙堯前事，序完趙堯。

高祖崩，吕太后使使召趙王，其相周昌，令王稱疾不行。使者三反，周昌固爲不遣趙王。於是高后患之，乃使使召周昌。周昌至,謁高后,高后怒而罵周昌曰:“爾不知我之怨戚氏乎? 而不遣趙王,句。何? 句。”昌既徵,高后使使召趙王,趙王果來。至長安,月餘,飲藥而死。周昌因謝病不朝見,三歲而死。丨

後五歲,高后聞御史大夫江邑侯趙堯,高祖時定趙王如意之畫,乃抵堯罪,以廣阿侯任敖爲御史大夫。丨因周昌及趙堯,而兩附傳夾序,遞入任敖。

任敖者,故沛獄吏。高祖嘗辟吏,吏繫吕后,遇之不謹。任敖素善高祖,句。怒,句。擊傷主吕后吏。及高祖初起,敖以客從,爲御史,守豐,二歲,高祖立爲漢王,東擊項籍,敖遷爲上黨守。陳豨反時,敖堅守,封爲廣阿侯,食千八百戶。高后時爲御史大夫。三歲免,丨任敖事只畧序,爲御史大夫,不爲任敖也。以平陽侯曹窋爲御史大夫。高后崩,不與大臣共誅吕祿等。免,丨曹窋事,亦只畧序。以淮南相張蒼爲御史大夫。重入正傳,遙接御史大夫,蓋曰由周昌而來,遞傳遞及,以至于蒼也。

蒼與絳侯等,尊立代王爲孝文皇帝。四年,丞相灌嬰卒,張蒼爲丞相。丨

自漢興至孝文,二十餘年,會天下初定,將相公卿,皆軍吏。獨推出張蒼,是文家尊主法也。張蒼爲計相時,緒正律曆。以高祖十月始至霸上,因故秦時本以十月爲歲首,弗革。推五德之運,以爲漢當水德之時,尚黑如故。吹律調樂,入之音聲,及以比定律令。若百工,天下作程品。至於爲丞相,卒就之,故漢家言律曆者,本之張蒼。蒼本好《書》,應前。無所不觀,無所不通,而尤善律曆。丨又總序一段,與前“主計”一段遙遙應合,兩兩對序,以成文章。

張蒼德王陵。王陵者,安國侯也。及蒼貴,常父事王陵。陵

死後,蒼爲丞相,洗沐,常先朝陵夫人,上食,然後敢歸家。|又插序爲救斬一段應完。

蒼爲丞相十餘年,閒接律曆事。魯人公孫臣上書言漢土[①]德時,其符有黄龍當見。詔下其議張蒼,張蒼以爲非是,罷之。其後黄龍見成紀,於是文帝召公孫臣,以爲博士,草土德之曆制度,更元年。張丞相由此自絀,謝病稱老。|蒼任人爲中候,大爲姦利,上以讓蒼,蒼遂病免。|蒼爲丞相十五歲而免。孝景前五年,蒼卒,謚爲文侯。子康侯代,八年卒。子類代爲侯,八年,坐臨諸侯喪,後就位不敬,國除。|序完張蒼事。

初,張蒼父,長不滿五尺,及生蒼,蒼長八尺餘,爲侯、丞相。蒼子復長。及孫類,長六尺餘,坐法失侯。|忽從長短上生出文情,奇!蒼之免相後,老,口中無齒,食乳,女子爲乳母。妻妾以百數,常[②]孕者不復幸。蒼年百有餘歲而卒。|又借二軼事,作餘波,文章方不呆板,不枯淡。

申屠丞相嘉者,梁人,以材官蹶張,從高帝擊項籍,遷爲隊率。從擊黥布軍,爲都尉。孝惠時,爲淮陽守。孝文帝元年,舉故吏士二千石從高皇帝者,悉以爲關内侯,食邑,二十四人,而申屠嘉食邑五百户。|張蒼已爲丞相,嘉遷爲御史大夫。嘉得以附傳者,爲此故也。張蒼免相,孝文帝欲用皇后弟竇廣國爲丞相,欲用。曰:"恐天下以吾私廣國。"欲不用。廣國賢,有行,故欲相之,又欲用。念久之不可,終于不用。寫四次轉折,心事遍露。而高帝時大臣,又皆多死,餘見無可者,又作一頓,乃遞入嘉。乃以御史大夫嘉爲丞相,因故

① 土,底本作"上",疑誤,據校本改。

② 常,中華書局本《史記》作"嘗"。

邑,封爲故安侯。|

嘉爲人,廉直,門不受私謁。是時太中大夫鄧通,方隆愛幸,賞賜累巨萬。文帝嘗燕飲通家,其寵如是。是時丞相入朝,而通居上傍,有怠慢之禮。丞相奏事畢,因言曰:"陛下愛幸臣,則富貴之;至於朝廷之禮,不可以不肅!"上曰:"君勿言,吾私之。"一邊行行直氣,一邊娓娓私語,兩不相入,故又生出下一段文情。罷朝,坐府中,嘉爲檄,召鄧通,詣丞相府,不來,且斬通。通恐,入言文帝。文帝曰:"汝第往,戲得妙。吾今使人召若。"通至丞相府,免冠徒跣頓首謝。嘉坐自如,故不爲禮,迂得妙。責曰:"夫朝廷者,高皇帝之朝廷也。通小臣,戲殿上,大不敬,當斬。吏今行斬之!"通頓首,首盡出血,不解。窘得妙。文帝度丞相已困通,使使者持節召通,而謝丞相曰:"此吾弄臣,君釋之。"鄧通既至,爲文帝泣曰:"丞相幾殺臣。"|寫一邊極其迂執,一邊極其窘急,而文帝從中玩弄。弄鄧通,即弄申屠嘉也,入情入事,如觀扮劇,妙甚!

嘉爲丞相五歲,孝文帝崩,孝景帝即位。二年,鼂錯爲內史,貴幸,用事,諸法令多所請變更,議以謫罰侵削諸侯。而丞相嘉自絀,所言不用,疾錯。錯爲內史門東出,不便,更穿一門南出。南出者,太上皇廟堧垣。先出穿門,後出廟垣,倒法。嘉聞之,欲因此以法錯,擅穿宗廟垣爲門,奏請誅錯。錯客有語錯,錯恐,夜入宮上謁,自歸景帝。至朝,丞相奏請誅內史錯。景帝曰:"錯所穿非真廟垣,乃外堧垣,故他官居其中,且又我使爲之,錯無罪。"罷朝,嘉謂長史曰:"吾悔不先斬錯,乃先請之,爲錯所賣。"與鄧通事,兩兩對照。至舍,因歐血而死。|諡爲節侯。子共侯蔑代,三年卒。子侯去病代,三十一年卒。子侯臾代,六歲,坐爲九江太守,受故官送,

有罪，國除。

自申屠嘉死之後，景帝時開封侯陶青、桃侯劉含[①]爲丞相。及今上時，柏至侯許昌、平棘侯薛澤、武彊侯莊青翟、高陵侯趙周等爲丞相。忽附入陶青、劉含等六人，使人不覺其用筆。皆以列侯繼嗣，娖娖廉謹，爲丞相，備員而已，無所能發明，功名有著於當世者。

太史公曰："張蒼文學律曆，爲漢名相，而絀賈生、公孫臣等言正朔服色事，而不遵明，用秦之顓頊曆，何哉？周昌，木彊人也。任敖以舊德用。申屠嘉可謂剛毅守節矣，然無學術，殆與蕭、曹、陳平異矣。

史公作傳，無不有線索貫串。而此篇線索，更異他篇，以御史大夫串，故于"張蒼爲御史大夫"一句頓住。因言張蒼爲御史大夫之前，則有周苛。周苛狗難，而用周昌。周昌相趙，而用趙堯。趙堯抵罪，而用任敖。任敖免，而用曹窋。曹窋免，而後至張蒼爲御史大夫耳。故附周昌等，而結至張蒼本傳。至序完張蒼，因計張蒼御史大夫之後，則有申屠嘉，故又附申屠嘉一傳。篇中純以御史大夫照應，而絕無閒人可竄入也。不然，執桮棬而祭者，非其子孫，何以通鬼神哉！〇張蒼先提"好書律曆"一句，通篇皆以書律曆事貫。〇因御史大夫而附傳周昌、申屠嘉固也。乃嘉傳後，不序後之爲御史大夫者，乃反序後之爲丞相者，如陶青等六人，是史公故作狡獪伎倆，愚弄後世。而後世之人，受其愚而不覺耳。

① 含，中華書局本《史記》作"舍"。

附丞相列傳

褚先生補

孝武時丞相多甚，不記，莫錄其行起居狀畧，且紀征和以來。

有車丞相，長陵人也。只一句，畧。卒而有韋丞相代。|韋丞相賢者，魯人也。以讀書術爲吏，不學無術不可以作宰相，故以讀書文吏貫。至大鴻臚。有相工相之，當至丞相。有男四人，使相工相之，至第二子，其名玄成。相工曰："此子貴，當封。"韋丞相言曰："我即爲丞相，有長子，是安從得之？"後竟爲丞相，病死，而長子有罪論，不得嗣，而立玄成。玄成時佯狂不肯立，竟立之，有讓國之名。後坐騎至廟，不敬，有詔奪爵一級，爲關內侯失列侯，得食其故國邑。韋丞相卒，有魏丞相代。|

魏丞相相者，濟陰人也。以文吏至丞相。"文吏"應前"讀書爲吏"。其人好武，皆令諸吏帶劍，帶劍前奏事。或有不帶劍者，當入奏事，至乃借劍而敢入奏事。帶劍奏事作數疊，是古文法。其時京兆尹趙君，丞相奏以免罪，使人執魏丞相，欲求脫罪而不聽。復使人脇恐魏丞相，以夫人賊殺待婢事而私獨奏請驗之，發吏卒至丞相舍，捕奴婢笞擊問之，實不以兵刃殺也。而丞相司直繁君，奏京兆尹趙君，迫脇丞相，誣以夫人賊殺婢，發吏卒圍捕丞相舍，不道；又

得擅屏騎士事,趙京兆坐要斬。又有使掾陳平等,劾中尚書,疑以獨擅劾事而坐之,大不敬,長史以下皆坐死,或下蠶室。而魏丞相竟以丞相病死。子嗣。後坐騎至廟,不敬,有詔奪爵一級,爲關內侯,失列侯,得食其故國邑。魏丞相卒,以御史大夫邴吉代。|

邴丞相吉者,魯國人也。以讀書好法令"讀書"應前。至御史大夫。孝宣帝時,以有舊故,封爲列侯,而因爲丞相。明於事,有大智,後世稱之。以丞相病死。子顯嗣。後坐騎至廟,不敬,有詔奪爵一級,失列侯,得食故國邑。顯爲吏,至太僕,坐官秏亂,身及子男有姦贓,免爲庶人。

邴丞相卒,黄丞相代。長安中有善相工田文者,與韋丞相、魏丞相、邴丞相微賤時會於客家,田文言曰:"今此三君者,皆丞相也。"其後三人竟更相代爲丞相,何見之明也。又借相工總序三相,另作一結,變法。

黄丞相霸者,淮陽人也。以讀書爲吏,"讀書"應前。至潁川太守。治潁川,以禮義條教喻告化之。犯法者,風曉令自殺化大行,名聲聞。孝宣帝下制曰:"潁川太守霸,以宣布詔令治民,道不拾遺,男女異路,獄中無重囚。賜爵關內侯,黄金百斤。"徵爲京兆尹而至丞相,復以禮義爲治。以丞相病死。子嗣,後爲列侯。黄丞相卒,以御史大夫于定國代。|于丞相已有廷尉傳,在張廷尉語中。于丞相去,御史大夫韋玄成代。|

韋丞相玄成者,即前韋丞相子也。代父,後失列侯。其人少時好讀書,"好讀書"應前。明于《詩》《論語》。爲吏,至衛尉,徙爲太子太傅。御史大夫薛君免,爲御史大夫。于丞相乞骸骨,免,而爲丞相,因封故邑,爲扶陽侯。數年,病死。孝元帝親臨喪,賜賞甚厚。子嗣後。其治容容隨世俗浮，沉而見謂諂，巧而相工本謂之當爲侯，代父而後失之；復自游宦而起，至丞相。父子俱爲丞相，世間美之，豈不命哉！相工其先知之。又借相工發議論，挽至前段。韋丞相卒，御史大夫匡衡代。

丞相匡衡者，東海人也。好讀書，"好讀書"應前。從博士受《詩》。家貧，衡傭作以給食飲。才下，數射策，不中，至九，乃中丙科。其經以不中科，故明習。補平原文學卒史。數年，郡不尊敬。御史徵之，以補百石屬，薦爲郎，而補博士，拜爲太子少傅，而事孝元帝。孝元好《詩》，而遷爲光祿勳，居殿中，爲師，授教左右，而縣官坐其旁聽，甚善之，日以尊貴。御史大夫鄭弘，坐事免，而匡君爲御史大夫。歲餘，韋丞相死，匡君代爲丞相，封樂安侯。以十年之間，不出長安城門，而至丞相，豈非遇時而命也哉！借時命一段，下又發議論，回環感歎，頗極文情。

深惟士之游宦，所以至封侯者，微甚。然多至御史大夫，即去者。諸爲大夫而丞相次也，其心冀幸丞相物故也。或乃陰私相毀害，欲代之。然守之日久，不得，或爲之日少，而得之，至于封侯，真命也夫！御史大夫鄭君，守之數年，不得，匡君居之未滿歲，而韋丞相死，即代之矣，豈可以智巧得哉！多有賢聖之才，困戹不得者衆甚也。兩折，以宕語結。

褚先生于《史記》，有原缺而補者，有因事而續者。獨丞相列傳，史原無之，無所附麗。舊因張丞相傳後，有陶青六人，遂寄于後，今因之。○此篇恬淡濟楚，後幅亦以感歎作致，而無奇麗壯偉之觀。

酈生陸賈列傳

酈生食其者,陳留高陽人也。好讀書,家貧落魄,無以爲衣食業,爲里監門吏。然縣中賢豪,不敢役,縣中皆謂之狂生。|寫得落拓不羈,另有一種氣。

及陳勝、項梁等起,諸將徇地,過高陽者數十人,酈生聞其將皆握齱,好苛禮自用,不能聽大度之言,所謂公等碌碌,殊不足入達人眼底。酈生乃深自藏匿。接酈生狂生處,偏寫其不狂,爲酈生立品。前寫諸將,正襯出沛公。此寫酈生,正以酈生之必見沛公也。後聞沛公將兵略地陳留郊,沛公麾下騎士,適酈生里中子也,沛公時時問邑中賢士豪俊。不說酈生見沛公,先説沛公問豪傑,漸漸逼入。騎士歸,酈生見不說騎士薦酈生,先說酈生見騎士,又作一逼。謂之曰:"吾聞沛公慢而易人,多大略,與以上諸將相反。此真吾所願從游,莫爲我先。若見沛公,謂曰'臣里中有酈生,年六十餘,長八尺,人皆謂之狂生,生自謂我非狂生'。"騎士不言,教之使言,此處又偏寫其狂態,語氣歷落,狂生,自謂非狂生,兩疊句尤有致。騎士曰:"沛公不好儒,諸客冠儒冠來者,沛公輒解其冠,溲溺其中。與人言,常大罵。未可以儒生說也。"又作騎士一沮,作一頓。酈生曰:"第言之。"騎士從容言如酈生所誡者。以上多少委曲,至此便收,如兩澗逶迤,不肯遽合,至三峽橋邊,忽然而會,一落便下,誠快覩也。

沛公至高陽傳舍,使人召酈生。酈生至,入謁,沛公方踞①牀,使兩女子洗足,而見酈生。寫高祖處,正寫其慢易大畧,生動飛舞,與握齱苛禮者,自别。酈生入,則長揖不拜,上句極寫沛公,此句極寫酈生。曰:“足下欲助秦攻諸侯乎？且欲率諸侯破秦也？”語帶狂致,好！沛公罵曰:“豎儒！夫天下同苦秦久矣,故諸侯相率而攻秦,何謂助秦攻諸侯乎？”酈生曰:“必聚徒,合義兵,誅無道秦,不宜倨見長者。”突起一頭,不知如何收拾,乃只爲此一句,瞥然而入,奇文。於是沛公輟洗,起攝衣,延酈生上坐,謝之。寫沛公倨處極倨,恭處極恭,一撥便轉,英雄作用。酈生因言六國從横時。沛公喜,賜酈生食,寫其衣服,寫其氣槩,寫其兩相駕馭處,而言六國從横,所以深動沛公處,偏不細寫,妙甚！問曰:“計將安出？”上泛言虚。此問計實。酈生曰:“足下起糾合之衆,收散亂之兵,不滿萬人,欲以徑入彊秦,此所謂探虎口者也。夫陳留,天下之衝,四通五達之郊也,陳留人也。今其城又多積粟。臣善其令,陳留人也。請得使之,令下足下。即不聽,足下舉兵攻之,臣爲内應。陳留人也。”於是遣酈生行,沛公引兵隨之,遂下陳留。號酈食其爲廣野君。|説令事,亦不細寫,莽莽蒼蒼,只具大概,文以疎爲妙者,此等是也。

酈生言其弟酈商,使將數千人從沛公西南略地。酈生常爲説客,馳使諸侯。|虚一句藏許多事,即伏下,説齊事。

漢三年秋,項羽擊漢,拔滎陽,漢兵遁保鞏、洛。楚人聞淮陰侯破趙,彭越數反梁地,則分兵救之。淮陰方東擊齊,漢王數困滎

① 踞,中華書局本《史記》作“倨”。

陽、成皋,計欲捐成皋以東,屯鞏、洛以拒楚。酈生因曰:"臣聞知天之天者,奇句。王事可成;不知天之天者,王事不可成。只增兩"不"字,上下便作兩樣,一正一反。王者以民人爲天,而民人以食爲天。又解明"天之天"。夫敖倉,天下轉輸久矣,臣聞其下乃有藏粟,甚多,楚人拔滎陽,不堅守敖倉,迺引而東,令適卒分守成皋,此乃天所以資漢也。方今楚易取,而漢反卻,自奪其便,臣竊以爲過矣。下一轉甚捷。且兩雄不俱立,楚漢久相持不決,百姓騷動,海內搖蕩,農夫釋耒,工女下機,天下之心,未有所定也。願足下急復進兵,收取滎陽,據敖倉之粟,塞成皋之險,杜大行之道,距蜚狐之口,守白馬之津,五句忽作排調,而敖倉一句是主。以示諸侯效實形制之勢,則天下知所歸矣。應"天之心未有所定"。方今燕、趙已定,唯齊未下。今田廣據千里之齊,田間將二十萬之衆,軍于歷下,諸田宗彊,負海阻河濟,南近楚,人多變詐,足下雖遣數十萬師,未可以歲月破也。臣請得奉明詔,說齊王,使爲漢而稱東藩。"上曰:"善。"

迺從其畫,復守敖倉,而使酈生說齊。|說齊王曰:前酈生口中原因敖倉搭入說齊,是一件事,故即以"而"字接下。"王知天下之所歸乎?"緊頂"天下知所歸"句落下。王曰:"不知也。"曰:"王知天下之所歸,則齊國可得而有也;若不知天下之所歸,即齊國未可得保也。"亦只增一"不"字、"未"字,一反一正,與前句對。齊王曰:"天下何所歸?"曰:"歸漢。"只二字,硬綻之極,是忻動齊王神情。曰:"先生何以言之?"曰:"漢王與項王戮力,西面擊秦,約先入咸陽者王之。漢王先入咸陽,項王負約不與,而王之漢中。項王遷殺義帝,漢王聞之,起蜀漢之兵,擊三秦,出關而責義帝之處,收天下之兵,立諸

侯之後。降城,即以侯其將;得賂,即以分其士,與天下同其利,豪英賢才,皆樂爲之用。諸侯之兵,四面而至,蜀漢之粟方船而下。一段說漢。項王有倍約之名,殺義帝之負;於人之功無所記,於人之罪無所忘;戰勝而不得其賞,拔城而不得其封;非項氏莫得用事;爲人刻印,刓而不能授;攻城得賂,積而不能賞:天下畔之,賢才怨之,而莫爲之用。一段說楚,一反一覆,一氣浩汗,以氣勢勝。故天下之士歸于漢王,可坐而策也。乃說到歸漢之故,作一束。夫漢王發蜀漢,定三秦;涉西河之外,援上黨之兵;下井陘,誅成安君;破北魏,舉三十二城:此蚩尤之兵也,非人之力也,天之福也。今已據敖倉之粟,塞成皋之險,守白馬之津,杜大行之阪,距飛[1]狐之口,與前一字不换,對照作章法。天下後服者先亡矣。"先""後"字用得巧。王疾先下漢王,齊國社稷可得而保也;不下漢王,危亡可立而待也。"又作兩折,語對鎖。田廣以爲然,迺聽酈生,罷歷下兵守戰備,與酈生日縱酒。

淮陰侯聞酈生伏軾下齊七十餘城,迺夜渡兵平原襲齊。齊王田廣,聞漢兵至,以爲酈生賣己,迺曰:"汝能止漢軍,我活汝;不然,我將亨汝!"酈生曰:"舉大事不細謹;盛德不辭讓。而公不爲若更言!"寫酈生語壯,終以狂致結。齊王遂亨酈生,引兵東走。|

漢十二年,曲周侯酈商,以丞相將兵擊黥布有功。帶序完酈商事。高祖舉列侯功臣,思酈食其。酈食其子酈疥,數將兵,功未當侯,上以其父故,封疥爲高梁侯。後更食武遂,嗣三世。元狩元年中,武遂侯平,坐詐詔衡山王取百斤金,當棄市,病死,國除也。|

① 飛,中華書局本《史記》作"蜚"。

陸賈者,楚人也。以客從高祖,定天下,名爲有口辯士,居左右,常使諸侯。|提一句,所以與酈生合傳,亦以引起下文使南越事。

及高祖時,中國初定,尉他平南越,因王之。高祖使陸賈賜尉他印,爲南越王。陸生至,尉他魋結箕倨見陸生。陸生因進說他曰:“足下中國人,“魋結箕倨”,老他借蠻彝自處,放恣傲慢,以折陸賈,而陸賈劈頭以“中國人”三字折之,便令老他氣索,是兩人權術駕馭。親戚昆弟墳墓,在真定。今足下反天性,棄冠帶,欲以區區之越與天子抗衡,爲敵國,禍且及身矣。先責尉他,即捷轉入漢事。且夫秦失其政,諸侯豪傑竝起,唯漢王先入關,據咸陽。項羽倍約,自立爲西楚霸王,諸侯皆屬,可謂至彊。然漢王起巴蜀,鞭笞天下,刼畧諸侯,遂誅項羽滅之。五年之間,海内平定,此非人力,天之所建也。與上酈生說齊,一樣文法對照。天子聞君王王南越,不助天下誅暴逆,將相欲移兵而誅王,天子憐百姓新勞苦,故且休之,說得有體。遣臣授君王印,剖符通使。君王宜郊迎,北面稱臣,迺欲以新造未集之越,屈彊於此。漢誠聞之,掘燒王先人冢,夷滅宗族,使一偏將,將十萬衆臨越,則越殺王降漢,如反覆手耳。”此一段,正從“中國人”三字貫下,蓋中國人而王越,終是他族逼處,與越人之心,終未合一,故殺王降漢,直入老他心坎,故不覺蹶然起坐也。

於是尉他迺蹶然起坐,謝陸生曰:“居蠻彝中久,殊失禮義。”爲箕踞自解,然已招承作中國人矣,寫老他心服。因問陸生曰:“我孰與蕭何、曹參、韓信賢?”陸生曰:“王似賢。”聞陸賈之言,不覺心服,而轉念又未免倔強,故作此問,意在皇帝、不在三人,故陸賈亦不復深荅,寫兩人權術。復曰:“我孰與皇帝賢?”陸生曰:“皇帝起豐沛,討暴秦,誅彊楚,爲天下興利除害,繼五帝三皇之業,統理中國。中國之人以

億計，地方萬里，居天下之膏腴，人衆車轝，萬物殷富，政由一家，自天地剖泮，未始有也。今王衆不過數十萬，皆蠻夷，崎嶇山海間，譬若漢一郡，王何迺比於漢！"賢否只就事業上較量。尉他大笑曰："吾不起中國，故王此。使我居中國，何渠不若漢？"因他說蠻夷崎嶇，中國殷富，故荅還此二句，然終于倔強意。迺大說陸生，留與飲數月。曰："越中無足與語，至生來，令我日聞所不聞。"正寫中國人居越，空谷足音，蛩然而喜也。賜陸生橐中裝，直千金，伏後事。他送亦千金。陸生卒拜尉他爲越王，令稱臣，奉漢約。歸報，高祖大說[①]，拜賈爲太中大夫。|

陸生時時前說稱《詩》《書》。高祖[②]罵之曰："迺公居馬上而得之，安事《詩》《書》！"陸生曰："居馬上得之，寧可以馬上治之乎？立說便甚。且湯武逆取，而以順守之；文武竝用，長久之術也。昔者吳王夫差、智伯極武而亡；秦任刑法不變，卒滅趙氏。鄉使秦已并天下，行仁義，法先聖，陛下安得而有之？"是正論，"有之"，正應"馬上得之"。高帝不懌，而有慚色，迺謂陸生曰："試爲我著秦所以失天下，吾所以得之者，何，及古成敗之國。"陸生迺麤述存亡之徵，凡著十二篇。每奏一篇，高帝未嘗不稱善，左右呼萬歲，借左右作一襯，寫一時傾動。號其書曰《新語》。|

孝惠帝時，呂太后用事，欲王諸呂，畏大臣有口者，陸生自度不能爭之，迺病免家居。以好畤田地善，可以家焉。有五男，迺出所使越得橐中裝賣千金，間接。分其子，子二百金，令爲生產。陸生常安車駟馬，從歌舞鼓琴瑟侍者十人，寶劍直百金，謂其子曰：

---

① 說，中華書局本《史記》作"悅"。

② 祖，中華書局本《史記》作"帝"。

"與汝約:過汝,汝給吾人馬酒食,極欲十日而更。所死家,得寶劍車騎侍從者。一歲中,往來過他客,率不過再三過,數見不鮮,無久慁公爲也。"|奇人奇事,寫得意致飛舞,人生如寄,得此便足,不得不欣羨陸生也。

呂太后時,王諸呂,諸呂擅權,欲刼少主,危劉氏。右丞相陳平患之,力不能爭,恐禍及己,常燕居深念。陸生往請,直入坐,而陳丞相方深念,不時見陸生。點綴處事情盡露。陸生曰:"何念之深也?"陳平曰:"生揣我何念?"陸生曰:"足下位爲上相,食三萬戶侯,可謂極富貴無欲矣。然有憂念,不過患諸呂、少主耳。"陳平曰:"然。爲之奈何?"陸生曰:"天下安,注意相;天下危,注意將。將相和調,則士務附;士務附,天下雖有變,即權不分。爲社稷計,在兩君掌握耳。句調俱佳。臣常欲謂太尉絳侯,絳侯與我戲,易吾言。君何不交驩太尉,深相結?"爲陳平畫呂氏數事。又虛寫一筆。陳平用其計,迺以五百金爲絳侯壽,厚具樂飲;太尉亦報如之。此兩人深相結,則呂氏謀益衰。陳平乃以奴婢百人,車馬五十乘,錢五百萬,遺陸生爲飲食費。"飲食"費,應前人馬酒食云云,寫陸生曠達。陸生以此游漢廷公卿間,名聲籍[①]盛。

及誅諸呂,立孝文帝,陸生頗有力焉。|只就虛處寫,妙!孝文帝即位,欲使人之南越。陳丞相等乃言陸生爲太中大夫,往使尉他,令尉他去黄屋稱制,令比諸侯,皆如意旨。語在南越語中。|先使南越,已盡情實發,此不幾重複乎?故只虛序略點,下一句即收,正見章法。陸生竟以壽終。|

① 籍,中華書局本《史記》作"藉"。

平原君朱建者，楚人也。故嘗爲淮南王黥布相，有辠去，後復事黥布。布欲反時，問平原君，平原君非之，止布事，只虛序。布不聽，而聽梁父侯，遂反。漢已誅布，聞平原君諫，不與謀，得不誅。語在黥布語中。|

平原君爲人辯有口，刻廉剛直，家于長安。行不苟合，義不取容。|亦只虛寫。辟陽侯行不正，得幸呂太后。時辟陽侯欲知平原君，平原君不肯見。及平原君母死，陸生素與平原君善，借陸生帶下，暎合前傳。過之。平原君家貧，未有以發喪，方假貸服具，陸生令平原君發喪。陸生往見辟陽侯，賀曰："平原君母死。"劈頭突①入，另用一法。辟陽侯曰："平原君母死，何乃賀我乎？"陸賈曰："前日君侯欲知平原君，平原君義不知君，以其母故。今其母死，君誠厚送喪，則彼爲君死矣。"辟陽侯乃奉百金往稅。列侯貴人，以辟陽侯故，往稅，凡五百金。|且頓住。

辟陽侯幸呂太后，人或毀辟陽侯於孝惠帝，孝惠帝大怒，下吏，欲誅之。呂太后慙，不可以言。大臣多害辟陽侯行，欲遂誅之。辟陽侯急，因使人欲見平原君。平原君辭曰："獄急，不敢見君。"先寫太后不能救，大臣不欲救，辟陽侯已心盡氣絶，可以顯出平原君矣。而偏又作此一閃，文情之妙乃爾。迺求見孝惠幸臣閎籍孺，即就幸臣說是。說之曰："君所以得幸帝，天下莫不聞。今辟陽侯幸太后而下吏，道路皆言君讒，欲殺之。辟陽自辟陽，籍孺自籍孺，兩不相及也，乃硬坐一句，使之一驚，一驚便可動，而辟陽之事，即籍孺之事矣，立說之妙。今日辟陽侯誅，旦日，太后含怒，亦誅君。又硬刼一句。何不肉

① 突，底本作"失"，疑誤，據校本改。

祖爲辟陽侯言於帝？帝聽君，出辟陽侯，太后大驩。兩主共幸君，君富貴[①]益倍矣。"又甜哄一句，說來可聽。於是閎籍孺大恐，只就大恐一遍說，富貴猶緩圖，禍患殊可慮也。從其計言帝，果出辟陽侯。辟陽侯之囚，欲見平原君，平原君不見辟陽侯，辟陽侯以爲倍己，大怒。及其成功出之，迺大驚。丨又補寫一筆，"大怒""大驚"，頓挫入情，調亦秀勁。

呂太后崩，大臣誅諸呂，辟陽侯于諸呂至深，而卒不誅。計畫所以全者，皆陸生、平原君之力也。又虛寫一筆，與陸生傳一樣帶定陸生，是合傳體。

孝文帝時，淮南厲王殺辟陽侯，以諸呂故。文帝聞其客平原君爲計策，使吏捕欲治。聞吏至門，平原君欲自殺。諸子及吏，皆曰："事未可知，何早自殺爲？"平原君曰："我死禍絕，不及而身矣。"遂自剄。孝文帝聞而惜之，曰："吾無意殺之。"借文帝一嘆，爲平原君增價，自是臨去秋波。迺召其子，拜爲中大夫。使匈奴，單于無禮，迺罵單于，遂死匈奴中。

初，沛公引兵過陳留，酈生踵軍門上謁曰："高陽賤民酈食其，竊聞沛公暴露，將兵助楚討不義，敬勞從者，願得望見，口畫天下便事。"起得從容文雅，儼然是一儒生，孰知轉而一叱，即變爲壯士。使者入通，沛公方洗，問使者曰："何如人也？"使者對曰："狀貌類大儒，衣儒衣，冠側注。"就衣冠上寫其人，而其人活現，是襯法也。沛公曰："爲我謝之，言我方以天下爲事，未暇見儒人也。"使者出謝曰："沛公敬謝先生，方以天下爲事，未暇見儒人也。"兩句作兩折，一字不換。酈生瞋目案劍叱使者曰："走！復入言沛公，吾高陽酒徒也，

① 富貴，中華書局本《史記》作"貴富"。

非儒人也。”以前祥烟瑞藹，霏霏微微，一變而爲轟雷掣電。使者懼而失謁，跪拾謁，還走，借旁人極寫其勇，與赤泉侯射項羽事同。復入報曰：“客，天下壯士也，叱臣，臣恐，至失謁。曰‘走！復入言，而公高陽酒徒也’。”亦兩折，一字不換，對作章法。沛公遽雪足杖矛曰：“延客入！”寫沛公傾倒。

酈生入，揖沛公曰：“足下甚苦，暴衣露冠，將兵助楚討不義，足下何不自喜也？臣願以事見，而曰‘吾方以天下爲事，未暇見儒人也’。夫足下欲興天下之大事，而成天下之大功，而以目皮相，恐失天下之能士。且吾度足下之智不如吾，勇又不如吾。若欲就天下，而不相見，竊爲足下失之。”一路以短間促節勝，此忽換一段，汪洋大觀。沛公謝曰：“鄉者聞先生之容，今見先生之意矣。”迺延而坐之，問所以取天下者。方入題。酈生曰：“夫足下欲成大功，不如止陳留。陳留者，天下之據衝也，兵之會地也，積粟數千萬石，城守甚堅。說陳留一段，前傳詳，此獨用簡。臣素善其令，願爲足下說之。不聽臣，臣請爲足下殺之，而下陳留。足下將陳留之眾，據陳留之城，而食其積粟，招天下之從兵；從兵已成，足下横行天下，莫能有害足下者矣。”沛公曰：“敬聞命矣。”

于是酈生迺夜見陳留令，說之曰：“夫秦爲無道，而天下畔之，今足下與天下從，則可以成大功。今獨爲亡秦嬰城而堅守，臣竊爲足下危之。”說令一段，前傳簡，此獨用詳。陳留令曰：“秦法至重也，不可以妄言，妄言者無類，吾不可以應。先生所以教臣者，非臣之意也，願勿復道。”寫令之恐懼畏懦急詞，反以詳寫，而其急愈甚，妙！酈生留宿，卧，夜半時，斬陳留令首，踰城而下報沛公。沛公引兵攻城，縣令首於長竿，以示城上人，曰：“趣下，而令頭已斷矣！妙在讋脱。今後下者,必先斬之!”于是陳留人見令已死,遂相率而下沛公。沛公舍陳留南城門上,因其庫兵,食積粟,留出入三月,從兵以萬數,遂入破秦。孫月峯云“篇中以十五‘天下’字、十三‘足下’字、四‘先生’字、十一‘陳留’字、十四‘沛公’字,若故重之,以見奇。”

太史公曰:世之傳酈生書,多曰漢王已拔三秦,東擊項籍,而引軍于鞏洛之間,酈生被儒衣,往説漢王。迺非也。自沛公未入關,與項羽别而至高陽,得酈生兄弟。余讀陸生《新語》書十二篇,固當世之辯士。至平原君,子與余善,是以得具論之。

酈生、陸賈是當代一流人物,即平原朱建,亦不平常,故史公極力模寫。凡情事、聲色、衣冠、言動,俱從字句中現出,不必優孟抵掌,而孫叔敖如生。古人云:“文如生龍活虎,捉搦不得。”吾以爲此文,足以當之。○寫酈生處,處處寫其狂生,另有一種超然邁遠、高視一切之度,而陸生一傳,則精詳秀雅,又是一種丰裁。至與尉他對語一段,各用權術,各相駕馭,至今生氣勃勃。○後再述酈生一段,或以爲傳聞之異,或以爲史公未成之藁,竝存于此,皆非也。蓋酈生見沛公致詞處、叱謁者處、沛公雪足杖矛處,極其精神。而前傳不能全入者,作傳之體也。若詳悉鋪排,便成目録,於章法何如?故史公只得略取裁剪,成吾文章。而酈生一篇好文字,所不暇惜也,然終不忍棄去,故全載於此耳。不然,史公豈不知更定,而留此未成之書邪!

傅靳蒯成列傳

陽陵侯傅寬，以魏五大夫騎將從爲舍人，起横陽。從攻安陽、杠里，擊趙賁軍於開封，及擊楊熊曲遇、陽武，斬首十二級，賜爵卿。從至霸上。沛公立爲漢王，漢王賜寬封號共德君。從入漢中，遷爲右騎將。從定三秦，賜食邑雕陰。從擊項籍待懷，賜爵通德侯。從擊項冠、周蘭、龍且，所將卒斬騎將一人敖下，益食邑。

屬淮陰，擊破齊歷下軍，擊田[1]解。屬相國參，殘博，益食邑。因定齊地，剖符世世勿絶，封爲陽陵侯，二千六百戶，除前所食。爲齊右丞相，備齊。五歲爲齊相國。

四月，擊陳豨，屬太尉勃，以相國代丞相噲擊豨。一月，徙爲代相國，將屯。二歲，爲代丞相，將屯。

孝惠五年卒，謚爲景侯。子頃侯精立，二十四年卒。子共侯則立，十二年卒。子侯偃立，二十一年，坐與淮南王謀反，死，國除。|

信武侯靳歙，以中涓從，起宛朐。攻濟陽。破李由軍。擊秦

① 田，底本作"曰"，疑誤，據校本改。

軍亳南、開封東北，斬騎十人，將一人，首五十七級，捕鹵七十三人，賜爵封號臨平君。又戰藍田北，斬車司馬二人，騎長一人，首二十八級，捕鹵五十七人。至霸上。沛公立爲漢王，賜歙爵建武侯，遷爲騎都尉。

從定三秦。别西擊章平軍於隴西，破之，定隴西六縣，所將卒斬車司馬、候各四人，騎長十二人。從東擊楚，至彭城。漢軍敗還，保雍丘，去擊反者王武等。畧梁地，别將擊邢説軍菑南，破之，身得説都尉二人，司馬、候十二人，降吏卒四千六百八十人。破楚軍滎陽東。三年，賜食邑四千二百户。

别之河内，擊趙將賁郝軍朝歌，破之，所將卒得騎將二人，車馬二百五十匹。從攻安陽以東至棘蒲，下七縣。别攻破趙軍，得其將司馬二人，候四人，降吏卒二千四百人。從攻下邯鄲。别下平陽，身斬守相，所將卒斬兵守、郡守各一人，降鄴。從攻朝歌、邯鄲，及别擊破趙軍，降邯鄲郡六縣。還軍敖倉，破項籍軍成皋南，擊絕楚餉[①]道，起滎陽至襄邑。破項冠軍魯下。畧地東至繒、郯、下邳，南至蘄、竹邑。擊項悍濟陽下。還擊項籍陳下，破之。别定江陵，降江陵柱國、大司馬以下八人，身得江陵王，生致之雒陽，因定南郡。從至陳，取楚王信，剖符世世勿絕，定食四千六百户，號信武侯。

以騎都尉從擊代，攻韓信平城下，還軍東垣。有功，遷爲車騎將軍，并將梁、趙、齊、燕、楚車騎，别擊陳豨丞相敞，破之，因降曲逆。從擊黥布有功，益封，定食五千三百户。凡斬首九十級，鹵百

① 餉，中華書局本《史記》作“饟”。

三十二人;别破軍十四,降城五十九,定郡、國各一,縣二十三;得王、柱國各一人,二千石以下至五百石三十九人。

高后五年,歙卒,謚爲肅侯。子亭代侯。二十一年,坐事國人過律,孝文後三年,奪侯,國除。

蒯成侯緤者,沛人也,姓周氏。常爲高祖參乘,以舍人從起沛。至霸上,西入蜀、漢,還定三秦,食邑池陽。東絕甬道,從出度平陰,遇淮陰侯兵襄國,軍乍利乍不利,終無離上心。以緤爲信武侯,食邑三千三百户。高祖十二年,以緤爲蒯成侯,除前所食邑。

上欲自擊陳豨,蒯成侯泣曰:"始秦攻破天下,未嘗自行。今上常自行,是爲無人可使者乎?"上以爲"愛我",賜入殿門不趨,殺人不死。

至孝文五年,緤以壽終,謚爲貞侯。子昌代侯,有罪,國除。至孝景中二年,封緤子居代侯。至元鼎三年,居爲太常,有罪,國除。

太史公曰:陽陵侯傅寬、信武侯靳歙,皆高爵,從高祖起山東,攻項籍,誅殺名將,破軍降城以十數,未嘗困辱,此亦天授也。蒯成侯周緤,操心堅正,身不見疑,上欲有所之,未嘗不垂涕,此有傷心者,然可謂篤厚君子矣。

初讀《曹相國世家》,鋪序處,覺文法一新,耳目頓異。及至《樊酈滕灌列傳》,亦有作法。此傳平直無奇,不覺積習生厭矣。孫月峯以其有吏牘意,亦似腳色供狀,誠然也。而何氏以爲後人採《漢書》補之,或其然乎? ○傅寬傳,俱未特將,從高祖者六,屬淮陰、屬相國參、屬太尉勃者,各一。靳傳從高祖者九,别將者八。周傳止從高祖者一,以終無離上心爲總,而畧序其留行一事。此三傳之大畧也。

劉敬叔孫通列傳

劉敬者,齊人也。丨只一句,下即序事。漢五年,戍隴西,過洛陽,高帝在焉。婁敬脱輓輅,衣其羊裘,見齊人虞將軍曰:"臣願見上,言便事。"虞將軍欲與之鮮衣,婁敬曰:"臣衣帛,衣帛見;衣褐,衣褐見:終不敢易衣。"先即衣飾上出色一番,輓輅、羊裘、鮮衣、衣帛、衣褐,點綴成妙。於是虞將軍入言上。上召入見,賜食。

已而問婁敬,婁敬説曰:"陛下都洛陽,豈欲與周室比隆哉?"先一問,妙!是戰國策士口角。上曰:"然。"婁敬曰:"陛下取天下與周室異。即激轉,點明一句,開合轉折之妙。周之先,自后稷,堯封之部,積德累善,十有餘世。公劉避桀居豳。太王以狄伐故,去豳,杖馬箠,居岐,國人爭隨之。及文王爲西伯,斷虞芮之訟,始受命,吕望、伯夷自海濱來歸之。武王伐紂,不期而會孟津之上,八百諸侯,皆曰紂可伐矣,遂滅殷。丨周得天下之故。成王即位,周公之屬傅相焉,迺營成周洛邑,以此爲天下之中也,諸侯四方納貢職,道里均矣,有德則易以王,無德則易以亡。凡居此者,欲令周務以德致人,不欲依險阻,令後世驕奢以虐民也。丨周都洛陽之故。及周之盛時,天下和洽,四夷鄉風,慕義懷德,附離而竝事天子,不屯一

卒,不戰一士,八彝大國之民,莫不賓服,効其貢職。|周都洛陽之利。及周之衰也,分而爲兩,天下莫朝,周不能制也。非其德薄也,而形勢弱也。|周都洛陽之害,分四段極明晰。今陛下起豐擊沛,收卒三千人,以之徑往,而卷蜀漢,定三秦,與項羽戰滎陽,爭成皋之口,大戰七十,小戰四十,使天下之民,肝腦塗地,父子暴骨中野,不可勝數,哭泣之聲未絕,傷痍者未起,而欲比隆於成康之時,臣竊以爲不侔也。應還"與周室異"。且夫秦地被山帶河,四塞以爲固,卒然有急,百萬之衆可具也。因秦之故,資甚美膏腴之地,此所謂天府者也。陛下入關而都之,山東雖亂,秦之故地可全而有也。|正反無德易亡。夫與人鬭,不搤其肮[1],拊其背,未能全其勝也。今陛下入關而都,案秦之故地,此亦搤天下之肮[2]而拊其背也。"|又找一喻,明確之甚。

高帝問群臣,群臣皆山東人,爭言周王數百年,秦二世即亡,不如都周。上疑未能决。及留侯明言入關便,即日車駕西都關中。

於是上曰:"本言都秦地者婁敬,'婁'者,乃'劉'也。"賜姓劉氏,拜爲郎中,號爲奉春君。|

漢七年,韓王信反,高帝自往擊之。至晉陽,聞信與匈奴欲共擊漢,上大怒,使人使匈奴。匈奴匿其壯士肥牛馬,但見老弱及羸畜。使者十輩來,皆言匈奴可擊。上使劉敬復往使匈奴,還報曰:"兩國相擊,此宜夸矜見所長。今臣往,徒見羸瘠老弱,此必欲見短,伏奇兵以爭利。愚以爲匈奴不可擊也。"以"可擊""不可擊",兩相應。是時漢兵已踰句注,二十餘萬兵已業行。添一句妙,兵勢已行,

① 肮,中華書局本《史記》作"亢"。

② 肮,中華書局本《史記》作"亢"。

不可復往，似乎沮軍，故不得不怒。上怒，罵劉敬曰："齊虜！以口舌得官，今乃妄言沮吾軍。"械繫敬廣武。遂往，至平城，匈奴果出奇兵，圍高帝白登，七日，然後得解。高帝至廣武，赦敬，曰："吾不用公言，以困平城。吾皆已斬前使十輩言可擊者矣。"廼封敬二千戶，爲關內侯，號爲建信侯。|

高帝罷平城歸，緊接。韓王信亡入胡。當是時，冒頓爲單于，兵彊，控弦三十萬，數苦北邊。上患之，問劉敬。劉敬曰："天下初定，士卒罷於兵，未可以武服也。冒頓殺父代立，妻群母，以力爲威，未可以仁義說也。獨可以計久遠子孫爲臣耳，然恐陛下不能爲。"先作一頓。上曰："誠可，何爲不能！顧爲奈何？"三句，作三曲，好！劉敬對曰："陛下誠能以適長公主妻之，厚奉遺之，彼知漢適女，送厚，蠻夷必慕以爲閼氏，生子，必爲太子。代單于。何者？貪漢重幣。陛下以歲時，漢所餘彼所鮮六字簡淨。數問遺，因使辯士風諭以禮節。冒頓在，固爲子壻；句。死，句。則外孫爲單于。豈嘗聞外孫敢與大父抗禮者哉？兵可無戰，以漸臣也。若陛下不能遣長公主，而令宗室及後宮詐稱公主，彼亦知，不肯貴近，無益也。"先提破，好！高帝曰："善。"欲遣長公主。吕后日夜泣，曰："妾唯太子、一女，奈何棄之匈奴！"上竟不能遣長公主，而取家人子，名爲長公主，妻單于。使劉敬往結和親約。|

劉敬從匈奴來，緊接。因言"匈奴河南、白羊、樓煩王，去長安，近者七百里，輕騎一日一夜，可以至秦中。秦中新破，少民，地肥饒，可益實。夫諸侯初起時，非齊諸田，楚昭、屈、景莫能興。今陛下雖都關中，實少人。北近胡寇，東有六國之族，宗彊，一日有變，陛下亦未得高枕而臥也。臣願陛下徙齊諸田，楚昭、屈、景，燕、

趙、韓、魏後,及豪傑名家,居關中。無事,可以備胡;諸侯有變,亦足率以東伐。此彊本弱末之術也”。此一段爲都關中作襯,即爲都關中作結。上曰:“善。”廼使劉敬徙所言關中十餘萬口。|以不了住。

叔孫通者,薛人也。亦徑起,入序事,與前傳對。秦時以文學徵,待詔博士。數歲,陳勝起山東,使者以聞,二世召博士諸儒生問曰:“楚戍卒攻蘄,入陳,於公如何?”博士諸生三十餘人,前曰:“人臣無將,將即反,罪死無赦。願陛下急發兵擊之。”二世怒,作色。叔孫通前曰:“諸生言,皆非也。夫天下合爲一家,毀郡縣城,鑠其兵,示天下不復用。且明主在其上,法令具於下,使人人奉職,四方輻輳,安敢有反者!先作一振起。此特群盜鼠竊狗盜耳,何足置之齒牙間。郡守尉今捕論,何足憂。”又作一撇,是當時從諛口角。二世喜曰:“善。”盡問諸生,諸生或言反,或言盜。於是二世令御史案諸生言反者,下吏,非所宜言。諸言盜者,皆罷之。廼賜叔孫通帛二十匹,衣一襲,拜爲博士。叔孫通已出宮,反舍,諸生曰:“先生何言之諛也?”“諛”字,是希世之本,輕輕於此點出。通曰:“公不知也,我幾不脱於虎口!”廼亡去,|之薛,薛已降楚矣。即一句完上案,即帶入從項梁事,妙!及項梁之薛,叔孫通從之。敗於定陶,從懷王。懷王爲義帝,徙長沙,叔孫通留事項王。|漢二年,漢王從五諸侯入彭城,叔孫通降漢王。漢王敗而西,因竟從漢。

叔孫通儒服,漢王憎之;廼變其服,服短衣,楚製,漢王喜。|即衣服上,寫叔孫通希世神情皆現。

叔孫通之降漢,緊接。從儒生弟子百餘人,然通無所言進,專言諸故群盜壯士進之。弟子皆竊罵曰:“事先生數歲,幸得從降漢,今不能進臣等,專言大猾,何也?”叔孫通聞之,廼謂曰:“漢王

方蒙矢石,爭天下,諸生寧能鬭乎?故先言斬將搴旗之士。諸生且待我,我不妄矣。"先借諸生作一颺。漢王拜叔孫通爲博士,號稷嗣君。|

漢五年,已并天下,諸侯共尊漢王爲皇帝於定陶,叔孫通就其儀號。先虛序。高帝悉去秦苛儀法,爲簡易。群臣飲酒,爭功,醉或妄呼,拔劍擊柱,高帝患之。叔孫通知上益厭之也,說上曰:"夫儒者難與進取,可與守成。臣願徵魯諸生,與臣弟子,共起朝儀。"高帝曰:"得無難乎?"叔孫通曰:"五帝異樂,三王不同禮。禮者,因時勢人情,爲之節文者也。故夏、殷、周之禮,所因損益可知者,謂不相復也。臣願頗采古禮與秦儀雜就之。"正見希世處,然觀下高帝一語,則當時之禮,只可如此,不必歸咎叔孫也。上曰:"可試爲之,令易知,度吾所能行,爲之。"

於是叔孫通使徵魯諸生三十餘人。魯有兩生不肯行,曰:"公所事者且十主,|叔孫通事十主,可知者始皇、二世、項梁、懷王、項籍、漢王,與五代馮道同。皆面諛以得親貴。又點"諛"字。今天下初定,死者未葬,傷者未起,又欲起禮樂。禮樂所由起,積德百年而後可興也。吾不忍爲公所爲。公所爲,不合古,吾不行。公往矣,無汙我!"借兩生以形容叔孫,一邊迂拙,一邊通脫,一邊持正,一邊希世,兩兩對照,逼出神情,而後人聚訟,未免錯認華胥矣。叔孫通笑曰:"若真鄙儒也,不知時變。"

遂與所徵三十人西,及上左右爲學者,與其弟子百餘人,爲綿蕞,野外習之。足見草草。月餘,叔孫通曰:"上可試觀。"上既觀,使行禮,曰:"吾能爲此。"應前。迺令群臣習肄,|會十月。

漢七年,長樂宮成,諸侯群臣皆朝十月。以十月爲歲首也。儀:

句。先平明，謁者治禮，引以次入殿門，廷中陳車騎、步卒，衛宮，設兵，張旗志。一段。傳言"趨"。殿下郎中俠陛，陛數百人。二段。功臣、列侯、諸將軍、軍吏，以次陳西方，東鄉；文官、丞相以下，陳東方，西鄉。大行設九賓，臚句傳。三段。於是皇帝輦出房，百官執職傳警，四段。引諸侯王以下，至吏六百石以次奉賀。自諸侯王以下，莫不振恐肅敬。五段。至禮畢，復置法酒。諸侍坐殿上，皆伏抑首，以尊卑次起，上壽。觴九行，謁者言"罷酒"。御史執法，舉不如儀者，輒引去。六段。竟朝，置酒，無敢讙譁失禮者。|一篇《漢儀注》百餘字耳，而事體詳盡，句法峭勁，後人作紀事文當熟此等格。於是高帝曰："吾迺今日知爲皇帝之貴也。"寫高祖得意，與未央上壽時，同一洒落。迺拜叔孫通爲太常，賜金五百金。

叔孫通因進曰："諸弟子儒生，隨臣久矣，與臣共爲儀，願陛下官之。"高帝悉以爲郎。叔孫通出，皆以五百金賜諸生。諸生迺皆喜應前罵。曰："叔孫誠聖人也，知當世之要務。"是贊叔孫通語，妙！

漢九年，高帝徙叔孫通爲太子太傅。|漢十二年，高祖欲以趙王如意易太子，叔孫通諫上曰："昔者晉獻公以驪姬之故，廢太子，立奚齊，晉國亂者數十年，爲天下笑。秦以不早定扶蘇，令趙高得以詐立胡亥，自使滅祀，此陛下所親見。今太子仁孝，天下皆聞之；吕后與陛下攻苦食啖，其可背哉！陛下必欲廢適而立少，臣願先伏誅，以頸血汙地。"高帝曰："公罷矣，吾直戲耳。""戲"字雖姑爲此無聊之詞，然極得高祖神情。叔孫通曰："太子天下本，本一搖，天下振動，奈何以天下爲戲！"高帝曰："吾聽公言。"及上置酒，見留侯所招客，從太子入見，上迺遂無易太子志矣。劉敬都關中是張良收功，叔孫定太子亦是張良收功，與前傳對。

高帝崩,孝惠即位,廼謂叔孫生曰:“先帝園陵寢廟,群臣莫能習。”徙爲太常,定宗廟儀法。及稍定漢諸儀法,皆叔孫生爲太常所論著也。|此處虚寫。

孝惠帝爲東朝長樂宫,及間往來[①],數蹕,煩人,廼作複道,方築武庫南。叔孫生奏事,因請間曰:“陛下何自築複道,高寢衣冠,月出游高廟?高廟,漢太祖,奈何令後世子孫,乘宗廟道上行哉?”孝惠帝大懼,曰:“急壞之。”叔孫生曰:“人主無過舉。今已作,百姓皆知之,今壞此,則示有過舉。願陛下爲原廟渭北,衣冠月出游之,益廣多宗廟,大孝之本也。”上廼詔有司立原廟。原廟起,以複道故。|微詞,妙!希世處,於此等照出。

孝惠帝曾春出游離宫,叔孫生曰:“古者有春嘗果,方今櫻桃孰,可獻,願陛下出,因取櫻桃獻宗廟。”上廼許之。諸果獻由此興。與複道一樣寫,亦以不了語,與前傳一樣住。

太史公曰:語曰“千金之裘,非一狐之腋也;臺榭之榱,非一木之枝也;三代之際,非一士之智也”。三語排,變調。信哉!夫高祖起微細,定海内,謀計用兵,可謂盡之矣。然[②]劉敬脱輓輅一説,建萬世之安,智豈可專邪!叔孫通希世度務,制禮進退,與時變化,卒爲漢家儒宗。“大直若詘,道固委蛇”,蓋謂是乎?史公原不貶剝叔孫,是。

劉敬、叔孫通,蓋以高祖定天下,無事不出其度内。止有建都興禮兩節,則開於此兩人,此兩人合傳之故也。觀贊語可見。〇此傳建都、興禮二大事,故爲漢代鋪張。大文章、大筆力,只用平直質序,絶無花巧,而正正堂堂,局段自不可摇動。〇兩傳俱直起直收,無頭無尾,是《史記》中另一樣體格。

---

① 及間往來,中華書局本《史記》作“及閒往”。

② 然,中華書局本《史記》作“然而”。

季布欒布列傳

季布者,楚人也。爲氣任俠,只四字,點明一篇主意。有名於楚。項籍使將兵,數窘漢王。事畧。及項羽滅,高祖購求布千金,敢有舍匿,罪及三族。季布匿濮陽周氏。欲序朱家,先以周氏引起。周氏曰:"漢購將軍急,迹且至臣家,虛寫,作一頓,下方可作急語。將軍能聽臣,臣敢獻計;即不能,願先自剄。"寫急語,入情然,獻計只作一冒,下竟序出,不復說明,文中變法。季布許之。乃髠鉗季布,衣褐衣,置廣柳車中,并與其家僮數十人,之魯朱家所賣之。逐句裝點,髠鉗一、褐衣二、廣柳車三、家僮四、偏之朱家五,歷歷序來,色澤濃郁。朱家心知是季布,先一"心知",妙!乃買而置之田。誡其子曰:"田事聽此奴,必與同食。"正頂心知來,竝不明說,默默照應,寫得如見。朱家乃乘軺車之洛陽,軺車,應廣柳車。見汝陰侯滕公。滕公留朱家飲數日。數日,妙!若不爲季布來者。因謂滕公曰:"季布何大罪,而上求之急也?"寬語引入,不急不緩,妙!滕公曰:"布數爲項羽窘上,上怨之,故必欲得之。"朱家曰:"君視季布,何如人也?"又跌一句。曰:"賢者也。"朱家曰:"臣各爲其主用,季布爲項籍用,職耳。一層。項氏臣,可盡誅邪?二層。今上始得天下,獨以己之私怨求一人,何示天下之不廣也！三層。且以季布之賢，頂賢者來。而漢求之急如此，"如此"二字，括舍匿三族在内，見一時情事難堪，不必多語，而其事已急。此不北走胡，即南走越耳。夫忌壯士以資敵國，此伍子胥所以鞭荊平王之墓也。四層，莊言危語，層層折入，一步緊一步。君何不從容爲上言邪？"汝陰侯滕公心知朱家大俠，意季布匿其所，又一"心知"，妙！可以意喻，難以言傳，其妙如此。朱家大俠，接季布任俠來。乃許曰："諾。"待間，果言如朱家指。只一句省。上乃赦季布。當是時，諸公皆多季布能摧剛爲柔，朱家亦以此名聞當世。雙收季布、朱家。季布召見，句。謝，句。上拜爲郎中。

孝惠時，爲中郎將。單于嘗爲書嫚呂后，不遜，呂后大怒，召諸將議之。上將軍樊噲曰："臣願得十萬衆，横行匈奴中。"諸將皆阿呂后意，曰"然"。先作一縱。季布曰："樊噲可斬也！夫高帝將兵四十餘萬衆，困於平城，今噲奈何以十萬衆，横行匈奴中，面欺！且秦以事於胡，陳勝等起。于今創痍未瘳，噲又面諛，一"面欺"，一"面諛"，兩兩相對。欲摇動天下。"是時殿上皆恐，此即阿意之諸將也，側面寫來襯出季布。太后罷朝，遂不復議擊匈奴事。

季布爲河東守，孝文時，人有言其賢者，孝文召，欲以爲御史大夫。復有言其勇，句。使酒，句。難近。句。至，句。留邸一月，見罷。季布因進曰："臣無功竊寵，待罪河東。陛下無故召臣，此人必有以臣欺陛下者；今臣至，無所受事，罷去，此人必有以毁臣者。兩對語。夫陛下以一人之譽而召臣，一人之毁而去臣，亦兩對語。臣恐天下有識，聞之，有以闚陛下也。"總結上毁譽二項。上默然，句。慚，句。良久，曰："河東吾股肱郡，故時召君耳。""時"字妙，以粉飾無事而召之耳。《漢書》作"特"，情事不合，何啻天淵！布辭之

官。|

楚人曹丘生,辯士,數招權顧金錢。事貴人趙同等,與竇長君善。寫得曹丘無賴甚。季布聞之,寄書諫竇長君曰:"吾聞曹丘生,非長者,勿與通。"及曹丘生歸,欲得書請季布。逢人索薦書,古即有之邪?若是,曹丘果非長者也。竇長君曰:"季將軍不說足下,足下無往。"固請書,遂行。因季布不說,偏請季布,借竇長君口中點明,作一頓折。使人先發書,又作一頓,妙!季布果大怒,待曹丘。先白描一筆,作下襯。曹丘至,即揖季布曰:"楚人諺曰兩楚人,先引楚諺。'得黄金百斤,不如得季布一諾',一見便諛,且道着季布心坎上事,是玩弄季布。足下何以得此聲於梁楚間哉?且僕楚人,足下亦楚人也。說得如許親切,下便于折入。僕游揚足下之名於天下,顧不重邪?何足下距僕之深也!"季布迺大說,季布入其玄中。引入,留數月,爲上客,厚送之。季布名所以益聞者,曹丘揚之也。|因曹丘一事,遂找完一筆,實不重曹丘揚名也。

季布弟季心,氣葢關中,遇人恭謹,爲任俠,季心附傳,寫得與季布一樣。方數千里,士皆爭爲之死。嘗殺人,亡之吳,從袁絲匿。長事袁絲,弟畜灌夫、籍福之屬。嘗爲中司馬,中尉郅都不敢不加禮。季心不實寫,反從旁人襯出,所謂不知其人,視其所與也,又一種法。少年多時時竊籍其名以行。當是時,季心以勇,布以諾,末又借季布一襯,繳還本傳,以附傳論,則心主布客,借客形主。以本傳論,則布主心客,因客歸主,文法變化之妙。著聞關中。|

季布母弟丁公,爲楚將。又附一丁公,總是楚人楚將。丁公爲項羽,逐窘高祖彭城西,短兵接,應"布爲項籍將兵窘漢王"。高祖急,顧丁公曰:"兩賢豈相戹哉!"於是丁公引兵而還,與"布窘漢王"反。漢

王遂解去。及項王滅,丁公謁見高祖。與賺布千金反。高祖以丁公狥軍中:"丁公爲項王臣,不忠,使項王失天下者,迺丁公也。"遂斬丁公,與赦季布、拜郎中反、忠奸禍福,不同如此,令人歎息。曰:"使後世爲人臣者,無效丁公!"|季布兩附傳:季心以正合,丁公以反襯。

欒布者,梁人也。始梁王彭越爲家人時,嘗與布游。一段結彭越。窮困,賃傭於齊,爲酒人保。|數歲,彭越去之巨野中爲盜,而布爲人所略賣爲奴於燕。季布爲奴,欒布亦爲奴,兩兩對照。爲其家主報仇,燕將臧荼,舉以爲都尉。臧荼後爲燕王,以布爲將。|一段結臧荼。及臧荼反,漢擊燕,虜布。梁王彭越聞之,迺言上,請贖布,以爲梁大夫。|雙結完彭越、臧荼兩事。

使於齊未還,先插一句頓住。漢召彭越,責以謀反,夷三族。已而梟彭越頭於雒陽,下詔曰:"有敢收視者,輒捕之。"布從齊還,閒接。奏事彭越頭下,奇。祠而哭之。吏捕布以聞。上召布,罵曰:"若與彭越反邪?吾禁人勿收,若獨祠而哭之,與越反,明矣。趣亨之。"方提趣湯,故作危語,一飏。布顧曰:"願一言而死。"上曰:"何言?"布曰:"方上之困於彭城,敗滎陽、成皋間,項王所以遂不能西徙,以彭王居梁地,與漢合從苦楚也。當是之時,彭王一顧與楚,則漢破,與漢,而楚破。且垓下之會,微彭王,項氏不亡。天下已定,彭王剖符受封,亦欲傳之萬世。今陛下一徵兵於梁,彭王病不行,而陛下疑以爲反,反形未見,以苛小案誅滅之,臣恐功臣人人自危也。不作奇語,只從實直序,已令高祖奪氣。今彭王已死,臣生不如死,請就亨。"一句繳完,蓋此時正提趣湯之時也。於是上迺釋布罪,拜爲都尉。|

孝文時,爲燕相,至將軍。布迺稱曰:"窮困不能辱身下志,非

人也;富貴不能快意,非賢也。"於是嘗有德者,厚報之;有怨者,必以法滅之。|欒布事,前後俱虛寫。吳軍反時,以軍功,封俞侯,復爲燕相。燕齊之間,皆爲欒布立社,號曰欒公社。|立社事,亦只虛寫。

景帝中五年薨。子賁嗣,爲太常,犧牲不如令,國除。

太史公曰:以項羽之氣,而季布以勇顯於楚,身屨典軍搴旗者數矣,可謂壯士。一折。然被刑戮,爲人奴,而不死,何其下也!二折。彼必自負其材,故受辱而不羞,欲有所用其未足也,故終爲漢名將。三折。賢者誠重其死。夫婢妾賤人,感慨而自殺者,非能勇也,其計畫無復之耳。欒布哭彭越,趣湯如歸者,彼誠知所處,不自重其死。雖往古烈士,何以加哉!

季布、欒布,只是一重其死,一不重其死,觀贊語可見。而任俠同、爲奴同,其氣節亦同,所以爲兩人合傳。〇季布傳,寫魯朱家、滕公兩心知處,神情默默相喻,文情亦默默相喻,且姿致妍妙,句句擊節。〇季布一傳,正寫處,只折樊噲,對文帝數語。餘則借周氏、借魯朱家、借滕公、借曹丘生,四面襯貼。而季布節概,無不現出,此綠葉扶花之法也。〇季心附傳,并不實寫一句,亦只借袁絲、灌夫、籍福、郅都襯貼,同一機軸。〇欒布亦只辯彭王一事,前後俱虛寫。夫逐段鋪排、逐事堆垛,非考功籍,即屠家帳耳,何足與言文哉!

袁盎鼂錯列傳

袁盎者,楚人也,字絲。父故爲群盜,徙處安陵。袁盎狠戾陰毒,其源出于盗,所以深賤之,深惡之也。高后時,盎嘗爲呂祿舍人。叛臣之黨。及孝文帝即位,盎兄噲,任盎爲中郎。丨又出于私舉。

絳侯爲丞相,朝罷,趨出,意得甚。先形容一句。上禮之恭,常自送之。又形容一句。袁盎進曰:"陛下以丞相何如人?"即"自送"上落下。上曰:"社稷臣。"是自送心事,故即從此破之。盎曰:"絳侯所謂功臣,非社稷臣,先提明劈破。社稷臣,主在與在,主亡與亡。方呂后時,諸呂用事,擅相王,劉氏不絕如帶。是時絳侯爲太尉,主兵柄,弗能正。繳完"非社稷臣"。呂后崩,大臣相與共畔諸呂,太尉主兵,適會其成功,繳完"功臣"。所謂功臣,非社稷臣。總收一筆,論斷完,下入近事。丞相如有驕主色。陛下謙讓,臣主失禮,竊爲陛下不取也。"一篇議論,在此結穴。後朝,上益莊,丞相益畏。已而絳侯望袁盎曰:"吾與而兄善,今兒廷毀我!"盎遂不謝。先作一颺,已伏革面之意。

及絳侯免相,之國,國人上書,告以爲反,徵繫請室,宗室諸公,莫敢爲言,唯袁盎明絳侯無罪。絳侯得釋,盎頗有力。絳侯乃

大與盎結交。|初詘丞相,後乃明其無罪,似乎無我至公,細玩其文,初不過繆詞以適君心,後因絳侯之望其兄之故,頓轉面孔,觀“有力”字、“結交”字,可見,史公作文不用褒貶,而其情自見,此等是也。

淮南厲王朝,殺辟陽侯,居處驕甚。袁盎諫曰:“諸侯太驕,必生患,可適削地。”上弗用。淮南王益横。及棘蒲侯柴武太子謀反事覺,句。治,句。連淮南王,淮南王徵,上因遷之蜀,轞車傳送。袁盎時爲中郎將,乃諫曰:“陛下素驕淮南王,弗稍禁,以至此,今又暴摧折之。淮南王爲人剛,如有遇霧露,行道死,陛下竟爲以天下之大,弗能容,有殺弟之名,奈何?”與上絳侯事一樣。上弗聽,遂行之。

淮南王至雍,病死,句。聞,句。上輟食,哭甚哀。盎入,頓首請罪。何與袁盎事?正自明其言之中也。上曰:“以不用公言至此。”盎曰:“上自寬,此往事,豈可悔哉!且陛下有高世之行者三,此不足以毁名。”前欲削之,後欲寬之,一反一復,頓成兩截,至此又蹙出一峯奇。上曰:“吾高世行三者何事?”盎曰:“陛下居代時,太后嘗病,三年,陛下不交睫,不解衣,湯藥非陛下口所嘗,弗進。夫曾參以布衣猶難之,今陛下親以王者修之,過曾參孝遠矣。一段。夫諸吕用事,大臣專制,然陛下從代乘六乘傳,馳不測之淵,雖賁育之勇,不及陛下。二段。陛下至代邸,西向讓天子位者再,南面讓天子位者三。夫許由一讓,而陛下五以天下讓,過許由四矣。三段。俱何與淮南事,而牽扯準折,不過借以奉文帝耳。三段引三古人,序處錯落,變化,極操縱可觀。且陛下遷淮南王,欲以苦其志,使改過,有司衛不謹,故病死。”於是上乃解,曰:“將奈何?”盎曰:“淮南王有三子,唯在陛下耳。”於是文帝立其三子,皆爲王。盎由此名重朝廷。|一

篇詞説,只爲淮南三子耳,看來似乎有爲。

袁盎常引大體,忼慨。|一篇平序文字,於前後事間,忽插兩語,若結上,若起下,是史公所長。宦者趙同,以數幸,常害袁盎,袁盎患之。盎兄子種,爲常侍騎,持①節夾乘,一家之人,偏于持節夾乘時説,蓋見景生情,一時偶觸,是當日情事,且未及乘車,參乘事,先出“持節夾乘”字,妙!説盎曰:“君與鬬,廷辱之,使其毁不用。”孝文帝出,趙同參乘,袁盎伏車前曰:“臣聞天子所與共六尺輿者,皆天下豪英。隨口撰②出,故不文。今漢雖乏人,陛下獨奈何與刀鋸餘人載!”亦簡勁有力。於是上笑,下趙同。趙同泣下車。|一笑一泣點綴俊雅,兩“下”字,作兩樣寫,尤妙!

文帝從霸陵上,欲西馳下峻阪。袁盎騎,竝車擥轡。正與“持節夾乘”應。上曰:“將軍怯邪?”盎曰:“臣聞千金之子,坐不垂堂;百金之子,不騎衡,諺語叶韻。衡音杭。下一句是添出。聖主不乘危而徼幸。今陛下騁六騑,馳下峻山,如有馬驚車敗,陛下縱自輕,奈高廟、太后何?”上乃止。|

上幸上林,皇后、慎夫人從。其在禁中,常同席坐。先補一句。及坐,郎署長布席,袁盎引却慎夫人坐。慎夫人怒,不肯坐。上亦怒,起,入禁中。四“坐”字,兩“怒”字,頓挫作致。盎因前説曰:“臣聞尊卑有序,則上下和。今陛下既已立后,慎夫人乃妾,妾主豈可與同坐哉!且陛下幸之,即厚賜之。陛下所以爲慎夫人,適所以禍之。陛下獨不見‘人彘’乎?”於是上乃説,召語慎夫人。慎夫人賜盎金五十斤。|

---

① 持,底本作“柣”,疑誤,據校本改。

② 撰,底本作“樸”,疑誤,據校本改。

然袁盎亦以數直諫，頂上兩節。不得久居中，調爲隴西都尉。仁愛士卒，士卒皆爭爲死。遷爲齊相。丨實事虛寫。徙爲吴相，辭行，種謂盎曰："吴王驕，日久，國多姦。今苟欲劾治，彼不上書告君，即利劍刺君矣。無意中點一句，伏後案。南方卑濕，君能日飲，毋何，毋幾何時也。字法俊！時説王曰毋反而已。如此幸得脱。"盎用種之計，吴王厚遇盎。盎告歸。丨爲吴相告歸也。

道逢丞相申屠嘉，下車拜謁，丞相從車上謝袁盎。袁盎還，愧其吏，乃之丞相舍上謁，求見丞相。丞相良久而見之。盎因跪曰："願請閒。"丞相曰："使君所言公事，之曹，與長史掾議，吾且奏之；即私邪，吾不受私語。"車上謝，"良久見"，"不受私語"，寫丞相驕。袁盎即跪説下車拜，上謁，兩"跪"字，極寫袁盎挫折處。曰："君爲丞相，自度孰與陳平、絳侯？"丞相曰："吾不如。"袁盎曰："善，君即自謂不如。倒句。夫陳平、絳侯，輔翼高帝，定天下，爲將相，而誅諸吕，存劉氏；君乃爲材官蹶張，遷爲隊率，積功，至淮陽守，非有奇計攻城野戰之功。先折其氣。且陛下從代來，每朝，郎官上書疏，未嘗不止輦受其言，言不可用，置之；言可受，採之，未嘗不稱善。兩"未嘗"錯落。何也？則欲以致天下賢士大夫。上日聞所不聞，明所不知，日益聖智；君今自閉，鉗天下之口[①]而日益愚。兩"日益"對。夫以聖主責愚相，君受禍不久矣。"兩段雙承，一句雙收。丞相乃再拜曰："嘉鄙野人，乃不知，將軍幸教。"引入，與坐，爲上客。丨

盎素不好鼂錯，接入鼂錯事，先虛寫。鼂錯所居坐，盎去；盎坐，錯亦去：兩人未嘗同堂語。兩調，一承，緊峭。及孝文帝崩，孝景帝

---

① 口，底本作"日"，疑誤，據校本改。

即位,鼂錯爲御史大夫,使吏案袁盎受吳王財物,抵罪,詔赦以爲庶人。鼂錯一害袁盎。

吳楚反,聞,鼂錯謂丞史曰:“夫袁盎多受吳王金錢,專爲蔽匿,言不反。今果反,欲請治盎,宜知計謀。”鼂錯二害袁盎。乘勢報怨,視同几肉,孰知反覆間,身首頓異,茫茫天道,可不畏哉?丞史曰:“事未發,治之有絕。今兵西鄉,治之何益!且袁盎不宜有謀。”只一句掉轉,峭勁。鼂錯猶與未決。人有告袁盎者,袁盎恐,夜見竇嬰,爲言吳所以反者,願至上前,口對狀。错發之遲,盎應之捷,已先一着矣,盎之巧固出错上。竇嬰入言上,上乃召袁盎入見。鼂錯在前,及盎請辟人賜間,錯去,固恨甚。袁盎具言吳所以反狀,以錯故,獨急斬錯以謝吳,吳兵乃可罷。其語具在吳事中。|收作數行,情事已具,不如吳傳佳。史公爲袁盎諱也。使袁盎爲太常,竇嬰爲大將軍。兩人素相與善。逮吳反。諸陵長者、長安中賢大夫,爭附兩人,車隨者日數百乘。

及鼂錯已誅,間接。袁盎以太常使吳。吳王欲使將,不肯。欲殺之,使一都尉,以五百人圍守盎軍中。袁盎自其爲吳相時,提倒法。嘗有從史嘗盜愛盎侍兒,盎知之弗泄,遇之如故。人有告從史,言“君知爾與侍者通”,乃亡歸。袁盎驅,自追之,遂以侍者賜之,復爲從史。及袁盎使吳見守,從史適爲守盎校尉司馬,乃悉以其裝齎,置二石醇醪,會天寒,士卒饑渴,飲酒醉,西南陬,卒皆臥,司馬夜引袁盎起,曰:“君可以去矣,吳王期旦日斬君。”補出。盎弗信,曰:“公何爲者?”司馬曰:“臣故爲從史,盜君侍兒者。”點得明快。盎乃驚謝曰:“公幸有親,吾不足以累公。”司馬曰:“君第去,臣亦且亡,避吾親,君何患!”乃以刀決張,道從醉卒直隧出。司馬與分背，袁盎解節毛懷之，句。杖，句。步行七八里，句。明，句。見梁騎，騎馳去，前步此騎，縷縷明晰。遂歸報。

吳楚已破，上更以元王子平陸侯禮爲楚王，袁盎爲楚相。嘗上書，有所言，不用。|應“數直諫”。袁盎病免，居家，與閭里浮沈，相隨行，鬭雞走狗。又插數句作致，而其人性情俱現，是史公閒中着色處。雒陽劇孟，嘗過袁盎，盎善待之。安陵富人有謂盎曰：“吾聞劇孟，博徒，將軍何自通之？”“富人”二字妙，眼光短小，胸懷逼仄①，非富人不能。盎曰：“劇孟雖博徒，然母死，客送葬車千餘乘，此亦有過人者。且緩急人所有。夫一旦有急叩門，不以親爲解，不以存亡爲辭，天下所望者，獨季心、劇孟耳。又添一季心陪。今公常從數騎，一旦有緩急，寧足恃乎！”俠士必豪，富人必嗇，是固以錢爲命者也。彼何能緩急人，人亦何自求緩急於若輩也。公何見之晚乎？罵富人，弗與通。諸公聞之，皆多袁盎。|鵷鶵、青冥、鴟梟、腐鼠，同生天地間，彼何必罵，此何必多？然以寫袁將軍節概。

袁盎雖家居，間接。景帝時時使人問籌策。梁王欲求爲嗣，袁盎進說，其後語塞。省筆。梁王以此怨盎，曾使人刺盎。刺者至關中，問袁盎，諸君譽之，皆不容口。乃見袁盎曰：“臣受梁王金，來刺君，君長者，不忍刺君。然後刺君者十餘曹，備之！”應“長劍刺君”，三“刺君”字，口語歷歷。袁盎心不樂，家又多怪，乃之棓生所問占。句。還，句。梁刺客後曹輩，果遮刺殺盎安陵郭門外。|

鼂錯者，潁川人也。學申商刑名於軹張恢先所，與雒陽宋孟，及劉禮同師。以文學爲太常掌故。

錯爲人陗直刻深。四字得鼂錯之神。孝文帝時，天下無治《尚

① 仄，底本作“歹”，疑誤，據校本改。

書》者，獨聞濟南伏生，故秦博士，治《尚書》，年九十餘，老不可徵，乃詔太常使人往受之。太常遣錯受《尚書》伏生所。句。還，句。因上便宜事，以書稱説。即以書説妙，寫鼂錯聰明過人。詔以爲太子舍人、門大夫、家令。三遷，總序。以其辨①得幸太子，太子家號曰"智囊"。一句總結上三項。數上書孝文時，言削諸侯事，及法令可更定者。書數十上，孝文不聽，然奇其材，遷爲中大夫。當是時，太子善錯計策，袁盎諸大功臣，多不好錯。即點出袁盎伏。

景帝即位，以錯爲内史。錯常數請間言事，輒聽，應"文帝不聽"。寵幸傾九卿，應"諸大臣不好錯"。法令多所更定。應"上書更定法令"。丞相申屠嘉，心弗便，力未有以傷。内史府居太上廟壖中，門東出，不便，錯乃穿兩門南出，鑿廟壖垣。丞相嘉聞，大怒，欲因此過，爲奏請誅錯。錯聞之，即夜請閒，具爲上言之。正與袁盎一樣。丞相奏事，因言錯擅鑿廟垣爲門，請下廷尉誅。上曰："此非廟垣，乃壖中垣，不致於法。"丞相謝。罷朝，怒，謂長史曰："吾當先斬以聞，乃先請，爲兒所賣，固誤。"丞相遂發病死。錯以此愈貴。|

遷爲御史大夫，請諸侯之罪過，削其地，收其枝郡。奏上，上令公卿列侯宗室集議，莫敢難，獨竇嬰爭之，由此與錯有郤。與"竇嬰與袁盎相善"對照。錯所更令三十章，遙接更令，即削諸侯等事。諸侯皆諠譁疾鼂錯。錯父聞之，從潁川來，謂錯曰："上初即位，公爲政用事，侵削諸侯，别疏人骨肉，人口議，多怨公者，何也？"鼂錯曰："固也。不如此，天子不尊，宗廟不安。"錯父曰："劉氏安矣，而鼂氏危矣，吾去公歸矣！"三"矣"字，疊句韻。遂飲藥死，曰："吾不忍見禍及吾身。"死十餘日，吴楚七國果反，以誅錯爲名。及竇嬰、袁盎

① 辨，中華書局本《史記》作"辯"。

進說,上令鼂錯,衣朝衣,斬東市。丨斬錯事亦只畧寫。

鼂錯已死,謁者僕射鄧公爲校尉,擊吳楚軍,爲將。句。還,句。上書言軍事,謁見上。上問曰:“道軍所來,道從也。聞鼂錯死,吳楚罷不?”鄧公曰:“吳王爲反,數十年矣,發怒削地,以誅錯爲名,其意非在錯也。點得破。且臣恐天下之士噤口,不敢復言也!”先作一頓。上曰:“何哉?”鄧公曰:“夫鼂錯患諸侯彊大不可制,故請削地,以尊京師,萬世之利也。計畫始行,卒受大戮,内杜忠臣之口,外爲諸侯報仇,臣竊爲陛下不取也。”於是景帝默然良久,曰:“公言善,吾亦恨之。”乃拜鄧公爲城陽中尉。

鄧公,成固人也,多奇計。建元中,上招賢良,公卿言鄧公,時鄧公免,起家爲九卿。一年,復謝病免歸。其子章,以修黄老言,顯于諸公間。即鄧公之言,接序數行,另附鄧公一小傳,是變法。

太史公曰:袁盎雖不好學,亦善傅會,仁心爲質,引義忼慨。遭孝文初立,資適逢世。“傅會”“逢世”是袁盎一生心術。時以變易,及吳楚一說,說雖行哉,然復不遂。好聲矜賢,竟以名敗。鼂錯爲家令時,數言事不用;後擅權,多所變更。諸侯發難,不急匡救,欲報私讎,反以亡軀。語曰“變古亂常,不死則亡”,豈錯等謂邪!贊語竟作兩對。

此傳兀立兩扇,因時事相合,遂牽冤家作一傳寫。細看來,刻削陰騺,盎、錯原是一種人,史公亦用一樣筆法。至今讀之,猶畏惡其人,鷹化爲鳩,其眼尚赤。○袁盎、鼂錯,一時之事,而分作兩傳寫,必多雷同處,他偏約畧其詞,一人一樣,章法句法,一字不同,是史公賣奇處。○吾嘗恨袁盎欺文帝,斬鼂錯,而吳兵不罷,何以不并誅袁盎?雖有竇嬰輩爲之周旋,如國法何?然不死于吳,卒死于梁,天也!至釋氏冤報于十七世之後,讀之凜然。人亦何爲于石火電光之中,植此冤對也?哀哉!

張釋之馮唐列傳

張廷尉釋之者,堵陽人也,字季。有兄仲同居。以訾爲騎郎,事孝文帝,十歲不得調,無所知名。先抑之作一頓。釋之曰:"久宦,減仲之産,不遂。"欲自免歸。中郎將袁盎知其賢,惜其去,乃請徙釋之補謁者。稍遷。釋之既朝畢,因前言便宜事。文帝曰:"卑之,毋甚高論,令今可施行也。"臨時又作一頓。於是釋之言秦漢之間事,秦所以失,而漢所以興者,久之。"久之"二字中,包許多議論在内,是紀事。文帝稱善,乃拜釋之爲謁者僕射。|又稍遷。

釋之從行,登虎圈。上問上林尉諸禽獸簿,十餘問,尉左右視,盡不能對。只"十餘問""左右視"六字,寫張皇失措如見,是寫生之筆。虎圈嗇夫從旁代尉對上所問禽獸簿,甚悉,此代尉對也,"甚悉"正,反應尉。欲以觀其能,口對響應無窮者。此上欲觀其能,再有所問,而響應無窮也。作兩段寫。文帝曰:"吏不當若是邪?尉無賴!"只兩句結完尉與嗇夫,口角如是。乃詔釋之拜嗇夫爲上林令。釋之久之此"久之"二字,包許多遲疑,却顧在内,是寫情,兩"久之",作兩樣用。前曰:"陛下以絳侯周勃,何如人也?"上曰:"長者也。"又復問:"東陽侯張相如,何如人也?"上復曰:"長者。"兩"何如人也",兩"長者",發端妙。

釋之曰:“夫絳侯、東陽侯稱爲長者,此兩人言事,曾不能出口,豈斅此嗇夫,諜諜利口捷給哉!捷轉。且秦以任刀筆之吏,吏爭以亟疾苛察相高,然其敝,徒文具耳,無惻隱之實。以故不聞其過,陵遲而至於二世,天下土崩。今陛下以嗇夫口辯而超遷之,臣恐天下隨風靡靡,爭爲口辯,而無其實。且下之化上,疾於景響,舉錯不可不審也。”一段節奏佳。文帝曰:“善。”乃止,不拜嗇夫。

上就車,召釋之參乘,徐行,問釋之秦之敝。接上秦事。具以質言。反映嗇夫。至宮,上拜釋之爲公車令。

頃之,太子與梁王共車入朝,不下司馬門,於是釋之追止太子、梁王,無得入殿門。遂劾不下公門,不敬,奏之。薄太后聞之,文帝免冠謝,曰:“教兒子不謹。”想漢朝家法之盛。薄太后乃使使承詔,赦太子、梁王,然後得入。文帝由是奇釋之,拜爲中大夫。|

頃之,至中郎將。從行至霸陵,霸陵,蓋即文帝預造之壽陵也,方與下石槨語合。居北臨厠。韋曰高岸夾水,爲厠,或然。是時慎夫人從,上指示慎夫人新豐道,曰:“此走邯鄲道也。”使慎夫人鼓瑟,上自倚瑟而歌,意慘悽悲懷,慎夫人,邯鄲人也,千秋萬歲後,當從葬于此,故回望故國,黯焉神傷,不覺悲來填膺也。顧謂群臣曰:“嗟乎!以北山石爲槨,用紵絮斮陳,蕠漆其間,豈可動哉!”感慨日前,流光難駐,指顧身後,丘冢關心,又不覺其計之早也,無可奈何之思,一片神情,宛然如見。左右皆曰:“善。”釋之前進曰:“使其中有可欲者,雖錮南山,猶有郄;使其中無可欲者,雖無石槨,又何戚焉!”一段無聊無賴,無端悲慨,忽以正論結之。文帝稱善。其後拜釋之爲廷尉。

頃之,以上三“頃之”,正應“十年不調”也。上行出中渭橋,有一人從橋下走出,乘輿馬驚。於是使騎捕,屬之廷尉。釋之治問。曰:

"縣人來,聞蹕,匿橋下。久之,以爲行已過,即出,見乘輿車騎,即走耳。"以短節寫情事,徑盡。廷尉奏當,一人犯蹕,當罰金。文帝怒曰:"此人親驚吾馬,吾馬賴柔和,令他馬,固不敗傷我乎?而廷尉乃當之罰金!"釋之曰:"法者,天子所與天下公共也。今法如此而更重之,是法不信于民也。且方其時,上使立誅之則已。此是寬一句,借作說詞耳,乃後人認客作主,議論紛紛,豈爲善讀書者哉!今既下廷尉,廷尉,天下之平也,一傾而天下用法皆爲輕重,民安所措其手足?唯陛下察之。"良久,此是寫文帝遲疑。上曰:"廷尉當是也。"

其後有人,盜高廟坐前玉環,捕得,文帝怒,下廷尉,廷尉治。釋之案律,盜宗廟服御物者爲奏,奏當棄市。上大怒曰:"人之無道,乃盜先帝廟器,吾屬廷尉者,欲致族之,而君以法奏之,非吾所以共承宗廟意也。"釋之免冠頓首謝曰:"法如是足也。兩"法如是"對。且罪等,然以逆順爲差。今盜宗廟器而族之,有如萬分之一,假令愚民取長陵一抔土,陛下何以加其法乎?"久之,"久之",是寫文帝遲疑,與上一樣用。文帝與太后言之,乃許廷尉。以上兩節,是對照,故連寫。當是時,中尉條侯周亞夫,與梁相山都侯王恬開見釋之持議平,乃結爲親友。張廷尉由此天下稱之。又借周亞夫、王恬開襯貼。

後文帝崩,景帝立,釋之恐,稱病。欲免去,懼大誅至;欲見謝,則未知何如。先寫張廷尉心事,傍徨無措,乃趁勢側入王生。用王生計,卒見謝,景帝不過也。

王生者,善爲黄老言,處士也。王生附傳。嘗召居廷中,三公九卿盡會立,王生老人曰,增"老人"二字,爲王生寫照,正令張廷尉氣折。"吾韈解",顧謂張廷尉:"爲我結韈!"釋之跪而結之。故不說明,

妙！既已，人或謂王生曰："獨奈何廷辱張廷尉，使跪結韤？"王生曰："吾老且賤，自度終無益於張廷尉。張廷尉方今天下名臣，吾故聊辱廷尉，使跪結韤，欲以重之。"諸公聞之，賢王生而重張廷尉。|連用六"張廷尉"，正爲王生"結韤"照耀。

張廷尉事景帝，歲餘，爲淮南王相，猶尚以前過也。前景帝不過，所以顯王生。尚以前還，所以惜景帝也。久之，釋之卒。|此"久之"，則紀時也，紀淹滯也，多少用法。"久之"與"十年"不調應。其子曰張摯，字長公，官至大夫，免。以不能取容當世，故終身不仕。|

馮唐者，其大父趙人。父徙代。先提大父趙人，父徙代，伏案。漢興，徙安陵。唐以孝著，爲中郎署長，事文帝。文帝輦過，問唐曰："父老何自爲郎？家安在？"唐具以實對。前伏趙代，此又從"家安在"，引入文帝居代，從居代引入李齊鉅鹿，有源有委，如聽面談。文帝曰："吾居代時，吾尚食監高袪數爲我言趙將李齊之賢，戰於鉅鹿下。今吾每飯，意未嘗不在鉅鹿也。因尚食監之言，故見飯而念監，因監而念鉅鹿也。遇事生心，真有如此。父知之乎？"唐對曰："尚不如廉頗、李牧之爲將也。"上曰："何以？"唐曰："臣大父在趙時，爲官卒將，善李牧。臣父故爲代相，善趙將李齊，知其爲人也。"應前大父、父，并述還李齊。上既聞廉頗、李牧爲人良，所言頗收，虚序，只反點一句，神色俱動。說而搏髀曰："嗟乎！吾獨不得廉頗、李牧，時爲吾將，吾豈憂匈奴哉！"唐曰："主臣！陛下雖得廉頗、李牧，弗能用也。"正好處，忽然截住，突兀之極，妙甚！上怒，起入禁中。良久，此"良久"則寫上怒未平。召唐讓曰："公奈何眾辱我，獨無間處乎？"唐謝曰："鄙人不知忌諱。"前截住，此已透一線，忽又頓住，妙！

當是之時，匈奴新大入朝那，殺北地都尉卬。上以胡寇爲意，

乃卒復問唐曰:"公何以知吾不能用廉頗、李牧也?"咽住復起,章法之妙!唐對曰:"臣聞上古,王者之遣將也,跪而推轂,曰閫以内者,寡人制之;閫以外者,將軍制之。軍功爵賞,皆決於外,歸而奏之。此非虛言也。述古長,一句收住。臣大父言,李牧爲趙將仍歸大父。居邊,軍市之租,皆自用饗士,賞賜決於外,不從中擾也。委任而責成功,故李牧乃得盡其智能,遣選車千三百乘,彀騎萬三千,百金之士十萬,是以北逐單于,破東胡,滅澹林,西抑彊秦,南支韓、魏。序功處,正以忻動文帝。當是之時,趙幾霸。其後會趙王遷立,其母①倡也。王遷立,乃用郭開讒,卒誅李牧,令顏聚代之。是以兵破士北,爲秦所禽滅。今臣竊聞魏尚爲雲中守,其軍市租,盡以饗士卒,私養錢,五日一椎牛饗賓客,軍吏舍人,寫得與李牧一樣。是以匈奴遠避,不近雲中之塞。虜曾一入,尚率車騎擊之,所殺甚眾。夫士卒盡家人子,起田中從軍,安知尺籍伍符。終日力戰,斬首捕虜,數句,是止知力戰,不識文法也。上功莫府,一言不相應,文吏以法繩之。其賞不行,而吏奉法必用。臣愚,以爲陛下法太明,賞太輕,罰太重。先虛序。且雲中守魏尚,坐上功首虜差六級,至此乃點明。陛下下之吏,削其爵,罰作之。由此言之,陛下雖得廉頗、李牧,弗能用也。臣誠愚,觸忌諱,死罪死罪!"文帝說。是日應前"良久"。令馮唐持節赦魏尚,復以爲雲中守,而拜唐爲車騎都尉,主中尉及郡國車士。|

七年,景帝立,以唐爲楚相,免。武帝立,求賢良,舉馮唐。唐時年九十餘,不能復爲官,乃以唐子馮遂爲郎。遂字王孫,亦奇

① 母,底本作"毋",疑誤,據校本改。

士,與余善。馮遂亦與張摯對。

太史公曰:張季之言長者,守法不阿意;馮公之論將率,有味哉!有味哉!語曰"不知其人,視其友"。二君之所稱誦,可著廊廟。《書》曰"不偏不黨,王道蕩蕩;不黨不偏,王道便便"。張季、馮公近之矣。

張廷尉長者,看來馮公亦長者,是一時之人,一時之言,俱以文帝納諫相合,故史公寫作合傳,非無謂也。《漢書》插入汲、鄭,何與?○張廷尉傳,氣勢鬱勃,不露鋒鋩。厚重之人,亦還他一篇厚重文字。至馮唐傳,止是論魏尚一事,轉折頓挫,明快可喜,便有鋒鋩矣。○霸陵一段,寫悲歌慷慨,萬慮縱橫,其來無端,莫能自禁。古人云"每聞清歌,輒歎奈何",正是此意,然索解人不得也。予一日夜登虎丘,寂寥無人,忽聞絲竹杳冥,從天外飛來,淒然久之。時同行二客,予問曰:"子聞此,子心奈何?"一人曰:"樂甚!"予曰:"仙人!一人曰:"吾心如故也。"予曰:"子已作佛矣,安得懺此狂情,立登大覺乎?"偶記于此。

萬石張叔列傳

萬石君名奮，其父趙人也，姓石氏。趙亡，徙居溫。丨高祖東擊項籍，過河内，時奮年十五，爲小吏，侍高祖。高祖與語，愛其恭敬，孝謹是一篇主意，故起頭先提"恭敬"二字。問曰："若何有？"對曰："奮獨有母，不幸失明。家貧。有姊，能鼓琴。"高祖曰："若能從我乎？"曰："願盡力。"於是高祖召其姊爲美人，以奮爲中涓，受書謁，徙其家長安中戚里，以姊爲美人故也。丨宕一筆。其官，至孝文時，積功勞至大中大夫。無文學，恭謹無與比。丨又點一句，是萬石君一生受用處。

文帝時，東陽侯張相如爲太子太傅，免。選可爲傅者，皆推奮，奮爲太子太傅。及孝景即位，以爲九卿；迫近，憚之，徙奮爲諸侯相。丨奮長子建，次子甲，次子乙，次子慶，皆以馴行孝謹，又點一句。官皆至二千石。於是景帝曰："石君及四子，皆二千石，人臣尊寵，乃集其門。"號奮爲萬石君。丨總序，結出傳名，然美事可風也。

孝景帝季年，萬石君以上大夫祿，歸老于家，萬石君宦跡，俱虛寫過，却于後總序其一生事，然俱不出"孝謹"二字。以歲時爲朝臣。過宫門闕，萬石君必下車趨，見路馬，必式焉。子孫爲小吏，來歸謁，萬石君必朝服見之,不名。子孫有過失,不譙讓,爲便坐,對案不食。然後諸子相責,因長老,肉袒固謝罪,改之,乃許。寫家庭中事,幽細如此。子孫勝冠者在側,雖燕居,必冠,申申如也。僮僕訢訢如也,唯謹。丨又點一句。上時賜食於家,必稽首,俯伏而食之,如在上前。其執喪,哀戚甚悼。子孫遵教,亦如之。萬石君家以孝謹聞乎郡國,又點一句。雖齊魯諸儒質行,皆自以爲不及也。丨序完,後又提出"賜食""執喪"二字,再以贊語一結,更覺細潤。

建元二年,郎中令王臧,以文學獲罪。應前"無文學",故以王臧反形之。皇太后以爲儒者文多質少,今萬石君家不言而躬行,乃以長子建爲郎中令,少子慶爲內史。丨因萬石君而用其子,即用"長子""少子"字妙!

建老白首,萬石君尚無恙。以下序建事,仍跟萬石君來。建爲郎中令,每五日洗沐,歸謁親,入子舍,竊問侍者,取親中裙厠牏,身自浣滌,復與侍者,不敢令萬石君知,以爲常。丨極寫事親之孝。建爲郎中令,事有可言,屏人恣言極切;至廷見,如不能言者。是以上乃親尊禮之。丨極寫其事君之謹。

萬石君徙居陵里。內史慶醉歸,入外門,不下車。萬石君聞之,不食。慶恐,肉袒請罪,不許。舉宗及兄建肉袒,萬石君讓曰:"內史貴人,入閭里,里中長老皆走匿,而內史,坐車中自如,固當!"乃謝罷慶。夾序入石慶事。慶及諸子弟,入里門,趨至家。丨此一節應前"對案不食""肉袒謝罪"。

萬石君以元朔五年中卒。長子郎中令建,哭泣哀思,扶杖乃能行。此一節應"執喪哀悼""子孫遵教"。歲餘,建亦死。諸子孫咸孝,又點"孝"字。然建最甚,句。甚於萬石君。兩"甚"字妙,諸子孫之中，建爲甚，而且甚于萬石君，極言其孝也。

建爲郎中令，書奏事，句。事下，句。建讀之，曰：句。“誤句。書！‘馬’字句。與尾當五，句。今乃四，句。不足一。丨句法古健。上譴死矣！”甚惶恐。其爲謹慎，雖他皆如是。丨又點“謹”字，序完石建死後，又抽出一事，以概之也。

萬石君少子慶，爲太僕，此後序石慶事。御出，上問車中幾馬，慶以策數馬畢，舉手曰：“六馬。”慶於諸子中，最爲簡易矣，然猶如此。“簡易”應前不下里門事。爲齊相，舉齊國皆慕其家行，不言而齊國大治，爲立石相祠。丨

元狩元年，上立太子，選群臣可爲傅者，與前句對。慶自沛守，爲太子太傅，七歲，遷爲御史大夫。丨

元鼎五年秋，丞相有罪，罷。制詔御史：“萬石君，先帝尊之，子孫孝，其以御史大夫慶爲丞相，封爲牧丘侯。”丨建與慶爲郎中內史以萬石君故，爲丞相亦以萬石君故，想一時朝廷之上，推重如此。是時漢方南誅兩越，東擊朝鮮，北逐匈奴，西伐大宛，東西南北寫得四方俱不寧。中國多事。天子巡狩海內，修上古神祠，封禪，興禮樂。寫得一時之事，匆匆如此，正映爲丞相之不易也。公家用少，桑弘羊等致利，王溫舒之屬峻法，兒寬等推文學，至九卿，更進用事，事不關決於丞相，丞相醇謹而已。又點一句。在位九歲，無能有所匡言。嘗欲請治上近臣所忠、九卿減宣罪，不能服，反受其過，贖罪。丨極寫其無能，正極寫其醇謹。

元封四年中，關東流民二百萬口，無名數者四十萬，公卿議欲請徙流民於邊，以適之。上以爲丞相老謹，又點一句。不能與其議，乃賜丞相告歸，而案御史大夫以下議爲請者。丞相慙不任職，

乃上書曰:"慶幸得待罪丞相,罷駑,無以輔治,城郭倉庫空虛,民多流亡,罪當伏斧質,上不忍致法。願歸丞相侯印,乞骸骨歸,避賢者路。"天子曰:"倉廩既空,民貧流亡,而君欲請徙之,搖蕩不安,動危之,而辭位,君欲安歸難乎?"歸難,即遺大投艱意。以書讓慶,慶甚慙,遂復視事。|"復視事"正寫其醇謹之無可柰何也。

慶文深審謹,又點一句。然無他大畧,爲百姓言。|只一句續完石慶,并結完萬石君一家。後三歲餘,太初二年中,丞相慶卒,謚爲恬侯。慶中子德,慶愛用之,上以德爲嗣,代侯。後爲太常,坐法當死,贖,免爲庶人。|慶方爲丞相,諸子孫爲吏,更至二千石者十三人。及慶死後,稍以罪去,孝謹益衰矣。|仍用"孝謹"二字結穴。〇無論天下,即一家孝謹,必賴一二人主持教率,無奈典刑已喪,民性易流,有盛必衰,可爲浩歎,史公于此,其有憂患乎?〇大凡大家世澤必自醇謹發之,一至子①弟囂陵,則福澤漸減矣,可不慎哉?

建陵侯衛綰者,代大陵人也。綰以戲車爲郎,事文帝,功次遷爲中郎將,醇謹無他。即此四字,關合萬石君傳。孝景爲太子時,召上左右飲,而綰稱病不行。文帝且崩時,屬孝景曰:"綰長者,"長者"二字,即醇謹之名。善遇之。"及文帝崩,景帝立,歲餘,不譙呵綰,綰日以謹力。|

景帝幸上林,詔中郎將叅乘,還而問曰:"君知所以得叅乘乎?"綰曰:"臣從車士幸得以功次遷爲中郎將,不自知也。"上問曰:"吾爲太子時召君,君不肯來,何也?"對曰:"死罪,實病!"|問叅乘也,只如此對,乃便截住,不再多一言,而神情嘿嘿相照,妙甚!上賜之劍。綰曰:"先帝賜臣劍,凡六劍,不敢奉詔。"上曰:"劍,人之所施

① 子,底本作"于",疑誤,據校本改。

易,獨至今乎?"綰曰:"具在。"上使取六劍,劍尚盛,未嘗服也。|只就瑣細處寫,與萬石傳一樣。郎官有譴,常蒙其罪,不與他將爭;有功,常讓他將。上以爲廉,忠實無他腸,|又點一句,與前無他處。乃拜綰爲河間王太傅。吳楚反,詔綰爲將將河間兵,擊吳楚,有功,拜爲中尉。三歲,以軍功,孝景前六年中,封綰爲建陵侯。|

其明年,上廢太子,誅栗卿之屬。上以爲綰長者,不忍,"長者"二字應前。乃賜綰告歸,而使郅都治捕栗氏。既已,上立膠東王爲太子,召綰,拜爲太子太傅。久之,遷爲御史大夫。五歲,代桃侯舍爲丞相,朝奏事如職所奏。然自初官,以至丞相,終無可言。寫得與石慶一樣。天子以爲敦厚,應"醇謹"字。可相少主,尊寵之,賞賜甚多。|

爲丞相三歲,景帝崩,武帝立。建元年中,丞相以景帝疾時,諸官囚多坐不辜者,而君不任職,免之。|其後綰卒,子信代。坐酎金失侯。|

塞侯直不疑者,南陽人也。爲郎,事文帝。其同舍有告歸,誤持同舍郎金去,已而金主覺,妄意不疑,不疑謝有之,買金償。而告歸者來,而歸金,而前郎亡金者大慚,一連三"而"字,層疊曲折,不覺其煩。以此稱爲長者。點"長者"字,與衛綰傳合。文帝稱舉,稍遷至太中大夫。|朝廷見,人或毀亡曰:"不疑狀貌甚美,然獨無奈其善盜嫂,何也!"不疑聞,曰:"我乃無兄。"澹得妙!然終不自明也。|

吳楚反時,不疑以二千石將兵擊之。景帝後元年,拜爲御史大夫。天子修吳楚時功,乃封不疑爲塞侯。武帝建元年中,與丞相綰,俱以過免。|復點衛綰,是合傳體。

不疑學《老子》言。其所臨,爲官如故,唯恐人知其爲吏跡也。

不好立名稱,稱爲長者。“長者”二字應前。不疑卒,子相如代。孫望,坐酎金失侯。|

郎中令周文者,名仁,其先故任城人也。以醫見。景帝爲太子時,拜爲舍人,積功稍遷,孝文帝時至太中大夫。景帝初即位,拜仁爲郎中令。|

仁爲人陰重不泄,常衣敝補衣,溺袴,期爲不潔清,以是得幸。景帝入臥内,於後宫祕戲,仁常在旁。至景帝崩,仁尚爲郎中令,終無所言。與萬石之“不言躬行”、石慶之“無所匡言”、衛綰之“終無可言”合。上時問人,仁曰:“上自察之。”然亦無所毁。以此景帝再自幸其家。家徙陽陵。上所賜甚多,然常讓,不敢受也。諸侯群臣賂遺,終無所受。|

武帝立,以爲先帝臣,重之。仁乃病免,以二千石禄歸老,子孫咸至大官矣。|

御史大夫張叔者,名歐,安丘侯説之庶子也。孝文時,以治刑名言,事太子。然歐雖治刑名家,其人長者。與衛綰、直不疑合。景帝時尊重,常爲九卿。至武帝元朔四年,韓安國免,詔拜歐爲御史大夫。|自歐爲吏,未嘗言案人,專以誠長者處官。官屬以爲長者,又應“長者”,兩“長者”字呼應,俊健。亦不敢大欺。上具獄事,有可卻,卻之;不可者,不得已,爲涕泣面對而封之。其愛人如此。|點明一句。

老病篤,請免。於是天子亦策罷,以上大夫禄,歸老于家。家於陽陵。子孫咸至大官矣。

太史公曰:仲尼有言曰“君子欲訥於言而敏於行”,其萬石、建陵、張叔之謂邪?是以其教不肅而成,不嚴而治。塞侯微巧,而周文處讇,君子譏之,爲其近於佞也。然斯可謂篤行君子矣!

此五人合傳也,舉其首末,故以萬石君、張叔立名。雖分五傳而絕無過文穿插。實其中間,不但其人其事大同,而更以"醇謹"字、"無他"字、"長者"字、"無所言"字,隱隱鈎動,而五傳遂爲一串矣。古人云:"才如散錢,恨無索子。"其此之謂乎!○《史記》每於英雄俠烈之事,寫得奇肆磊落,慷慨縱横。而獨於此傳,遇醇謹人,遂還他一篇醇謹文字。讀之深靜純密,乃爾信乎才之無所不可也。○此傳五人,有實寫處,有空寫處,各盡其妙,是史公所長。○石慶子孫二千石十三人。周仁、張叔子孫咸至大官,史公正著其長厚之報,與《酷吏傳》對看。

田叔列傳

田叔者,趙陘城人也。其先,齊田氏苗裔也。叔喜劍,學黄老術於樂巨公所。叔爲人刻廉自喜,喜游諸公。|八字寫盡田叔。趙人舉之趙相趙午,午言之趙王張敖所,趙王以爲郎中。數歲,切直廉平,趙王賢之,未及遷。|頓住。

會陳豨反代,漢七年,高祖往誅之,過趙,趙王張敖自持案進食,禮恭甚,高祖箕踞駡之。是時趙相趙午等數十人,皆怒,謂張王曰:"王事上,禮備矣,今遇王如是,臣等請爲亂。"趙王齧指出血,曰:"先人失國,微陛下,臣等當蟲出。"蟲出"即棄捐原野,死無葬地之謂,然險絶。公等奈何言若是!毋復出口矣!"於是貫高等曰:"王長者,不倍德。"卒私相與謀弑上。會事發覺,漢下詔捕趙王,及群臣反者。於是趙午等皆自殺,唯貫高就繫。|是時漢下詔書:"趙有敢隨王者,皋三族。"唯孟舒、田叔等十餘人,一段俱是客,直至此點田叔事,又復點一孟舒以陪之。蓋因後有孟舒一段事也。赭衣自髡鉗,稱王家奴,隨趙王敖,至長安。貫高事明白,趙王敖得出,廢爲宣平侯,乃進言田叔等十餘人。上盡召見,與語,漢廷臣毋能出其右者,上説,盡拜爲郡守、諸侯相。|叔爲漢中守十餘年,會高后崩,

諸呂作亂,大臣誅之,立孝文帝。間序。

孝文帝既立,召田叔問之曰:"公知天下長者乎?"對曰:"臣何足以知之!"上曰:"公,長者也,宜知之。"叔頓首曰:"故雲中守孟舒,長者也。"此三"長者",後四"長者",如神龍掉尾,通體俱動。是時孟舒坐鹵大入塞,盜刧,雲中尤甚,免。又插序一句。上曰:"先帝置孟舒雲中,十餘年矣,鹵曾一入,孟舒不能堅守,毋故,士卒戰死者數百人。長者固殺人乎?公何以言孟舒爲長者也?"叔叩頭對曰:"是乃孟舒所以爲長者也。一句掉轉,應上句。夫貫高等謀反,上下明詔,趙有敢隨張王,罪三族。然孟舒自髡鉗,隨張王敖之所在,欲以身死之,豈自知爲雲中守哉!一頓,此說孟舒,却隱照却自己。漢與楚相距,士卒罷敝。匈奴冒頓,新服北彝,來爲邊害,孟舒知士卒罷敝,不忍出言,士爭臨城死敵,如子爲父,弟爲兄,以故死者數百人。孟舒豈故驅戰之哉!又一頓。是乃孟舒所以爲長者也。"又足一句,通上三句,作姿致。於是上曰:"賢哉孟舒!"復召孟舒以爲雲中守。|

後數歲,叔坐法失官。梁孝王使人殺故吳相袁盎,景帝召田①叔案梁,具得其事,還報。景帝曰:"梁有之乎?"叔對曰:"死罪!有之。"上曰:"其事安在?"田叔曰:"上毋以梁事爲也。"故作一颺。上曰:"何也?"曰:"今梁王不伏誅,是漢法不行也;如其伏法,而太后食不甘味,臥不安席,此憂在陛下也。"作兩對語住,佳。景帝大賢之,以爲魯相。|

魯相初到,接魯相字,妙!民自言相,訟王取其財物百餘人。田

① 田,底本作"出",疑誤,據校本改。

叔取其渠率二十人,各笞五十,餘各搏二十,怒之曰:“王非若主邪?何自敢言若主!”魯王聞之,大慚,發中府錢,使相償之。相曰:“王自奪之,使相償之,是王爲惡而相爲善也。相毋與償之。”“毋與償之”言無從償之也。四“償之”妙。於是王乃盡償之。正見田叔長者處。

魯王好獵,相常從入苑中,王輒休相就館舍,相出,常暴坐,待王苑外。王數使人請相休,終不休,曰:“我王暴露苑中,我獨何爲就舍!”魯王以故不大出游。|

數年,叔以官卒,魯以百金祠,少子仁不受也,曰:“不以百金傷先人名。”|

仁以壯健爲衛將軍舍人,數從擊匈奴。衛將軍進言仁,仁爲郎中。數歲,爲二千石,丞相長史,失官。其後使刺舉三河。上東巡,仁奏事有辭,上説,拜爲京輔都尉。月餘,上遷拜爲司直。數歲,坐太子事。時左丞相自將兵,令司直田仁主閉守城門,坐縱太子,下吏誅死。仁發兵,長陵令車千秋上變仁,仁族死。陘城今在中山國。忽注陘城一句,直環至首。陘城入句,奇文。

太史公曰:孔子稱曰“居是國必聞其政”,田叔之謂乎!贊語平寫,中作一折。義不忘賢,明主之美,以救過。仁與余善,余故并論之。

褚先生曰:臣爲郎時,聞之曰,田仁故與任安相善。雙提。任安,滎陽人也。少孤,貧困,爲人將車之長安,句。留,句。求事爲小吏,未有因緣也,因占著名數,家於武功。武功,扶風西界小邑也,注一句。谷口,蜀剗道,近山。三折,句法奥。安以爲武功小邑,無豪,易高也,易爲出色耳。安留,代人爲求盜亭父。後爲亭長。邑中人民俱出獵，任安常爲人分麋鹿雉兔，部署老小當壯劇易處，此部署分別處。衆人皆喜，曰："無傷也，任少卿分別平，有智畧。"加三字作贊語，正爲任安出色。明日，復合會，會者數百人。任少卿曰："某子甲何爲不來乎？"諸子[①]皆怪其見之疾也。丨小事點染皆妙。其後除爲三老，舉爲親民，出爲三百石長，治民。坐上行出游，共帳不辦，斥免。丨

乃爲衛將軍舍人，與田仁會，俱爲舍人，插入田仁雙序。居門下，同心相愛。此二人家貧，無錢用以事將軍家監，家監使養惡齧馬。兩人同牀臥，仁竊言曰："不知人哉，家監也！"任安曰："將軍尚不知人，何乃家監也！"一折，對語如見。衛將軍從此兩人，過平陽主，主家令兩人與騎奴同席而食，此二子拔刀列斷席別坐。主家皆怪而惡之，莫敢呵。丨正從兩不知處，激出作致。

其後有詔募擇衛將軍舍人，以爲郎，將軍取舍人中富給者，令具鞍馬絳衣玉具劍，先描寫一番，爲田任作襯。欲入奏之。會賢大夫少府趙禹來過衛將軍，將軍呼所舉舍人，以示趙禹。趙禹以次問之，十餘人，無一人習事，有智畧者。應前"有智畧"。趙禹曰："吾聞之，將門之下，必有將類。"將類"字奇。傳曰'不知其君，視其所使；不知其子，視其所友'。今有詔舉將軍舍人者，欲以觀將軍，而能得賢者文武之士也。今徒取富人子上之，又無智畧，如木偶人衣之綺繡耳，將奈之何？"於是趙禹悉召衛將軍舍人百餘人，以次問之，又借百餘人作一襯，然

① 子，中華書局本《史記》作"人"。

後撇入田、任,步步作致。得田仁、任安,曰:“獨此兩人可耳,餘無可用者。”推倒百餘人,正以顯此二人也。衛將軍見此兩人貧,意不平。又推倒一衛將軍,爲田任作襯。趙禹去,謂兩人曰:“各自具鞍馬新絳衣。”應“鞍馬絳衣”回顧作致。兩人對曰:“家貧,無用具也。”應二人家貧。將軍怒曰:“今兩君,家自爲貧,何爲出此言?鞅鞅如有移德於我者,何也?”“鞅鞅”二字,直繳出同牀夜話,一段心事,未免形之于色,甚矣,將軍之不知人也!將軍不得已,上籍以聞。索性將衛將軍推倒。有詔召見衛將軍舍人,此二人前見,詔問能畧相推第也。後句。田仁對曰;“提桴鼓,立軍門,使士大夫樂死戰鬭,仁不及任安。”任安對曰:“夫決嫌疑。定是非,辯治官,使百姓無怨心,安不及仁也。”兩人互見,正相推第也。武帝大笑曰:“善。”使任安護北軍,使田仁護邊田穀於河上。此兩人立名天下。|將兩人一總雙結,自兩人家貧、兩人同牀、兩人過平陽主,凡八點,至此方完。

其後用任安爲益州刺史,以田仁爲丞相長史。|後又分序,先序田仁。

田仁上書言:“天下郡太守,多爲姦利,三河尤甚,臣請先刺舉三河。先提二句,下乃詳姦利舉刺之,故作兩段寫。三河太守,皆內倚中貴人,與三公有親屬,無所畏憚,宜先正三河,以警天下姦吏。”以上田仁上書之詞,下乃注脚。是時河南、河內太守皆御史大夫杜,父兄子弟也;河東太守石,丞相子孫也。|又提二句,後乃解明,逐層卸入,修蛇蜕鱗。是時石氏九人爲二千石,方貴盛。田仁數上書言之。杜大夫及石氏,使人謝,謂田少卿曰:“吾非敢有語言也,願少卿無相誣汙也。”兩“也”字,作兩掉

語，佳。仁已刺三河，三河太守皆下吏，誅死。|一結，方完上事。仁還奏事，武帝説，以仁爲能不畏彊禦，拜仁爲丞相司直，威振天下。|

其後逢太子有兵事，丞相自將兵，使司直主城門。司直以爲太子骨肉之親，父子之間，不甚欲近，去之諸陵過。是時武帝在甘泉，使御史大夫暴君下責丞相"何爲縱太子"，丞相對言"使司直部守城門，而開太子"。上書以聞，請捕繫司直。司直下吏，誅死。|序完田仁事，下入任安。

是時任安爲北軍使者護軍，太子立車北軍南門外，召任安，與節，令發兵。安拜受節，句。入，句。閉門不出。武帝聞之，以爲任安爲佯邪，不傅事，何也？句法妙，不傅事，不報聞也，先作一頓，下又生出一事。任安笞辱北軍錢官小吏，小吏上書言之，以爲受太子節，言"幸與我其鮮好者"。變詞，作俊語，殊入人聽。書上聞，武帝曰："是老吏也，見兵事起，欲坐觀成敗，見勝者，欲合從之，有兩心。安有當死之罪，甚衆，吾常活之，今懷詐，有不忠之心。"前略一頓，至此方説明，武帝心事。下安吏，誅死。

夫月滿則虧，物盛則衰，天地之常也。知進而不知退，久乘富貴，禍積爲祟。奇語。故范蠡之去越，辭不受官位，名傳後世，萬歲不忘，豈可及哉！後進者慎戒之。

田叔一傳，亦是平序，無他奇。奇處在序孟舒一段，一轉一折，一反一覆，七用"長者"字，呼應錯落，固是佳作。○田叔立朝大節，只在燒梁獄詞一案，然亦不詳寫。○此傳史公未曾着意，故有褚先生出色一番，寫得臻臻楚楚，文秀俊雅，是另一種筆墨。

扁鵲倉公列傳

扁鵲者,勃海郡鄭人也,姓秦氏,名越人。少時爲人舍長。舍客長桑君過,扁鵲獨奇之,常謹遇之。長桑君亦知扁鵲非常人也。兩對掉轉。出入十餘年,乃呼扁鵲私坐,間與語曰:“我有禁方,年老,欲傳與公,公毋泄。”扁鵲曰:“敬諾。”乃出其懷中藥予扁鵲:“飲是以上池之水,三十日,當知物矣。”乃悉取其禁方書盡予扁鵲。忽然不見,殆非人也。故作奇語,應“非常人”。扁鵲以其言飲藥三十日,視見垣一方人。奇事奇句。以此視病,盡見五藏癥結,特以診脈爲名耳。故寫得神奇有鬼神氣,正與“非人”“視垣一方”一家語也。爲醫或在齊,或在趙。丨齊、趙雙提,單①接趙下,而齊事在後,遙接出章法。在趙者名扁鵲。

當晉昭公時,諸大夫彊,而公族弱,趙簡子爲大夫,專國事。簡子疾,五日不知人,大夫皆懼,於是召扁鵲。扁鵲入視病,句。出,句。董安于問扁鵲,扁鵲曰:“血脈治也,而何怪! 句法。昔秦穆公嘗如此,七日而寤。寤之日,告公孫支與子輿曰:‘我之帝所

① 單,底本作“軍”,疑誤,據校本改。

甚樂。吾所以久者,適有所學也。帝告我:"晉國且大亂,五世不安。其後將霸,未老而死。霸者之子,且令而國男女無別。"'公孫支書而藏之,秦策於是出。《趙世家》作"秦讖於是出"矣。○後有鈞天一段,先出此段引起。夫獻公之亂,文公之霸,而襄公敗秦師於殽而歸縱淫,此子之所聞。今主君之病與之同,不出三日必閒,句。閒句。必有言也。"先作虛吸。

居二日半,應不出三日。簡子寤,語諸大夫曰:"我之帝所甚樂,與前句對。與百神游於鈞天,廣樂九奏萬舞,不類三代之樂,其聲動心。論樂妙語。有一熊欲援我,帝命我射之,中熊,熊死。有羆來,我又射之,中羆,羆死。帝甚喜,賜我二笥,皆有副。吾見兒在帝側,帝屬我一翟犬,曰:'及而子之壯也以賜之。'帝告我:'晉國且世衰,七世而亡。嬴姓將大敗周人於范魁之西,而亦不能有也。'"董安于受言,書而藏之。與秦穆公一段對,一簡一繁,各自爭勝。以扁鵲言告簡子,簡子賜扁鵲田四萬畝。|歸到扁鵲結。

其後扁鵲過虢。虢太子死,先呼一句,見太子已死,斷不可復生,後乃收轉作致。扁鵲至虢宮門下,問中庶子喜方者曰:"太子何病,國中治穰,過於眾事?"中庶子曰:"太子病血氣不時,交錯而不得泄,暴發於外,則爲中害。精神不能止邪氣,邪氣蓄積而不得泄,是以陽緩而陰急,故暴蹷而死。"先說太子死,後說太子死之故,先從中庶子口中,說得證明病的,斷不復生,正爲下文作地,此反振之法也。扁鵲曰:"其死何如時?"曰:"雞鳴至今。"曰:"收乎?"曰:"未也,其死未能半日也。"兩問,作急語,妙!"言臣齊勃海秦越人也,兩問後,直接下,不着"曰"字,是前語未畢,此語夾出,正見急詞。家在於鄭,未嘗得望精光,侍謁於前也。聞太子不幸而死,臣能生之。"中庶子曰:"先生得無誕之乎？何以言太子可生也！前定死矣，忽能生之，奇甚，此又一折，見太子決不可生，跳蕩作致。臣聞上古之時，醫有俞跗，又請出一位先生陪之。治病不以湯液醴灑，鑱石橋引，案杌毒熨，一撥見病之應，因五藏之輸，乃割皮解肌，訣脈結筋，搦髓腦，揲荒，爪幕，湔浣腸胃，漱滌五藏，練精易形。先生之方，能若是，則太子可生也；不能若是而欲生之，曾不可以告咳嬰之兒。"終日，扁鵲前問甚急，此以緩應，故作一頓。扁鵲仰天嘆曰："夫子之爲方也，若以管窺天，以郄視文。承先生之方，以"夫子之爲方""越人之爲方"，兩對，側下，先將中庶子撇倒。越人之爲方也，不待切脈、望色、聽聲、寫形，言病之所在。此即病言病。聞病之陽，論得其陰；聞病之陰，論得其陽。病應見於大表，此又於病外論病。不出千里，決者至眾，不可曲止也。此言治病之多，語云："讀十年書，天下無不可醫之病；醫十年病，天下無可讀之書。"誠哉是言，不獨醫也。子以吾言爲不誠，試入診太子，當聞其耳鳴，而鼻張，循其兩股以至於陰，當尚溫也。"正見不待切脈望色云云也。

中庶子聞扁鵲言，目眩然而不瞋，舌橋然而不下，兩語摹寫精絕，又與耳鳴、鼻張，相配作色。乃以扁鵲言入報虢君。虢君聞之，大驚，出見扁鵲於中闕，曰："竊聞高義之日久矣，然未嘗得拜謁於前也。辭命，與前扁鵲語遙對。先生過小國，幸而舉之，偏國寡臣幸甚。指太子，父在爲子，君在爲臣也。接下二語可見，《索隱》解非。有先生則活，無先生則棄捐填溝壑，長終而不得反。"語氣未止，只此咽住，妙！蓋悲從中來，涕泗橫出，辭不及盡矣。言未卒，因噓唏服臆，魂精泄橫，流涕長潸，忽忽承睞，悲不能自止，容貌變更。連下六句形容，句句①

① 句句，校本作"扁鵲"。

精妙,"魂精"等,兼似醫方中語,奇! 扁鵲曰:"若太子病,所謂'尸蹷'者也。夫以陽入陰中,動胃繵緣,中經維絡,別下於三焦、膀胱,是以陽脈下遂,陰脈上爭,會氣閉而不通,陰上而陽内行,下内鼓而不起,上外絶而不爲使,上有絶陽之絡,下有破陰之紐,破陰絶陽之色已廢,脈亂,故形静如死狀。太子未死也。前四"死"字,實四"生"字,虚至此乃逼出"未死"二字,先以"如死"二字點明之。夫以陽入陰支蘭藏者生,以陰入陽支蘭藏者死。凡此數事,皆五藏蹷中之時暴作也。良工取之,拙者疑殆。"又闡一遍,隱照中庶子。

扁鵲乃使弟子子陽,厲鍼砥石,以取外三陽五會。穴名。有間,太子蘇。一層。乃使子豹後倉公弟子宋邑等,明序,此子陽等,暗序。爲五分之熨,以八減之齊,和煮之,以更熨兩脇下。太子起坐。二層。更適陰陽,但服湯二旬而復故。三層。太子之生,亦作三層寫。故天下盡以扁鵲爲能生死人。扁鵲曰:"越人非能生死人也,此自當生者,越人能使之起耳。"|總數語,說明,一篇"生死"二字,至此結穴。

扁鵲過齊,齊桓侯客之。遥接"或在齊"。入朝見,曰:"君有疾在腠理,不治,將深。"桓侯曰:"寡人無疾。"扁鵲出,桓侯謂左右曰:"醫之好利也,欲以不疾者爲功。"一節。後五日,扁鵲復見,曰:"君有疾,在血脈,不治恐深。"桓侯曰:"寡人無疾。"扁鵲出,桓侯不悦。二節。後五日,扁鵲復見,曰:"君有疾,在腸胃間,不治,將深。"桓侯不應。扁鵲出,桓侯不悦。三節,皆以不换爲法,而中作小變。後五日,扁鵲復見,望見桓侯而退走。至此始作一縱。桓侯使人問其故。扁鵲曰:"疾之居腠理也,湯熨之所及也;在血脈,鍼石之所及也;其在腸胃,酒醪之所及也;三句總結上三節。其在骨髓,雖司命無柰之何。今在骨髓,臣是以無請也。"後五日,"後五日"餘波,參差四見。桓侯體病，使人召扁鵲，扁鵲已逃去。桓侯遂死。虢太子，死而知其生；桓侯生，而知其死，對照。

使聖人預知微，能使良醫得蚤從事，則疾可已，身可治也。|一結，結桓侯事，前段純用操縱，此段純用排比，各自一法。人之所病，病疾多；而醫之所病，病道少。又提兩句，下應，即借病字，作兩樣用，筆法狡獪。故病有六不治：驕恣不論於理，一不治也；輕身重財，二不治也；衣食不能適，三不治也；陰陽并，藏氣不定，四不治也；形羸不能服藥，五不治也；信巫不信醫，六不治也。有此一者，則重難治也。正見人疾病多也。

扁鵲名聞天下。過邯鄲，聞貴婦人，即爲帶下醫；過洛陽，聞周人愛老人，即爲耳目痹醫；來入咸陽，聞秦人愛小兒，即爲小兒醫：隨俗爲變。|正反醫病道少也。前在齊、在趙，實寫，此又補周秦，虛序，下遂接秦事終。秦太醫令李醯，自知伎不如扁鵲也，使人刺殺之。至今天下言脈者，由扁鵲也。|只一句，結扁鵲，即帶入倉公。

太倉公者，齊太倉長臨菑人也，姓淳于氏，名意。少而喜醫方術。高后八年，更受師同郡元里公乘陽慶。慶年七十餘，無子，詳其郡，詳其里，詳其官，更詳其事，抵一篇小傳。○《扁鵲傳》先出一長桑君，《倉公傳》出一陽慶，提高作襯。使意盡去其故方，更悉以禁方予之，傳黄帝、扁鵲之脈書，頂天下言脈者由扁鵲。五色診病，知人死生，決嫌疑，定可治，及藥論，甚精。受之三年，爲人治病，決死生，多驗。然左右行游諸侯，不以家爲家，或不爲人治病，病家多怨之者。|倉公授受事，只畧序過後乃詳序。

文帝四年中，人上書言意，以刑罪頂多怨之者。當傳西之長安。意有五女，隨而泣。意怒，罵曰：“生子不生男，緩急無可使者！”於是少女緹縈,傷父之言,乃隨父西。上書曰:“妾父爲吏,齊中稱其廉平,爲吏事補出。今坐法當刑。妾痛死者不可復生,而刑者不可復續,雖欲改過自新,其道莫由,終不可得。妾願入身爲官婢,以贖父刑罪,使得改行自新也。”書聞,上悲其意,此歲中亦除肉刑法。丨上書事,只帶序平序過。

意家居,詔召問所爲治病死生驗者幾何人,主名爲誰。先提一句,詔詞於意對詞中全序出。

詔問故太倉長臣意:“方伎所長,及所能治病者?有其書,無有?皆安受學?受學幾何歲?嘗有所驗,何縣里人也?何病?醫藥已,其病之狀,皆何如?具悉而對。”此一段意對,詞中所述之詔也,如唐人封事,全述進止,然後行文,詔詞質勁。臣意對曰:

自意少時,喜醫藥,醫藥方,試之多不驗者。一段。至高后八年,得見師臨菑元里公乘陽慶。慶年七十餘,意得見,事之。謂意曰:“盡去而方書,非是也。慶有古先道,遺傳黃帝、扁鵲之脈書,五色診病,知人生死,決嫌疑,定可治,及藥論書,甚精。我家給富,心愛公,欲盡以我禁方書悉教公。”臣意即曰:“幸甚,非意之所敢望也。”臣意即避席再拜謁,受其脈書、上下經、五色診、奇咳術、揆度陰陽外變、藥論、石神、接陰陽禁書,受讀解驗之,可一年所。明歲即驗之,有驗,然尚未精也。二段。要事之三年所,即常①已爲人治,診病決死生,有驗,精良。三段皆補前所未備,前畧此詳。今慶已死十年所,臣意年盡三年,年三十九歲也。丨以上答有書無書,安受學,受學幾歲;以下二十五段答有所驗何人,及醫藥已其病之狀。

① 常,中華書局本《史記》作“嘗”。

齊侍御史成，自言病頭痛，臣意診其脈，告曰："君之病句。惡，句。不可言也。"即出，獨告成弟昌曰："此病疽也，內發於腸胃之間，後五日當臃腫，後八日嘔膿死。"成之病，得之飲酒且內。字法好。成即如期死。上一段案，下一段論，後同。所以知成之病者，臣意切其脈，得肝氣。肝氣濁而靜，此內關之病也。脈法曰"脈長而弦，不得代四時者，其病主在於肝和。即經主病也，代則脈絡有過"。經主病和者，其病得之筋髓裏。其代絕而脈賁者，病得之酒且內。所以知其後五日而臃腫，八日嘔膿死者，切其脈時，少陽初代。代者經病，病去過人，人則去絡。脈主病，當其時，少陽初關一分，故中熱而膿未發也，及五分，則至少陽之界，及八日，則嘔膿死，故上二分而膿發，至界而臃腫，盡泄而死。熱上則熏陽明，爛流絡，流絡動，則脈結發；脈結發，則爛解，故絡交。熱氣已上行，至頭而動，故頭痛。|

齊王中子諸嬰兒小子病，召臣意診切其脈，告曰："氣鬲病。病使人煩懣，食不下，時嘔沫。病得之少憂，數忔食飲。"臣意即爲之作下氣湯以飲之，一日氣下，二日能食，三日即病愈。所以知小子之病者，診其脈，心氣也，濁躁而經也，此絡陽病也。脈法曰"脈來數，病去難，而不一者，病主在心"。周身熱，脈盛者，爲重陽。重陽者，逿心主。故煩懣食不下，則脈絡有過，脈絡有過則血上出，血上出者死。此悲心所生也，病得之憂也。|

齊郎中令循病，衆醫皆以爲蹷，入中而刺之。臣意診之曰："湧疝也，令人不得前後溲。"循曰："不得前後溲，三日矣。"臣意飲以火齊湯,一飲,得前溲;再飲,大溲;三飲,而疾愈。病得之內。所以知循病者,切其脈時,右口氣急,脈無五藏氣,右口脈大而數。數者中下熱而湧,左爲下,右爲上,皆無五藏應,故曰湧疝。中熱,故溺赤也。

齊中御府長信病,臣意入診其脈,告曰:"熱病氣也。然暑汗,脈少衰,不死。"曰:"此病得之當浴流水而寒甚,已則熱。"信曰:"唯,句。然!句。往冬時,爲王使於楚,入事變法。至莒縣陽周水,而莒橋梁頗壞,信則擥車轅,未欲渡也,馬驚,即墮,信身入水中,幾死,吏即來救信,出之水中,衣盡濡,有間而身寒,已熱如火,至今不可以見寒。"臣意即爲之液湯火齊,逐熱,一飲,汗盡;再飲,熱去;三飲,病已。即使服藥,出入二十日,身無病者。所以知信之病者,切其脈時,并陰。脈法曰"熱病陰陽交者死"。切之不交,并陰。并陰者,脈順清而愈,其熱雖未盡,猶活也。腎氣有時間濁,在太陰脈口而希,是水氣也。腎固主水,故以此知之。失治一時,即轉爲寒熱。

齊王太后病,召臣意入診脈,曰:"風癉客脬,難於大小溲,溺赤。"臣意飲以火齊湯,一飲,即前後溲;再飲,病已,溺如故。病得之流汗出滫。滫者,去衣而汗晞也。所以知齊王太后病者,臣意診其脈,切其太陰之口,溼然,風氣也。脈法曰"沈之而大堅,浮之而大緊者,病主在腎"。腎切之而相反也,脈大而躁。大者,膀胱氣也;躁者,中有熱而溺赤。

齊章武里曹山跗病,臣意診其脈,曰:"肺消癉也,加以寒熱。"即告其人曰:"死,不治。適其共養,此不當醫治。"法曰

“後三日而當狂，妄起行，欲走；後五日死”。即如期死。山跗病，得之盛怒而以接內。所以知山跗之病者，臣意切其脈，肺氣熱也。脈法曰“不平不鼓，形弊”。此五藏高之遠數以經病也，故切之時不平而代。不平者，血不居其處；代者，時參擊並至，乍躁乍大也。此兩絡脈絕，故死不治。所以加寒熱者，言其人尸奪。尸奪者，形弊；形弊者，不當關灸鑱石及飲毒藥也。臣意未往診時，齊太醫先診山跗病，灸其足少陽脈口，而飲之半夏丸，病者即泄注，腹中虛；又灸其少陰脈，是壞肝剛絕深，如是重損病者氣，以故加寒熱。所以後三日而當狂者，肝一絡連屬結絕乳下陽明，故絡絕，開陽明脈，陽明脈傷，即當狂走。後五日死者，肝與心相去五分，故曰五日盡，盡即死矣。|

齊中尉潘滿如病少腹痛，臣意診其脈，曰：“遺積瘕也。”臣意即謂齊太僕臣饒、內史臣繇曰：“中尉不復自止於內，則三十日死。”後二十餘日，溲血死。病得之酒且內。所以知潘滿如病者，臣意切其脈，深小弱，其卒然合合也，是脾氣也。右脈口氣至緊小，見瘕氣也。以次相乘，故三十日死。三陰俱摶者，如法；不俱摶者，决在急期；一摶一代者，近也。故其三陰摶，溲血如前止。|

陽虛侯相趙章病，召臣意。衆醫皆以爲寒中，臣意診其脈曰：“迵風。”迵風者，飲食下嗌，而輒出不留。法曰“五日死”，而後十日乃死。病得之酒。所以知趙章之病者，臣意切其脈，脈來滑，是內風氣也。飲食下嗌而輒出不留者，法五日死，皆爲前分界法。後十日乃死，所以過期者，其人嗜粥，故

中藏實,中藏實,故過期。師言曰“安穀者過期,不安穀者不及期”。|

濟北王病,召臣意診其脈,曰:“風蹶胸滿。”即爲藥酒,盡三石,病已。得之汗[①]出伏地。所以知濟北王病者,臣意切其脈時,風氣也,心脈濁。病法“過入其陽,陽氣盡而陰氣入”。陰氣入張,則寒氣上而熱氣下,故胸滿。汗出伏地者,切其脈,氣陰。陰氣者,病必入中,出及瀺水也。|

齊北宫司空命婦出於病,衆醫皆以爲風入中,病主在肺,刺其足少陽脈。臣意診其脈,曰:“病氣疝,客於膀胱,難於前後溲,而溺赤。病見寒氣,則遺溺,使人腹腫。”出於病,得之欲溺不得,因以接內。所以知出於病者,切其脈大而實,其來難,是蹶陰之動也。脈來難者,疝氣之客於膀胱也。腹之所以腫者,言蹶陰之絡結小腹也。蹶陰有過則脈結動,動則腹腫。臣意即灸其足蹶陰之脈,左右各一所,即不遺溺而溲清,小腹痛止。即更爲火齊湯以飲之,三日而疝氣散,即愈。|

故濟北王阿母自言足熱而懣,臣意告曰:“熱蹷也。”則刺其足心各三所,案之,無出血,病旋已。病得之飲酒大醉。|

濟北王召意[②]診脈諸女子侍者,至女子豎,豎無病。臣意告永巷長曰:“豎傷脾,不可勞,法當春嘔血死。”臣意言王曰:“才人女子豎何能?”王曰:“是好爲方,多伎能,爲所是案法新,往年市之民所,四百七十萬,曹偶四人。”王曰:“得毋有病乎?”臣意對曰:“豎病重,在死法中。”王召視之,其顔色不變,

① 汗,底本作“汙”,疑誤,據校本改。下同。

② 意,中華書局本《史記》作“臣意”。

以爲不然，不賣諸侯所。至春，豎奉劍從王之厠，王去，豎後，王令人召之，即仆於厠，嘔血死。病得之流汗。流汗者，同法病內重，毛髮而色澤，脈不衰，此亦關內之病也。|

齊中大夫病齲齒，臣意灸其左大陽明脈，即爲苦參湯，日漱三升，出入五六日，病已。得之風，及臥開口，食而不漱。|

菑川王美人懷子而不乳，來召臣意。臣意往，飲以莨碭藥一撮，以酒飲之，旋乳。臣意復診其脈，而脈躁。躁者有餘病，即飲以消石一齊，出血，血如豆比，五六枚。|

齊丞相舍人奴，從朝入宮，臣意見之食閨門外，望其色，有病氣。臣意即告宦者平。平好爲脈，學臣意所，臣意即示之舍人奴病，告之曰："此傷脾氣也，當至春，鬲塞不通，不能食飲，法至夏，泄血死。"宦者平即往告相曰："君之舍人奴有病，病重，死期有日。"相君曰："卿何以知之？"曰："君朝時入宮，君之舍人奴盡食閨門外，平與倉公立，即示平曰，病如是者死。"相即召舍人奴而謂之曰："公奴有病不？"舍人曰："奴無病，身無痛者。"至春，果病，至四月，泄血死。所以知奴病者，脾氣周乘五藏，傷部而交，故傷脾之色也，望之殺然黃，察之如死青之茲。衆醫不知，以爲大蟲，不知傷脾。所以至春死。病者胃氣黃，黃者，土氣也，土不勝木，故至春死。所以至夏死者，脈法曰"病重而脈順清者，曰內關"，內關之病，人不知其所痛，心急然無苦。若加以一病，死中春；一愈順，及一時。其所以四月死者，診其人時愈順。愈順者，人尚肥也。奴之病，得之流汗數出，炙於火，而以出見大風也。|

菑川王病，召臣意診脈，曰："蹶上，爲重頭痛，身熱，使人

煩懣。”臣意即以寒水拊其頭,刺足陽明脈,左右各三所,病旋已。病得之沐髮未乾而臥。診如前,所以蹶,頭熱至肩。|

齊王黄姬兄黄長卿家,有酒召客,召臣意。諸客坐,未上食。臣意望見王后弟宋建,告曰:“君有病,往四五日,君要脇痛,不可俛仰,又不得小溲。不亟治,病即入濡腎。及其未舍五藏,急治之。病方今客腎濡,此所謂“腎痺”也。”宋建曰:“然,建故有要脊痛。往四五日,天雨,黄氏諸倩,見建家京下方石,即弄之,建亦欲效之,效之不能起,即復置之。暮,要脊痛,不得溺,至今不愈。”建病得之好持重。所以知建病者,臣意見其色,太陽色乾,腎部上及界要以下者,枯四分所,故以往四五日知其發也。臣意即爲柔湯使服之,十八日所而病癒。|

濟北王侍者韓女病要背痛,寒熱,衆醫皆以爲寒熱也。臣意診脈,曰:“內寒,月事不下也。”即竄以藥,旋下,病已。病得之欲男子而不可得也。所以知韓女之病者,診其脈時切之,腎脈也,嗇而不屬。嗇而不屬者,其來難,句。堅,句。故曰月不下。肝脈弦,出左口,故曰欲男子不可得也。|

臨菑汜里女子薄吾病甚,衆醫皆以爲寒熱篤,當死,不治。臣意診其脈,曰:“蟯瘕。”蟯瘕爲病,腹大,上膚黄麤,循之戚戚然。臣意飲以芫花一撮即出蟯,可數升,病已,三十日如故。病蟯得之於寒濕,寒濕氣宛篤不發,化爲蟲。臣意所以知寒薄吾病者,切其脈,循其尺,其尺索刺麤,而毛美奉髮,是蟲氣也。其色澤者,中藏無邪氣,及重病。|

齊淳于司馬病,臣意切其脈,告曰:“當病迵風。迵風之狀,飲食下嗌,輒後之。病得之飽食而疾走。”淳于司馬曰:“我之王家,食馬肝食飽甚,見酒來,即走去驅疾,至舍,即泄數十出。”臣意告曰:“爲火齊米汁飲之,七八日而當愈。”時醫秦信在傍,臣意去,信謂左右閣都尉曰:“意以淳于司馬病爲何?”曰:“以爲迵風,可治。”信即笑曰:“是不知也。淳于司馬病,法當後九日死。”即後九日不死,其家復召臣意。臣意往問之,盡如臣意診。臣即爲一火齊米汁使服之,七八日病已。所以知之者,診其脈時,切之盡如法。其病順,故不死。

齊中郎破石病,臣意診其脈,告曰:“肺傷,不治,當後十日丁亥溲血死。”即後十一日,溲血而死。破石之病,得之墮馬僵石上。所以知破石之病者,切其脈,得肺陰氣,其來散,數道至而不一也。色又乘之。所以知其墮馬者,切之,得番陰脈。番陰脈,入虚裹,乘肺脈。肺脈散者,固色變也,乘之。所以不中期死者,師言曰:“病者安穀即過期,不安穀則不及期。”其人嗜黍,黍主肺,故過期。所以溲血者,診脈法曰“病養喜陰處者順死,喜養陽處者逆死”。其人喜自靜,不躁,又久安坐,伏几而寐,故血下泄。

齊王侍醫遂病,自練五石服之。臣意往過之,遂謂意曰:“不肖有病,幸診遂也。”臣意即診之,告曰:“公病中熱。論曰“中熱不溲者,不可服五石”。石之爲藥精悍,公服之,不得數溲,亟勿服。色將發臃。”遂曰:“扁鵲曰“陰石以治陰病,陽石以治陽病”。夫藥石者,有陰陽水火之齊,故中熱,即爲陰石柔齊治之;中寒,即爲陽石剛齊治之。”臣意曰:“公所論遠矣。扁鵲雖言若是,然必審診起度量,立規矩,稱權衡,合色脈,表

裹有餘不足順逆之法，參其人動靜與息相應，乃可以論。論曰"陽疾處內，陰形應外者，不加悍藥及鑱石"。夫悍藥入中，則邪氣辟矣，而宛氣愈深。診法曰"二陰應外，一陽接內者，不可以剛藥"。剛藥入則動陽陰病益衰，陽病益著，邪氣流行，爲重困於俞，忿發爲疽。"意告之後百餘日，果爲疽發乳上入缺盆，死。此謂論之大體也，必有經紀。拙工有一不習，文理陰陽失矣。|

齊王故爲陽虚侯時，病甚，眾醫皆以爲蹷。臣意診脈，以爲痺，根在右脇下，大如覆杯，令人喘，逆氣，不能食。臣意即以火齊粥且飲，六日，氣下；即令更服丸[①]藥，出入六日，病已。病得之內。診之時，不能識其經解，大識其病所在。|

臣意常[②]診安陽武都里成開方，開方自言以爲不病，臣意謂之，病苦沓風，三歲，四支不能自用使人瘖，瘖即死。今聞其四支不能用，瘖，而未死也。病得之數飲酒以見大風氣。所以知成開方病者，診之，其脈法奇咳言曰"藏氣相反者死"。切之，得腎反肺，法曰"三歲死"也。|

安陵坂[③]里公乘項處病，臣意診脈，曰："牡疝。"牡疝在鬲下，上連肺。病得之內。臣意謂之："慎毋爲勞力事，爲勞力事，則必嘔血死。"處後蹴踘，要蹶寒，汗出多，即嘔血。臣意復診之，曰："當旦日日夕死。"即死。病得之內。所以知項處病者，切其脈，得番陽。番陽入虛裹處，旦日死。一番一絡

① 丸，底本作"九"，疑誤，據校本改。
② 常，中華書局本《史記》作"嘗"。
③ 坂，中華書局本《史記》作"阪"。

者,牡疝也。

臣意曰:他所診,期決死生,及所治已病,衆多,久頗忘之,不能盡識,不敢以對。|以上答前詔問完,下重起,一問一對。

問臣意:"所診治病,病名多同,而診異,或死或不死,何也?"對曰:"病名多相類,不可知,故古聖人爲之脈法,以起度量,立規矩,縣權衡,案繩墨,調陰陽,别人之脈,各名之,與天地相應,參合於人,故乃别百病以異之,有數者皆①異之,無數者同之。然脈法不可勝驗,診疾,人以度異之,乃可别同名,命病主在所居。今臣意所診者,皆有診籍。所以别之者,臣意所受師方適成,師死,以故表籍所診,期決死生,觀所失所得者,合脈法,以故至今知之。"|上用所以知此,下用以故作承應。

問臣意曰:"所期病決死生,或不應期,何故?"對曰:"此皆飲食喜怒不節,或不當飲藥,或不當鍼灸,以故不中期死也。"|

問臣意:"意方能知病死生論藥用所宜,諸侯王大臣,有嘗問意者不?及文王病時,不求意診治,何故?"對曰:"趙王、膠西王、濟南王、吳王,皆使人來召臣意,臣意不敢往。文王病時,臣意家貧,欲爲人治病,誠恐吏以除拘臣意也,故移名數左右不修家生,出行游國中,問善爲方數者事之久矣,見事數師,悉受其要事,盡其方書意,及解論之。身居陽虚侯國,因事侯。侯入朝,臣意從之長安,以故得診安陵項處等病也。"|

問臣意:"知文王所以得病不起之狀?"臣意對曰:"不見文王病,然竊聞文王病喘,頭痛目不明。臣意心論之,以爲非病也。以

① 皆,中華書局本《史記》作"能"。

爲肥而蓄精，身體不得搖，骨肉不相任，故喘不當醫治。脈法曰“年二十，脈氣當趨；年三十，當疾步；年四十，當安坐；年五十，當安臥；年六十已上，氣當大董”。文王年未滿二十，方脈氣之趨也而徐之，不應天道四時。後聞醫灸之，即篤，此論病之過也。臣意論之，以爲神氣爭而邪氣入，非年少所能復之也，以故死。所謂氣者，當調飲食，擇晏日，車步廣志，以適筋骨肉血脈，以瀉氣。故年二十，是謂“易貨”。法不當砭灸，砭灸至氣逐。”|

問臣意：“師慶安受之？聞於齊諸侯不？”對曰：“不知慶所師受。慶家富，善爲醫，不肯爲人治病，當以此故不聞。慶又告臣意曰：‘慎毋令我子孫知若學我方也。’”|

問臣意：“師慶何見於意，而愛意，欲悉教意方？”對曰：“臣意不聞師慶爲方善也。意所以知慶者，意少時，好諸方事，臣意試其方皆多驗，精良。臣意聞菑川唐里公孫光，善爲古傳方，臣意即往謁之。得見，事之，受方化陰陽及傳語法，臣意悉受書之。臣意欲盡受他精方，公孫光曰：‘吾方盡矣，不爲愛公所。吾身已衰，無所復事之。是吾年少所受妙方也，悉與公，毋以教人。’臣意曰：‘得見事侍公前，悉得禁方，幸甚。意死不敢妄傳人。’居有間，公孫光間處，臣意深論方，見言百世爲之精也。師光喜曰：‘公必爲國工。吾有所善者皆疏，同產處臨菑，善爲方，吾不若，其方甚奇，非世之所聞也。吾年中時，嘗欲受其方，楊中倩不肯，曰“若非其人也”。胥與公往見之，當知公喜方也。其人亦老矣，其家給富。’時者未往，會慶子男殷來獻馬，因師光奏馬王所，意以故得與殷善。光又屬意於殷曰：‘意好數，公必謹遇之，其人聖儒。’即爲書以意屬陽慶，以故知慶。臣意事慶謹，以故愛意也。”|

問臣意曰:“吏民嘗有事學意方,及畢盡得意方不?何縣里人?”對曰:“臨菑人宋邑。邑學,臣意教以五診,歲餘。濟北王遣太醫高期、王禹學,臣意教以經脈高下,及奇絡結,當論俞所居,及氣當上下出入邪逆順,以宜鑱石,定砭灸處,歲餘。菑川王時遣太倉馬長馮信正方,臣意教以案法逆順,論藥法定五味,及和齊湯法。高永侯家丞杜信喜脈,來學,臣意教以上下經脈五診,二歲餘。臨菑召里唐安來學,臣意教以五診,上下經脈,奇咳,四時應陰陽重,未成,除爲齊王侍醫。”|

問臣意:“診病決死生,能全無失乎?”臣意對曰:“意治病人,必先切其脈,乃治之。敗逆者不可治,其順者乃治之。心不精脈,所期死生,視可治,時時失之,臣意不能全也。”

太史公曰:女無美惡,居宮見妒;士無賢不肖,入朝見疑。故扁鵲以其伎見殃,倉公乃匿跡自隱。而當刑,緹縈通尺牘,父得以後寧。故老子曰“美好者,不祥之器”,豈謂扁鵲等邪?若倉公者,可謂近之矣。並提雙結。

此傳絪繙離奇,文詞古奥,是先秦以上文字。雖多方伎家語,用來却蒼老濃郁,色澤可觀。此又《史記》中一種高古之筆。○長桑君,寫得惝怳奇怪,是神仙一流人,純用疑似之筆。因扁鵲是奇伎,故益之以奇人。黄河之水,洶湧萬里,故曰天上來也。○淳于意,只論其方伎之授受,餘事俱不入。即女縈之上書,文帝之除肉刑,亦只約畧寫。在醫言醫法,當如是也。○扁鵲之醫案,則序於傳中。倉公醫案,借詔問,全載於傳後。雖診籍全文,出自史公之手,便覺高古。初欲刪去,猶鑒賞家,得漢王厭勝剛卯,雖無益於用,然一種古製古色,非後人所及,不得不什襲矣。至其中事理,自愧寡陋,請俟大方。

吳王濞列傳

吳王濞者，高帝兄劉仲之子也。高帝已定天下，七年，立劉仲爲代王。而匈奴攻代，劉仲不能堅守，棄國亡，間行走雒陽，自歸天子。天子爲骨肉故，不忍致法，廢以爲郃陽侯。丨序得簡質。高帝十一年秋，淮南王英布反，東并荊地，劫其國兵，西度淮，擊楚，高帝自將往誅之。劉仲子沛侯濞接上。年二十，有氣力，以騎將從，破布軍蘄西，會甀，布走。丨寫吳王才氣，自是不群。荊王劉賈，爲布所殺，無後。上患吳、會稽輕悍，無壯王以填之，諸子少，乃立濞於沛，爲吳王，即前封于沛，故于沛立之，始往吳國，沛則世世無與，沛非封邑也。王三郡，五十三城。已拜，受印，高祖召濞相之，謂曰："若狀有反相。"心獨悔，業已拜，又插入六字，作兩層。史公多用此法。因拊其背，告曰："漢後五十年東南有亂者，豈若邪？然天下同姓爲一家也，慎無反！"濞頓首曰："不敢。"丨吳王傳，只是謀反一事，而其謀反之事，始封時，高帝口中已經提破，作一篇文字之根。○五十年東南有亂，何從知之？

會孝惠、高后時，天下初定，郡國諸侯，各務自拊循其民。吳有豫章郡銅山，濞則招致天下亡命者，益鑄錢，煮海水爲鹽，以故

無賦，國用富饒。|寫此正見其謀反之資。

孝文時，吳太子入見，得侍皇太子飲博。吳太子師傅，皆楚人，句。輕悍，句。又素驕，句。博，句。爭道，句。不恭，句。○十三字分數語，連下，作四層。皇太子引博局提吳太子，殺之。於是遣其喪歸葬。至吳，吳王愠曰："天下同宗，應天下同姓一家。死長安，即葬長安，何必來葬！"爲復遣喪之長安葬。寫得怨恨之深。吳王由此稍失藩臣之禮，稱病不朝。京師知其以子故，稱病不朝，驗問，實不病，諸吳使來，輒繫責治之。吳王恐，爲謀滋甚。|頓住。及後使人爲秋請，秋請，朝也，使人，代朝也，蓋以病故。上復責問吳使者，使者對曰："王實不病，漢繫治使者數輩，以故遂稱病。且夫'察見淵中魚，不祥'。今王始詐病，句。及覺，句。見責急，句。愈益閉，句。恐上誅之，數句，亦作三層。計乃無聊。四字，總寫出上三層心事。唯上棄之，而與更始。"於是天子乃赦吳使者，歸之，而賜吳王几杖，老，不朝。吳得釋其罪，謀亦益解。|又一頓，遂颺開，文情之妙！然其居國以銅鹽故，遥接。百姓無賦。卒踐更，輒與平賈。踐更之卒，與傭值也。歲時存問茂才①，賞賜閭里。佗郡國吏，欲來捕亡人者，訟共禁弗與②。如此者四十餘年，以故能使其衆。|又頓住。

鼂錯爲太子家令，得幸太子，數從容言吳過可削。數上書説孝文帝，文帝寬，不忍罰，以此吳日益横。|前以益解颺開，此復以益横挑起，妙③！及孝景帝即位，錯爲御史大夫，説上曰："昔高帝初定天下，昆弟少，諸子弱，大封同姓，故王孽子悼惠王，王齊七十餘城，

① 才，中華書局本《史記》作"材"。
② 與，中華書局本《史記》作"予"。
③ 妙，校本作"妙甚"。

庶弟元王,王楚四十餘城,兄子濞,王吳五十餘城:封三庶孽,分天下半。乘便插入齊楚。今吳王前有太子之郄,詐稱病不朝,於古法當誅,文帝弗忍,因賜几杖。德至厚,當改過自新。乃益驕溢,即山鑄錢,煮海水爲鹽,誘天下亡人,謀作亂。今削之句。亦反,句。不削之,句。亦反。句。削之,句。其反亟,句。禍小;句。不削,句。反遲,句。禍大。"句。○亦廿三字分十短句,作兩層,兩對,鏗鏗歷落,妙甚!三年冬,楚王朝,鼂錯因言楚王戊,往年爲薄太后服,私姦服舍,請誅之。詔赦,罰削東海郡。因削吳之豫章郡、爲銅山故也。會稽郡。及前二年趙王有罪,削其河間郡。膠西王卬,以賣爵有姦,削其六縣。又乘便插入趙王、膠西王。

漢廷臣方議削吳。丨即削縣事下,頓一筆,以明吳王不得不反。吳王濞恐削地無已,又緊接一筆。因以此發謀,欲舉事。念諸侯無足與計謀者,聞膠西王勇,句。好氣,句。喜兵,句。諸齊皆憚畏,亦十字分四句,作四層,章法照應之妙。於是乃使中大夫應高,誂膠西王。無文書,口報曰:"口報"妙!"吳王不肖,有宿夕之憂,不敢自外,使喻其驩心。"王曰:"何以教之?"一頓。高曰:"今者主上興於姦,飾於邪臣,好小善,聽讒賊,擅變更律令,"變更律令",即下侵奪諸侯也。侵奪諸侯之地,徵求滋多,誅罰良善,日以益甚。里語有之,'舐糠及米'。奇語,即此住,不解明,妙!吳與膠西,知名諸侯也,又兩人合說。一時見察,恐不得安肆矣。吳王身有內病,不能朝請,二十餘年,嘗患見疑,無以自白,今脅肩累足,猶懼不見釋。竊聞大王以爵事有適,讁通。所聞諸侯削地,罪不至此,此恐不得削地而已。"又深一層轉一筆,即住,含意無窮。王曰:"然,有之。子將奈何?"兩頓。高曰:"同惡相助,同好相留,同情相成,同欲相趨,同利相死。五句接連而下,趨至第五句,結出情事。今吴王自以爲與大王同憂,五句中無"同憂"字,偏接用"同憂",妙!願因時循理,棄軀以除患害於天下,"棄軀"字奇。億亦可乎?"王瞿然駭曰:"寡人何敢如是?今主上雖急,固有死耳,安得不戴?"三頓句,簡淨。高曰:"御史大夫鼂錯,熒惑天子,侵奪諸侯,蔽忠塞賢,朝廷疾怨,諸侯皆有倍畔之意,人事極矣。彗星出,蝗蟲數起,上言人事,此言天道也,偏頓住,不說出。此萬世一時,而愁勞,聖人之所以起也。故吴王欲内以鼂錯爲討,外隨大王後車,彷徉天下,所向者降,所指者下,天下莫敢不服。大王誠幸而許之一言,則吴王率楚王,畧函谷關,守滎陽敖倉之粟,距漢兵。治次舍,須大王。大王有幸而臨之,則天下可并,兩主分割,不亦可乎?"王曰:"善。"高歸報吴王,吴王猶恐其不與,乃身自爲使,使於膠西,面結之。前言已盡,斯止欲面結耳,故不必再詳。

膠西群臣或聞王謀,諫曰:"承一帝,至樂也。今大王與吴西鄉,第令事成,兩主分爭,患乃始結。只八字明甚。諸侯之地,不足爲漢郡十二,而爲畔逆以憂太后,非長策也。"王弗聽。遂發使約齊、蓄川①、膠東、濟南、濟北,皆許諾,說五王事省,說膠西語多,不可再序,正煩簡相參之妙。而曰"城陽景王有義,攻諸吕,句。勿與,句。事定,句。分之耳"。|預作計,若真有之,癡人說夢,可爲一笑。

諸侯既新削罰,振恐,多怨鼂錯。遙接削地事。及削吴會稽、豫章郡書至,則吴王先起兵,膠西正月丙午誅漢吏二千石以下,變法。膠東、菑川、濟南、楚、趙亦然,省法。遂發兵西。齊王後悔,飲藥自殺,畔約。濟北王城壞未完,其郎中令刼守其王,不得發兵。膠西

① 蓄川,中華書局本《史記》作"菑川"。

爲渠,率膠東、菑川、濟南,共攻圍臨菑。趙王遂亦反,陰使匈奴,與連兵。|序法匆匆,正見天下一時俱起,紛紛如此。

七國之發也,總一句。吳王悉其士卒,下令國中曰:"寡人年六十二,身自將。少子年十四,亦爲士卒先。諸年上與寡人比,下與少子等者,皆發。"令精綻有致。發二十餘萬人。南使閩越、東越,東越亦發兵從。|寫得氣勢奕奕。

孝景帝三年正月甲子,初起兵於廣陵。西涉淮,因并楚兵。發使遺諸侯書曰:"吳王劉濞,敬問膠西王、膠東王、菑川王、濟南王、趙王、楚王、淮南王、衡山王、廬江王、故長沙王子:幸教寡人!以漢有賊臣,無功天下,侵奪諸侯地,使吏劾繫訊治,以僇辱之爲故,不以諸侯人君禮,遇劉氏骨肉,絕先帝功臣,進任姦宄,詿亂天下,欲危社稷。陛下多病,志失不能省察。欲舉兵誅之,吳王遺書,反先序諸侯書,入"謹聞教"下,乃吳王之言。謹聞教。敝國雖狹,地方三千里;人雖少,精兵可具五十萬。寡人素事南越三十餘年,其王君皆不辭分其卒以隨寡人,又可得三十餘萬。寡人雖不肖,願以身從諸王。一段序兵力。越直長沙者,因王子定長沙以北,西走蜀、漢中。告越、楚王、淮南三王,與寡人西面;齊諸王與趙王,定河間、河內,或入臨晉關,或與寡人會雒陽;燕王、趙王固與胡王有約,燕王北定代、雲中,摶胡眾,入蕭關,走長安,匡正天子,以安高廟。願王勉之。一段定戰地形勢。○句法變化。楚元王子、淮南三王或不沐洗十餘年,怨入骨髓,欲一有所出之久矣,寡人未得諸王之意,未敢聽。今諸王苟能存亡繼絕,振弱伐暴,以安劉氏,社稷之所願也。一段序存亡繼絕,以申大義。敝國雖貧,寡人節衣食之用,積金錢,修兵革,聚穀食,夜以繼日,三十餘年矣。凡爲此,倒句。願諸王勉用之。能斬捕大將者,賜金五千斤,封萬戶;列將,三千斤,封五千戶;裨將,二千斤,封二千戶;二千石,千斤,封千戶;千石,五百斤,封五百戶:皆爲列侯。其以軍若城邑降者,卒萬人,邑萬戶,如得大將;人戶五千,如得列將;人戶三千,如得裨將;人戶千,如得二千石;其小吏皆以差次受爵金。佗封賜,皆倍常法。其有故爵邑者,更益勿因。願諸王明以令士大夫,弗敢欺也。寡人金錢在天下者,往往而有,非必取於吴,諸王日夜用之,弗能盡。有當賜者,告寡人,寡人且往遺之。一段明賞格,兼起兵之資。敬以聞。"丨

七國反書聞天子,直接上反書。天子乃遣太尉條侯周亞夫,將三十六將軍,往擊吴楚;遣曲周侯酈寄,擊趙;將軍欒布擊齊;大將軍竇嬰,屯滎陽,監齊趙兵。丨敘天子遣將發兵,此下便應序,亞夫伐吴之事,乃偏頓住,接反書,下入袁盎、鼂錯事,妙!

吴楚反書聞,間接反書,作兩層寫。兵未發,竇嬰未行,言故吴相袁盎。盎時家居,詔召入見。上方與鼂錯調兵笇軍食,上問袁盎曰:"君嘗爲吴相,知吴臣田禄伯爲人乎?倒提田禄伯,盎並不答,止說吴事,妙!今吴楚反,於公何如?"對曰:"不足憂也,今破矣。"劈頭一縱,作勢,妙!上曰:"吴王即山鑄錢,煮海水爲鹽,誘天下豪桀,白頭舉事。若此,其計不百全,豈發乎?何以言其無能爲也?"袁盎對曰:"吴有銅鹽利,則有之,一轉。安得豪桀而誘之!二轉。誠令吴得豪桀,亦且輔王爲義,不反矣。三轉。吴所誘,皆無賴子弟,亡命鑄錢姦人,故相率以反。"語氣凡四轉,說吴王無能,止欲打入鼂錯心事耳。鼂錯曰:"袁盎策之善。"不覺已入袁盎術中。上問曰:"計安出?"盎對曰:"願并左右。"上屏人,獨錯在。不便直下,又作一頓。

盎曰："臣所言，人臣不得知也。"乃屏錯。錯趨避東廂，恨甚。一喜一恨，俱入袁盎術中。上卒問盎，間接。盎對曰："吳楚相遺書，曰接遺書。'高帝王子弟，各有分地，今賊臣鼂錯擅適過諸侯，削奪之地'。故以反爲名，西共誅鼂錯，復故地而罷。方今計，獨斬鼂錯，發使赦吳楚七國，復其故削地，前說吳王無能，此又說斬鼂錯復故地，寫袁盎面欺，止爲殺鼂錯地，而實無用也。則兵可無血刃而俱罷。"於是上嘿然良久，曰："顧誠何如，吾不愛一人以謝天下。"盎曰："臣愚計無出此，願上孰計之。"又促一句，似緩實急。乃拜盎爲太常，吳王弟子德侯爲宗正。插德侯一句。盎裝治行。後十餘日，上使中尉召錯，紿載行東市。錯衣朝衣，斬東市。則遣袁盎奉宗廟，宗正輔親戚，使告吳，如盎策。至吳，吳楚兵已攻梁壁矣。接出一句，妙！以見袁盎之策實不然也。宗正以親故，先入見，諭吳王使拜受詔。吳王聞袁盎來，亦知其欲說己，笑而應曰："我已爲東帝，尚何誰拜？"不肯見盎，而留之軍中，欲刦使將。盎不肯，使人圍守，且殺之，盎得夜出，步亡，去，走梁軍，遂歸報。|不識袁盎以何語歸報，恨不爲一寫之。

條侯將乘六乘傳，會兵滎陽。盎事完，遙接入條侯，然應入破吳事矣，又偏頓住，傍引一劇孟，又引一鄧都尉，反從傍人側面，照耀本文不直寫一筆，真是奇文。至洛陽，見劇孟，喜曰："七國反，吾乘傳至此，不自意全。又以爲，諸侯已得劇孟，劇孟今無動。吾據滎陽以東，無足憂者。"至淮陽，問父絳侯故客鄧都尉曰："策安出？"客曰："吳兵銳甚，難與爭鋒。楚兵輕，不能久。方今爲將軍計，莫若引兵東北，壁昌邑，以梁委吳，吳必盡銳攻之。將軍深溝高壘，使輕兵絕淮泗口，塞吳饟道。彼吳梁相敝而糧食竭，乃以全彊，制其罷極，破吳必矣。"條侯曰："善。"從其策，遂堅壁昌邑南，輕兵絕吳饟道。

丨吳楚反,條侯將,兩邊遙遙未合,至此堅壁輕兵必從茲合戰矣,又偏放開引出一田禄伯,又引一桓將軍,又引一周丘,與劇孟、鄧都尉,兩兩對照,其妙如此!

吳王之初發也,又追序前事,安頓之妙。吳臣田禄伯爲大將軍。田禄伯曰:"兵屯聚而西,無他奇道,難以就功。臣願得五萬人,别循江淮而上,收淮南、長沙,入武關,與大王會,此亦一奇也。"吳王太子諫曰:"王以反爲名,此兵難以藉人,藉人亦且反王,柰何?且擅兵而别,多佗利害,未可知也,徒自損耳。"吳王即不許田禄伯。丨前倒提田禄伯一筆,非爲田禄伯立品,正見禄伯名聞天子,必其才可用,其言可聽,而孰知其不然也?

吳少將桓將軍説王曰:"吳多步兵,步兵利險;漢多車騎,車騎利平地。願大王所過城邑不下,直棄去,疾西據雒陽武庫,食敖倉粟,阻山河之險,以令諸侯,雖毋入關,天下固已定矣。險語,妙語。即大王徐行,留下城邑,漢軍車騎至,馳入梁楚之郊,事敗矣。""定矣""敗矣"反對。一段以盡曲折。吳王問諸老將,老將曰:"此少年推鋒之計,可耳,安知大慮乎!"於是王不用桓將軍計。丨又頓住。

吳王專并將其兵,未度淮,諸賓客皆得爲將、校尉、侯①、司馬,獨周丘不得用。周丘者,下邳人,忽入周丘作附傳,忙中乃作此閒事。亡命吳,酤酒,無行,吳王濞薄之,弗任。周丘上謁,説王曰:"臣以無能,不得待罪行間。臣非敢求有所將,願得王一漢節,必有以報王。"得節事,只劈頭一縱,寫不了了,使下邊生色。王乃予之。周丘得節,夜馳入下邳。下邳時聞吳反,皆城守。至傳舍,召令。令入戶,使從者以罪斬令。遂召昆弟,所善豪吏,告曰:"吳反,兵且至,

① 侯,中華書局本《史記》作"候"。

句。至,句。屠下邳,不過食頃。今先下,家室必完,一句懇切。能者封侯矣。"又聳動一句。出乃相告,下邳皆下。周丘一夜得三萬人,使人報吴王,遂將其兵,北畧城邑。比至城陽,兵十餘萬,破城陽中尉軍。聞吴王敗走,倒提吴王敗走句。自度無與共成功,即引兵歸下邳。未至,疽發背死。丨完周丘附傳。

二月中,吴王兵既破,敗走,於是天子制詔將軍此詔,乃吴王破敗後,始下此詔,獨罪狀趙王,遂膠西王卬等耳,後弓高侯出詔書爲膠西王讀之者即此詔也,因下序戰事,一氣序去,間斷不得,故先提吴王既破敗走一句,先插放於此。曰:"蓋聞爲善者,天報之以福;爲非者,天報之以殃。高皇帝親表功德,建立諸侯,幽王、悼惠王,絕無後,孝文皇帝哀憐加惠,王幽王子遂、悼惠王子卬等,所以獨重遂與卬也。令奉其先王宗廟,爲漢藩國,德配天地,明並日月。吴王濞倍德反義,誘受天下亡命辠人,亂天下幣,稱病不朝,二十餘年,有司數請濞罪,孝文皇帝寬之,欲其改行爲善。帶序吴事。今乃與楚王戊、趙王遂、膠西王卬、濟南王辟光、菑川王賢、膠東王雄渠又帶序楚、濟南、菑川、膠東四王。約從反,爲逆無道,起兵以危宗廟,賊殺大臣,及漢使者,迫刦萬民,夭殺無罪,燒殘民家,掘其丘冢,甚爲暴虐。今卬等又重逆無道,又獨重卬。蓋吴爲渠魁,膠西次之也。燒宗廟,鹵御物,朕甚痛之。朕素服,避正殿,將軍其勸士大夫,擊反虜。擊反虜者,深入多殺爲功,斬首捕虜,比三百石以上者,皆殺之,無有所置。敢有議詔,及不如詔者,皆要斬。"丨先有吴王一書,故應以膠西一詔。

初,吴王之度淮,又提一句,追序吴事,正應鄧都尉所云,以梁委吴云云,便可側下,遙接條侯也。與楚王遂西敗棘壁,乘勝前,銳甚。應鄧云吴兵銳甚。梁孝王恐,遣六將軍擊吴,又敗梁兩將,士卒皆還走

梁。梁數使使報條侯,求救,條侯不許。又使使惡條侯於上,上使人告條侯,救梁,復守便宜不行。應鄧云以梁委吳。梁使韓安國,及楚死事相弟張羽,爲將軍,乃得頗敗吳兵。又帶序梁與吳事。吳兵欲西,梁城守堅,不敢西,即走條侯軍,會下邑。欲戰,條侯壁,不肯戰。應鄧云深溝高壘。吳糧絕,卒饑,應絕吳饟道。數挑戰,遂夜犇條侯壁,驚東南。條侯使備西北,果從西北入。吳大敗,士卒多饑死,乃畔散。應梁吳相敝而食竭。於是吳王乃與其麾下壯士數千人,夜亡去,度江走丹徒,保東越。數十萬人,不能與亞夫一戰,可以一笑。東越兵可萬餘人,乃使人收聚亡卒。漢使人以利啗東越,東越即紿吳王,吳王出勞軍,即使人鏦殺吳王,盛其頭,馳傳以聞。吳王子子華、子駒亡走閩越。|吳王之棄其軍亡也,又提一句,接入楚事。軍遂潰,往往稍降太尉、梁軍。楚王戊軍敗,自殺。

三王之圍齊臨菑也,又提一句,入三王事。三月不能下。漢兵至,膠西、膠東、菑川王,各引兵歸。膠西王乃袒跣,席槀,飲水,謝太后。三王獨詳序膠西者,因口誂面約,原與膠西王起,故仍以膠西終。王太子德曰:“漢兵遠,臣觀之,已罷,可襲,願收大王餘兵擊之,擊之不勝,乃逃入海,未晚也。”王曰:“吾士卒皆已壞,不可發用。”弗聽。出太子一諫,又少映田祿伯、桓將軍之諫而不聽也。漢將弓高侯頽[①]當,遺王書曰:不應條侯、酈寄、竇嬰、欒布,而忽出一弓高侯,想弓高侯主膠西事也。“奉詔誅不義,降者,赦其罪,復故;不降者,滅之。王何處,須以從事。”王肉袒叩頭漢軍壁,謁曰:“臣卬奉法不謹,驚駭百姓,乃苦將軍遠道至於窮國,敢請菹醢之罪。”弓高侯執金鼓見之,

① 頽,中華書局本《史記》作“穨”。

曰:“王苦軍事,願聞王發兵狀。”王頓首膝行寫得生色如畫。對曰:“今者鼂錯,天子用事臣,變更高皇帝法令,侵奪諸侯地。卬等以爲不義,恐其敗亂天下,七國發兵,且以誅錯。今聞錯已誅,卬等謹以罷兵歸。”將軍曰:“王苟以錯不善,何不以聞?及未有詔虎符,擅發兵,擊義國。以此觀之,意非欲誅錯也。”乃出詔書爲王讀之。讀之所云擊反鹵,無有所置也,故接曰“王其自圖”“死有餘罪”也。讀之訖,曰:“王其自圖。”王曰:“如卬等,死有餘罪。”遂自殺。太后、太子皆死。應謝太后,及太子諫。膠東、菑川、濟[1]南王皆死,國除,納於漢。酈將軍圍趙,十月而下之,趙王自殺。濟北王以劫故,得不誅,徙王菑川。七國吳王先死,楚次之,膠西次之,膠東、菑川、濟南又次之,趙最後下,濟北以劫不誅,不在七國。

初,吳王首反,并將楚兵,連齊趙。序罪案首重吳王,以終此傳。正月起兵,三月皆破,|補一筆,“正月起兵”,應前二月中吳王敗走,至三月,乃皆破耳,所云白頭舉事,夜以繼日,三十餘年者三月而破,可爲一笑。獨趙後下。復置元王少子平陸侯禮爲楚王,續元王後。徙汝南王非,王吳故地,爲江都王。

太史公曰:吳王之王,由父省也。能薄賦斂,使其眾,以擅山海利。逆亂之萌,自其子興。爭技發難,卒亡其本;親戚謀宗,竟以夷隕。鼂錯爲國遠慮,禍反近身。袁盎權說,初寵後辱。故古者諸侯,地不過百里,山海不以封。應煮海銅山。“毋親夷狄,應結匈奴。以疏其屬”,蓋謂吳邪?“毋爲權首,反受其咎”,豈盎、錯邪?

一篇文字,必有全副精神,故左右前後,驅遣如意。此文寫吳王謀反,先寫其謀反之相、謀反之讖、以銅鹽爲謀反之資,提殺太子爲謀反之因。然後,

---

① 濟,底本作“齊”,疑誤,據校本改。

出一吳使以解之,又出一鼂錯以促之,曲曲寫來,情事如見。然後口報膠西,約六國、下反書,氣勢蓬勃。當直瀉下,又出一袁盎,出一鄧都尉,又出一田禄伯,出一桓將軍,出一周丘,多少事藂雜而來,不妨一齊插入,實只爲謀反一事,四面點湊,無隔礙迂塞之病,豈非至文!○周丘序後,間隔已多。當入吳事,乃反倒提吳王敗後之詔,先放於此,出空地步。然後倒提吳王初起兵攻梁之事,一氣說下,直至于敗,並無留滯。而後弓高侯爲膠西讀詔,應還前詔。如此安頓之法,深宜究心。○前以膠西王起,故後獨挑出膠西王結,以爲首尾相應。○口報膠西王一篇、反書一篇,極有段落頓折之妙。而天子一詔,亦極精神。

魏其武安侯列傳

魏其侯竇嬰者,孝文后從兄子也。父世觀津人。喜賓客。賓客是一篇主。孝文時,嬰爲吳相,病免。孝景初即位,爲詹事。|

梁孝王者,孝景弟也,其母竇太后愛之。竇太后、王太后,一篇眼目。梁孝王朝,因昆弟燕飲。是時上未立太子,酒酣,從容言曰:"千秋之後傳梁王。"太后驩。先寫太后驩。竇嬰引卮酒進上,曰:"天下者,高祖天下,父子相傳,此漢之約也,上何以得擅傳梁王!"梁王、淮南王,首尾相應。太后由此憎竇嬰。一"驩",一"憎",緊照。竇嬰亦薄其官,因病免。太后除竇嬰門籍,不得入朝請。|

孝景三年,吳楚反,上察宗室諸竇,毋如竇嬰賢,乃召嬰。嬰入見,固辭謝,病不足任。太后亦慚。一"驩",一"憎",後又多一"慚"。於是上曰:"天下方有急,王孫寧可以讓邪?"乃拜嬰爲大將軍,賜金千斤。竇嬰乃言袁盎、欒布諸名將賢士在家者進之。即應賓客事。所賜金,陳之廊廡下,軍吏過,輒令財取爲用,金無入家者。竇嬰守滎陽,監齊趙兵。七國兵已盡破,封嬰爲魏其侯。一結。諸游士賓客爭歸魏其侯。|兩"魏其侯",聲響頓折。孝景時每朝議大事,條侯、魏其侯,諸列侯莫敢與亢禮。又入閒筆一頓,并以見盛

衰之感。

孝景四年，立栗太子，使魏其侯爲太子傅。孝景七年，栗太子廢，魏其數爭，不能得。魏其謝病，屏居藍田南山之下，數月，諸賓客辨[①]士說之，賓客餘波。莫能來。梁人高遂乃說魏其曰："能富貴將軍者，上也；能親將軍者，太后也。今將軍傅太子，太子廢而不能爭；爭不能得，又弗能死。"能""不能""莫能""弗能"，錯落作致。自引謝病，擁趙女，屏閒處，而不朝。相提而論，是自明揚主上之過。有如兩宮螫將軍，則妻子毋類矣。"魏其侯然之，乃遂起，朝請如故。｜

桃侯免相，竇太后數言魏其侯。太后言魏其從"慁"字直貫至此。孝景帝曰："太后豈以爲臣有愛，句法。不相魏其？魏其者，沾沾自喜耳，多易。難以爲相，持重。"遂不用，用建陵侯衛綰爲丞相。｜借不相事，畧一頓住，便捷入武安，章法之妙。

武安侯田蚡者，孝景后同母弟也，映前。生長陵。魏其已爲大將軍後，方盛，入武安後，接手帶住魏其夾序，其妙如此。蚡爲諸郎，未貴，往來侍酒魏其，跪起如子姪。｜伏下使酒事，反照作波。及孝景晚節，蚡益貴幸，爲太中大夫。蚡辨[②]有口，學《槃盂》諸書，王太后賢之。孝景崩，即日太子立，稱制，所鎮撫多有田蚡賓客計筴，｜頓住，又照賓客。蚡弟田勝，皆以太后弟，孝景後三年封蚡爲武安侯，勝爲周陽侯。帶序田勝。

武安侯新欲用事爲相，卑下賓客，又點賓客。進名士家居者貴之，欲以傾魏其諸將相。又頓住。○後讓相，今先提欲爲相，寫出武安心

---

① 辨，中華書局本《史記》作"辯"。

② 同上。

事。建元元年,丞相綰病免,上議置丞相、太尉。籍福說武安侯曰:"魏其貴久矣,天下士素歸之。又映賓客。今將軍初興,未如魏其,即上以將軍爲丞相,必讓魏其。魏其爲丞相,將軍必爲太尉。太尉、丞相,尊等耳,又有讓賢名。"武安侯乃微言太后風上,於是乃以魏其侯爲丞相,武安侯爲太尉。❘籍福賀魏其侯,因弔曰:"君侯資性,喜善嫉惡,方今善人譽君侯,故至丞相;然君侯且疾惡,惡人衆,亦且毀君侯。君侯能兼容,則幸久;不能,今以毀去矣。"魏其不聽。❘武安傳中,夾序魏其事。

魏其、武安俱好儒術,以下田、竇並序。推轂趙綰爲御史大夫,王臧爲郎中令。迎魯申公,欲設明堂,令列侯就國,除關,以禮爲服制,以興太平。舉適諸竇宗室毋節行者,除其屬籍。時諸外家爲列侯,列侯多尚公主,皆不欲就國,以故毀日至竇太后。❘又帶竇太后,應前毀去。太后好黄老之言,而魏其、武安、趙綰、王臧等務隆推儒術,貶道家言,是以竇太后滋不說魏其等。❘及建元二年,御史大夫趙綰,請毋奏事東宫。竇太后大怒,乃罷逐趙綰、王臧等,而免丞相、太尉,以柏至侯許昌爲丞相,武彊侯莊青翟爲御史大夫。魏其、武安由此以侯家居。❘田、竇並序畢,以下又單序武安。

武安侯雖不任職,以王太后故,親幸,數言事,多效,天下吏士趨勢利者,皆去魏其歸武安,武安日益横。❘建元六年,竇太后崩,丞相昌、御史大夫青翟,坐喪事不辦,免。以武安侯蚡爲丞相,以大司農韓安國爲御史大夫。天下士郡國諸侯愈益附武安①。❘賓客歸武安,作兩節寫,情景乃盡。

① 天下士郡國諸侯愈益附武安,中華書局本《史記》作"天下士郡諸侯愈益附武安"。

武安者,貌侵,生貴甚。又以爲諸侯王多長,上初即位,富於春秋,蚡以肺腑爲京師相,非痛折節,以禮詘之,天下不肅。寫武安腹中語,多少層折。當是時,丞相入奏事,坐語移日,所言皆聽。薦人或起家至二千石,權移主上。上乃曰:"君除吏已盡未? 吾亦欲除吏。"嘗請考工地益宅,上怒曰:"君何不遂取武庫!"是後乃退。|嘗召客飲,坐其兄蓋侯南向,自坐東向,以爲漢相尊,不可以兄故私撓。|二段於閒處寫其驕横不堪。武安由此滋驕。|接一句,關合上下。治宅甲諸第。田園極膏腴,而市買郡縣器物,相屬於道。前堂羅鍾鼓,立曲旃;後房婦女以百數。諸侯奉金玉狗馬玩好,不可勝數。形容田蚡得時,正形魏其失勢。

魏其失竇太后,益疏不用,無勢,諸客稍稍自引而怠傲,唯灌將軍獨不失故。魏其日默默不得志,而獨厚遇灌將軍。前先入田蚡,挽歸魏其,今先說魏其,落下灌夫,接法神妙!

灌將軍夫者,潁陰人也。夫父張孟,嘗爲潁陰侯嬰舍人,得幸,因進之,至二千石,故蒙灌氏姓爲灌孟。吴楚反時,潁陰侯灌何爲將軍,屬太尉,請灌孟爲校尉。夫以千人與父俱。灌孟年老,潁陰侯彊請之,鬱鬱不得意,故戰嘗①陷堅,遂死吴軍中。軍法,父子俱從軍,有死事,得與喪歸。灌夫不肯隨喪歸,奮曰:"願取吴王,若將軍頭,以報父之讎。"於是灌夫被甲持戟,募軍中壯士所善,願從者,數十人。及出壁門莫敢前。獨二人,及從奴十數騎,馳入吴軍,至吴將麾下,所殺傷數十人。不得前,復馳還,走入漢壁,皆亡其奴,獨與一騎歸。寫得聲勢奕奕。夫身中大創十餘,適有

---

① 嘗,中華書局本《史記》作"常"。

萬金良藥,故得無死。夫創少瘳,又復請將軍曰:"吾益知吳壁中曲折,請復往。"將軍壯義之,恐亡夫,乃言太尉,太尉乃固止之。又欲去妙,有此奇事,遂成奇文,然究竟不去益妙。吳已破,灌夫以此名聞天下。

潁陰侯言之上,上以夫爲中郎將。數月,坐法去。後家居長安,長安中諸公莫弗稱之。名聞。孝景時至代相。孝景崩,今上初即位,以爲淮陽天下交,勁兵處,故徙夫爲淮陽太守。建元元年,入爲太僕。二年,夫與長樂衛尉竇甫飲,輕重不得,夫醉,搏甫。甫,竇太后昆弟也。|欲寫灌夫使酒一事,先伏使酒之端。長樂尉,即映下程李東西宮尉。竇甫,竇太后弟,映田蚡,王太后弟也。○竇太后餘波。上恐太后誅夫,徙爲燕相。數歲,坐法去官,家居長安。

灌夫爲人剛直使酒,不好面諛。貴戚諸有勢,在己之右,不欲加禮,必陵之;諸士在己之左,愈貧賤,尤益敬,與鈞。稠人廣眾,薦寵下輩。士亦以此多之。|一節是灌夫好處。

夫不喜文學,好任俠,已然諾。諸所與交通,無非豪傑大猾。家累數千萬,食客日數十百人。陂池田園,宗族賓客又點賓客。爲權利,横於潁川。潁川[①]兒乃歌之曰:"潁水清,灌氏寧;潁水濁,灌氏族。"|一節是灌夫不好處。○又散序二段,作上下線索,使酒侵丞相,族誅等事皆在其內。

灌夫家居雖富,然失勢,卿相侍中賓客益衰。又點賓客。及魏其侯失勢,遥接魏其。亦欲倚灌夫,引繩批根"引繩"者,矯枉以直也。"批根"者,直窮到底也。蓋指下生平慕之,後棄之者,相與共正之,共排之也。生平慕之後棄之者。灌夫亦倚魏其而通列侯宗室爲名高。兩

---

① 川,底本作"用",疑誤,據校本改。

人相爲引重,其游如父子然。相得驩甚,無厭,恨相知晚也。寫得兩人因失勢相投,俱有一種咆唬不平處,便是得禍根本。

灌夫有服,過丞相。遥接武安。丞相從容曰:"吾欲與仲孺過魏其侯,會仲孺有服。"縮脚語便是口頭語。灌夫曰:"將軍乃肯幸臨況魏其侯,"乃肯幸臨況"是意外語。夫安敢以服爲解!請語魏其侯帳具,將軍旦日早臨。"武安許諾。灌夫具語魏其侯,如所謂武安侯。魏其與其夫人益市牛酒,夜灑掃①,早帳具至旦。平明,令門下候伺。極力摹寫,以見其不堪。至日中,丞相不來。"旦日""夜""平明""日中",照應生情。魏其謂灌夫曰:"丞相豈忘之哉?"灌夫不懌,曰:"夫以服請,宜往。"乃駕,自往迎丞相。丞相特前戲許灌夫,殊無意往。及夫至門,丞相尚臥。於是夫入見,曰:"將軍昨日幸許過魏其,魏其夫妻治具,自旦至今,未敢嘗食。"武安鄂謝曰:"吾昨日醉,忽忘與仲孺言。"乃駕往,又徐行,灌夫愈益怒。及飲酒酣,夫起舞,屬丞相,丞相不起,夫從坐上語侵之。魏其乃扶灌夫去,謝丞相。丞相卒飲至夜,"夜"字乃"旦日"餘波。極驩而去。|一路寫來,以爲灌夫使酒矣,偏頓住,作兩次寫,中間又入爭田一段,見非特因酒食之過也。

丞相嘗使籍福"籍福"映前。請魏其城南田。魏其大望曰:"老僕雖棄,將軍雖貴,寧可以勢奪乎!"不許。灌夫聞,怒,罵籍福。籍福惡兩人有郄,乃謾自好謝丞相曰:"魏其老,且死,易忍,且待之。"已而武安聞魏其、灌夫實怒,不予田,亦怒曰:"魏其子嘗殺人,蚡活之。蚡事魏其無所不可,何愛數頃田?且灌夫何與也?吾不敢復求田。"一句一斷,寫其盛怒之下,氣急不接之語,入神!武安由

① 掃,中華書局本《史記》作"埽"。

此大怨灌夫、魏其。丨寫得武安種怨已深，牢不可破，而非關酒也。

元光四年春，丞相言灌夫，家在潁川，横甚，接上爲横于潁川。民苦之。請案。上曰："此丞相事，何請。"灌夫亦持丞相陰事，爲奸利，受淮南王金，與語言。淮南王事不楚楚，妙！正忙時不及回筆也。賓客居間，又點賓客。遂止，俱解。初以爲灌夫使酒矣，偏頓住，作"極驩而去"；此以爲武安搆難矣，偏頓住，作"遂止"，"俱解"。欲緊故寬，而其勢愈緊，是文情之妙也。

夏，丞相取燕王女爲夫人，有太后詔，召列侯宗室皆往賀。魏其侯過灌夫，欲與俱。夫謝曰："夫數以酒失得過丞相，丞相今者又與夫有郄。"前段寫三人搆怨，遙遙欲合矣，偏又一頓若颺開者，文情之妙。魏其曰："事已解。"彊與俱。飲酒酣，武安起爲壽，坐皆避席伏。已魏其侯爲壽，獨故人避席耳，餘半膝席。灌夫不悅。起行酒，至武安，武安膝席"避席""膝席"，三四錯落，妙！曰："不能滿觴。"夫怒，因嘻笑曰："將軍貴人也，屬之！"時武安不肯。又頓住，妙！寫使酒一事，逐層寫來，情景如見。行酒次至臨汝侯，臨汝侯方與程不識耳語，又不避席。又點"避席"字。夫無所發怒，乃罵臨汝侯使酒一案，必以爲灌夫與武安作難，乃偏放過武安，而發怒，閒人寫得不倫不類，是酒醉人家數。曰："生平毀程不識不直一錢，今日長者爲壽，乃效女兒呫囁耳語！"丨語不了了，是醉怒中語。武安謂灌夫曰："程、李俱東西宮衛尉，今衆辱程將軍，仲孺獨不爲李將軍地乎？"灌夫曰："今日斬頭陷胸①，何知程李乎！"語無倫次，是醉中語、怒中語，如聞其聲。坐乃起更衣，稍稍去。魏其侯去，麾灌夫出。武安遂怒曰："此吾驕灌夫罪。"乃令騎留灌夫。灌夫欲出不得。籍福起爲謝，按灌夫

① 胸，中華書局本《史記》作"匈"。

項,令謝。夫愈怒,前丞相過魏其時,灌夫先不懌,後愈怒,後極驩,頓住;請田時,魏其大望,夫怒罵,籍福好謝,武安亦怒,又頓住;往賀丞相時,夫不悦,夫怒,嘻笑,無所發怒,武安遂怒,夫愈怒,積怨含怒,一路寫來,神情俱動。不肯謝。武安乃麾騎縛夫,置傳舍,召長史曰:"今日召宗室,有詔。"劾灌夫罵坐不敬,繫居室。遂按其前事,遣吏分曹,逐捕諸灌氏支屬,皆得棄市罪。魏其侯大愧,爲資,使賓客請,又點賓客。莫能解。武安吏皆爲耳目,諸灌氏皆亡匿,夫繫,遂不得告言武安陰事。|應前淮南王陰事。

魏其鋭身爲救灌夫。夫人諫魏其曰:"灌將軍得罪丞相,與太后家忤,寧可救邪?"魏其侯曰:"侯自我得之,自我捐之,無所恨。且終不令灌仲孺獨死,嬰獨生。"乃匿其家,竊出上書。立召入,具言灌夫醉飽事,不足誅。上然之,賜魏其食,曰:"東朝廷辨[①]之。"寫得其事甚小,上意無適莫。

魏其之東朝,盛推灌夫之善,言其醉飽得過,乃丞相以他事誣罪之。武安又盛毁灌夫,所爲横恣,罪逆不道。魏其度不可柰何,因言丞相短。武安曰:"天下幸而安樂無事,蚡得爲肺腑,所好,音樂狗馬田宅。蚡所愛,倡優巧匠之屬,"音樂"句,應"甲第田園"。不如魏其、灌夫,日夜招聚天下豪傑壯士"天下豪傑"應"賓客"。與論議,腹誹而心謗,不仰視天而俯畫地,辟倪兩宫間,幸天下有變,而欲有大功。臣乃不知魏其等所爲。"於是上問朝臣:"兩人孰是?"御史大夫韓安國曰:"魏其言灌夫,父死事,身荷戟,馳入不測之吴軍,身被數十創,名冠三軍,此天下壯士,非有大惡,爭杯酒,不足引他過以誅也。魏其言是也。丞相亦言灌夫,通姦猾,侵細民,家

---

① 辨,中華書局本《史記》作"辯"。

累巨萬,横恣潁川,凌轢宗室,侵犯骨肉,此所謂‘枝大於本,脛大於股,不折必披’,丞相言亦是。“是也”“亦是”,分低昂。唯明主裁之。”兩人對質之言,反從韓安國口中補出。主爵都尉汲黯,是魏其。内史鄭當時,是魏其,後不敢堅對。餘皆莫敢對。上怒内史曰:“公平生數言魏其、武安長短,今日廷論,局趣效轅下駒,吾并斬若屬矣。”怒内史者,正滿腔不直武安也,後應出。即罷起句。入,句。上食太后。太后亦已使人候伺,具以告太后。太后怒,不食,“帝怒”“太后怒”,“怒”字餘波。曰:“今我在也,而人皆藉吾弟,令我百歲後,皆魚肉之矣。且帝寧能爲石人邪! 此特帝在,即録録,設百歲後,是屬寧有可信者乎?”|太后語皆指韓安國等,曰“我在,尚蹂躪吾弟;我死後,魚肉之矣。且帝能久存耶? 今帝在,尚碌碌持首鼠;帝死,又安足信乎?”下文帝云云,所以對之也。上謝曰:“俱宗室外家,故廷辨之。不然,此一獄吏所決耳。”是時郎中令石建爲上分别言兩人事。|補出省筆。

武安已罷朝,出,止車門,召韓御史大夫載,怒曰:“與長孺共一老秃翁,何爲首鼠兩端?”韓御史良久謂丞相曰:“君何不自喜? 夫魏其毁君,君當免冠解印綬歸曰‘臣以肺腑,幸得待罪,固非其任,魏其言皆是’。如此,上必多君有讓,不廢君。魏其必内媿,杜門齚舌自殺。今人毁君,君亦毁之,譬如賈竪女子爭言,何其無大體也!”武安謝罪曰:“爭時急,不知出此。”一路寫來,事已煩矣,又於閒處著筆,一間隔之,令人眼光少住。

於是上使御史簿責魏其遥接太后前語,故遂簿責魏其。所言灌夫,頗不讎,欺謾。劾繫都司空。孝景時,魏其常受遺詔,曰“事有不便,以便宜論上”。及繫灌夫,罪至族,事日急,諸公莫敢復明言於上。魏其乃使昆弟子上書言之,幸得復召見。書奏上,而案尚書,大行無遺詔。詔書獨藏魏其家,家丞封。乃劾魏其矯先帝詔,罪當棄市。五年十月,悉論灌夫及家屬。魏其良久乃聞,聞即恚,病痱不食,欲死。或聞上無意殺魏其,魏其復食,治病,前云"不令夫獨死,嬰獨生",今復食治病,寫勢利意氣之交如此。議定不死矣。頓。乃有蜚語爲惡言聞上,故以十二月晦論棄市渭城。

其春,武安侯病,專呼服謝罪。使巫視鬼者視之,見魏其、灌夫共守,欲殺之。竟死。共①完三人事。○極惡武安,故借鬼以殺之。子恬嗣。元朔三年,武安侯坐衣襜褕入宮,不敬。

淮南王安,謀反覺,治。王前朝,武安侯爲太尉,時迎王至霸上,謂王曰:"上未有太子,大王最賢,高祖孫,即宮車晏駕,非大王立,當誰哉!"淮南王大喜,厚遺金財物。淮南王事,前未及序,忽於篇後補序,奇妙。上自魏其時,不直武安,特爲太后故耳。點明,結完太后。及聞淮南王金事,上曰:"使武安侯在者,族矣。"作快語結所以深惡,武安也。

太史公曰:魏其、武安,皆以外戚重,灌夫用一時決筴而名顯;魏其之舉,以吳楚;武安之貴,在日月之際。然魏其誠不知時變,灌夫無術而不遜,兩人相翼,乃成禍亂。武安負貴而好權,杯酒責望,陷彼兩賢。嗚呼哀哉！遷怒及人,命亦不延。眾庶不載,竟被惡言。嗚呼哀哉！禍所從來矣！澹遠。

此三人合傳也,雖只是使酒一案,若摶捏不湊,則穿插不來;穿插不來,則章法便散緩矣。此文家第一費手事也。他只用賓客作主,竇太后、王太后,兩兩相照,組織成文。而中間復插入梁王、淮南王、條侯、高遂、桃侯、田

① 共,底本作"其",疑訛,據校本改。

勝、丞相綰、籍福、趙綰、王臧、許昌、莊青翟、韓安國、蓋侯、潁陰侯、竇甫、臨汝侯、程不識、汲黯、鄭當時、石建,許多人,提花蹙錦,燦然可觀,是固史公一篇佳文字也。○寫賓客忽集魏其、忽集武安,一盈一虛,各有序法,讀之令人感動。○三人傳,分作三截,各爲一章,猶不稱好手。他却三人打成一片,水乳交融,絕無痕跡。如入田蚡,緊接魏其;先序魏其,帶出灌夫,其神理可見。○三人有一人單序處,兩人雙序處,三人合序處,竟有撇却三人於虛空別序處,不可不細看也。○竇太后、王太后,兩半分映。梁王、淮南王,首尾相照,極妙安頓章法。○其寫醉語、怒語、對簿語、忙語、閒語,句句不同。至武帝亦不直武安,無柰太后何!亦欲廷臣公論,乃諸臣竟不做聲,遂發作鄭當時,是一肚皮不快活語,一一入妙。○吾尤愛其淮南王事,忙時不及回筆,乃於篇末作波。魏其、武安對質語,反從韓安國口中說出,神化乃爾耶!○寫灌夫使酒,不一筆寫,先寫其醉搏竇甫,以爲引起。至丞相戲許,灌夫起屬丞相,必以爲使酒矣,乃偏放過,頓住,插入請田事,以爲前後構釁使酒之根,是何如神力與!

韓長孺列傳

御史大夫韓安國者,梁城安人也,後徙睢陽。嘗受韓子、雜家說於騶田生所。事梁孝王爲中大夫。吴楚反時,孝王使安國及張羽爲將,扞吴兵於東界。張羽力戰,安國持重,以故吴不能過梁。一句敘功歸安國。吴楚已破,安國、張羽名由此顯。丨只一句,敘安國出名根本。

梁孝王,景帝母弟,竇太后愛之,令得自請置相、二千石,出入游戲,僭於天子。天子聞之,心弗善也。太后知帝不善,乃怒梁使者,"乃"字妙,以見非太后本意。〇梁使者即安國也。弗見,案責王所爲。韓安國爲梁使,又補一筆。見大長公主而泣寫安國凡三泣。①曰:"何梁王爲人子之孝,爲人臣之忠,而太后曾弗省也?突出三句,後應還三句,作前後關鎖。夫前日吴、楚、齊、趙七國反時,自關以東,皆合從西鄉,惟梁最親爲艱難。三字妙,蓋云所爲甚難。梁王念太后、帝在中,而諸侯擾亂,一言泣數行下,跪送臣等六人,將兵擊卻吴楚,吴楚以故兵不敢西,而卒破亡,梁王之力也。又一句,敘功

① 底本作"寫安國凡三",據校本補。

歸到梁王。今太后以小節苛①禮,責望梁王。梁王父兄皆帝王,所見者大,故出稱蹕,入言警,車旗皆帝所賜也,即欲以侘鄙縣,驅馳國中,以夸諸侯,令天下盡知太后、帝愛之也。將極大事,說得雪淡;難解事,說得冰冷,且句句推到太后與帝身上去,極寫辭令之妙,令人之意消。今梁使來,輒案責之。梁王恐,日夜涕,泣思慕,不知所爲。以安國之泣,復寫梁王,兩"泣"字陪之。何梁王之爲子孝,爲臣忠,而太后弗恤也?"又重三句挽上結。大長公主具以告太后,太后喜曰:"爲言之帝。"太后非怒梁王也,因帝心不平,無法可解,故先帝而發,是倒用之權術耳,得聞此言,不覺心開,故曰"爲言之帝",語氣甚急也。言之,帝心乃解,而免冠謝太后曰:"兄弟不能相教,乃爲太后遺憂。"帝心既解,因太后一怒,故反爲引罪之詞,寫得母子之間,說不出之心事,一一逼露。悉見梁使,厚賜之。其後梁王益親驩。太后、長公主,更賜安國,可直千餘金。以上微詞,恐人未易曉,故復入此一句,寫明太后心事。名由此顯,應前名顯。結於漢。|結太后也。

其後安國坐法抵罪,蒙獄吏田甲辱安國。安國曰:"死灰獨不復然乎?"田甲曰:"然即溺之。"二語俊利。居無何,梁內史缺,漢使使者拜安國爲梁內史,起徒中爲二千石。田甲亡走。安國曰:"甲不就官,我滅而宗。"甲因肉袒謝。安國笑曰:"可溺矣!只一句,妙!公等足與治乎?"卒善遇之。|寫安國長者。

梁內史之缺也,因內史事,一欲寫田甲,一欲寫公孫詭,隻手不能雙運,故序完田甲後復提一句接入詭事。孝王新得齊人公孫詭,說之,欲請以爲內史。竇太后聞,乃詔王以安國爲內史。

---

① 苛,底本作"可",疑誤,據校本改。

公孫詭、羊勝，説孝王求爲帝太子，及益地事，恐漢大臣不聽，乃陰使人刺漢用事謀臣。及殺故吳相袁盎，景帝遂聞詭、勝等計畫，乃遣使捕詭、勝，必得。漢使十輩至梁，相以下舉國大索，月餘不得。內史安國，聞詭、勝匿孝王所，安國入見王而泣又泣。曰："主辱臣死。大王無良臣，故事紛紛至此。今詭、勝不得，請辭賜死。"無可柰何，故用側峯突入，使人聳聽，然極深婉，文筆之妙。王曰："何至此？"安國泣數行下，再下"泣"字，以見淚淫淫，其承睫也，欲感動梁王，故不得不如此。曰："大王自度於皇帝，孰與太上皇之與高皇帝，及皇帝之與臨江王親？"孝王曰："弗如也。"反問起以梁王恃兄弟至親，故以父子破之。安國曰："夫太上、臨江親父子之間，然而高帝曰'提三尺劍，取天下者，朕也'，故太上皇終不得制事，居於櫟陽。臨江王，適長太子也，以一言過，廢王臨江；用宮垣事，卒自殺中尉府。何者？治天下終不以私亂公。一句破的。語曰：'雖有親父，安知其不爲虎？雖有親兄，安知其不爲狼？'古謠詞。兄，古韻叶許郎反。今大王列在諸侯，悅一邪臣浮說，犯上禁，撓①明法。天子以太后故，不忍致法於王。太后日夜涕泣，幸大王自改，而大王終不覺寤。有如太后宮車即晏駕，大王尚誰攀乎？"寫情至之語，故令人感，真不待詞之畢也。語未卒，孝王泣數行下，映前"泣下"。謝安國曰："吾今出詭、勝。"詭、勝自殺。漢使還報，梁事皆得釋，安國之力也。收一句。於是景帝、太后，益重安國。|孝王卒，共王即位，安國坐法失官，居家。

建元中，武安侯田蚡爲漢太尉，親貴用事，安國以五百金物遺

① 撓，中華書局本《史記》作"橈"。

蚡。安國乃以賄用。蚡言安國，太后、天子亦素聞其賢，應名顯，結於漢，及景帝、太后益重之。即召以爲北地都尉，遷爲大司農。閩越、東越相攻，安國及大行王恢將。爲下附王恢事，故即安國下倒插，一句王恢，令人不覺。未至越，越殺其王降，漢兵亦罷。建元六年，武安侯爲丞相，安國爲御史大夫。御史大夫一點。

匈奴來請和親，天子下議。大行王恢，燕人也，數爲邊吏，習知胡事。議曰："漢與匈奴和親，率不過數歲，即復倍約。不如勿許，興兵擊之。"安國曰：下欲附王恢，終於與安國相配而起，是正傳體也。"千里而戰，兵不獲利。今匈奴負戎馬之足，懷禽獸之心，語新妙。遷徙鳥舉，難得而制也。得其地不足以爲廣，有其衆不足以爲彊，自上古不屬爲人。漢數千里爭利，則人馬罷，虜以全制其敝。且彊弩之極矢，不能穿魯縞；衝風之末力，不能漂鴻毛。非初不勁，末力衰也。註一句，妙！擊之不便，不如和親。"此議應前持重。群臣議者，多附安國，於是上許和親。|

其明年，則元光元年，"則"字妙！言和親之未幾，即馬邑之一年也。鴈門馬邑豪聶翁壹，因大行王恢言上曰："匈奴初和親，親信邊，可誘以利。"陰使聶翁壹爲間，亡入匈奴，謂單于曰："吾能斬馬邑令丞吏，以城降，財物可盡得。"單于愛信之，以爲然，許聶翁壹。聶翁壹乃還，詐斬死罪囚，縣其頭馬邑城，示單于使者爲信。曰："馬邑長吏已死，可急來。"於是單于穿塞將十餘萬騎，入武州塞。序馬邑事約畧，是附傳體。

當是時，"當是時"，正接入安國，又以李廣四人陪之，若不爲安國者，妙！漢伏兵車騎材官三十餘萬，匿馬邑旁谷中。衛尉李廣爲驍騎將軍，太僕公孫賀爲輕車將軍，大行王恢爲將屯將軍，太中大夫李息爲材官將軍。御史大夫韓安國爲護軍將軍，序馬邑事，止爲此護軍一事。即護軍事，又附入王恢事。章法奇變。諸將皆屬護軍。約單于入馬邑，而漢兵縱發。王恢、李息、李廣別從代，主擊其輜重。於是單于入漢長城武州塞。未至馬邑百餘里，行掠鹵，徒見畜牧於野，不見一人。單于怪之，攻烽燧，得武州尉史。欲刺問尉史。尉史曰："漢兵數十萬，伏馬邑下。"單于顧謂左右曰："幾爲漢所賣！"乃引兵還。出塞，曰："吾得尉史，乃天也。"命尉史爲"天王"。塞下傳言單于已引去。漢兵追至塞，度弗及，即罷。王恢等兵三萬，又提王恢，功首罪魁也。聞單于不與漢合，度往擊輜重，必與單于精兵戰，漢兵勢必敗，則以便宜罷兵皆無功。

天子怒王恢不出擊單于輜重，擅引兵罷也。十七字作一氣讀。恢曰："始約鹵入馬邑城，兵與單于接，而臣擊其輜重，可得利。今單于聞，不至而還，臣以三萬人，衆不敵，禔取辱耳。臣固知還而斬，然得完陛下士三萬人。"句法峭拔。於是下恢廷尉。廷尉當恢逗橈，當斬。寫王恢之失計，正極寫安國和親之得計也，借客形主。恢私行千金丞相蚡。應前五百金。蚡不敢言上，而言於太后曰："王恢首造馬邑事，今不成而誅恢，是爲匈奴報仇也。"只一句簡淨。上朝太后，太后以丞相言告上。上曰："首爲馬邑事者，恢也，答首造馬邑事。故發天下兵數十萬，從其言，爲此。只五字，寫出帝之悔。且縱單于不可得，恢所部擊其輜重，猶頗可得，以慰士大夫心。今不誅恢，無以謝天下。"亦只一句斷定。於是恢聞之乃自殺。序完王恢，作附傳體。

安國爲人多大畧，智足以當世取合，而出于忠厚焉。貪嗜於財。"貪嗜於財"，足見行金於田蚡。所推舉，皆廉士，賢於己者也。序

完王恢，倒出安國爲人，章法不測。於梁舉壺遂、臧固、郅他，皆天下名士，士亦以此稱慕之，唯天子以爲國器。|直貫上景帝、太后重之。安國爲御史大夫四歲餘，“御史大夫”二點。丞相田蚡死，安國行丞相事，奉引墮車句。蹇。句。天子議置相，欲用安國，使使視之，蹇甚，“蹇”亦作兩層寫。乃更以平棘侯薛澤爲丞相。安國病免。寫安國不相事，以見功名富貴之皆天也，普爲天下後世不遇人一嘆。數月，蹇愈，上復以安國爲中尉。歲餘，徙爲衛尉。

車騎將軍衛青擊匈奴，出上谷，破胡蘢城。將軍李廣爲匈奴所得，復失之；公孫敖大亡卒：皆當斬，贖爲庶人。明年，匈奴大入邊，殺遼西太守，及入鴈門，所殺畧數千人。車騎將軍衛青擊之，出鴈門。衛尉安國爲材官將軍，序衛青、李廣等事，亦只歸到此一句。屯於漁陽。安國捕生虜，言匈奴遠去。即上書言，方田作時，請且罷軍屯。罷軍屯月餘，匈奴大入上谷、漁陽。安國壁，乃有七百餘人，出與戰，不勝，復入壁。匈奴虜畧千餘人，及畜產而去。天子聞之，怒，使使責讓安國。徙安國益東，屯右北平。序安國失著，以見運退之人，觸處皆碍，普爲天下後世人一嘆。是時匈奴虜言當入東方。|

安國始爲御史大夫“御史大夫”三點。安國功名，御史大夫時爲多，故傳首即特書“御史大夫韓安國”，而篇中三呼應。及護軍，後稍斥疏，下遷；而新幸壯將軍衛青等有功，益貴。安國既疏遠，默默也；將屯，又爲匈奴所欺，失亡多，甚自愧。幸得罷歸，乃益東徙屯，意忽忽不樂。總序安國意中事，忽忽如見，并以寓盛衰之感。數月，病嘔①血

① 嘔，中華書局本《史記》作“歐”。

死。安國以元朔二年中卒。先出病死，補出死之年月。

太史公曰：余與壺遂定律歷(曆)，觀韓長孺之義，壺遂之深中隱厚。世之言梁多長者，不虛哉！壺遂官至詹事，天子方倚以爲漢相，會遂卒。不然，壺遂之內廉行修，斯鞠躬君子也。贊語，借壺遂發揮，所謂不知其人，視其所與也。

每見作傳者，單序一人，一人而兼及數事，層間叠發，便嘖嘖爲奇才，難矣！然而無難也，出一機軸，便可勉力爲之也。而史公序韓長孺，偏插入梁王公孫詭事、王恢馬邑事、衛青擊匈奴事，千頭萬緒，而俱結至安國。將軍八面威風，吾於史公亦云。〇韓安國說太后處、說梁王處，寫得極其精神，是史公得意之筆。〇前半輿頭事，寫得鼓舞飛動，固妙。乃後半幅，韓安國退時失運，殊覺厭厭氣盡，文字亦寫得厭厭氣盡。其奇妙如此！

李將軍列傳

李將軍廣者,隴西成紀人也。其先曰李信,秦時爲將,逐得燕太子丹者也。故槐里,徙成紀。廣家世世受射。|"射"字一篇眼目。孝文帝十四年,匈奴大入蕭關,而廣以良家子,從軍擊胡,用善騎射,射一。殺首虜多,爲漢中郎。廣從弟李蔡亦爲郎,順便插入一李蔡,以爲照應。皆爲武騎常侍,秩八百石。|嘗從行,有所衝陷折關,及格猛獸,而文帝曰:"惜乎,子不遇時!如令子當高帝時,萬戶侯豈足道哉!"|借文帝一嘆爲數奇不侯之案,通篇神理,於此挽合。

及孝景初立,廣爲隴西都尉,徙爲騎郎將。吳楚軍時,廣爲驍騎都尉,從太尉亞夫,擊吳楚軍,取旂,顯功名昌邑下。以梁王授廣將軍印,還,賞不行。|數奇。徙爲上谷太守,匈奴日以合戰。典屬國公孫昆邪,爲上泣曰:"李廣才氣,天下無雙,自負其能,數與虜敵戰,恐亡之。"於是乃徙爲上郡太守。忽入閒人作波,蓋正好立功處,而一語即徙,正寫其數奇。"恐亡之"照下"爲匈奴生得"。後廣轉爲邊郡太守,徙上郡。嘗爲隴西、北地、鴈門、代郡、雲中太守,并後右北平,凡八爲邊郡太守。皆以力戰爲名。|即徙郡帶下,總挈作一束,省法。

匈奴大入上郡,直接上爲上郡太守事。天子使中貴人從廣,勒習兵擊匈奴。中貴人將騎數十句。縱,句。見匈奴三人,與戰。三人還射,傷中貴人,殺其騎且盡。三人殺數十騎,足見中貴之無用而監軍之可廢也。中貴人走廣。廣曰:“是必射雕者也。”先斷一句,回合成妙。廣乃遂從百騎往馳三人。三人亡馬,步行,行數十里。廣令其騎張左右翼,而廣身自射彼三人者,射二。○百騎馳三人,不見廣勇,唯不用百騎,而身自射之,正極寫廣勇也。殺其二人,生得一人,果匈奴射雕者也。回映一句,文情之妙。已縛之,上馬,望匈奴有數千騎,“數十騎”“百騎”“數千騎”,正與三人照應。○“多少”“三人”“二人”“一人”,错落有致。見廣,以爲誘騎,皆驚,上山陳。廣之百騎皆大恐,欲馳還走。廣曰:“吾去大軍數十里,今如此以百騎走,匈奴追射我,立盡。今我留,匈奴必以我爲大軍誘之,必不敢擊我。”廣令諸騎曰:“前!”句。前句。未到匈奴陳二里所,句。止,句。令曰:“皆下馬解鞍!”頓折,姿致如親見之。○此處令諸騎解鞍,而廣未解也。其騎曰:“鹵多,且近,即有急,柰何?”留止事,前之說明,此“有急”者,添一意外之慮也。廣曰:“彼鹵以我爲走,今皆解鞍,以示不走,用堅其意。”作兩層寫,妙!於是胡騎遂不敢擊。一頓住,再起。有白馬將出護其兵,李廣上馬前未解鞍也。與十餘騎犇射殺胡白馬將,射三。而復還至其騎中,解鞍,此李廣乃解鞍,而士則縱馬臥也。令士皆縱馬臥。是時會暮,胡兵終怪之,不敢擊。又插一句,亦作兩層寫。夜半時,胡兵亦以爲漢有伏軍於傍,欲夜取之,胡皆引兵而去。平旦,李廣乃歸其大軍。大軍不知廣所之,故弗從。丨完上“大軍”字。

居久之,孝景崩,武帝立,左右以爲廣名將也,於是廣以上郡太守,爲未央衛尉,而程不識亦爲長樂衛尉。程不識故與李廣俱以邊太守將軍屯。及出擊胡,無端插入一程不識,固是以客形主,而即

以衛尉帶入,又以邊太守回合,妙! 而廣行無部伍行陳,就善水草屯舍止,人人自便,不擊刁斗以自衛,莫府省約文書籍事,然亦遠斥候,未嘗遇害。程不識正部曲行伍營陳,擊刁斗,士吏治軍簿,至明,軍不得休息,然亦未嘗遇害。竟作兩對,俱以"然"字轉。不識曰:下衍二段,正收上兩段也,於不識口中序出,反客作主,妙!"李廣軍極簡易,然鹵卒犯之,無以禁也;而其士卒亦佚樂,咸樂爲之死。我軍雖煩擾,然鹵亦不得犯我。"又作兩對,亦以兩"然"字轉。是時漢邊郡李廣、程不識皆爲名將,然匈奴畏李廣之畧,士卒亦多樂從李廣而苦程不識。又總一收,而李廣行軍方畧,借此俱序出,奇肆乃爾。程不識,孝景時,以數直諫,爲太中大夫。爲人廉,謹於文法。|帶序完程不識事,作附傳體。

後漢以馬邑城誘單于,使大軍伏馬邑傍谷,而廣爲驍騎將軍,領屬護軍將軍。是時單于覺之,句。去,句。漢軍皆無功。數奇。其後四歲,廣以衛尉爲將軍,出鴈門,擊匈奴。匈奴兵多,破敗廣軍,生得廣。單于素聞廣賢,令曰:"得李廣必生致之。"註一句,明上"生得"之故,并下得脱之由,上下文情俱動。胡騎得廣,句。廣時傷句。病,句。置廣兩馬間,絡而盛臥廣。行十餘里,廣佯死,睨其傍有一胡兒騎善馬,廣暫騰而上胡兒馬,因推墮兒,取其弓,鞭馬南馳數十里,復得其餘軍,因引而入塞。匈奴捕者騎數百,追之,廣行取胡兒弓,射殺追騎,射四。以故得脱。寫得詳盡,又復俊妙。非史公不能。於是至漢,漢下廣吏。吏當廣所失亡多,爲鹵所生得,當斬,贖爲庶人。數奇。

頃之,家居數歲。廣家與故潁陰侯孫灌嬰之孫灌彊。屏野,居藍田南山中射獵。嘗夜從一騎出,從人田間飲。還至霸陵亭,霸

陵尉醉,呵止廣。廣騎曰:"故李將軍。"尉曰:"今將軍尚不得夜行,何乃故也!"止廣宿亭下。居無何,匈奴入,殺遼西太守,敗韓將軍,韓安國。韓將軍後徙右北平。於是天子乃召拜廣爲右北平太守。廣即請霸陵尉與俱,至軍而斬之。|瑣細事,寫得如許曲折,兼寫李廣之度量。

廣居右北平,匈奴聞之,號曰"漢之飛將軍",避之數歲,不敢入右北平。|右北平空寫,只寫閒事。

廣出獵,見草中石,以爲虎而射之,|射五。中石句。沒鏃,句。視之,句。石也。句。因復更射之,終不能復入石矣。|寫廣之射,不在中石、沒鏃,偏寫其不能復入石,正反形其初中沒鏃之神勇。蓋曰即李廣亦不可再得矣。廣所居郡聞有虎,嘗自射之。及居右北平射虎,射六。虎騰傷廣,廣亦竟射殺之。寫射石,反寫不入石;寫射虎,反寫騰傷廣。蓋虎騰傷廣,極寫虎之勇,廣竟射殺之,正反襯廣之勇也。○右北平時,只寫二閒事,以見匈奴不入邊,而從容射獵如此。

廣廉,得賞賜,輒分其麾下,飲食與士共之。終廣之身,爲二千石四十餘年,總序,應爲八邊郡太守。家無餘財,終不言家產事。|此總序其爲將。廣爲人長,猨臂,其善射,亦天性也,射七。雖其子孫他人學者,莫能及廣。|廣訥口少言,與人居,則畫地爲軍陳,射闊狹以飲。射八。專以射爲戲,竟死。言以射爲戲,直至於死。○廣爲人篇首未曾序,因北平無事,序其射,又因射并序其爲人,章法之妙。廣之將兵,乏絕之處,見水,士卒不盡飲,廣不近水,士卒不盡食,廣不嘗食。寬緩不苛,士以此愛樂爲用。又重敘其將畧,頂爲人兩段來。其射,見敵急,非在數十步之內,度不中,不發,發即應弦而倒。射九。用此,其將兵數困辱,應上生得。其射猛獸亦爲所傷云。|應虎騰傷。○上數段因射序起,故仍以射總收結還,下又序事。

居頃之，遥接徙右北平。石建卒，於是上召廣代建爲郎中令。元朔六年，廣復爲後將軍，從大將軍衛青。軍出定襄，擊匈奴。諸將多中首鹵率，效首鹵合格也。以功爲侯者，而廣軍無功。丨數奇。後三歲，廣以郎中令，將四千騎，出右北平，博望侯張騫，將萬騎，與廣俱，異道。行可數百里，匈奴左賢王，將四萬騎圍廣，"四萬騎"，應"四千騎"。廣軍士皆恐，廣乃使其子敢往馳之。倒插入李敢。敢獨與數十騎四千騎、四萬騎，一以當十，危矣。此獨以數十騎，極寫李敢。馳，句。直貫胡騎，出其左右而還，告廣曰："胡鹵易與耳。"軍士乃安。忙中一頓。廣爲圜陳外嚮，胡急擊之，矢下如雨。漢兵死者過半，漢矢且盡。寫得危急。廣乃令士持滿毋發，而廣身自以大黄弩名，出《六韜》。射其裨將，殺數人，射十。胡鹵益解。會日暮，吏士皆無人色，而廣意氣自如，益治軍。軍中自是服其勇也。又一頓。明日，復力戰，而博望侯軍亦至，匈奴軍乃解去。漢軍罷，弗能追。是時廣軍幾沒，罷歸。漢法，博望侯留遲後期，當死，贖爲庶人。廣軍功自如，無賞。丨數奇。

初，廣之從弟李蔡，與廣俱事孝文帝。遥接篇首爲郎事。景帝時，蔡積功勞至二千石。孝武帝時，至代相。以元朔五年，爲輕車將軍，從大將軍擊右賢王，有功中率，封爲樂安侯。元狩二年中，代公孫弘爲丞相。蔡爲人在下中，名聲出廣下甚遠，然廣不得爵邑，官不過九卿，而蔡爲列侯，位至三公。諸廣之軍吏及士卒或取封侯。插入李蔡，正與不侯相形，回合成妙，故不勝慨嘆，遂爾暢言之，所以起下文李廣之一問也。○借李蔡諸人相形，而通篇之不遇時、無功、生得、無賞諸事俱收入於內。廣嘗與望氣王朔燕語，曰："自漢擊匈奴，而廣未嘗不在其中，而諸部校尉以下，才能不及中人，然以擊胡軍功，取侯者數十人，此問正從上文落下。而廣不爲後人，然無尺寸之功，以得封邑者，何也？又以兩"然"字對轉。豈吾相不當侯邪？且固命也？"兩句一折，極俊宕。朔曰："將軍自念，豈嘗有所恨乎？"廣曰："吾嘗爲隴西守，羌嘗反，吾誘而降，降者八百餘人，吾詐而同日殺之。隴西守，前總序；殺降事，乃借此補出。至今大恨獨此耳。"朔曰："禍莫大於殺已降，此乃將軍所以不得侯者也。"｜以朔語爲"不侯"注脚，又以下段爲王朔語注脚，妙！若庸手爲之，便總序傳後矣。

後二歲，大將軍、驃騎將軍霍去病。大出擊匈奴，廣數自請行。天子以爲老，弗許；良久乃許之，五字中，伏下誡衛青。以爲前將軍。是歲，元狩四年也。補出年月，借勢一頓。

廣既從大將軍青擊匈奴，既出塞，青捕鹵知單于所居，乃自以精兵走之，而令廣并於右將軍趙食其。軍，出東道。東道少回遠，而大軍行，水草少，其勢不屯行。寫得曲折，隱歸過於大將軍。廣自請曰："臣部爲前將軍，今大將軍乃徙令臣出東道，且臣結髮而與匈奴戰，今乃一得當單于，得意之語。前所遇者，左賢王等也。臣願居前，先死單于。"悲壯之語，千古如生。大將軍青，亦陰受上誡，以爲李廣老，數奇，通篇發"數奇"意，至此方說出，"數奇"，正照"且固命"也。毋令當單于，恐不得所欲。而是時公孫敖新失侯，爲中將軍，從大將軍，大將軍亦欲使敖與俱當單于，作兩層寫，而"毋令當單于"與"俱當單于"，作雙應，情事乃盡。故徙前將軍廣。廣時知之，固自辭於大將軍。大將軍不聽，令長史封書與廣之莫府，曰："急詣部，如書。"書，即徙東道之書也，不了了妙！廣不謝大將軍而起行，意甚愠怒而就部，引兵與右將軍食其合，軍出東道。軍亡導，或失道，後大將軍。大將軍與單于接戰，單于遁走，弗能得而還。南絕幕，絕，渡也，幕、漠同。遇前將軍、右將軍。廣已見大將軍,還入軍。大將軍使長史持糒醪遺廣,因問廣、食其失道狀,應前長史書。青欲上書報天子軍曲折。奇句。廣未對,大將軍使長史急責廣,之莫府[①]對簿。應"莫府受書"。廣曰:"諸校尉無罪,乃我自失道。吾今自上簿。"怒語如見,應前慍怒。○老弗許徙道,上誡,欲使敖急詣部責對簿,無數挫折,請行、請前、固辭不謝,自上簿無限憤恨,俱於此寫出。至莫府。

廣謂其麾下曰:"廣結髮與匈奴大小七十餘戰,"結髮"應前,七十餘戰補序。今幸從大將軍出,接單于兵,而大將軍又徙廣部行回遠,而又迷失道,豈非天哉!以"天"字結數奇,應且固命也。○節節序出,憤恨如見。且廣年六十餘矣,終不能復對刀筆之吏。"遂引刀自剄。廣軍士大夫一軍皆哭。百姓聞之,知與不知,無老壯皆爲垂涕。而右將軍獨下吏,當死,贖爲庶人。|足見廣不必死,青殺之也。

廣子三人,曰當戶、椒、敢,爲郎。|天子與韓嫣戲,嫣少不遜,當戶擊嫣,嫣走。於是天子以爲勇。當戶早死,拜椒爲代郡太守,皆先廣死。當戶有遺腹子名陵。|完當戶、椒事,倒插入李陵。廣死軍時,敢從驃騎將軍。|廣死明年,李蔡以丞相坐侵孝景園壖地,當下吏治,蔡亦自殺,不對獄,國除。|又插敘完李蔡事,亦就廣死帶入。○不對獄,又爲不對簿作波。李敢以校尉從驃騎將軍遙接。擊胡左賢王,力戰,奪左賢王旗鼓,斬首多,賜爵關內侯,食邑二百戶,少爲不侯吐氣。代廣爲郎中令。頃之,怨大將軍青之恨其父,乃擊傷大將軍,大將軍匿諱之。居無何,敢從上雍,至甘泉宮句。獵。句。驃騎將軍去病與青有親,射殺敢。去病時方貴幸,上諱云鹿觸殺之。

① 莫府,中華書局本《史記》作"幕府"。

應"匿諱之"。居歲餘,去病死。閒筆。而敢有女爲太子中人,愛幸,"而"字,從去病貴幸接來。敢男禹,有寵於太子,然好利,照"廣廉不言生產"。李氏陵遲衰微矣。丨完李敢事。

李陵既壯,遥接"遺腹子"。選爲建章監,監諸騎。善射,世世受射,"射"字餘波,十一。愛士卒。天子以爲李氏世將,而使將八百騎。嘗深入匈奴二千餘里,過居延,視地形,無所見虜而還。拜爲騎都尉,將丹陽楚人五千人,教射酒泉、張掖射十二。以屯衛胡。

數歲,天漢二年秋,貳師將軍李廣利,將三萬騎,擊匈奴右賢王於祈連天山,而使陵將其射士步兵五千人即教射五千人。出居延北,可千餘里,欲以分匈奴兵,毋令專走貳師也。陵既至期還,而單于以兵八萬,圍擊陵軍。陵軍五千人,再叠五千人一句,應上八萬,以見不敵。兵矢既盡,士死者過半,而所殺傷匈奴亦萬餘人。贊一句。且引且戰,連鬬八日,還未到居延百餘里,又贊一句,所以深出李陵也。匈奴遮狹絕道,陵食乏,而救兵不到,虜急擊,招降陵。陵曰:"無面目報陛下。"遂降匈奴。其兵盡沒,餘亡散得歸漢者,四百餘人。完五千人。

單于既得陵,素聞其家聲,挽上李廣一傳。及戰又壯,乃以其女妻陵而貴之。漢聞,族陵母妻子。自是之後,李氏名敗,而隴西之士,居門下者,皆用爲恥焉。

太史公曰:傳曰"其身正,不令而行;其身不正,雖令不從"。其李將軍之謂也?余覩李將軍悛悛如鄙人,口不能道辭。及死之日,天下知與不知,皆爲盡哀。彼其忠實心,誠信於士大夫也?李將軍如許英雄人傑,乃以"忠實"二字結,乃知虚浮之人決,非英傑也。諺曰

“桃李不言,下自成蹊”。此言雖小,可以喻大也。以俊①語結。

李將軍戰功如此,平序、直序,固亦可觀。乃忽分爲千緒萬縷,或入議論,或入感歎,或入一二閒事,妙矣!又忽於傳外插入一李蔡、一程不識,四面照耀,通體皆靈,可稱文章神伎!〇吾尤愛其以李將軍行軍方畧,於程不識口中序出;廣之爲人,反從射虎帶下;而其不侯殺降事,偶在王朔燕語點明。錯綜變化,純用天機,有意無意之間,令人莫測。〇插李蔡,至封侯拜相,正歎其不侯,迨未幾而自殺矣,國除矣。轉眼之間,灰飛燼滅。即封侯拜相,亦何在哉!正所以深歎其不侯也。〇此篇以“射”字貫,故中間“射”字,凡十二回合。而首以文帝歎其不遇,末以武帝誡其數奇,前後互挽,是一篇主意。〇序殺三人處、縱馬臥處、生得騰馬處、大黄射裨將處,極力摹寫,如親見聞之。〇他人能忙,此獨閒。閒,正其忙處也。他人能整,此獨亂。亂,正其整處也。唯史公能之。

① 俊,底本作“後”,疑誤,據校本改。

匈奴列傳

匈奴,其先祖夏后氏之苗裔也,曰淳維。唐虞以上有山戎、獫狁、葷粥,由夏后追序唐虞。居於北蠻,隨畜牧而轉移。一句總序。其畜之所多,則馬、牛、羊;其奇畜,則橐駞、驢、贏、駃騠、騊駼、驒騱。畜產一。逐水草遷徙,毋城郭常處耕田之業,然亦各有分地。國土二。毋文書,以言語爲約束。法令三。兒能騎羊,引弓射鳥鼠;少長,則射狐兔:用爲食。士力能彎弓,盡爲甲騎。其俗,寬則隨畜,因射獵禽獸爲生業,急則人習戰攻以侵伐,其天性也。其長兵,則弓矢;短兵,則刀鋋。利則進,不利則退,不羞遁走。苟利所在,不知禮義。情性四。自君王以下,咸食畜肉,衣其皮革,被旃裘。壯者食肥美,老者食其餘。衣食五。貴壯健,賤老弱。父死,妻其後母;兄弟死,皆取其妻妻之。其俗有名不諱,而無姓字。丨風俗六。〇以上總序作提綱,是第一節。

夏道衰,遙接夏后氏。而公劉失其稷官,變于西戎,邑于豳。周事一。其後三百有餘歲,戎狄攻太王亶父,亶父亡走岐下,而豳人悉從亶父而邑焉,作周。周事二。其後百有餘歲,周西伯昌伐畎夷氏。後十有餘年,武王伐紂而營雒邑,復居於豐鄗,放逐戎彛涇、

洛之北,以時入貢,命曰“荒服”。周事三。其後二百有餘年,周道衰,而穆王伐犬戎,得四白狼、四白鹿以歸。自是之後,荒服不至。於是周遂作《甫刑》之辟。周事四。穆王之後二百有餘年,周幽王用寵姬褒姒之故,與申侯有卻。申侯怒,而與犬戎共攻殺周幽王于驪山之下,遂取周之焦穫,而居于涇渭之間,侵暴中國。秦襄公救周,於是周平王去酆鄗而東徙雒邑。當是之時,秦襄公伐戎,至岐,始列爲諸侯。周事五,秦事始此。是後六十有五年,而山戎越燕而伐齊,齊釐公與戰于齊郊。周事六。其後四十四年,而山戎伐燕。燕告急于齊,齊桓公北伐山戎,山戎走。周事七。其後二十有餘年,而戎狄至洛邑伐周襄王,襄王奔于鄭之氾邑。初,周襄王欲伐鄭,故娶戎狄女爲后,與戎狄兵共伐鄭。已而黜狄后,狄后怨,而襄王後母曰惠后,有子子帶,欲立之,於是惠后與狄后、子帶,爲內應,開戎狄,戎狄以故得入,破逐周襄王,而立子帶爲天子。於是戎狄或居於陸渾,東至於衛,侵盜暴虐中國。中國疾之,故詩人歌之曰“戎狄是膺”,“薄伐獫狁,至于大原”,“出輿彭彭,城彼朔方”。周襄王既居外四年,乃使使告急于晉。晉文公初立,欲修霸業,乃興師伐逐戎翟,誅子帶,迎內周襄王,居於雒邑。|周事八,稍詳,插詩詞作致,八段俱用其後,是後連下。〇以上周秦間事,是第二節。

當是之時,秦晉爲彊國。晉文公攘戎翟,居於河西、圁洛之間,號曰赤翟、白翟。秦穆公得由余,西戎八國服於秦,故自隴以西,有綿諸、緄戎、翟、豲之戎,岐、梁山、涇、漆之北,有義渠、應。大荔、烏氏、朐衍之戎。而晉北有林胡、應。樓煩應。之戎,頂秦晉間,序戎名,後有應者,有不應者,夾插作章法。燕北有東胡、應。山戎。又補燕事。燕亦邊界也。各分散,居谿谷,自有君長,往往而聚者,百有餘戎,然莫能相一。丨又用當時事總序一段,作承上,即以起下,關鎖作章法。

自是之後,百有餘年,晉悼公使魏絳和戎翟,戎翟朝晉。接秦、晉、燕下。晉事一。後百有餘年,趙襄子踰句注而破并代以臨胡貉。其後既與韓魏共滅智伯,分晉地而有之,則趙有代、句注之北,魏有河西、上郡,以與戎界邊。晉事二。其後義渠之戎,築城郭以自守,而秦稍蠶食,至於惠王,遂拔義渠二十五城。秦事三。惠王擊魏,魏盡入西河及上郡于①秦。秦事四。秦昭王時,義渠戎王與宣太后亂,有二子。宣太后詐而殺義渠戎王於甘泉,遂起兵伐殘義渠。於是秦有隴西、北地、上郡,築長城以拒胡。秦事五。而趙武靈王亦變俗胡服,習騎射,北破林胡、樓煩。築長城,自代,竝陰山下。至高闕,爲塞。而置雲中、鴈門、代郡。晉事六。其後燕有賢將秦開,爲質於胡,胡甚信之。歸而襲破走東胡,東胡卻千餘里。與荊軻刺秦王秦舞陽者,開之孫也。燕亦築長城,自造陽,至襄平。置上谷、漁陽、右北平、遼西、遼東郡以拒胡。燕事七。當是之時,冠帶戰國七,而三國邊於匈奴。承明秦、晉、燕,過接上下。其後趙將李牧時,匈奴不敢入趙邊。晉事八。後秦滅六國,而始皇帝使蒙恬將十萬之衆,北擊胡,悉收河南地。因河爲塞,築四十四縣城,臨河,徙適戍以充之。而通直道,自九原至雲陽,因邊山險,塹谿谷,可繕者治之,起臨洮,至遼東,萬餘里。又度河,據陽山北假中。丨秦事九。〇以上敘三國事,是第三節,以下方入匈奴正傳。

當是之時,東胡彊而月氏盛。先序東胡,月氏客。匈奴單于曰頭

① 于,底本作“十”,疑誤,據校本改。

曼,頭曼不勝秦,仍接秦事下。北徙。十餘年而蒙恬死,諸侯畔秦,中國擾亂,諸秦所徙適戍邊者,皆復去,於是匈奴得寬,復稍度河南與中國界於故塞。

單于有太子,名冒頓。由諸戎入匈奴,由匈奴入冒頓,逐步不亂。後有所愛閼氏,生少子,而單于欲廢冒頓而立少子,乃使冒頓質於月氏。頂月氏彊盛。冒頓既質於月氏,而頭曼急擊月氏。月氏欲殺冒頓,冒頓盜其善馬,騎之,亡歸。頭曼以爲壯,令將萬騎。冒頓乃作爲鳴鏑,習勒其騎射,令曰:"鳴鏑所射,而不悉射者,斬之。"先出令。行獵鳥獸,有不射鳴鏑所射者,輒斬之。先射禽獸。已而冒頓以鳴鏑自射其善馬,左右或不敢射者,冒頓立斬不射善馬者。次射善馬。法變。居頃之,復以鳴鏑自射其愛妻,左右或頗恐,不敢射,冒頓又復斬之。次射愛妻。居頃之,冒頓出獵,以鳴鏑射單于善馬,左右皆射之。次射單于善馬。於是冒頓知其左右皆可用。從其父單于頭曼獵,以鳴鏑射頭曼,其左右亦皆隨鳴鏑而射殺單于頭曼,後射單于。作五層寫。"斬之""斬者""射之"皆隨射,段段變法,而"七鳴鏑""五左右"错落作致。遂盡誅其後母與弟,及大臣不聽從者。冒頓自立爲單于。

冒頓既立,是時東胡彊盛,遙接。聞冒頓殺父自立,乃使使謂冒頓,欲得頭曼時有千里馬。冒頓問群臣,群臣皆曰:"千里馬,匈奴寶馬也,勿與。"冒頓曰:"柰何與人鄰國,而愛一馬乎?"遂與之千里馬。先與千里馬。居頃之,東胡以爲冒頓畏之,乃使使謂冒頓,欲得單于一閼氏。冒頓復問左右,左右皆怒曰:"東胡無道,乃求閼氏!請擊之。"冒頓曰:"柰何與人鄰國,愛一女子乎?"遂取所愛閼氏予東胡。次與閼氏。東胡王愈益驕,西侵。與匈奴間,中有棄

地,莫居,千餘里,各居其邊爲甌脱。字奇。東胡使使謂冒頓曰:“匈奴所與我界甌脱外棄地,匈奴非能至也,吾欲有之。”冒頓問群臣,群臣或曰:“此棄地,予之,亦可;勿予,亦可。”於是冒頓大怒曰:“地者,國之本也,柰何予之!”諸言予之者,皆斬之。後不予地,亦作三層寫,段段變化,與前一樣,作章法。冒頓上馬,令國中有後者斬,寫得精神飛舞。遂東襲擊東胡。東胡初輕冒頓,不爲備。及冒頓以兵至擊,大破滅東胡王,而虜其民人及畜產。既歸,西擊走月氏,南并樓煩、白羊河南王,侵燕代。悉復收秦所使蒙恬所奪匈奴地者,與漢關故河南塞,至朝那、膚施,遂侵燕、代。|上作兩段蓄住,至此一瀉而下,直卷上秦燕諸事,有前兩頓,乃成此快觀。是時漢兵與項羽相距,中國罷於兵革,以故冒頓得自彊,控弦之士三十餘萬。|又找時事一筆,周密之極。○以上寫匈奴冒頓彊盛,是第四節。

自淳維以至頭曼,千有餘歲,時大時小,別離分散,尚矣,其世傳不可得而次云。然至冒頓而匈奴最彊大,盡服從北夷,而南與中國爲敵國,其世傳國官號,乃可得而記云。|又總敘一段,承上起下,與前一樣作章法。

置左右賢王,左右谷蠡王,左右大將,左右大都尉,左右大當戶,左右骨都侯。匈奴謂賢曰“屠耆”,故嘗以太子爲左屠耆王。自如左右賢以下至當戶,大者萬騎,小者數千,凡二十四長,立號曰“萬騎”。官爵一。諸大臣皆世官。呼衍氏,蘭氏,其後有須卜氏,此三姓,其貴種也。氏族二。然前云有名而無姓,何也?諸左方王將居東方,直上谷以往者,東接穢貉、朝鮮;右方王將居西方,直上郡以西,接月氏、氐、羌;而單于之庭,直代、雲中。各有分地,逐水草移徙。地界三。而左右賢王、左右谷蠡王,最爲大國,左右骨都侯輔政。諸二十四長，亦各自置千長、百長、什長、裨小王、句。相、句。封都尉、當戶、且渠之屬。部落四。

歲正月，諸長小會單于庭，句。祠。句。五月，大會蘢城，祭其先、天地、鬼神。句。秋，句。馬肥，大會蹛林，課校人畜計。朝會五。其法，拔刃尺者死，坐盜者沒入其家；有罪小者軋，大者死。獄久者不過十日，一國之囚，不過數人。刑法六。而單于朝出營，拜日之始生，夕拜月。其坐，長左而北鄉。日上戊己。其送死，有棺槨金銀衣裘，而無封樹喪服；近幸臣妾從死者，多至數千百人。禮制七。舉事而候星月，月盛壯，則攻戰；月虧，則退兵。其攻戰，斬首虜，賜一卮酒，而所得鹵獲，因以予之，得人以爲奴婢。故其戰，人人自爲趣利，善爲誘兵以冒敵。故其見敵則逐利，如鳥之集；其困敗，則瓦解雲散矣。戰而扶輿死者，盡得死者家財。兵法八。

後北服渾庾、屈射、丁靈、鬲昆、薪犂之國。於是匈奴貴人大臣皆服，以冒頓單于爲賢。丨又總序一段，是第五節。

是時漢初定中國，徙韓王信於代，都馬邑。匈奴大攻圍馬邑，韓王信降匈奴。匈奴得信，因引兵南，踰句注，攻太原，至晉陽下。高帝自將兵往擊之。會冬，大寒，雨雪，卒之墮指者十二三，於是冒頓佯敗走，誘漢兵。漢兵逐擊冒頓，冒頓匿其精兵，見其羸弱，於是漢悉兵，多步兵，三十二萬，北逐之。高帝先至平城，步兵未盡到，爲漢回護一句。冒頓縱精兵四十萬騎圍高帝於白登，七日，漢兵中外不得相救餉。寫危急之甚。匈奴騎，其西方盡白馬，東方盡青駹馬，北方盡烏驪馬，南方盡騂馬。丨又于馬上著色一番，閒甚，然匈奴之強正于此閒處點出，是寫生神手。高帝乃使使間厚遺閼氏，閼氏乃謂冒頓曰："兩主不相困。今得漢地，而單于終非能居之也。且漢王亦有神，動單于只一句。單于察之。”冒頓與韓王信之將王黄、趙利期，而黄、利兵又不來，疑其與漢有謀，亦取閼氏之言，又補一句，正不專爲閼氏之語。乃解圍之一角。於是高帝令士皆持滿傅矢外鄉，從解角直出，寫漢兵亦有氣勢。竟與大軍合，而冒頓遂引兵而去。漢亦引兵而罷，作兩平結，不作低昂，正回護漢高處。使劉敬結和親之約。

是後韓王信爲匈奴將，及趙利、王黄等數倍約，侵盜代、雲中。居無幾何，陳豨反，又與韓信合謀擊代。漢使樊噲往擊之，復拔代、鴈門、雲中郡縣，不出塞。是時匈奴以漢將衆往降，故冒頓常往來侵盜代地。於是漢患之，高帝乃使劉敬奉宗室女公主爲單于閼氏，歲奉匈奴絮繒酒米食物各有數，約爲昆弟以和親，冒頓乃少止。“奉”字，“乃止”字，妙！前回護處，又于此點明。後燕王盧綰反，率其黨數千人降匈奴，往來苦上谷以東。

高祖崩，孝惠、吕太后時，漢初定，故匈奴以驕。又夾插漢事。冒頓乃爲書遺高后，妄言。高后欲擊之，諸將曰：“以高帝賢武，然尚困於平城。”於是高后乃止，復與匈奴和親。

至孝文帝初立，復修和親之事。其三年五月，匈奴右賢王入居河南地，侵盜上郡葆塞蠻夷，殺略人民。於是孝文帝詔丞相灌嬰發車騎八萬五千，詣高奴，擊右賢王。右賢王走出塞。文帝幸太原。是時濟北王反，文帝歸，罷丞相擊胡之兵。

其明年，單于遺漢書曰：“天所立匈奴大單于，敬問皇帝無恙。前時皇帝言和親事，稱書意合歡。漢邊吏侵侮右賢王，右賢王不請，聽後義盧侯難氏等計，與漢吏相距，補出右賢王入塞之事。絶二主之約，離兄弟之親。皇帝讓書再至，發使以書報，不來，漢使不

至,漢以其故不和,隣國不附。今以小吏之敗約故,罰右賢王,使之西求月氏擊之。以天之福,吏卒良,馬彊力,以夷滅月氏,盡斬殺降下之。定樓蘭、烏孫、呼揭及其旁二十六國,皆以爲匈奴。諸引弓之民,并爲一家。以謙語作誇語,倔強處殊有氣節,筆致飛舞。北州已定,|四字妙甚!蓋云北州已定,止有南方未服耳,驕倔含蓄,竟不說出詞令之妙。願寢兵,休士卒,養馬,應"吏卒良,馬强力。"除前事,復故約,以安邊民,以應始古,使少者得成其長,老者安其處,世世平樂。未得皇帝之志也,故使郎中係雩淺奉書,請獻橐駞一匹,騎馬二匹,駕四[①]駟。皇帝即不欲匈奴近塞,則且詔吏民遠舍。使者至,即遣之。"以六月中來至薪望之地。|至獻馬等,文意完矣,又出數語作後勁,至末一振,通篇神氣俱動,書詞出何人手?其妙如此!豈可謂北方無人?書至,漢議擊與和親孰便。公卿皆曰:"單于新破月氏乘勝,不可擊。且得匈奴地,澤鹵,非可居也。和親甚便。"漢許之。

孝文皇帝前六年,漢遺匈奴書曰:"皇帝敬問匈奴大單于無恙。使郎中係雩淺遺朕書曰:'右賢王不請,聽後義盧侯難氏等計,絕二主之約,離兄弟之親,漢以故不和,隣國不附。今以小吏敗約,故罰右賢王,使西擊月氏,盡定之。願寢兵休士卒,養馬除前事,復故約,以安邊民,使少者得成其長,老者安其處,世世平樂。'朕甚嘉之,此古聖主之意也。即直述前書,不必另出爐冶,妙!漢與匈奴約爲兄弟,所以遺單于甚厚。倍約離兄弟之親者,常在匈奴。另一句已足。然右賢王事已在赦前,單于勿深誅。單于若稱書意,明告諸吏,使無負約有信,敬如單于書。使者言單于自將伐

① 四,中華書局本《史記》作"二"。

國,有功,甚苦兵事。服繡袷綺衣、繡袷長襦、錦袷袍,各一,比余一,黄金飾具帶一,黄金胥紕一,繡十匹,錦三十匹,赤綈、緑繒各四十匹,使中大夫意、謁者令肩,遺單于。”|匈奴一番誇張,此則以淡然應之,不必另出詞指,而令人之意已消,固是妙著,然一時匈奴方彊,漢正多事,匈奴欲動,漢務安静,其情事如此,史公不必多一句,只連載兩書,而情形自見。

後頃之,冒頓死,子稽粥立,號曰老上單于。

老上稽粥單于初立,孝文皇帝復遣宗室女公主爲單于閼氏,使宦者燕人中行説,傅公主。説不欲行,漢彊使之。説曰:“必我行也,爲漢患者。”倒句。中行説既至,因降單于,單于甚親幸之。

初,匈奴好漢繒絮食物,中行説曰:“匈奴人衆,不能當漢之一郡,然所以彊者,以衣食異,無仰于漢也。今單于變俗好漢物,漢物不過什二,則匈奴盡歸于漢矣。此上乃説詞。其得漢繒絮,以馳草棘中,衣袴皆裂敝,以示不如旃裘之完善也。得漢食物,皆去之,以示不如湩酪之便美也。”此乃曲寫説之心事。於是説教單于左右疏記,以計課其人衆畜物。

漢遺單于書,牘以尺一寸,辭曰“皇帝敬問匈奴大單于無恙”,所遺物及言語云云。中行説令單于遺漢書以尺二寸牘,及印封,皆令廣大長,倨傲其辭曰“天地所生日月所置匈奴大單于,敬問漢皇帝無恙”,所以遺物言語亦云云。此乃序説之教匈奴事。

漢使或言曰:“匈奴俗賤老。”中行説窮漢使曰:“而漢俗屯戍從軍當發者,其老親豈有不自脱温厚肥美,以齎送飲食行戍乎?”漢使曰:“然。”中行説曰:“匈奴明以戰攻爲事,其老弱不能鬬,故以其肥美,飲食壯健者蓋以自爲守衛,如此父子各得久相保,何以言匈奴,輕老也?"“貴壯賤老”一解。漢使曰:“匈奴父子乃同穹廬而臥。父死,妻其後母;兄弟死,盡取其妻妻之。無冠帶之飾,闕庭之禮。”中行說曰:“匈奴之俗,人食畜肉飲其汁,衣其皮;畜食草飲水,隨時轉移。故其急,則人習騎射,寬則人樂無事,其約束輕,易行也。君臣簡易,一國之政猶一身也。父子兄弟死,取其妻妻之,惡種姓之失也。故匈奴雖亂,必立宗種。今中國雖詳不取其父兄之妻,親屬益疎,則相殺,至乃易姓,皆從此類。且禮義之敝,上下交怨望,而室屋之極,生力必屈。夫力耕桑以求衣食,築城郭以自備,故其民急,則不習戰功;緩,則罷於作業。嗟土室之人,“土室”正對“穹廬”,字新。顧無多辭令,喋喋而佔佔,冠固何當?”風俗作一解。

自是之後,漢使欲辯論者,中行說輒曰:“漢使無多言,顧漢所輸匈奴繒絮米糵,令其量中,必善美而已矣,何以爲言乎?且所給備善則已;不備,苦惡,則候秋孰,以騎馳蹂而稼穡耳。”數段以辯論勝,仍是中國餘習,此段獨出矯健,寫匈奴悍強情性,不特說之性與習移,史公亦筆隨事化。日夜教單于候利害處。總結一句收所未盡,以上漢與匈奴和親事,是第六節。

漢孝文皇帝十四年,匈奴單于十四萬騎入朝那、蕭關,殺北地都尉卬,虜人民畜產甚多,遂至彭陽。使奇兵入燒回中宮,候騎至雍甘泉。於是文帝以中尉周舍、郎中令張武爲將軍,發車千乘,騎十萬,軍長安旁,以備胡寇。而拜昌侯盧卿爲上郡將軍,甯侯魏遬爲北地將軍,隆慮侯周竈爲隴西將軍,東陽侯張相如爲大將軍,成侯董赤爲前將軍,大發車騎,往擊胡。單于留塞内月餘,乃去,漢逐出塞,即還,不能有所殺。漢與匈奴相殺伐。匈奴日已驕,歲入邊，殺畧人民畜產甚多，雲中、遼東，最甚至代郡，萬餘人。漢患之，乃使使遺匈奴書。單于亦使當戶報謝，復言和親事。先虛寫一段。

孝文帝後二年，使使遺匈奴書曰："皇帝敬問匈奴大單于無恙。使當戶且居雕渠，難郎中韓遼，遺朕馬二匹已至敬受。先帝制：長城以北引弓之國，受命單于；長城以內冠帶之室朕亦制之。使萬民耕織射獵衣食，父子無離，臣主相安，俱無暴逆。一段述舊制。今聞渫惡民貪降其進取之利，倍義絕約，忘萬民之命，離兩主之驩，然其事已在前矣。一段說近事，推開得妙。書曰：'二國已和親，兩主驩說，寢兵，休卒，養馬，世世昌樂，闟然更始。'朕甚嘉之。聖人者日新，改作更始，使老者得息，幼者得長，各保其首領，而終其天年。朕與單于俱由此道，順天恤民，世世相傳，施之無窮，天下莫不咸便。一段始答來意。漢與匈奴隣敵之國，匈奴處北地，寒，殺氣早降，故詔吏遺單于秫蘗金帛絲絮佗物，歲有數。一段序饋遺。今天下大安，萬民熙熙，朕與單于爲之父母。朕追念前事薄物細故，謀臣計失，皆不足以離兄弟之驩。朕聞天不頗覆，地不偏載。朕與單于皆捐往細故俱蹈大道墮壞前惡，以圖長久，使兩國之民，若一家子。元元萬民，下及魚鼈，上及飛鳥，跂行喙息蠕動之類，莫不就安利而辟危殆。故來者不止，天之道也。一段總序前後，歸至和親。俱去前事：朕釋逃虜民，單于無言章尼等。朕聞古之帝王，約分明而無食言。單于留志，天下大安和親之後，漢，過不，先。只四字，不世峭健，亦自說得有體，一篇書詞，平妥無奇，止此四字出色。單于其察之。"

單于既約和親，於是制詔御史曰："匈奴大單于遺朕書，言和親已定,亡人不足以益衆廣地,匈奴無入塞,漢無出塞,犯令約者殺之,可以久親,後無咎俱便。朕已許之。其布告天下,使明知之。"漢與①匈奴和親。

後四歲,老上稽粥單于死,子軍臣立爲單于。既立孝文皇帝復與匈奴和親。而中行説復事之。省筆,復點説事。

軍臣單于立四歲,匈奴復絶和親,大入上郡、雲中各三萬騎,所殺畧甚衆而去。於是漢使三將軍軍屯北地,代屯句注,趙屯飛狐口,緣邊亦各堅守以備胡寇。又置三將軍,軍長安西細柳、渭北棘門、霸上以備胡。胡騎入代句注邊,烽火通於甘泉、長安。數月,漢兵至邊,匈奴亦去遠塞,漢兵亦罷。漢與匈奴又相殺伐,兩次邊釁,彼此相當,雖絶和親之故,正復和親之根。後歲餘,孝文帝崩,孝景帝立,而趙王遂乃陰使人於匈奴。吴楚反,欲與趙合謀入邊。漢圍破趙匈奴亦止。自是之後,孝景帝復與匈奴和親,通關車給遺匈奴遣公主,如故約。終孝景時,時小入盜邊,無大寇。|漢與匈奴復和親,無大戰爭,内外相安,正反襯武帝也。○文帝後,和親或約或絶,是第七節。

今帝即位,明和親約束,厚遇,通關市,饒給之。匈奴自單于以下皆親漢,往來長城下。寫得中外一家,恬熙無事,以見漢武開邊之多事也。

漢使馬邑下人聶翁壹,奸蘭出物,與匈奴交,詳爲賣馬邑城以誘單于。單于信之,而貪馬邑財物,乃以十萬騎入武州塞。漢伏兵三十餘萬馬邑旁,御史大夫韓安國爲護軍,護四將軍,以伏單于。韓傳詳,此簡。單于既入漢塞,未至馬邑百餘里,見畜布野而無

① 與,底本作"具",疑誤,據校本改。

人牧者,怪之,乃攻亭。是時鴈門尉史行徼,見寇,保此亭,知漢兵謀,韓傳簡,此詳。單于得,欲殺之,尉史乃告單于漢兵所居。單于大驚曰:"吾固疑之。"乃引兵還。句。出句。曰:"吾得尉史,天也,天使若言。"以尉史爲"天王"。漢兵約單于入馬邑而縱,單于不至,以故漢兵無所得。漢將軍王恢,部出代擊胡輜重,聞單于還,兵多,不敢出。漢以恢本造兵謀,而不進,斬恢。多少事,收入數行,情事俱盡,與韓傳參看,可得其簡法。自是之後,匈奴絕和親,攻當路塞,往往入盜於漢邊,不可勝數。然匈奴貪,尚樂關市,嗜漢財物,漢亦尚關市不絕以中之。|馬邑開邊,然羈縻未絕,是第八節。

自馬邑軍後,五年之秋,漢使四將軍各萬騎,擊胡關市下。將軍衛青,出上谷,至蘢城,得胡首虜七百人。公孫賀出雲中,無所得。公孫敖出代郡,爲胡所敗,七千餘人。李廣出鴈門,爲胡所敗,而匈奴生得廣,廣後得亡歸。漢囚敖、廣,敖、廣贖爲庶人。漢出塞一,得七百,亡七千,漢失利。其冬,匈奴數入盜邊,漁陽尤甚。漢使將軍韓安國屯漁陽備胡。匈奴入塞二,漢失利。其明年秋,匈奴二萬騎入漢,殺遼西太守,畧二千餘人。胡又入敗漁陽太守軍千餘人,圍漢將軍安國,安國時千餘騎亦且盡,會燕救至,匈奴乃去。匈奴入塞三,殺四千人,漢失利。匈奴又入鴈門,殺畧千餘人。於是漢使將軍衛青,將三萬騎,出鴈門,李息出代郡,擊胡。得首虜數千人。匈奴入塞四,殺畧千餘,得數千,得失相當。其明年,衛青復出雲中以西,至隴西,擊胡之樓煩、白羊王於河南,得胡首虜數千,牛羊百餘萬。於是漢遂取河南地,築朔方,復繕故秦時蒙恬所爲塞,因河爲固。漢亦棄上谷之什辟縣造陽地以予胡。是歲,漢之元朔二年也。漢出塞五,取河南地,棄什辟造陽,得失相當。

其後冬,匈奴軍臣單于死。軍臣單于弟左谷蠡王伊稚斜,自立爲單于,攻破軍臣單于太子於單。於單亡降漢,漢封於單爲涉安侯,數月而死。匈奴太子降漢六。

伊稚斜單于既立,其夏,匈奴數萬騎入,殺代郡太守恭,及畧千餘人。匈奴入塞七。殺太守,畧千餘人,漢失利。其秋,匈奴又入鴈門,殺畧千餘人。匈奴入塞八。殺畧千餘人,漢失利。其明年,匈奴又復入代郡、定襄、上郡,各三萬騎,殺畧數千人。匈奴入塞九。殺畧數千人,漢失利。匈奴右賢王怨漢奪之河南地而築朔方,數爲寇,盗邊,及入河南,侵擾朔方,殺畧吏民甚衆。匈奴入塞十。殺畧吏民,漢失利。

其明年春,漢以衛青爲大將軍,將六將軍,十餘萬人,出朔方、高闕擊胡。右賢王以爲漢兵不能至,飲酒醉,漢兵出塞六七百里,夜圍右賢王。右賢王大驚,脱身逃走,諸精騎往往隨後去。漢得右賢王衆,男女萬五千人,裨小王十餘人。漢出塞十一。得萬五千人,匈奴失利。其秋,匈奴萬騎入,殺代郡都尉朱英,畧千餘人。匈奴入塞十二。殺都尉,畧千餘人,漢失利。

其明年春,漢復遣大將軍衛青,將六將軍,兵十餘萬騎,乃再出定襄數百里,擊匈奴得首虜,前後凡萬九千餘級,而漢亦亡兩將軍,軍三千餘騎。右將軍建得以身脱,而[①]前將軍翕侯趙信兵不利,降匈奴。趙信者,故胡小王,降漢,漢封爲翕侯,以前將軍,與右將軍并軍分行,獨遇單于兵,故盡沒。單于既得翕侯,以爲自次王,用其姊妻之,與謀漢。信教單于益北,絶幕,以誘罷漢兵,徼極而取之,無近塞。單于從其計。漢出塞十三,得萬九千級,亡兩將軍、三

---

① 而,底本作“面”,疑誤,據校本改。

千騎,趙信降,兵盡沒,得不償失。其明年,胡騎萬人入上谷,殺數百人。匈奴入塞十四,殺數百人,漢失利。

其明年春,漢使驃騎將軍去病,將萬騎,出隴西,過焉支山千餘里,擊匈奴,得胡首虜騎萬八千餘級,破得休屠王祭天金人。漢出塞十五。得萬八千級。匈奴失利。其夏,驃騎將軍,復與合騎侯,數萬騎,出隴西、北地二千里,擊匈奴。過居延,攻祁連山,得胡首虜三萬餘人,裨小王以下七十餘人。是時匈奴亦來入代郡、鴈門,殺畧數百人。漢使博望侯及李將軍廣,出右北平,擊匈奴左賢王。左賢王圍李將軍,卒可四千人,且盡,殺虜亦過當。會博望侯軍救至,李將軍得脱。漢失亡數千人,合騎侯後驃騎將軍期,及與博望侯皆當死,贖爲庶人。漢出塞十六。得三萬人,殺畧數百卒,四千且盡,失亡數千人,得失相當。

其秋,單于怒渾邪王、休屠王,居西方,爲漢所殺虜數萬人,欲召誅之。渾邪王與休屠王恐,謀降漢,漢使驃騎將軍往迎之。渾邪王殺休屠王,并將其衆,降漢。凡四萬餘人,號十萬。於是漢已得渾邪王,則隴西、北地、河西,益少胡寇,徙關東貧民,處所奪匈奴河南、新秦中,以實之,而減北地以西戍卒半。匈奴渾邪王降漢十七。其明年,匈奴入右北平、定襄,各數萬騎,殺畧千餘人而去。匈奴入塞十八,殺畧千餘人,漢失利。

其明年春,漢謀曰“翕侯信爲單于計,居幕北,以爲漢兵不能至”。乃粟馬,發十萬騎,負私從馬,凡十四萬匹,糧重不與焉。令大將軍青、驃騎將軍去病,中分軍,大將軍出定襄,驃騎將軍出代,咸約絶幕擊匈奴。匈奴單于聞之,遠其輜重,以精兵待於幕北。與漢大將軍接戰一日,會暮,大風起,漢兵縱左右翼圍單于。單于自度戰不能如漢兵,單于遂獨身與壯騎數百,潰漢圍,西北遁走。漢兵夜追不得。行斬捕匈奴首虜萬九千級,北至闐顏山趙信城而還。

單于之遁走,其兵往往與漢兵相亂,而隨單于。單于久不與其大衆相得,其右谷蠡王,以爲單于死,乃自立爲單于。真單于復得其衆,而右谷蠡王乃去其單于號,復爲右谷蠡王。漢驃騎將軍之出代二千餘里,與左賢王接戰,漢兵得胡首虜凡七萬餘級,左賢王將皆遁走。驃騎封於狼居胥山,禪姑衍,臨翰海而還。

是後匈奴遠遁,而幕南無王庭。漢出塞十九。得萬九千級,又七萬級,匈奴大失利,然物故數萬,馬死十餘萬,得失亦相當。以上漢與匈奴十九。反覆,漢之出塞者七,匈奴之入塞者十,漢之失利者多,以著開邊之失。漢度河自朔方以西至令居,往往通渠至[①]田,官吏卒五六萬人,稍蠶食,地接匈奴以北。l作一小結關鎖,匈奴從此衰矣。自絶和親至此,是第九節。

初,漢兩將軍大出圍單于,所殺虜八九萬,而漢士卒物故亦數萬,漢馬死者十餘萬。匈奴雖病,遠去,而漢亦馬少,無以復往。另起一頭,序明漢與匈奴得失,雖極得利時,而其失如此,以承上,即以起下,是上節之結尾,下節之冒頭。匈奴用趙信之計,遣使於漢,好辭請和親。天子下其議,或言和親,或言遂臣之。丞相長史任敞曰:"匈奴新破,困,宜可使爲外臣,朝請于邊。"漢使任敞於單于。單于聞敞計,大怒,留之,不遣。先是漢亦有所降匈奴使者,單于亦輒留漢使相當。寫匈奴與漢,絶無饒讓,是此傳本旨,故處處點明。漢方復收士馬,會驃騎將軍去病死,於是漢久不北擊胡。欲約和親,留漢使一。

① 至,中華書局本《史記》作"置"。

數歲，伊稚斜單于立，十三年死，子烏維立爲單于。是歲，漢元鼎三年也。烏維單于立，而漢天子始出巡郡縣。其後漢方南誅兩越，不擊匈奴，匈奴亦不侵入邊。寫匈奴與漢亦只兩平。○不擊匈奴二。

烏維單于立三年，漢已滅南越，遣故太僕賀，將萬五千騎，出九原二千餘里，至浮苴井而還，不見匈奴一人。"不見匈奴"三，應匈奴遠遁。漢又遣故從驃侯趙破奴，萬餘騎，出令居數千里，至匈奴河水而還，亦不見匈奴一人。"不見匈奴"四。

是時天子巡邊，至朔方，勒兵十八萬騎，以見武節，而使郭吉風告單于。郭吉既至匈奴，匈奴主客問所使，郭吉禮卑言好，曰："吾見單于而口[①]言。"單于見吉，吉曰："南越王頭，已懸於漢北闕。今單于能，即前與漢戰，天子自將兵待邊；單于即不能，即南面而臣於漢。何徒遠走，亡匿於幕北寒苦無水草之地，長句。毋爲也。"字字壯響，千載之下，如耳聞之。語卒，而單于大怒，立斬主客見者，而留郭吉不歸，遷之北海上。而單于終不肯爲寇於漢邊，休養息士馬，習射獵，數使使於漢，好辭甘言，求請和親。匈奴好詞和親五。

漢使王烏等窺匈奴。匈奴法，漢使非去節，而以墨黥其面者，不得入穹廬。王烏，北地人，習胡俗，去其節，黥面，得入穹廬。單于愛之，佯許甘言，爲遣其太子入漢爲質，以求和親。匈奴佯許入質和親六。

漢使楊信于匈奴。是時漢東拔穢貉、朝鮮以爲郡，而西置酒泉郡，以鬲絕胡與羌通之路。漢又西通月氏、大夏，又以公主妻烏

① 口，底本作"日"，疑訛，據校本改。

孫王,以分匈奴西方之援國。又北益廣田至胘靁爲塞,而匈奴終不敢以爲言。插敘一段,爲漢生色,正爲漢欲臣從匈奴,先出注脚。是歲翕侯信死,漢用事者,以匈奴爲已弱,可臣從也。楊信爲人,剛直屈强,間接楊信。素非貴臣,單于不親。單于欲召入,不肯去節,單于乃坐穹廬外見楊信。楊信既見單于,說曰:"即欲和親,以單于太子爲質於漢。"單于曰:"非故約。故約,漢常遣公主[①],給繒絮食物有品,以和親,而匈奴亦不擾邊。今乃欲反古,令吾太子爲質,無幾矣。"匈奴不遣太子七。匈奴俗見漢使,非中貴人,其儒先,以爲欲說折其辯;其少年,以爲欲刺,折其氣。每漢使入匈奴,匈奴輒報償。漢留匈奴使,匈奴亦留漢使,必得當乃肯止。又插一段,與前相稱,寫匈奴與漢終不相下,以破臣從之說,與不諾楊信,留路充國之故,關合前後。

楊信既歸,漢使王烏,而單于復讇以甘言,欲多得漢財物,紿謂王烏曰:"吾欲入漢見天子,面相約爲兄弟。"王烏歸報漢,漢爲單于築邸於長安。遣太子,約和親,面約兄弟。匈奴節節虛詞,漢事事崇信。匈奴曰:"非得漢貴人使,吾不與誠語。"匈奴使其貴人至漢,病,漢予藥,欲愈之,不幸而死。而漢使路充國,佩二千石印綬,往使,因送其喪,厚葬,直數千金,曰"此漢貴人也"。單于以爲漢殺吾貴使者,乃留路充國不歸。諸所言者,單于特空紿王烏,殊無意入漢及遣太子來質。於是匈奴數使奇兵侵犯邊。漢乃拜郭昌爲拔胡將軍,及浞野侯,屯朔方,以東備胡。匈奴無意入漢,留使者入犯邊八。路充國留匈奴三歲,單于死。

烏維單于立十歲而死,子烏師廬立爲單于。年少,號爲兒單

① 公主,中華書局本《史記》作"翁主"。

于。是歲元封六年也。自此之後，單于益西北，左方兵直雲中，右方直酒泉、燉煌郡。

兒單于立，漢使兩使者，一弔單于，一弔右賢王，欲以乖其國。使者入匈奴，匈奴悉將致單于。單于怒，而盡留漢使。漢使留匈奴者，前後十餘輩，而匈奴使來，漢亦輒留相當。寫漢終不能有加于匈奴。○匈奴留漢使九。

是歲，漢使貳師將軍廣利，西伐大宛，而令因杅將軍敖築受降城。先提，後乃序出。其冬，匈奴大雨雪，畜多饑寒死。兒單于年少，好殺伐，國人多不安。左大都尉欲殺單于，使人間告漢曰："我欲殺單于，降漢，漢遠，即兵來迎我，我即發。"初漢聞此言，故築受降城，猶以爲遠。註明築受降城。

其明年春，漢使浞野侯破奴，將二萬餘騎，出朔方西北二千餘里，期至浚稽山而還。浞野侯既至期而還，左大都尉欲發而覺，單于誅之，發左方兵擊浞野。浞野侯行捕首鹵數千人還。未至受降城四百里，匈奴兵八萬騎圍之。浞野侯夜自出求水，匈奴間捕，生得浞野侯，因急擊其軍。軍中郭縱爲護，維王爲渠，相與謀曰："及諸校尉畏亡將軍而誅之，莫相勸歸。"軍遂沒於匈奴。匈奴兒單于大喜，遂遣奇兵攻受降城。不能下，乃寇入邊而去。浞野侯降匈奴。匈奴入邊十。其明年，單于欲自攻受降城，未至，病死。

兒單于立三歲而死。子年少，匈奴乃立其季父烏維單于弟右賢王呴犁湖爲單于。是歲太初三年也。匈奴欲攻受降城，十一。

呴犁湖單于立，漢使光祿徐自爲，出五原塞數百里，遠者千餘里，築城鄣列亭，至廬朐，而使游擊將軍韓說、長平侯衛伉，屯其旁，使彊弩都尉路博德，築居延澤上。

其秋,匈奴大入定襄、雲中,殺略數千人,敗數二千石而去,行破壞光祿所築城列亭鄣。又使右賢王入酒泉、張掖,略數千人。會任文擊救,盡復失所得而去。漢築城鄣,匈奴入邊,十二。是歲,貳師將軍破大宛,斬其王而還。匈奴欲遮之,不能至。匈奴欲遮貳師,十三。其冬,欲攻受降城,會單于病死。

呴犂湖單于立一歲死。匈奴乃立其弟左大都尉且鞮侯爲單于。匈奴欲攻受降城,十四。

漢既誅大宛,威振①外國。天子意欲遂困胡,乃下詔曰:"高皇帝遺朕平城之憂,高后時單于書絕悖逆。昔齊襄公復百世之讐,《春秋》大之。"是歲太初四年也。漢欲困匈奴十五。

且鞮侯單于既立,盡歸漢使之不降者。路充國等得歸。單于初立,恐漢襲之,乃自謂"我兒子,安敢望漢天子!漢天子,我丈人行也"。漢遣中郎將蘇武,厚幣賂遺單于。單于益驕,禮甚倨,非漢所望也。寫漢終不能有加于匈奴。○匈奴歸漢使十六。其明年,浞野侯破奴得亡歸漢。浞野侯亡歸十七。

其明年,漢使貳師將軍廣利,以三萬騎出酒泉,擊右賢王於天山,得胡首虜萬餘級而還。匈奴大圍貳師將軍,幾不脫。漢兵物故什六七。李廣利擊匈奴十八。漢復使因杅將軍敖,出西河,與彊弩都尉會涿涂山,毋所得。因杅將軍出西河十九。又使騎都尉李陵,將步騎五千人,出居延北千餘里,與單于會,合戰,陵所殺傷萬餘人,兵及食盡,欲解歸,匈奴圍陵,陵降匈奴,其兵遂沒,得還者四百人。單于乃貴陵,以其女妻之。李陵降匈奴二十。

後二歲,復使貳師將軍將六萬騎,步兵十萬,出朔方。彊弩都

① 振,中華書局本《史記》作"震"。

尉路博德,將萬餘人,與貳師會。游擊將軍說,將步騎三萬人,出五原。因杅將軍敖,將萬騎,步兵三萬人,出鴈門。匈奴聞,悉遠其累重於余吾水北,而單于以十萬騎待水南,與貳師將軍接戰。貳師,乃解而引歸,與單于連戰十餘日。貳師聞其家以巫蠱族滅,因并衆降匈奴,得來還,千人一兩人耳。游擊說無所得。因杅敖與左賢王戰,不利,引歸。是歲漢兵之出擊匈奴者,不得言功多少,功不得御。貳師降匈奴二十一。一路寫匈奴少衰,漢得少利矣,乃以上四節,降者、物故者、毋所得者,終不能有加于匈奴,而損失日甚,以著開邊之失。有詔捕太醫令隨但,言貳師將軍家室族滅,使廣利得降匈奴。借沒要緊人,以不了了語結,若尚有半篇文字在後,如臨涯遠望,而天連秋水,極目無邊。〇漢不擊匈奴,至復擊匈奴,是第十節。

太史公曰:孔氏著《春秋》,隱桓之間則章,至哀定[①]之際則微,爲其切當世之文,而罔襃,忌諱之辭也。世俗之言匈奴者,患其徼一時之權,而務讇納其說,以便偏指,不參彼己;將率席中國廣大,氣奮,人主因以決策,是以建功不深。堯雖賢,興事業不成,得禹而九州寧。且欲興聖統,唯在擇任將相哉!唯在擇任將相哉!

一篇文字,分作十節,先序匈奴始末,後序漢與匈奴事。只平寫、直寫,草草率畧,而中間事情利害,一一現出,如唐太宗襲裘而來,真氣已驚戶牖,正不必多事裝束也。〇前半序匈奴事,先從諸戎翟序起,如終南萬嶺,積翠千重。後半序漢武事,如黄河九曲,驚濤萬里,各具一勝。〇序漢武馬邑以後,與匈奴相殺,各十餘萬人,草菅民命,實未能有加于匈奴,是史公作傳之旨。然只于武帝即位時,寫漢約和親,匈奴親漢,極言其盛,先提一案,後逐節逐事,據實直書,不作論斷,而得失自見。所云定哀以後多微詞也,與《平準》《封禪》,一樣序法。

---

① 哀定,中華書局本《史記》作"定哀"。

衛將軍驃騎列傳

大將軍衛青者，平陽人也。其父鄭季，爲吏，給事平陽侯家，衛氏始事平陽侯，後尚平陽主，故以平陽關鎖前後。與侯妾衛媼通，生青。青同母兄衛長子，丨此句截，下句連下。而姊衛子夫，自平陽公主家，得幸天子，故冒姓爲衛氏。以上四句一連，蓋子夫事，爲冒衛氏，倒提虛序也。其實因衛青序衛長子，作一層，因衛媼序衛孺少兒子夫步廣，作一層，而子夫得幸事，實序在後。字仲卿。長子更字長君。長君母號爲衛媼。丨蓋此時，始號爲衛媼，前衛媼，倒提也。媼長女衛孺，次女少兒，次女即子夫。後子夫男弟步、廣，皆冒衛氏。丨序完世系兄弟。

青爲侯家人，間接給事平陽家。少時歸其父，其父使牧羊。先母之子，皆奴畜之，不以爲兄弟數。"先母之子"，虛不序。青嘗從入至甘泉，居室，有一鉗徒相青曰："貴人也，官至封侯。"青笑曰："人奴之"人奴之"，妙！猶曰"人奴視我耳"，是不平之語，作人奴之生，便不成句。生得毋笞罵，即足矣，安得封侯事乎！"丨

青壯，爲侯家騎，從平陽主。丨應還給事平陽家。建元二年春，青姊子夫，得入宮幸上。此方實序子夫得幸事。皇后，堂邑大長公主女也，無子，句。妬。句。大長公主聞衛子夫幸，有身，妬之，上"妬"，

乃皇后性妬,泛言。此"妬之",是大長公主代皇后妬,妬子夫也。乃使人捕青。青時給事建章,未知名。大長公主執囚青,欲殺之。因子夫得貴,乃先因子夫欲殺。史公照應感慨。其友騎郎公孫敖與壯士篡取之,以故得不死。上聞,乃召青爲建章監,侍中,應給事建章。及同母昆弟貴,衛長君步廣。賞賜數日間累千金。先敘昆弟。孺爲太僕公孫賀妻。少兒故與陳掌通,上召貴掌。後序二姊。公孫敖由此益貴。點還公孫敖。子夫爲夫人。青爲太[1]中大夫。丨又以子夫青雙結,以見衛青所以貴也。點次不爽。

元光五年,青爲車騎將軍,擊匈奴,出上谷;太僕公孫賀爲輕車將軍,出雲中;太中大夫公孫敖,爲騎將軍,出代郡;衛尉李廣爲驍騎將軍,出鴈門:軍各萬騎。青至蘢城,斬首鹵數百。騎將軍敖,亡七千騎;衛尉李廣,爲鹵所得,得脱歸,皆當斬,贖爲庶人。賀亦無功。丨大將軍擊匈奴一。

元朔元年春,衛夫人有男,立爲皇后。夾序子夫事。其秋,青爲車騎將軍,出鴈門,三萬騎擊匈奴,斬首鹵數千人。丨大將軍擊匈奴二。明年匈奴入,殺遼西太守,鹵畧漁陽二千餘人,敗韓將軍軍。漢令將軍李息擊之,出代;令車騎將軍青,出雲中以西至高闕。遂畧河南地,至於隴西,捕首鹵數千,畜數十萬,走白羊、樓煩王。遂以河南地爲朔方郡。大將軍擊匈奴三。以三千八百戶,封青爲長平侯。青校尉兩"校尉"俱冠以"青"字,見因青而封也。蘇建有功,以千一百戶封建爲平陵侯。使建築朔方城。青校尉張次公有功,封爲岸頭侯。蘇建張次公,只虛序帶過。天子曰:"匈奴逆天理,亂人倫,暴

---

① 太,中華書局本《史記》作"大"。下同。

長虐老,以盜竊爲務,行詐諸蠻夷,造謀籍[①]兵,數爲邊害,故興師遣將,以征厥罪。《詩》不云乎,"薄伐玁狁,至于太原","出車彭彭,城彼朔方"。今車騎將軍青,度西河,至高闕,獲首虜二千三百級,前數千,此詳序二千三百,後三千七十一。車輜畜產,畢收爲鹵,已封爲列侯,遂西定河南地,按榆谿舊塞,絕梓領,梁北河,討蒲泥,破符離,按,行也;絕,度也;梁,爲橋也。字法峭!斬輕鋭之卒,捕伏聽者三千七十一級,伏聽、伏路,探聽之人也。執訊獲醜,驅馬牛羊百有餘萬,前數十萬,此百餘萬,詔書增多,若爲青飾功者。全甲兵而還,益封青三千戶。"|篇中俱以詔書代序事,此其一。其明年匈奴入,殺代郡太守友,入畧鴈門千餘人。其明年匈奴大入代、定襄、上郡,殺畧漢數千人。|匈奴兩入,不關兩將軍事,亦詳書者,以見兩將軍以匈奴重也。

其明年,元朔之五年,三"明年",後恐不清楚,故又點一筆。春,漢令車騎將軍青,將三萬騎,出高闕;衛尉蘇建爲游擊將軍,左內史李沮爲彊弩將軍,太僕公孫賀爲騎將軍,代相李蔡爲輕車將軍,皆領屬車騎將軍,俱出朔方;三將軍屬衛青。大行李息、岸頭侯張次公爲將軍,出右北平:兩將軍不屬衛青。咸擊匈奴。大將軍擊匈奴四。匈奴右賢王當衛青等兵,不當李息、張次公也。以爲漢兵不能至此,飲醉。漢兵夜至,圍右賢王,右賢王驚,夜逃,獨與其愛妾一人,壯騎數百,馳,潰圍北去。畧序,亦精當,簡盡。漢輕騎校尉郭成等,逐數百里,不及,得右賢裨王十餘人,眾男女萬五千餘人,畜數千百萬,於是引兵而還。至塞,天子使使者持大將軍印,即軍中拜車騎將軍青爲大將軍,諸將皆以兵屬大將軍,至是,則李息、張次公,兩將軍亦

① 籍,中華書局本《史記》作"藉"。

屬之矣。大將軍立號而歸。"即軍中拜""持印""立號",形容點染色澤如新。天子曰:"大將軍青,躬率戎[①]士,師大捷,獲匈奴王十有餘人,益封青六千戶。"而封青子伉爲宜春侯,青子不疑爲陰安侯,青子登爲發干侯。詔書二。青固謝,曰:"臣幸得待罪行間,賴陛下神靈,軍大捷,皆諸校尉力戰之功也。陛下幸已益封臣青。臣青子在繈褓中,未有勤勞,上幸列地封爲三侯,非臣待罪行間,所以勸士力戰之意也。伉等三人,何敢受封!"天子曰:"我非忘諸校尉功也,今固且圖之。"封拜事,借青之一辭,中作一折。乃詔御史曰:"護軍都尉公孫敖,三從大將軍擊匈奴,前蘇建、張次公,則曰"青校尉",此封公孫敖等,則曰"從大將軍"。常護軍,傅校獲王,以千五百戶,封敖爲合騎侯。都尉韓説從大將軍出窳渾,至匈奴右賢王庭,爲麾下搏戰獲王,以千三百戶,封説爲龍頟侯。騎將軍公孫賀從大將軍獲王,以千三百戶,封賀爲南窌侯。輕車將軍李蔡再從大將軍獲王,以千六百戶,封蔡爲樂安侯。四人列序。校尉李朔,校尉趙不虞,校尉公孫戎奴,各三從大將軍獲王,以千三百戶,封朔爲涉軹侯。以千三百戶,封不虞爲隨成侯。以千三百戶,封戎奴爲從平侯。三人總序,一篇之中變法。將軍李沮、李息及校尉豆如意,有功,賜爵關內侯,食邑各三百戶。"丨又帶序,變法。○詔書三。其秋匈奴入代殺都尉朱英。丨夾序匈奴事。

其明年春,大將軍青,出定襄,合騎侯敖爲中將軍,太僕賀爲左將軍,翕侯趙信爲前將軍,衛尉蘇建爲右將軍,郎中令李廣爲後將軍,左內史李沮爲彊弩將軍,咸屬大將軍,斬首數千級而還。丨大

① 戎,底本作"戌",疑誤,據校本改。

將軍擊匈奴五。月餘,悉復出定襄擊匈奴,斬首鹵萬餘人。大將軍擊匈奴六。右將軍建、前將軍信,并軍三千餘騎,獨逢單于兵,與戰一日餘,漢兵且盡。前將軍故胡人,降爲翕侯,見急,匈奴誘之,遂將其餘騎可八百,犇降單于。右將軍蘇建,盡亡其軍,獨以身得亡去,自歸大將軍。大將軍問其罪正閎、長史安、議郎周霸等:"建當云何?"霸曰:"自大將軍出,未嘗斬裨將。今建棄軍可斬,以明將軍之威。"一段論法。閎、安曰:"不然。兵法'小敵之堅,大敵之禽也'。今建以數千,當單于數萬,力戰一日餘,士盡,不敢有二心,自歸。自歸而斬之,是示後無反意也。不當斬。"一段論理。大將軍曰:"青幸得以肺腑待罪行間,不患無威,而霸說我以明威,甚失臣意。且使臣職雖當斬將,以臣之尊寵,而不敢自擅,專誅于境外,而具歸天子,天子自裁之,於是以見爲人臣不敢專權,不亦可乎?"前兩議已盡,而大將軍之議,復進一層,退讓和柔,正從此看出。軍吏皆曰"善"。遂囚建詣行在所。|"囚建""赦建",作兩節寫。入塞,罷兵。

是歲也,大將軍姊子霍去病此兩人合傳也,插入霍去病,無痕,另一種筆法。年十八,句。幸,句。爲天子侍中。善騎射,再從大將軍,驃騎擊匈奴一。擊匈奴二。受詔,與壯士,爲剽姚校尉,與輕勇騎八百,直棄大軍數百里赴利,斬捕鹵首①過當。於是天子曰:"剽姚校尉去病,斬首鹵二千二十八級,及相國、當戶,斬單于大父行籍若侯產,生捕季父羅姑比,再冠軍,以千六百戶,封去病爲冠軍侯。上谷太守郝賢,四從大將軍,郝賢雖四從大將軍,而實因驃騎封也,後總序

① 鹵首,中華書局本《史記》作"首虜"。

可見。捕斬首鹵二千餘人，以千一百戶，封賢爲衆利侯。”詔書四。是歲，失兩將軍軍，亡翕侯，軍功不多，故大將軍不益封。|接序在後，正與去病相形。右將軍建至，間接。天子不誅，赦其罪，贖爲庶人。|

大將軍既還，賜千金。大將軍不益封，但借賜金，插入閒事，作餘波。是時王夫人方幸於上，甯乘說大將軍曰：“將軍所以功未甚多，身食萬戶，三子皆爲侯者，徒以皇后故也。一路序大將軍戰功，幾忘却本來面目，又借閒事一點，奇妙至此。今王夫人幸而宗族未富貴，願將軍奉所賜千金，爲王夫人親壽。”王夫人，正爲子夫照應。大將軍壽王夫人親，正爲堂邑公主囚衛青照應。大將軍乃以五百金爲壽。天子聞之，問大將軍，大將軍以實言，上乃拜甯乘爲東海都尉。|

張騫從大將軍，以嘗使大夏，留匈奴中久，導軍，知善水草處，軍得以無饑渴，因前使絕國功，封騫博望侯。|張騫事插序。

冠軍侯去病既侯三歲，以下序去病事。元狩二年春，以冠軍侯去病，爲驃騎將軍，將萬騎，出隴西，有功。驃騎擊匈奴三。天子曰：“驃騎將軍，率戎士，踰烏盭，討遬濮，涉狐奴，歷五王國，輜重人衆，慴慴者弗取，冀獲單于子。序功處，爲去病說高一層。轉戰六日，過焉支山千有餘里，合短兵，殺折蘭王，斬盧胡王，誅全甲，句法峭。執渾邪王子，及相國、都尉，首鹵八千餘級，收休屠祭天金人，益封去病二千戶。”詔書五。

其夏，驃騎將軍與合騎侯敖，俱出北地，異道；博望侯張騫、郎中令李廣，俱出右北平，異道：皆擊匈奴。驃騎擊匈奴四。郎中令將四千騎，先至，博望侯將萬騎，在後至。匈奴左賢王將數萬騎，圍郎中令，郎中令與戰二日，死者過半，所殺亦過當。博望侯至，匈奴兵引去。博望侯坐行留,當斬,贖爲庶人。而驃騎將軍出北地,已遂深入,與合騎侯失道,不相得,驃騎將軍踰居延,至祁連山,捕首鹵甚多。天子曰:"驃騎將軍踰居延,遂過小月氏,攻祁連山,得酋涂王,以衆降者二千五百人,斬首鹵三萬二百級,獲五王,五王母,單于閼氏、王子五十九人,相國、將軍、當戶、都尉六十三人,師大率減什三,降級處,極力鋪張;喪師處,一句帶過,回護掩飾,兩俱有之。益封去病五千戶。賜校尉從至小月氏,爵左庶長。鷹擊司馬破奴,再從驃騎將軍斬遬濮王,捕稽且王①,千騎將得王、王母各一人,王子以下四十一人,捕鹵三千三百三十人,前行捕鹵千四百人,以千五百戶封破奴爲從驃侯。校尉句王高不識,從驃騎將軍捕呼于屠王,王子以下十一人,捕鹵千七百六十八人,以千一百戶,封不識爲宜冠侯。校尉僕多,有功,封爲煇渠侯。"合騎侯敖,坐行留,不與驃騎會,當斬,贖爲庶人。丨詔書六。諸宿將所將士馬兵,亦不如驃騎,驃騎所將常選,然亦敢深入,常與壯騎,先其大將軍,軍亦有天幸,未嘗困絶也。然而諸宿將,常坐留落不遇。插散序一段,凡作三折,感歎頓挫,極爲丰神,是史公妙處。由此驃騎日以親貴,比大將軍。丨前後俱寫驃騎事,即因驃騎點大將軍,夾序一筆,回顧本傳。

其秋,單于怒渾邪王居西方,數爲漢所破,亡數萬人,以驃騎之兵也。前點大將軍,此仍歸到還驃騎。單于怒,欲召誅渾邪王。渾邪王與休屠王等謀,欲降漢,使人先遣使向邊境,要遮漢人,令報天子。要邊。是時大行李息,將城河上,得渾邪王使,即馳傳以

① 且王,中華書局本《史記》作"沮王"。

聞。天子聞之,於是恐其以詐降而襲邊,乃令驃騎將軍,將兵往迎之。驃騎既渡河,與渾邪王衆相望。渾邪王裨將,見漢軍,而多欲不降者,頗遁去。故贜一筆。驃騎乃馳入,與渾邪王相見,即攙入一筆,極寫去病。斬其欲亡者八千人,驃騎擊匈奴五。遂獨遣渾邪王,乘傳先詣行在所,盡將其衆渡河,降者數萬,號稱十萬。寫得氣概出群,英武之甚!既至長安,天子所以賞賜者數十巨萬。封渾邪王萬戶,爲漯陰侯。封其裨王呼毒尼爲下麾[①]侯,鷹庇爲煇渠侯,禽黎[②]爲河綦侯,大當戶銅離爲常樂侯。帶序完渾邪王事。於是天子嘉驃騎之功,曰:"驃騎將軍去病,率師攻匈奴西域王渾邪王,及厥衆萌,咸相犇,率以軍糧接食,并將控弦萬有餘人,誅獟駻,獲首鹵八千餘級,降異國之王三十二人,戰士不離傷,十萬之衆,咸懷集服,仍與之勞,分功與之也。爰及河塞,庶幾無患,幸既永綏矣。以千七百戶,益封驃騎將軍。"減隴西、北地、上郡戍卒之半,以寬天下之繇。詔書七。

居頃之,乃分徙降者邊五郡故塞外,而皆在河南,因其故俗,爲屬國。其明年,匈奴入右北平、定襄,殺畧漢千餘人。又帶序匈奴入漢。

其明年,天子與諸將議曰:"翕侯趙信,爲單于畫計,常以爲漢兵不能度幕指漢兵不能度幕也。輕留,單于故輕留也。今大發士卒,其勢必得所欲。"一段大議,只此數語,簡淨之妙!是歲元狩四年也。

元狩四年春,上令大將軍青、驃騎將軍去病大將軍、驃騎合序。將各五萬騎,步兵轉者踵軍數十萬,步兵轉餉,踵軍之後者,數十萬人

① 麾,中華書局本《史記》作"摩"。
② 黎,中華書局本《史記》作"棃"。

也。而敢力戰深入之士，皆屬驃騎。應所將常選。驃騎始爲出定襄，當單于。捕鹵言單于東，乃更令驃騎出代郡，令大將軍出定襄。曲折寫來，正見寵驃騎處。郎中令爲前將軍，太僕爲左將軍，主爵趙食其爲右將軍，平陽侯襄爲後將軍，皆屬大將軍。兵即度幕，人馬凡五萬騎，前各五萬騎。此五萬騎，單指大將軍所將。與驃騎等咸擊匈奴單于。大將軍擊匈奴七。驃騎擊匈奴六。趙信爲單于謀曰："漢兵既度幕，人馬罷，匈奴可坐收鹵耳。"應趙信爲單于畫計。乃悉遠北其輜重，皆以精兵待幕北。而適值大將軍軍，出塞千餘里，見單于兵，陳而待，先寫單于陳。於是大將軍令武剛車自環爲營，後寫大將軍陳。而縱五千騎，往當匈奴。前寫大將軍縱。匈奴亦縱，可萬騎。後寫匈奴縱。兩邊已合，正倥偬時，中間又借大風作一襯。事固雄奇，文亦英邁。會日且入，大風起，砂礫擊面，兩軍不相見，漢益縱左右翼繞單于。又寫漢兵縱，作兩層寫，妙！單于視漢兵多，而士馬尚彊，戰而匈奴不利，薄暮，單于遂乘六羸，壯騎可數百，直冒漢圍，西北馳去。時已昏，漢匈奴相紛挐，殺傷大當。前兩邊相持，此一邊已颺去。"紛挐"云者，正單于已去之後，補寫一筆，餘勢猶勁也。大當，蓋大畧相當耳。漢軍左校捕鹵，言單于未昏而去，|追叙一筆，蓋薄暮已去，至此乃知也。漢軍因發輕騎，夜追之，大將軍軍，因隨其後。匈奴兵亦散走。前兩合，至此乃兩散。遲明，行二百餘里，不得單于，頗捕斬首鹵萬餘級，|此段寫戰極有色澤，即日且入、薄暮、已昏、夜、遲明，逐節寫來，委蛇容與，章法布置極妙。遂至窴顏山趙信城，得匈奴積粟食軍。軍留一日而還，悉燒其城餘粟以歸。|一段大文，又作此一振，爲餘勢。

大將軍之與單于會也，又提一句直接。而前將軍廣、右將軍食其軍，別從東道，或失道，後擊單于。大將軍引還，過幕南，乃得前

將軍、右將軍。大將軍欲使使歸報,令長史簿責前將軍廣,廣自殺。右將軍至,下吏,贖爲庶人。大將軍軍入塞,又提一句,直接。凡斬捕首虜萬九千級。|一總序功。

是時匈奴衆失單于十餘日,右谷蠡王聞之,自立爲單于。單于後得其衆,右王乃去單于之號。|帶序匈奴事,"失單于",正應六贏冒圍。

驃騎將軍亦將五萬騎,又補一句五萬騎,是驃騎所將,前合敘,此與上兩分。車重與大將軍軍等,而無裨將。應郎中廣等四將軍。悉以李敢等爲大校,當裨將,出代、右北平千餘里,直左方兵,所斬捕功,已多大將軍。寫大將軍戰功,極力鋪序,而驃騎功多于大將軍,反只虛點一筆,于詔中詳序,是史公春秋處。軍既還,天子曰:"驃騎將軍去病率師,躬將所獲葷粥之士,約輕齎,絕大幕,涉獲章渠,以誅比車耆,轉擊左大將,斬獲旗鼓,歷涉離侯。濟弓閭,獲屯頭王、韓王等三人,將軍、相國、當戶、都尉八十三人,封狼居胥山,禪于姑衍,登臨翰海。執鹵獲醜,七萬有四百四十三級,師率減什三,取食於敵,逴行殊遠,而糧不絕,此詔極序驃騎,而大將軍一段戰功,一字不及。以五千八百戶,益封驃騎將軍。"右北平太守路博德,屬驃騎將軍,會與城,不失期,從至檮余山,斬首捕鹵二千七百級,以千六百戶,封博德爲符離侯。北地都尉邢山,從驃騎將軍獲王,以千二百戶,封山爲義陽侯。故歸義因淳王復陸支、樓專王伊即靬皆從驃騎將軍,有功,以千三百戶,封復陸支爲壯侯,以千八百戶封伊即靬爲衆利侯。從驃侯破奴、昌武侯安稽從驃騎有功,益封各三百戶。校尉敢得旗鼓,爲關內侯,食邑二百戶。校尉自爲,爵大庶長。詔書八。軍吏卒爲官,賞賜甚多。而大將軍不得益封,軍吏卒皆無封

侯者。|兩將軍事,一實序,一詔序;一益封,一不益封。兩兩對照,又借軍吏相形,此中固多感慨。

兩軍之出塞,塞閲官及私馬凡十四萬匹,而復入塞者不滿三萬匹。|止序功伐,而喪師處竟不提起,只師減什三一句,約畧過去,此詔旨也。而史公亦不明言,却于馬數上閒閒點出,馬猶如此,人其幾何,一片文情,正于閒處著色也。乃益置大司馬位,大將軍、驃騎將軍,皆爲大司馬。定令,令驃騎將軍秩禄與大將軍等。又于位次上點明。自是之後,大將軍青日退,而驃騎日益貴。上驃騎親貴比大將軍,此驃騎更進于大將軍,逐段加增,文法點次之妙。舉大將軍故人門下多去事驃騎,輒得官爵,唯任安不肯。|序兩將軍進退,已極明矣。又借故人門下、借任安作餘波,作感慨,史公每于閒處著色。

驃騎將軍爲人兩將軍事兩兩夾序完,此用驃騎爲人、大將軍爲人,兩比雙結。少言不泄,有氣敢任。天子嘗欲教之孫吴兵法,對曰:"顧方畧何如耳,不至學古兵法。"天子爲治第,令驃騎視之,對曰:"匈奴未滅,無以家爲也。"由此上益重愛之。寫驃騎靈巧。然少而侍中,句。貴,句。不省士。其從軍,天子爲遣太官齎數十乘,既還,重車餘棄粱[①]肉,而士有饑者。其在塞外,卒乏糧,或不能自振,而驃騎尚穿域蹋鞠。事多此類。寫驃騎是少年撇脱,意氣磊落。大將軍爲人仁善退讓,以和柔自媚於上,然天下未有稱也。|寫大將軍是老成持重,兩兩對照,天下未有稱,直至贊中説明。

驃騎將軍自四年軍後三年,元狩六年而卒。天子悼之,發屬國玄甲軍,陳自長安至茂陵,喪儀。爲冢象祁連山。塋域。謚之,并武與廣地曰景桓侯。子嬗代侯。嬗少,字子侯,上愛之,幸其壯而

---

① 粱,底本作"梁",疑誤,據中華書局本《史記》改。

將之。居六歲,元封元年,嬗卒,謚哀侯。無子,絕,國除。丨序完驃騎事。

自驃騎將軍死後,前因大將軍,帶出驃騎;此因驃騎死,帶出大將軍。章法連環之妙。大將軍長子宜春侯伉坐法失侯。後五歲,伉弟二人,陰安侯不疑,及發干侯登,皆坐酎金失侯。失侯後二歲,冠軍侯國除。其後四年,大將軍青卒,謚爲烈侯。子伉代爲長平侯。丨伉代侯事在後,失侯事亦在後,頓住,序擊匈奴事,諸本以十四年爲伉之卒,夫伉此時何嘗死乎?

自大將軍圍單于之後,十四年而卒。竟不復擊匈奴者,以漢馬少,前官私馬損失,以爲閒閒點次耳,孰知竟爲馬少不擊匈奴張本哉?《史記》,夫豈可草草讀過?而方南誅兩越,東伐朝鮮,擊羌、西南彝,以故久不伐胡。丨兩將軍與擊匈奴事終身,故終以匈奴事結。

大將軍以其得尚平陽公主尚主事,只點一句。故,長平侯伉代侯。六歲,坐法失侯。

左方宋本作"左方",從之。兩大將軍及諸裨將名:句。

最最,《索隱》曰"凡計"也。大將軍青,凡七出擊匈奴,斬捕首鹵五萬餘級。一與單于戰,收河南地,遂置朔方郡,再益封,凡萬一千八百戶。封三子爲侯,侯千三百戶。并之萬五千七百戶。丨又總序功次,結上起下。其校尉裨將,以從大將軍侯者九人。公孫賀、公孫敖、李蔡、張次公,蘇建、韓說、李朔、趙不虞、公孫戎奴,其李朔以下三人,後無傳。其裨將及校尉已爲將者十四人。以下十四人,不序封侯者,但序爲將者。爲裨將者曰,李廣,自有傳。丨李廣有傳,不在十四人之列。無傳者曰:

將軍公孫賀。賀,義渠人,其先胡種。賀父渾邪,景帝時

爲平曲侯,坐法失侯。賀,武帝爲太子時舍人。武帝立八歲,以太僕爲輕車將軍,軍馬邑。後四歲,以輕車將軍出雲中。後五歲,以騎將軍從大將軍,有功,封爲南窌侯。後一歲,以左將軍再從大將軍,出定襄,無功。後四歲,以坐酎金失侯。後八歲,以浮沮將軍出五原二千餘里,無功。後八歲,以太僕爲丞相,封葛繹侯。賀七爲將軍,出擊匈奴,無大功,而再侯,爲丞相。坐子敬聲,與陽石公主奸,爲巫蠱,族滅無後。|賀妻即衛孺,青之姊,而去病之母姨也。

將軍李息,郁郅人。事景帝。至武帝立八歲,爲材官將軍,軍馬邑;後六歲,爲將軍,出代;後三歲,爲將軍,從大將軍出朔方:皆無功。凡三爲將軍,其後常爲大行。|

將軍公孫敖,義渠人。以郎事武帝。武帝立十二歲,爲驃騎將軍,出代,亡卒七千人,當斬,贖爲庶人。後五歲,以校尉從大將軍,有功,封爲合騎侯。後一歲,以中將軍從大將軍,再出定襄,無功。後二歲,以將軍出北地,後驃騎期,當斬,贖爲庶人。後二歲,以校尉從大將軍,無功。後十四歲,以因杅將軍築受降城。七歲,復以因杅將軍再出擊匈奴,至余吾,亡士卒多,下吏,當斬,詐死,亡居民間,五六歲。後發覺,復繫。坐妻爲巫蠱,族。凡四爲將軍,出擊匈奴,一侯。|

將軍李沮,雲中人。事景帝。武帝立十七歲,以左內史爲彊弩將軍。後一歲,復爲彊弩將軍。|

將軍李蔡,成紀人也。事孝文帝、景帝、武帝。以輕車將軍從大將軍,有功,封爲樂安侯。已爲丞相,坐法死。|

將軍張次公,河東人。以校尉從衛將軍青,有功,封爲岸

頭侯。其後太后崩,爲將軍,軍北軍。後一歲,爲將軍,從大將軍,再爲將軍,坐法失侯。次公父隆,輕車武射也。以善射,景帝幸近之也。|

將軍蘇建,杜陵人。以校尉從衛將軍青,有功,爲平陵侯,以將軍築朔方。後四歲,爲游擊將軍,從大將軍出朔方。後一歲,以右將軍再從大將軍出定襄,亡翕侯,失軍,當斬,贖爲庶人。其後爲代郡太守,卒,家①在大猶鄉。|

將軍趙信,以匈奴相國降,爲翕侯。武帝立十七歲,爲前將軍,與單于戰,敗,降匈奴。|

將軍張騫,以使通大夏還,爲校尉。從大將軍有功,封爲博望侯。後三歲,爲將軍,出右北平,失期,當斬,贖爲庶人。其後使通烏孫,爲大行而卒,家②在漢中。|

將軍趙食其,祋祤人也。武帝立二十二歲,以主爵爲右將軍,從大將軍出定襄,迷失道,當斬,贖爲庶人。|

將軍曹襄,以平陽侯爲後將軍,從大將軍出定襄。襄,曹參孫也。|

將軍韓說,弓高侯庶孫也。以校尉從大將軍有功,爲龍頟侯,坐酎金失侯。元鼎六年,以待詔爲橫海將軍,擊東越有功,爲按道侯。以太初三年爲游擊將軍,屯於五原外列城。爲光祿勳,掘蠱太子宮,衛太子殺之。|

將軍郭昌,雲中人也。以校尉從大將軍。元封四年,以太中大夫,爲拔胡將軍,屯朔方。還,擊昆明無功,奪印。|

---

① 家,中華書局本《史記》作"冢"。

② 家,中華書局本《史記》作"冢"。

將軍荀彘，太原廣武人。以御見，侍中，爲校尉，數從大將軍。以元封三年爲左將軍，擊朝鮮，無功。以捕樓船將軍，坐法死。|

最，驃騎將軍去病，凡六出擊匈奴，其四出，以將軍，斬捕鹵首①十一萬餘級。及渾邪王以衆降數萬，遂開河西酒泉之地，西方益少胡寇。四益封，凡萬五千一百戶。其校吏有功爲侯者凡六人，趙破奴、郝賢、高不識、僕多、路博德、邢山，其歸義王復陸支、伊即軒，亦從驃騎封，不序。而後爲將軍二人。|亦以將軍敘。

將軍路博德，平州人。以右北平太守從驃騎將軍，有功，爲符離侯。驃騎死後，博德以衛尉爲伏波將軍，伐破南越，益封。其後坐法，失侯爲彊弩都尉，屯居延，卒。|

將軍趙破奴，故九原人。嘗亡入匈奴，已而歸漢，爲驃騎將軍司馬。出北地，時有功，封爲從驃侯。坐酎金失侯。後一歲，爲匈河將軍，攻胡，至匈河水，無功。後二歲，擊鹵樓蘭王，復封爲浞野侯。後六歲，爲浚稽將軍，將二萬騎，擊匈奴左賢王，左賢王與戰，兵八萬騎圍破奴，破奴生爲鹵所得，遂沒其軍。居匈奴中十歲，復與其太子安國，亡入漢。後坐巫蠱，族。|

自衛氏興，大將軍青首封，其後枝屬爲五侯。凡二十四歲而五侯盡奪，衛氏無爲侯者。|又作一總，總收衛氏，感慨無限。

太史公曰：蘇建語余曰："吾嘗責大將軍，至尊重，而天下之賢大夫毋稱焉，願將軍觀古名將，所招選擇賢者，勉之哉。大將軍謝曰：

① 鹵首，中華書局本《史記》作"首虜"。

'自魏其、武安之厚賓客,天子常切齒。彼親附士大夫,招賢絀不肖者,人主之柄也。人臣奉法遵職而已,何與招士!'"此正爲篇中"天下未有稱"一句,作注脚。驃騎亦放此意,其爲將如此。驃騎畧帶一筆。

此傳是一篇大文字,載大將軍擊匈奴者七、驃騎擊匈奴者六,詔書、封拜敘功者八,附序諸將軍者十六。而匈奴之人,皇后王夫人之寵,兩將軍之爲人,經緯穿插,埋伏布置,首尾渾然,不露堆叠痕跡,豈非神手!〇篇中因寫戰功,文字澗大,故閒事便插不入,即如衛青尚平陽公主事,亦不及回筆,故只于篇末一點。作文家要忍于割捨,若貪于使事,便爲事累矣。今人作碑誌者,纖微必載,夫豈有好文也哉?〇正序片段大文之中,復帶風流感慨,然俱在無意中,不露一毫形跡,是史公妙處。〇戰功俱不實寫細序,只武剛車一段,寫得氣勢飛動,層折歷落,與《李將軍傳》一樣。

平津侯主父列傳

丞相公孫弘者，齊菑川國薛縣人也，字季。少時爲薛獄吏，伏。有罪，免。家貧，牧豕海上。年四十餘，乃學《春秋》雜説。養後母孝謹。｜兩節平序，却伏下案。

建元元年，天子初即位，招賢良文學之士。是時弘年六十，應"四十餘"。徵句。以賢良爲博士。使匈奴，還報，不合上意，上怒，以爲不能，弘乃病免歸。｜欲寫公孫發達，先寫其蹭蹬，數節之下至此又作一閃，可謂窮矣。

元光五年，有詔徵文學，菑川國復推上公孫弘。一跌之下，重復再起。弘讓謝國人曰："臣已嘗西應命，以不能罷歸，願更推選。"又借公孫之讓，再作一閃。國人固推弘，弘至太常。太常令所徵儒士各對策，百餘人，弘第①居下。臨時又作一閃。策奏，天子擢弘對爲第一。召入見，狀貌甚麗，拜爲博士。｜凡作幾閃幾跌之後，方爲公孫吐氣。是時通西南夷道，置郡，巴蜀民苦之，詔使弘視之。還奏事，盛毁西南夷無所用，上不聽。｜公孫遇主之後，可以一往得意矣，忽然又作

① 第，底本作"策"，疑誤，據校本改。

一閃,使人驚疑,文章之妙!

弘,爲人,恢奇,多聞,常稱以爲人主病不廣大,人臣病不儉節。弘爲布被,伏。食不重肉。伏。後母死,服喪三年。每朝會議,開陳其端,令人主自擇,不肯面折廷[①]爭。一閃之後,不即入事,重序其爲人,于空處寫數語以承上,即以起下,作文章過接,惟史公能之。於是天子察其行敦厚,應"孝謹"。辯論有餘,應"雜說"。習文法吏事,應"爲獄吏"。而又緣飾以儒術,應"學《春秋》"。公孫一生事,此一段括盡,通篇只寫此足矣。上大說之。寫公孫遇主處凡幾節。"上大說之"一。二歲中,至左内史。弘奏事,有不可,不庭辯之。嘗與主爵都尉汲黯,請間,汲黯先發之,弘推其後,即前"不肯面折廷爭"事,此又詳陳之。天子嘗[②]悅[③],所言皆聽,以此日益親貴。"天子說""言皆聽""日益親貴"二。常[④]與公卿約議,至上前,皆倍其約,以順上旨。寫公孫俱摹擬其心事,曲盡處神骨俱肖。汲黯庭詰弘曰:"庭詰"與"不肯廷爭"相照。"齊人多詐而無情實,始與臣等建此議,今皆倍之,不忠。"上問弘。弘謝曰:"夫知臣者以臣爲忠,不知臣者以臣爲不忠。"囫圇得妙!上然弘言。左右幸臣,每毀弘,上益厚遇之。"益厚遇之"三。

元朔三年,張歐免,以弘爲御史大夫。是時通西南夷,東置滄海,北築朔方之郡。弘數諫,以爲罷敝中國,以奉無用之地,願罷之。於是天子乃使朱買臣等,難弘,置朔方之便。發十策,弘不得

① 廷,中華書局本《史記》作"庭"。
② 嘗,中華書局本《史記》作"常"。
③ 悅,中華書局本《史記》作"說"。
④ 常,中華書局本《史記》作"嘗"。

一。|非果不能也,正寫其依阿逢世。弘乃謝曰:"山東鄙人,不知其便若是,是改口逢君之語,寫來刻入,吾故曰非不能也。願罷西南夷、滄海而耑奉朔方。"反進一步,逢君之妙。上乃許之。

汲黯曰:"弘位在三公,奉祿甚多。然爲布被,此詐也。"布被事至此始說明。上問弘。弘謝曰:"有之。夫九卿與臣善者,無過黯,然今日庭詰弘,誠中弘之病。夫以三公爲布被,誠飾詐欲以釣名。一段是自陳。且臣聞管仲相齊,有三歸,侈擬于君,桓公以霸,亦上僭於君。晏嬰相景公,食不重肉,妾不衣絲,齊國亦治,此下比於民。今臣弘位爲御史大夫,而爲布被,自九卿以下,至于小吏,無差,誠如汲黯言。一段是自比古人。且無汲黯忠,陛下安得聞此言。"末掉一句,歸至汲黯,曲曲寫來,如聽面談,機詐逼露。天子以爲謙讓,愈益厚之。|"愈益厚之"四。卒以弘爲丞相,封平津侯。

弘爲人意忌,外寬內深。諸嘗與弘有郤者,雖陽與善,陰報其禍。殺主父偃,徙董仲舒於膠西,皆弘之力也。一路序來,恐人忘公孫之奸,故又重點一段,直爲誅心,章法亦變化。食一肉,脫粟之飯。應"食不重肉","肉"被作兩處應。故人所善賓客,仰衣食,弘奉祿皆以給之,家無所餘。士亦以此賢之。|前語直誅其心,可謂刻矣,故又略揚數語,以掩飾之。

淮南、衡山謀反,治黨與方急。弘病甚,自以爲無功而封,位至丞相,"無功而封",反從公孫意中寫出,筆墨刻毒。宜佐明主,填撫國家,使人由臣子之道。今諸侯有畔逆之計,此皆宰相奉職不稱,恐竊病死,無以塞責。乃上書曰:"臣聞天下之通道五,所以行之者三。曰君臣,父子,兄弟,夫婦,長幼之序,此五者天下之通道也。智,仁,勇,此三者天下之通德,所以行之者也。故曰'力行近乎

仁,好問近乎智,知恥近乎勇'。知此三者,則知所以自治;知所以自治,然後知所以治人。天下未有不能自治,而能治人者也,此百世不易之道也。引書迂遠不切,正寫公孫之經術,如是而已。今陛下躬行大孝,鑒三王,建周道,兼文武,厲賢予祿,量能授官。今臣弘,罷駑之質,無汗馬之勞,陛下過意,擢臣弘卒伍之中,封爲列侯,致位三公。臣弘行能不足以稱,素有負薪之病,恐先狗馬填溝壑,終無以報德塞責。願歸侯印,乞骸骨,避賢者路。"天子報曰:"古者賞有功,褒有德,守成尚文,遭遇右武,未有易此者也。朕宿昔庶幾,獲承尊位,懼不能寧,惟所與共爲治者,君宜知之。蓋君子善善惡惡,君宜知之,兩"君宜知之",是隱語,是意會語,兩者默默心照。君若謹行,當在朕躬。君不幸罹霜露之病,何恙不已,猶曰"能一心爲忠臣,病自好也"。句法則峭。迺上書歸侯,乞骸骨,是章朕之不德也。今事少閒,君其省思慮,一精神,輔以醫藥。"因賜告牛酒雜帛。居數月,病有瘳,視事。|前寫公孫告病心事,若是純忠,至後視事,便爲彊顏,乃知前言是史公借此貶公孫耳,非其真意也。

元狩二年,弘病,竟以丞相終。子度嗣爲平津侯。度爲山陽太守,十餘歲,坐法失侯。|

主父偃者,齊臨菑人也。學長短縱横之術,晚乃學《易》《春秋》、百家言。晚學與公孫四十學《春秋》一樣。游齊諸生間,莫能厚遇也。一閃。齊諸儒生,相與排擯,不容於齊。二閃。家貧,假貸無所得,迺北游燕、趙、中山,皆莫能厚遇,爲客甚困。三閃。孝武元光元年中,以爲諸侯莫足游者,乃西入關,見衛將軍。衛將軍數言上,上不召。資用乏留久,諸公賓客多厭之,四閃。欲寫主父得君,先寫其困頓,一路逼來,與公孫一樣。乃上書闕下。朝奏,暮召入見。困便困煞，快便快煞，令人擊節。所言九事，其八事爲律令，一事諫伐匈奴。朝奏暮召，九言八從，極寫得意，忽于九事抽出一事，章法不板。其辭曰：

臣聞明主不惡切諫以博觀，忠臣不敢避重誅以直諫，是故事無遺策，而功流萬世。今臣不敢隱忠避死，以效愚計，願陛下幸赦而少察之。|一段冒。

《司馬法》曰："國雖大，好戰必亡；天下雖平，忘戰必危。"天下既平，天子大凱，春蒐秋獮，諸侯春振旅，秋治兵，所以不忘戰也。是武帝時之言。且夫怒者，逆德也；兵者，凶器也；爭者，末節也。古之人君，一怒必伏尸流血，故聖王重行之。夫務戰勝，窮武事者，未有不悔者也。是武帝時之言，移向高帝時不得，移向宣帝時不得，深中時弊，故能感動。昔秦皇帝任戰勝之威，蠶食天下，并吞戰國，海内爲一，功齊三代。務勝不休，欲攻匈奴，李斯諫曰："不可。夫匈奴無城郭之居，委積之守，遷徙鳥舉，難得而制也。輕兵深入，糧食必絶；踵糧以行，重不及事。得其地，不足以爲利也；遇其民，不可役而守也。勝必殺之，非民父母也。靡敝中國，快心匈奴，非長策也。"秦皇帝不聽，遂使蒙恬將兵攻胡，辟地千里，以河爲境。地固澤鹹鹵，不生五穀。然後發天下丁男以守北河。暴兵露師，十有餘年，死者不可勝數，終不能踰河而北。是豈人衆不足，兵革不備哉？其勢不可也。一頓又起。又使天下飛芻輓粟，起於東腄、琅邪負海之郡①，轉輸北河，率三十鍾而致一石。男子

① 起於東腄、琅邪負海之郡，中華書局本《史記》作"起於黄、腄、琅邪負海之郡"。

疾耕，不足於糧饟；女子紡績，不足於帷幕。百姓靡敝，孤寡老弱，不能相養，道路死者相望，蓋天下始畔秦也。|一段秦事詳。

及至高皇帝定天下，畧地於邊，聞匈奴聚于代谷之外，而欲擊之。御史成進諫曰："不可。夫匈奴之性，獸聚而鳥散，從之如搏影。今以陛下盛德攻匈奴，臣竊危之。"高帝不聽，遂北至於代谷，果有平城之圍。高皇帝蓋悔之甚，乃使劉敬往結和親之約，然後天下忘干戈之事。|一段高帝平城事畧。故兵法曰"興師十萬，日費千金"。夫秦常積衆暴兵數十萬人，一折。雖有覆軍殺將，係虜單于之功，亦適足以結怨深讎，不足以償天下之費。二折。夫上虛府庫，下敝百姓，甘心于外國，非完事也。三折。夫匈奴難得而制，非一世也。行盜侵驅，所以爲業也，天性固然。上及虞夏殷周，又追而上之。固弗程督，禽獸畜之，不屬爲人。四折。夫上不觀虞夏殷周之統，而下修近世之失，近世指秦皇漢高。此臣之所大憂，百姓之所疾苦也。五折。且夫兵久則變生，事苦則慮易。乃使邊境之民，靡敝愁苦，而有離心，將吏相疑而外市，故尉佗、章邯得以成其私也。夫秦政之所以不行者，權分乎二子，尉佗、章邯。此得失之效也。秦漢雙起，頂秦遺漢，爲漢諱也。故《周書》曰"安危在出令，存亡在所用"。願陛下詳察之，少加意而熟慮焉。奏詞前平平而起，忽將秦高立兩峯，後借此闡發，曲折詳盡。

是時趙人徐樂、齊人嚴安俱上書言世務，各一事。平空插入徐嚴，一連寫三篇書詞，安頓得宜，是大手筆。徐樂曰：

臣聞天下之患在於土崩，不在於瓦解，忽作奇語突起。古

今一也。|何謂土崩？秦之末世是也。陳涉無千乘之尊，尺土之地，身非王公大人名族之後，無鄉曲之譽，非有孔、墨、曾子之賢，陶朱、猗頓之富也，六句四十餘字，作一氣下。然起窮巷，奮棘矜，偏袒大呼而天下從風，此其故何也？由民困而主不恤，下怨而上不知也，俗已亂而政不修，三句一連，中插一"也"字，奇！此三者陳涉之所以爲資也。是之謂土崩。故曰天下之患在於土崩。|一結。何謂瓦解？吳、楚、齊、趙之兵是也。七國謀爲大逆，號皆稱萬乘之君，帶甲數十萬，威足以嚴其境內，財足以勸其士民，然不能西攘尺寸之地，而身爲禽於中原者，此其故何也？兩句對照。非權輕于匹夫而兵弱於陳涉也，當是之時，先帝之德澤未衰，而安土樂俗之民衆，故諸侯無境外之助。此之謂瓦解，故曰天下之患不在瓦解。|竟作兩比，截然對峙，文法精綻。由是觀之，天下誠有土崩之勢，雖布衣窮處之士或首惡而危海內，陳涉是也。況三晉之君或存乎！|天下雖未有大治也，誠能無土崩之勢，雖有彊國勁兵，不得旋踵而身爲禽矣，吳、楚、齊、趙是也。況群臣百姓，能爲亂乎哉！|即借陳涉、吳楚，一反一正，再作兩小比襯上，單頂"土崩"，不說"瓦解"，法少變。此二體者，安危之明要也，賢主所留意而深察也。|結一句，分上下半篇。

間者關東五穀不登，年歲未復，民多窮困，重之以邊境之事，推數循理而觀之，則民且有不安其處者矣。不安故易動。易動者土崩之勢也。|一轉"土崩"餘波。故賢主獨觀萬化之原，明于安危之機，修之廟堂之上，而銷未形之患。其要期使天下無土崩之勢而已矣。二轉。故雖有彊國勁兵，陛下逐走

獸，射蜚鳥，弘游燕之囿，淫縱恣之觀，極馳騁之樂，自若也。金石絲竹之聲不絶於耳，帷帳之私，俳優侏儒之笑不乏于前，十句一意，而句法變化，不嫌其多。而天下無宿憂。名何必湯武，俗何必成康！三轉。雖然，臣竊以爲陛下天然之聖，寬仁之資，而誠以天下爲務，則湯武之名不難侔，而成康之俗可復興也。|此二體者立，然後處尊安之實，揚名廣譽於當世，親天下而服四彝，餘恩遺德，爲數世隆，南面負扆，攝袂而揖王公，此陛下之所服也。|詞雄氣浩。臣聞圖王不成，其敝足以安。安則陛下何求而不得，何爲而不成，何征而不服乎哉！|以一瀉之勢，作收，又另一法。

嚴安上書曰：

臣聞周有天下，其治三百餘歲，成康其隆也，刑錯四十餘年而不用。及其衰也，亦三百餘歲，故五伯更起。五伯者，常佐天子興利除害，誅暴禁邪，匡正海內，以尊天子。一節。五伯既沒，賢聖莫續，天子孤弱，號令不行。諸侯恣行，彊凌[①]弱，眾暴寡，田常篡齊，六卿分晉，並爲戰國，此民之始苦也。於是彊國務攻，弱國備守，合從連横，馳車擊轂，介胄生蟣蝨，民無所告愬。|二節。

及至秦王，蠶食天下，并吞戰國，稱號曰皇帝，主海內之政，壞諸侯之城，銷其兵，鑄以爲鍾虡，示不復用。元元黎民，得免於戰國，逢明天子，人人自以爲更生。嚮使秦緩其刑罰，中作一曲。薄賦斂，省徭[②]役，貴仁義，賤權利，上篤厚，下知

① 凌，中華書局本《史記》作"陵"。
② 徭，中華書局本《史記》作"繇"。

巧,變風易俗,化於海内,則世世必安矣。三節。秦不行是風,而修其故俗,爲智巧權利者進,篤厚忠信者退;法嚴政峻,諂諛者眾,日聞其美,意廣心軼。欲肆威海外,乃使蒙恬將兵以北攻胡,辟地進境,戍於北河,蜚芻輓粟以隨其後。又使尉佗屠睢,將樓船之士,南攻百越,使監祿鑿渠運糧,深入越,越人遁逃。曠日持久,糧食絕乏,越人擊之,秦兵大敗。秦乃使尉佗將卒以戍越。當是時,秦禍北構于胡,南挂于越,宿兵無用之地,進而不得退。行十餘年,丁男被甲,丁女轉輸,苦不聊生,自經于道樹,死者相望。自"秦不行是風起",至此,三十餘句,一氣下,豪邁之甚。及秦皇帝崩,天下大叛。陳勝、吳廣舉陳,武臣、張耳舉趙,項梁舉吳,田儋舉齊,景駒舉郢,周市舉魏,韓廣舉燕,窮山通谷豪士並起,不可勝載也。然皆非公侯之後,非長官之吏也。無尺寸之勢,起閭巷,杖棘矜,應時而皆動,不謀而俱起,不約而同會,壤長地進,至于霸王,時教使然也。秦貴爲天子,富有天下,滅世絕祀者,窮兵之禍也。四節。故周失之弱,秦失之彊,不變之患也。|以上總結周、秦。

今欲招南夷,朝夜郎,降羌僰,略濊州,建城邑,深入匈奴,燔其蘢城,議者美之。此人臣之利也,非天下之長策也。一振。今中國無狗吠之驚,而外累於遠方之備,靡敝國家,非所以子民也。行無窮之欲,甘心快意,結怨於匈奴,非所以安邊也。禍結而不解,兵休而復起,近者愁苦,遠者驚駭,非所以持久也。今天下鍛甲砥劍,橋箭累弦,轉輸運糧,未見休時,此天下之所共憂也。夫兵久而變起,事煩而慮生。今外郡之地,或幾千里,列城數十,形束壤制,旁脅諸侯,非公室之

利也。|應"非天下之長策"。上觀齊晉之所以亡者,公室卑削,六卿大盛也;下觀秦之所以滅者,嚴法刻深,欲大無窮也。雙頂周秦應。今郡守之權,非特六卿之重也;地幾千里,非特閭巷之資也;甲兵器械,非特棘矜之用也:以遭萬世之變,則不可稱諱也。|忽然一卷竟住,又是一法。

書奏天子,天子召見三人,謂曰:"公等皆安在?何相見之晚也!"於是上乃拜主父偃、徐樂、嚴安爲郎中。|借武帝公等一語,總收三人,所云安頓之妙也。數見,上疏言事,詔拜偃爲謁者,遷樂爲中大夫。一歲中四遷偃。|一句側轉主父,下入主父傳。

偃説上曰:"古者諸侯不過百里,彊弱之形易制。今諸侯或連城數十,地方千里,緩則驕奢,易爲淫亂,急則阻其彊而合從以逆京師。今以法割削之,則逆節萌起,前日鼂錯是也。今諸侯子弟或十數,而適嗣代立,餘雖骨肉,無尺寸地封,則仁孝之道不宣。願陛下令諸侯得推恩分子弟,以地侯之。彼人人喜得所願,上以德施,實分其國,不削而稍弱矣。"於是上從其計。|又説上曰:"茂陵初立,天下豪傑并兼之家,亂民之眾[①],皆可徙茂陵,內實京師,外銷姦猾,此所謂不誅而害除。"上又從其計。|分封徙茂陵只畧寫,作兩"從其計"對照,書詞亦刪潤簡當。

尊立衛皇后,及發燕王定國陰事,偃有功焉[②]。|立后發燕事,只一句,簡而又簡,煩簡相參之妙。大臣皆畏其口,賂遺累千金。人或説偃曰:"太横矣。"主父曰:"臣結髮游學,四十餘年,身不得遂,親不以爲子,昆弟不收,賓客棄我,我阨日久矣。且丈夫生不五鼎食,

① 亂民之眾,中華書局本《史記》作"亂眾之民"。
② 偃有功焉,中華書局本《史記》作"蓋偃有功焉"。

死即五鼎烹耳。吾日暮途遠,故倒行暴施之。”丨主父爲人即借主父口中寫出。

偃盛言朔方地肥饒,外阻河,蒙恬城之,以逐匈奴,内省轉輸戍漕,廣中國,滅胡之本也。上覽其説,下公卿議,皆言不便。公孫弘曰:“秦時常發三十萬衆築北河,終不可就,已而棄之。”主父偃盛言其便,上竟用主父計,立朔方郡。丨朔方事亦只畧寫,與上配。

元朔二年,主父言齊王内淫軼,行僻,上拜主父爲齊相。丨至齊,遍召昆弟賓客,散五百金予之,數之曰:“始吾貧時,昆弟不我衣食,賓客不我内門;今吾相齊,諸君迎我或千里。吾與諸君絶矣,毋復入偃之門!”丨寫刻薄處,富貴吐氣處如聞其聲。乃使人以王與姊姦事動王,王以爲終不得脱罪,恐效燕王論死乃自殺。有司以聞。丨

主父始爲布衣時,嘗游燕、趙,及其貴,發燕事。趙王恐其爲國患,欲上書言其陰事,爲偃居中不敢發。及爲齊相,出關,即使人上書,告言主父偃受諸侯金,以故諸侯子弟,多以得封者。及齊王自殺,上聞,大怒,以爲主父劫其王令自殺,乃徵下吏治。主父服受諸侯金,實不劫王令自殺。上欲勿誅,是時公孫弘爲御史大夫,乃言曰:“齊王自殺,無後,國除爲郡,入漢,主父偃本首惡,陛下不誅主父偃,無以謝天下。”乃遂族主父偃。丨齊、趙事一齊搏挽總收完,淨是大筆力。

主父方貴幸時,賓客以千數,及其族死,無一人收者,唯獨洨孔車收葬之。天子後聞之,以爲孔車長者也。復摭其閒事結,正見昔之太横,與數昆弟①處,我以此驕人,人亦以此報我,驕横刻薄下場頭遂至此,

① 昆弟,底本作“艮弟”,疑誤,據校本改。

此深于歎世者也。

太史公曰：公孫弘行義雖修，然亦遇時。“遇時”是一篇主意。漢興八十餘年矣，上方鄉文學，招俊乂，以廣儒墨，弘爲舉首。主父偃當路，諸公皆譽之，及名敗身誅，士爭言其惡。悲夫！|

太皇太后詔大司徒大司空：“蓋聞治國之道，富民爲始；富民之要，在於節儉。《孝經》曰‘安上治民，莫善於禮’。‘禮，與奢也寧儉’。昔者管仲相齊桓，霸諸侯，有九合一匡之功，而仲尼謂之不知禮，以其奢泰侈擬於君故也。夏禹卑宮室，惡衣服，後聖不循。由此言之，治之盛也，德優矣，莫高於儉。儉化俗民，則尊卑之序得，而骨肉之恩親，爭訟之原息。斯乃家給人足，刑錯之本也歟？可不務哉！夫三公者，百寮之率，萬民之表也。未有樹直表而得曲影者也。孔子不云乎，‘子率以[①]正，孰敢不正’。‘舉善而教不能則勸’。維漢興以來，股肱宰臣，身行儉約，輕財重義，較然著明，未有若故丞相平津侯公孫弘者也。位在丞相而爲布被，脱粟之飯，不過一肉。故人所善賓客，皆分奉祿以給之，無有所餘。誠内自克約，而外從制。汲黯詰之，乃聞于朝，此可謂減於制度，而可施行者也。德優則行，否則止，與内奢泰，而外爲脆[②]服以釣虚譽者殊科。以病乞骸骨，孝武皇帝即制曰‘賞有功，褒有德，善善惡惡，君宜知之。其省思慮，存精神，輔以醫藥’。賜告治病，牛酒雜帛。居數月，有瘳，視事。至元狩二年，竟以善終於相位。夫知臣莫若君，此其效也。弘子度，嗣爵，後

① 以，中華書局本《史記》作“而”。
② 脆，中華書局本《史記》作“詭”。

爲山陽太守,坐法失侯。夫表德章義,所以率俗厲化,聖王之制,不易之道也。其賜弘後子孫之次當爲後者,爵關内侯,食邑三百戶,徵詣公車,上名尚書,朕親臨拜焉。”

公孫以議朔方、族主父,與主父是一時人,故扯冤家合傳,猶之袁盎、鼂錯也。〇寫公孫曲學阿世,徂詐隱忍,如秦庭之鏡,直見其肺肝。恐公孫自爲,亦不能透盡如此。〇主父傳中,忽帶序嚴、徐兩書,豈非難事?他却隨手拈來,即隨手放去,不見重疊痕跡。而主父書泛引時事,以曲折引入。徐樂書劈作奇峰,巉巖斬削。嚴安事,則由周至漢,逐段敷①衍,浩汗不窮。三書是三種筆法,所以使人不厭也。〇史公不喜公孫,故字字刻入,而其惡自見。偖先生乃補綴太后一詔,以襃封爲公孫之慶,便以公孫爲好人,錯認主意矣。其詔詞平直,不裁剪,更不佳也。

① 敷,底本作“放”,疑誤,據校本改。

南越尉佗列傳

南越王尉佗者，真定人也，姓趙氏。秦時已并天下，畧定楊越，置桂林、南海、象郡，以謫徙民，與越雜處先從南越序起。十三歲。佗，秦時用爲南海龍川令。丨始接入佗事。至二世時，南海尉任囂病且死，召龍川令趙佗再提龍川令，以接上，即以起下。語曰："聞陳勝等作亂，一句斷。秦爲無道，天下苦之，項羽、劉季、陳勝、吳廣等州郡各共興軍聚眾，虎爭天下，中國擾亂，未知所安，豪傑畔秦相立。是傳聞語。南海僻遠，吾恐盜兵侵地至此，吾欲興兵，絕新道，新道是秦時新開之道也。自備，待諸侯變，會病甚。一段備盜，借此爲名，虛。且番禺負山，險阻南海，東西數千里，頗有中國人相輔，此亦一州之主也，可以立國。一段欲自王是主意，實。郡中長吏，無足與言者，應龍川令。故召公告之。"即被佗書，行南海尉事。囂死，佗即移檄告横浦、陽山、湟谿關曰："盜兵且至，急絕道，聚兵自守！"承絕道備盜一段。因稍以法誅秦所置長吏，以其黨爲假守。秦已破滅，佗即擊并桂林、象郡，自立爲南越武王。丨承可以立國一段，佗即遵用任囂成策，以爲應合。高帝已定天下，爲中國勞苦，故釋佗弗誅。說得有體，正結虎爭天下，待諸侯變一案。漢十一年，遣陸賈因立

佗爲南越王,與剖符通使,和集百越,毋爲南邊患害,與長沙接境。|伏長沙,事詳在陸賈傳中。

高后時,有司請禁南越關市鐵器。佗曰:“高帝立我,通使物,今高后聽讒臣,別異蠻彝,隔絕器物,此必長沙王計也,欲倚中國,擊滅南越,而并王之,自爲功也。”於是佗乃自尊號爲南越武帝,發兵攻長沙邊邑,敗數縣而去焉。應長沙接境。高后遣將軍隆慮侯竈,往擊之。會暑濕,士卒大疫,兵不能踰嶺。歲餘高后崩,即罷兵。佗因此以兵威邊,財物賂遺閩越、西甌、駱,役屬焉,東西萬餘里。迺乘黃屋左纛,稱制,與中國侔。|極爲尉佗出色,應負山險阻,東西數千里,可以立國。

及孝文帝元年,初鎮撫天下,使告諸侯四彝從代來即位意,喻盛德焉。說得有體,與釋佗弗誅一樣體面語。乃爲佗親冢在真定,應“真定人”。置守邑,歲時奉祀。召其從昆弟,尊官厚賜寵之。先布置以買其心。詔丞相陳平等舉可使南越者,平言好畤陸賈,先帝時習使南越。應前。迺召賈以爲太中大夫,往使。因讓佗自立爲帝,曾無一介之使報者。文帝書畧。陸賈至南越,王甚恐,爲書謝,稱曰:“蠻彝大長老夫臣佗,前日高后隔異南越,竊疑長沙王讒臣,又遙聞高后盡誅佗宗族,掘燒先人冢,以故自棄,兩句應守冢奉祀,昆弟爲官,以見文帝妙用。犯長沙邊境。且南方卑濕,蠻彝中間,其東閩越千人眾,號稱王,其西甌駱裸國,亦稱王。老臣妄竊帝號,聊以自娛,豈敢以聞天王哉!”說得趣甚,亦是一時實情。乃頓首謝,願長爲藩臣,奉貢職。於是乃下令國中曰:“吾聞兩雄不俱立,兩賢不並世。妙在自占地步,想趙佗是一極聰明人。皇帝,賢天子也。自今以後,去帝制,黃屋左纛。”陸賈還報,孝文帝大說。遂至孝景時,帶序

景帝時便甚。稱臣,使人朝請。然南越其居國,竊如故號名,其使天子,稱王,朝命如諸侯。|極寫老佗遜處極遜,豪處極豪,讀之如見其人,是史公筆力。至建元四年卒。

佗孫胡爲南越王。此時閩越王郢,興兵擊南越邊邑,胡使人上書曰:“兩越俱爲藩臣,毋得擅興兵相攻擊。今閩越興兵侵臣,臣不敢興兵,唯天子詔之。”便寫得一味恭遜,不如老佗豪邁,然時勢亦然也。於是天子多南越義,守職約,爲興師,遣兩將軍往討閩越。兵未踰嶺,閩越王弟餘善,殺郢以降,於是罷兵。

天子使莊助往諭意,南越王胡頓首曰:“天子乃爲臣興兵討閩越,死無以報德!”遣太子嬰齊入宿衛。謂助曰:“國新被寇,使者行矣。胡方日夜裝,入見天子。”欲即入見天子而不能者,“國新被寇”也。四字倒在前,妙甚。助去後,其大臣諫胡曰:“漢興兵誅郢,亦行以驚動南越。且先王昔言,事天子,期無失禮,要之不可,以說好語入見。入見,則不得復歸,亡國之勢也。”於是胡稱病,竟不入見。|作一縱。後十餘歲,胡實病甚,|應前假病。太子嬰齊請歸。胡薨,謚爲文王。

嬰齊代立,即藏其先武帝璽。應以前國中帝制如故。嬰齊其入宿衛,在長安時,追序法。取邯鄲樛氏女,生子興。及即位,上書請立樛氏女爲后,興爲嗣。漢數使使者風諭嬰齊,嬰齊尚樂擅殺生自恣,懼入見,要用漢法,比內諸侯,固稱病,遂不入見。遣子次公入宿衛。|又作一縱。嬰齊薨,謚爲明王。

太子興代立①,其母爲太后。太后自未爲嬰齊姬時,追序事中,

① 立,底本作“直”,疑誤,據校本改。

又復追序,節節脱化。嘗與霸陵人安國少季通。及嬰齊薨後,元鼎四年,漢使安國少季往諭王、王太后以入朝,比内諸侯;令辯士諫大夫終軍等宣其辭,勇士魏臣等輔其缺,忽用文語排。衛尉路博德,將兵屯桂陽,待使者。王年少,太后中國人也,嘗與安國少季通,又接兩句以申明之,其勢乃緊。其使,復私焉。國人頗知之,多不附太后。太后恐亂起,亦欲倚漢威,寫太后心事曲折如見。數勸王及群臣求内屬。即因使者上書,請比内諸侯,三歲一朝,除邊關。於是天子許之,賜其丞相呂嘉銀印,及内史、中尉、太傅印,餘得自置。除其故黥劓刑,用漢法,比内諸侯。使者皆留填撫之。王、王太后飭治行裝,重齎爲入朝具。前兩王不入朝,先作兩閃,至此則飭裝治行,萬萬入朝矣,而偏不然,正逼出下文姿勢也。

其相呂嘉,年長矣,相三王,則前之諫胡者,即嘉也。宗族官仕爲長吏者七十餘人,男盡尚王女,女盡嫁王子,兄弟宗室,及蒼梧秦王有連。其居國中甚重,越人信之,多爲耳目者,得衆心愈於王。重起一峯,寫呂嘉勢力氣槩幾與老佗一樣。王之上書,數諫止王,王弗聽。有畔心,數稱病不見漢使者。使者皆注意嘉,勢未能誅。上一層,寫太后意;此一層,寫使者意;下一層,又寫太后意,層層寫入,曲曲入妙。王、王太后亦恐嘉等先事發,乃置酒,介漢使者權,謀誅嘉等。使者皆東鄉,太后南鄉,王北鄉,相嘉、大臣皆西鄉,侍坐飲。坐次與鴻門一樣,以東鄉爲尊也。嘉弟爲將,將卒居宮外。酒行,太后謂嘉曰:“南越内屬,國之利也,而相君苦不便者,何也?”以激怒使者。一層。使者狐疑相杖,遂莫敢發。二層。嘉見耳目非是,即起而出。三層。“耳目非是”妙!太后怒,欲鏦嘉以矛,王止太后。四層。嘉遂出,分其弟兵就舍,稱病,不肯見王及使者。五層。乃陰與大臣作亂。六層。王素無意誅嘉，嘉知之，以故數月不發。七層。太后有淫行，國人不附，欲獨誅嘉等，力又不能。八層。前寫心事，層層折入；此寫事情，則層層逼出，其妙如此。

天子聞嘉不聽王，王、王太后弱孤，不能制，使者怯，無決。又以爲王、王太后已附漢，獨呂嘉爲亂，不足以興兵，又借天子總收上一段事，乘勢就瀉天漢事，承上起下，絕妙章法。欲使莊參以二千人往使。參曰："以好往，數人足矣；以武往，二千人無足以爲也。"語警健。辭不可，天子罷參也。郟壯士故濟北相韓千秋先提"壯士"妙。奮曰："以區區之越，又有王、太后應，獨相呂嘉爲害，願得勇士二百人，必斬嘉以報。"正見壯士。於是天子遣千秋，與王太后弟樛樂，將二千人往，入越境。呂嘉等乃遂反，下令國中曰："王年少。太后，中國人也，又與使者亂，專欲內屬，以上實。盡持先王寶器，入獻天子，以自媚，多從人行，至長安，虜賣以爲僮僕。以上虛。取自脫一時之利，無顧趙氏社稷，爲萬世慮計之意。"乃與①其弟將卒，攻殺王、太后及漢使者。遣人告蒼梧秦王，應蒼梧王有連。及其諸郡縣，立明王長男越妻子術陽侯建德爲王。越妻應樛后。而韓千秋兵入，即緊接韓千秋。破數小邑。其後越直開道給食，未至番禺四十里，越以兵擊千秋等，遂滅之。使人函封漢使者節，置塞上，好爲謾辭謝罪，發兵守要害處。仍絕道自備。於是天子曰："韓千秋，雖無成功，亦軍鋒之冠。"封其子延年爲成安侯。樛樂，其姊爲王太后，首願屬漢，封其子廣德爲龍亢侯。乃下赦曰："天子微，諸侯力政，譏臣不討賊。今呂嘉、建德等反，自立晏如，令罪人，及

① 與，底本作"兵"，疑誤，據校本改。

江淮以南,樓船十萬師,往討之。”

元鼎五年秋,衛尉路博德爲伏波將軍,出桂陽,下匯水;四路進兵,極寫聲勢赫弈。〇桂陽從西北入。主爵都尉楊僕,爲樓船將軍,出豫章,下横浦;從正北入。故歸義越侯二人,爲戈船、下厲將軍,出零陵,或下離水,或抵蒼梧;從正西入。使馳義侯,因巴蜀罪人,發夜郎兵,下牂牁[①]江:自西南轉向東北入,東方則閩越界也。咸會番禺。此乃約束,總收上四路兵馬,下又散開。

元鼎六年冬,樓船將軍,將精卒,先陷尋陜,破石門,得越船粟,因推而前,挫越鋒,以數萬人待伏波。先序樓船。伏波將軍,將罪人,道遠,會期後,與樓船會,乃有千餘人,遂俱進。次序伏波。樓船居前,至番禺。建德、嘉皆城守。樓船自擇便處,居東南面;伏波居西北面。會暮,樓船攻敗越人,縱火燒城。再序樓船。〇此段序樓船事也,乘便即插伏波西北,蓋一東南,一西北,爲下文驅入伏波營之地,金針暗度之妙。且樓船自擇便處反爲伏波之驅,先伏一案,以見天幸。越素聞伏波名,日暮,不知其兵多少。伏波乃爲營,遣使者招降者,賜印,復縱令相招。再序伏波。樓船力攻燒敵,反驅而入伏波營中。再序樓船。黎[②]旦,城中皆降伏波。再序伏波,一遞一段如層波怒濤,從空而起,妙文!四路進兵只用兩路。吕嘉、建德已夜與其屬數百人亡入海,以船西去。伏波又因問所得降者貴人,以知吕嘉所之,遣人追之。又閃作餘波。以其故校尉司馬蘇弘,得建德,封爲海常侯;越郎都稽,得嘉,封爲臨蔡侯。此兩人即追吕嘉、建德者也,即乘便寫其封爵,不與伏波等同序,奇!

---

① 牁,中華書局本《史記》作“柯”。
② 黎,中華書局本《史記》作“犂”。

蒼梧王趙光者,越王同姓,聞漢兵至,及越揭陽令定,自定屬漢;完蒼梧王事。自定者,自定屬漢之計,不待喻也。越桂林監居翁諭甌駱屬漢:皆得爲侯。完甌駱事,應前趙佗役屬甌駱。戈船、下厲將軍兵,及馳義侯所發夜郎兵,未下,南越已平矣。完戈船下厲事。遂爲九郡。伏波將軍益封。樓船將軍兵以陷堅,爲將梁侯。完伏波、樓船事,收得完淨。

自尉佗初王,後五世,九十三歲,而國亡焉。總收一句。

太史公曰:尉佗之王,本由任囂。遭漢初定,列爲諸侯。隆慮離溼疫,佗得以益驕。甌駱相攻,南越動搖。漢兵臨境,嬰齊入朝。其後亡國,徵自樛女;呂嘉小忠,令佗無後。樓船從欲,怠傲失惑;伏波困窮,智慮愈殖,因禍爲福。成敗之轉,譬若糾墨。贊通用韻,不用"者也""矣""焉",如詩如頌,是另一體。

史公一傳,必似一人。此篇寫老佗處,其丰神氣槩,幾與隆準一流。所云遇高帝則北面而臣之,遇光武則並驅中原,未知鹿死誰手。吾于老佗亦云。○大凡提三寸管,欲以量衡千古,若遇一時一事,亦有何難!便因諸事紛來,不及湊手,顧此則失彼耳。即以一手寫兩事,已爲難得。乃史公此傳,寫樛太后、呂嘉事,太后、呂嘉、使者,一人一樣心事,而飲酒之間,一刻一樣事勢,偏能一時收來,層層現出。筆下既鬆,眼中復巧,故能驅遣如意,不可不細讀也。○序下南越之兵,四路齊進,聲勢赫奕。而樓船、伏波,行師建功處,初看合序,細看則分,而又步步接緊,步步照顧,頓句安章,極其神妙,可云神化之筆。○一篇《南越傳》,自老佗建國後,五世九十三歲,一目可了,條理井井。真所云有成竹于胷中,故蜿尾拔地而起也。

東越列傳

閩越王無諸及越東海王搖者，其先皆越王句踐之後也，姓騶氏。閩越、東甌雙提。秦已并天下，皆廢爲君長，以其地爲閩中郡。｜及諸侯畔秦，無諸、搖率越歸鄱陽令吳芮，所謂鄱君者也，從諸侯滅秦。當是之時，項籍主命，弗王，以故不附楚。｜漢擊項籍，無諸、搖率越人佐漢。｜廢秦、歷項、入漢，閩越、東甌雙序。漢五年，復立無諸爲閩越王，王閩中故地，都東冶。單序閩越。孝惠三年，舉高帝時越功，曰閩君搖功多，其民便附，乃立搖爲東海王，都東甌，世俗號爲東甌王。單序東甌。

後數世，至孝景三年，吳王濞反，欲從閩越，閩越未肯行，獨東甌從吳。及吳破，東甌受漢購，殺吳王丹徒，以故皆得不誅，歸國。｜閩越、東甌合序。

吳王子子駒，亡走閩越，怨東甌殺其父，常勸閩越擊東甌。至建元三年，閩越發兵圍東甌。閩越、東甌相攻。東甌食盡，句。困，句。且降，乃使人告急天子。天子問太尉田蚡，蚡對曰："越人相攻擊，固其常，又數反覆，不足以煩中國往救也。自秦時棄弗屬。"於是中大夫莊助詰蚡曰："特患力弗能救，德弗能覆；誠能，何故棄

之?且秦舉咸陽而棄之,何乃越也!一折醒快。今小國以窮困,來告急天子,天子弗振,當安所告愬[①]?又何以子萬國乎?"一振更醒。上曰:"太尉未足與計。吾初即位,不欲出虎符發兵郡國。"乃遣莊助以節發兵會稽。會稽太守欲距,不爲發兵,助乃斬一司馬,諭意指,遂發兵,浮海,救東甌。未至,閩越引兵而去。東甌請舉國徙中國,乃悉舉衆來,處江淮之間。|完東甌事。

至建元六年,閩越擊南越。南越守天子約,不敢擅發兵擊而以聞。上遣大行王恢,出豫章,江西。大農韓安國,出會稽,浙江兩路進兵。皆爲將軍。兵未踰嶺,從江西入者,當踰梅嶺,從浙江入者,當踰仙霞嶺。閩越王郢,發兵距險。其弟餘善,乃與相、宗族謀曰:"王以擅發兵擊南越,不請,故天子兵來誅。今漢兵衆彊,今即幸勝之,後來益多,終滅國而止。今殺王以謝天子。天子聽,罷兵,固一國完;不聽,乃力戰;不勝,即亡入海。"節節緊湊,畫計明盡,三"今"字,寫目前急著。皆曰"善"。即鏦殺王,使使奉其頭致大行。大行曰:"所爲來者誅王。今王頭至,謝罪,不戰而耘,利莫大焉。""不戰而耘",即耕者不變之義。《漢書》作"殞",何啻千里!乃以便宜案兵,告大農軍,而使使奉王頭,馳報天子。詔罷兩將兵,曰:"郢等首惡,獨無諸孫繇君丑,不與謀焉。"乃使郎中將立丑爲越繇王,奉閩越先祭祀。

餘善已殺郢,威行於國,國民多屬,竊自立爲王。繇王不能矯其衆,持正。天子聞之,爲餘善不足復興師,曰:"餘善數與郢謀亂,而後首誅郢,師得不勞。"因立餘善爲東越王,與繇王並處。|前

---

① 當安所告愬,中華書局本《史記》作"彼當安所告愬"。

閩越、東甌兩王並提，至此序完，今又從閩越一國分出兩王。

至元鼎五年，南越反，東越王餘善上書，請以卒八千人，從樓船將軍，擊呂嘉等。兵至揭揚，以海風波爲解，不行，持兩端，陰使南越。及漢破番禺，不至。是時樓船將軍楊僕始出樓船姓名。使使上書，願便引兵擊東越。上曰士卒勞倦，不許，罷兵，令諸校屯豫章梅嶺[①]待命。丨作頓。

元鼎六年秋，餘善聞樓船請誅之，漢兵臨境且往，寫一時傳聞震恐神情。乃遂反，發兵距漢道。號將軍騶力等爲"吞漢將軍"，入白沙、江西。武林、浙江。梅嶺，江西。東越三路入犯。殺漢三校尉。是時漢使大農張成、故山州侯齒，將屯，弗敢擊，卻就便處，皆坐畏懦誅。

餘善刻"武帝"璽，自立，詐其民，爲妄言。入犯自立實，妄言虛。天子遣横海將軍韓說，出句章，浮海，從東方往；樓船將軍楊僕出武林；中尉王溫舒，出梅嶺；越侯爲戈船、下瀨將軍，出若邪、白沙。入東越四路，一水三陸。句章東，梅嶺西，武林東北，白沙西北，白沙、武林、梅嶺，即東越入犯路。元封元年冬，咸入東越。東越素發兵距險，點一句接上發兵距漢道，并爲下敗樓船校尉之地。使狥北將軍守武林，狥北吞漢，極寫其不堪。敗樓船軍數校尉，殺長吏。樓船將軍，率錢唐轅終古，斬狥北將軍，完狥北事。爲禦兒侯。丨轅終古，因斬狥北而侯也，此後事，即帶序於此，是另一法。自兵未往。禦兒侯，是提後事在前，此句是追序前事於後，各有一法。

故越衍侯吳陽前在漢，漢使歸諭餘善，餘善弗聽。及横海將軍先至，越衍侯吳陽以其邑七百人，反攻越軍於漢陽。從建成侯

① 嶺，中華書局本《史記》作"領"。

敖，與其率從，繇王居股謀曰："餘善首惡，劫守吾屬。今漢兵至，眾彊，計殺餘善，自歸諸將，儻幸得脱。"即用餘善，前計以殺餘善，天道好還，於此益信。乃遂俱殺餘善，以其眾降横海將軍，故封繇王居股爲東成侯，萬户；封建成侯敖爲開陵侯；封越衍侯吳陽爲北石侯；封横海將軍説爲按道侯；封横海校尉福爲繚嫈侯。福者，成陽共王子，故爲海常侯，坐法失侯。舊從軍，無功，以宗室故侯。諸將皆無成功，莫封。東越將多軍，漢兵至，棄其軍降，封爲無錫侯。|

於是天子曰東越狹，多阻，閩越悍，數反覆，即東越事，帶轉閩越雙收，應前。詔軍吏皆將其民，徙處江淮間。東越地遂虚。

太史公曰：越雖蠻夷，其先豈嘗有大功德於民哉，何其久也！先虚喝一句，作致。歷數代常爲君王，句踐一稱伯。然餘善至大逆，滅國遷眾，其先苗裔，繇王居股等又頂一句。猶尚封爲萬户侯，由此知越世世爲公侯矣。蓋禹之餘烈也。先虚説大功德，此乃點出禹字。

此傳不用詞采，以格法勝，故其雙序處、單序處、分序處、合序處，丰骨稜稜，一味老辣。至於閩、越分後，横海出軍，亦以乾淨明了，從首至尾，團簇無一懈筆。欲學單徑序事之法，當於此等處留心。○自古不遣詞、不使才之文，極難下筆。一篇千餘字，純是一片，立格命局，自出丰裁。

朝鮮列傳

朝鮮王滿者，故燕人也。點王滿只一句，下單序朝鮮事。自始全燕時，嘗畧屬真番、朝鮮，爲置吏，築鄣塞。燕時朝鮮內屬。秦滅燕，屬遼東外徼。秦時朝鮮不內屬。漢興，爲其遠，難守，復脩遼東故塞，至浿水爲界，屬燕。漢初朝鮮亦不內屬。燕王盧綰反，入匈奴，滿亡命，始入滿事。聚黨千餘人，魋結蠻夷服，而東走出塞，渡浿水，居秦故空地，上下鄣，稍役屬真番、朝鮮蠻夷，及故燕、齊亡命者王之，都王險。|即王京。

會孝惠、高后時，天下初定，遼東太守即約滿爲外臣，保塞外蠻夷，無使盜邊；諸蠻夷君長，欲入見天子，勿得禁止。以聞，上許之，先爲後事立案。以故滿得兵威財物，侵降其旁小邑，真番、臨屯，皆來服屬，方數千里。|寫朝鮮一時之盛。

傳子，至孫右渠，所誘漢亡人滋多，又未嘗入見；真番旁眾國，欲上書見天子，又雍閼不通。事事與上約相反。元封二年，漢使涉何誘[1]諭右渠，終不肯奉詔。何去，至界上，臨浿水，使御刺殺送何

① 誘，中華書局本《史記》作"譙"。

者，朝鮮裨王長，即渡，馳入塞，遂歸報天子曰“殺朝鮮將”。上爲其名美，即不詰，拜何爲遼東東部都尉。朝鮮怨何，發兵襲攻殺何。|寫使者生事，天子好名，朝鮮倔彊報怨，三事合併寫。

天子募罪人擊朝鮮。其秋，遣樓船將軍楊僕，從齊，浮渤海，兵五萬人；左將軍荀彘，出遼東，討右渠。兩路入朝鮮，一水一陸。右渠發兵距險。左將軍卒正多，率遼東兵先縱，敗散，多還走，坐法斬。陸兵先敗。樓船將軍將齊兵七千人，先至王險。右渠城守，窺知樓船軍少，即出城擊樓船，樓船軍敗，散走。將軍楊僕失其衆，遁山中十餘日，稍求收散卒，復聚。水兵復敗。左將軍擊朝鮮浿水西軍未能破自前。左將軍兵僅僅自守，未能自前，與下破浿上軍乃前，照應。

天子爲兩將未有利，總上一句。乃使衛山，因兵威往諭右渠。右渠見使者，頓首謝：“願降，恐兩將詐殺臣；今見信節，請服降。”遣太子入謝，獻馬五千匹，及饋軍糧。人衆萬餘，持兵，方渡浿水，使者及左將軍，疑其爲變，謂太子已服降，宜命人毋持兵。太子亦疑使者左將軍詐殺之，遂不渡浿水，復引歸。兩“疑“字，點出兩邊猜忌心事，總從涉何來。山還報天子，天子誅山。|正懲涉何前事也。

左將軍破浿水上軍，乃前，至城下，間接擊浿水軍事，中間插入衛山一事。圍其西北。樓船亦往會，居城南。先點明地方，以見兩將各居一面，故約降不相聞約，戰不往會也。右渠遂堅守城，數月未能下。|

左將軍素侍中，句。幸，句。將燕代卒，句。悍，句。乘勝，軍多驕。先提主戰之根。樓船將齊卒，入海，固已多敗亡；其先與右渠戰，因辱亡卒，卒皆恐，將心慙，先提主和之根。其圍右渠，常持和節。左將軍急擊之，|雙承上兩段。朝鮮大臣，乃陰間使人私約降樓

船,往來言,尚未肯決。左將軍數與樓船期戰,樓船欲急就其約,不會;一段寫樓船心事。左將軍亦使人求間郤,降下朝鮮,朝鮮不肯,心附樓船:以故兩將不相能。左將軍心意樓船前有失軍罪,今與朝鮮私善,而又不降,疑其有反計,未敢發。一段寫左將軍心事。以上兩將軍事,段段對寫。天子曰,將率不能前,及使衛山諭降右渠,右渠遣太子,山使不能剸決,與左將軍計相誤,卒沮約。今兩將圍城,又乖異,以故久不決。一段事,即天子之言,總序一遍。使濟南太守公孫遂,往征之,征,《漢書》作"正",是。有便宜,得以從事。執樓船之根。遂至,左將軍曰:"朝鮮當下久矣,不下者有狀。"言樓船數期不會,具以素所意告遂,曰:"今如此不取,恐爲大害,非獨樓船,又且與朝鮮共滅吾軍。"遂亦以爲然,而以節召樓船將軍,入左將軍營計事,即命左將軍麾下,執捕樓船將軍并其軍,以報天子。天子誅遂。|與衛山對。

左將軍已并兩軍,即急擊朝鮮。朝鮮相路人、相韓陰、尼谿相參、將軍王唊按後止有路人韓陰、參、唊,而無尼谿之名,則作四人爲是。相與謀曰:"始欲降樓船,樓船今執,獨左將軍并將,戰益急,恐不能與戰,王又不肯降。"陰、唊、路人皆亡降漢。路人道死。元封三年夏,尼谿相參,乃使人殺朝鮮王右渠來降。王險城未下,故右渠之大臣成巳,又反,復攻吏。左將軍使右渠子長、降相路人之子最,告諭其民,誅成巳,以故遂定朝鮮,爲四郡。封參爲澅清侯,陰爲萩苴侯,唊爲平州侯,長爲幾侯。最以父死,頗有功,爲溫陽侯。|朝鮮事完。

左將軍徵至,坐爭功相嫉,乖計,棄市。樓船將軍,亦坐兵至列口,當待左將軍,擅先縱,亡失多,當誅,贖爲庶人。|并完樓船、左

將軍事。

太史公曰:右渠負固,國以絕祀。涉何誣功,爲兵發首。樓船將狹,及難離咎。悔失番禺,乃反見疑。荀彘爭勞,與遂皆誅。兩軍俱辱,將率莫侯矣。俱四字句用韻。

傳中止伐朝鮮一事,俱用對寫法。涉何使、衛山使,衛山誅,公孫遂誅,使者疑,太子疑,左將軍乘勝驕悍,樓船困辱恐慚,樓船和,左將軍戰,以致樓船疑,左將軍亦疑,節節相配,段段相生,極得遞換脱卸之妙。

西南彝[1]列傳

西南彝君長，以什數，夜郎最大；其西靡莫之屬，以什數，滇最大；自滇以北君長，以什數，邛都最大：逐段作結語，即作提綱，如亂山[2]起伏，各自結穴，文法佳妙！自史公創起，而韓退之《游黄谿記》、白樂天《廬山草堂記》，皆祖之。此皆魋結，耕田，有邑聚。大約西南彝有兩種，一種近匈奴，因匈奴之俗；一種近漢，因漢俗。觀《大宛傳》可見，此在西南近漢者也。其外西自同師以東，北至楪榆，名爲嶲、昆明，中插嶲、昆明，法畧變。皆編髮，隨畜遷徙，毋常處，毋君長，地方可數千里。此在西北，近匈奴者也。自嶲以東北，君長以什數，徙、筰都最大；自筰以東北，君長以什數，冉駹最大。其俗或士著[3]，或移徙，在蜀之西。自冉駹以東北，君長以什數，白馬最大，皆氐類也。此在西彝之東北，固土著，因漢俗；移徙，因匈奴俗。○以上排六段奇峰，以爲後七郡張本。此皆巴蜀西南外蠻彝也。｜結一句，作西南彝總序。

始楚威王時，使將軍莊蹻，將兵循江上，畧巴蜀、黔中以西。莊蹻者，故楚莊王苗裔也。蹻至滇池，地方三百里，旁平地，肥饒

---

① 彝，中華書局本《史記》作“夷”，下同。

② 山，底本作“由”，疑誤，據校本改。

③ 著，中華書局本《史記》作“箸”。

數千里,以兵威定屬楚。欲歸報,會秦擊奪楚巴、黔中郡,道塞不通,因還,以其衆王滇,變服,從其俗,以長之。秦時常頞畧通五尺道,即棧道也。諸此國,頗置吏焉。十餘歲,秦滅。及漢興,皆棄此國,而開蜀故徼。巴蜀民或竊出商賈,取其筰馬、僰僮、髦牛,以此巴蜀殷富。|以上序滇事。

建元六年,大行王恢,擊東越,東越殺王郢以報。恢因兵威,使番陽令唐蒙,風指曉南越。南越食蒙蜀枸醬,蒙問所從來,曰"道西北牂牁[1],牂牁江廣數里,出番禺城下"。蒙歸至長安,問蜀賈人,賈人曰:"獨蜀出枸醬,多持竊出市夜郎。夜郎者,臨牂牁江,江廣百餘步,足以行船。南越以財物役屬夜郎,西至同師,然亦不能臣使也。"是傳聞語。蒙乃上書説上曰:"南越王黄屋左纛,地東西萬餘里,名爲外臣,實一州主也。今以長沙、豫章往,水道多絶,難行。竊聞夜郎所有精兵,可得十餘萬,浮船牂牁江,出其不意,此制越一奇也。誠以漢之彊,巴蜀之饒,通夜郎道,爲置吏,易甚。"因枸醬而及牂牁江,因牂牁江而通夜郎,因夜郎而制南越,遂節寫來,有枝有葉,文章層節之妙。上許之。乃拜蒙爲郎中將,將千人,食重萬餘人,改"輜重"爲"食重",字新。從巴蜀筰關入,遂見夜郎侯多同。蒙厚賜,喻以威德,約爲置吏,使其子爲令。夜郎旁小邑,皆貪漢繒帛,以爲漢道險,終不能有也,乃且聽蒙約。寫得委曲入情。還報,乃以爲犍爲郡。發巴蜀卒,治道,自僰道,指牂牁江。以上序夜郎事。蜀人司馬相如,亦言西彝邛、筰可置郡。使相如以郎中將往喻,皆如南彝,爲置一都尉,十餘縣,屬蜀。|以上序邛都,應前

[1] 牂牁,中華書局本《史記》作"牂柯"。下同。

三段。

當是時巴蜀四郡，通西南彝道，戍轉相饟。一層。數歲，道不通，二層。士罷餓離溼，死者甚眾；三層。西南彝又數反，發兵興擊，耗費無功。四層。數語作四層寫。上患之，使公孫弘往視問焉。還對，言其不便。及弘爲御史大夫，是時方築朔方，以據河逐胡，弘因數言西南彝害，可且罷，專力事匈奴。上罷西彝，獨置南彝夜郎兩縣一都尉，稍令犍爲自葆就。｜以上總序西南彝，畧頓住。

及元狩元年，博望侯張騫，使大夏來，言居大夏時，見蜀布、邛竹杖，使問所從來，枸醬、竹杖一様點綴，照應生情。曰"從東南身毒國，可數千里，得蜀賈人市"。或聞邛西可二千里，有身毒國。騫因盛言大夏在漢西南，慕中國，患匈奴隔其道，誠通蜀，身毒國道便近，有利無害。於是天子乃令王然于、栢始昌、呂越人等，使間出西彝西，指求身毒國。至滇，滇王嘗羌乃留，又插滇事。爲求道，西十餘輩。歲餘，皆閉昆明，莫能通身毒國。以上插序昆明。

滇王與漢使者言曰："漢孰與我大？"及夜郎侯亦然。下語冷雋。以道不通故，各自以爲一州主，不知漢廣大。又自註一句，妙！得情事如親見之。使者還，因盛言滇大國，足事親附。天子注意焉。｜

及至南越反，上使馳義侯，因犍爲，發南彝兵。且蘭君恐遠行，旁國虜其老弱，乃與其眾反，殺使者及犍爲太守。漢乃發巴蜀罪人嘗擊南越者八校尉，擊破之。會越已破，漢八校尉不下，即引兵還，行誅頭蘭。頭蘭，常隔滇道者也。已平頭蘭，遂平南彝爲牂牁郡。｜夜郎侯始倚南越，又插夜郎事。南越已滅，會還誅反者，夜郎遂入朝。上以爲夜郎王。｜完夜郎事。

南越破後，及漢誅且蘭、邛君，并殺筰侯，冉駹皆振恐，請臣，置吏。乃以邛都爲越嶲郡，筰都爲沈黎郡，冉駹爲汶山郡，廣漢西白馬爲武都郡。以上序昆明、筰、冉駹、白馬事，應後三段。

上使王然于以越破，及誅南彝兵威，風喻滇王入朝。滇王者，其衆數萬人，其旁東北有勞浸、靡莫，皆同姓相扶，未肯聽。勞浸、靡莫，數侵犯使者吏卒。元封二年，天子發巴蜀兵擊滅勞浸、靡莫，以兵臨滇。滇王始首善，以故弗誅。滇王離難，西南彝舉國降，請置吏，入朝。於是以爲益州郡，賜滇王王印，復長其民。|完滇事。

西南彝君長以百數，獨夜郎、滇受王印。滇小邑，最寵焉。|提出夜郎、滇總收一束，百數總前什數，一篇照應通徹。

太史公曰：楚之先豈有天祿哉？在周爲文王師，封楚。及周之衰，地稱五千里。秦滅諸侯，唯楚苗裔，尚有滇王。漢誅西南彝，國多滅矣，唯滇復爲寵王。然南彝之端，見枸醬番禺，大夏杖、邛竹。西彝後揃，剽分二方，卒爲七郡。

此傳純以局法勝。蓋一篇之中，如夜郎，如滇，如邛，如嶲，如昆明，如筰，如冉駹，如白馬，而中間什數、百數，如且蘭、身毒之類者，正自不少，頭緒糾紛，便難清楚，故不得不挈綱分緯，入手提清，下乃逐節寫來，便不復費手矣。且前列十數太多，至篇末也總算一盤，歸到百數，仍提出滇、夜郎結。有首有尾，徹始徹終，篇如一節，節如一句，無釁可乘，無瑕可擊，文章之精密者也。○南越、匈奴、大宛，俱是大篇，獨此構一篇小文字，如宮殿盤鬱，忽有精藍，金玉盈笥，不遺珮璲。浩汗則無，而精堅更勝。

司馬相如列傳

司馬相如者，蜀郡成都人也，字長卿。少時好讀書，詞賦之源。學擊劍，陪。故其親名之曰犬子。相如既學，慕藺相如之爲人，更名相如。以貲爲郎，事孝景帝，爲武騎常侍，非其好也。丨相如之才，而以貲進，以武官，故曰非其好也，爲相如一歎，爲世道一歎。會景帝不好辭賦，丨輕輕先點出詞賦。景帝不好詞賦，正爲武帝好詞賦作引。是時梁孝王來朝，從游説之士齊人鄒陽、淮陰枚乘、吴莊忌夫子之徒，引出許多詞賦之客，爲相如作襯。相如見而説之，因病免，客游梁。梁孝王令與諸生同舍，相如得與諸生游士居數歲，乃著《子虚之賦》。丨先伏《子虚賦》。

會梁孝王卒，相如歸，而家貧，無以自業。固以貲爲郎者也。倦游家貧，文章與阿堵勢不兩立，曾爲天下人一歎。素與臨邛令王吉相善，吉曰："長卿久宦游，不遂，而來過我。"於是相如往，舍都亭。臨邛令繆爲恭敬，觀下臨邛令之待相如，雖古之好賢下士者，何以加兹？然相如既奔之後復至臨邛，不聞臨邛令少爲周旋，故先著繆爲恭敬，以道破之。日往朝相如。相如初尚見之，後稱病，使從者謝吉，吉愈益謹肅。是寫繆為恭敬。臨邛中多富人，而卓王孫家僮八百人，程鄭亦數百人,二人乃相謂曰:"令有貴客,爲具召之。"并召令。召相如,是爲令客,爲并召令,不爲相如,寫齷齪心腸如見。令既至,卓氏客以百數。至日中,謁司馬長卿,長卿謝病不能往,臨邛令不敢嘗食,自往迎相如。寫繆爲恭敬。相如不得已,彊往,正寫相如落拓胸襟,蕭然世外,文人雅品,不是卓王孫一流,不是臨邛令一流。一坐盡傾。前寫臨邛令、程卓、卓氏客,濟楚滿堂,乃至相如一至,則風流文雅,照映四座,眾人爲之黯然,故下此四字,正極寫相如也。酒酣,臨邛令前奏琴曰:"竊聞長卿好之,願以自娱。"奏琴妙,自娱妙,不然相如豈王門之伶人哉?相如辭謝,爲鼓一再行。是文人行徑。是時卓王孫有女文君,新寡好音,吾嘗恠卓王孫此輩人,何以有文君之女,豈芝草醴泉,不必根源乎?抑敗倫傷化,天所以報之也?故相如繆與令相重,而以琴心挑之。又起一頭,插入文君。寫作鼓琴心事,即作鼓琴注脚。○前令繆爲恭敬,令相如繆與令相重,見王吉是徹底小人,已被相如看破。○"琴心"字奇。相如之臨邛,從車騎,雍容閒雅,甚都;又補相如之臨邛事,極寫相如風雅。及飲卓氏,弄琴,方接鼓琴事。文君竊從户窺之,心悦而好之,恐不得當也。"恐不得當"妙!寫文君傾慕相如,十分注念,便將傾城豔質,自同等閒,千古情詞,並未體貼至此。既罷,相如乃使人重賜文君侍者,通殷勤。文君夜亡奔相如,相如乃與馳歸。家居徒四壁立。四字奇陗,蓋一室中,但有四壁卓立而已,他無所有也。寫窮處極窮。卓王孫大怒曰:"女至不材,我不忍殺,不分一錢也。"區區以錢較量,蓋失節事小,錢財事大,寫富牛心胸,真勘照膽。人或謂王孫,王孫終不聽。又作一頓。文君久之不樂,曰:"長卿第俱如臨邛,從昆弟假貸猶足爲生,何至自苦如此!"相如與俱之臨邛,盡賣其車騎,應"車騎雍容"。買一酒舍,酤酒,而令文君當鑪。相如身自著犢鼻褌,與保庸雜作,滌器於市

中。備極鄙態，是慢世，是恥卓王孫。卓王孫聞而恥之，爲杜門不出。昆弟諸公，更謂王孫曰："有一男兩女，所不足者非財也。今文君已失身於司馬長卿，長卿故倦游，雖貧，其人材足依也，兩句亦是口頭解釋之語，豈真知長卿者哉？不然昆弟中何無周給之者。且又令客，又重述令客，是富牛口角。獨奈何相辱如此！"卓王孫不得已，分予文君僮百人，錢百萬，及其嫁時衣被財物。文君乃與相如歸成都，買田宅，爲富人。|寫得相如文君，得意之極，夫相如宦游而貧，家業盡散，豈有此區區齷齪哉？蓋鸘裘不解，少有酒資，一雙兩好，優游度日，亦可以終老矣，故作一颺，以起下文。

居久之，蜀人楊得意爲狗監，侍上。上讀《子虛賦》而善之，遙接《子虛賦》。曰："朕獨不得與此人同時哉！"故作一閃。得意曰："臣邑人司馬相如，自言爲此賦。"上驚，乃召，問相如。相如曰："有是。然此乃諸侯之事，未足觀也。請爲天子游獵賦，賦成，奏之。"上許，令尚書給筆札。|先縱一筆，所云"賦成，奏之"，是請爲賦終預言也，故下接給筆札事。相如以"子虛"，虛言也，爲楚稱；"烏有先生"者，烏有此事也，爲齊難；"無是公"者，無是人也，明天子之義。故空籍①此三人爲辭，以推天子諸侯之苑囿。其卒章歸之於節儉，因以風諫。先提明賦旨方入詞賦。奏之天子，此"奏之"，乃賦成而奏也。天子大說。|其辭曰：

> 楚使子虛使於齊，齊王悉發境内之士，備車騎之眾，與使者出田。田罷。先畧序一段。子虛過詫烏有先生，而無是公在焉。列出三人，"過詫"者，過烏有先生而詫之也。坐定，烏有先生問曰："今日田，樂乎？"子虛曰："樂。""獲多乎？"曰："少。"

① 籍，中華書局本《史記》作"藉"。

"然則何樂?"曰:"僕樂齊王之欲夸僕以車騎之衆,而僕對以雲夢之事也。"先虚序一段,一篇大文,摇曳而起。曰:"可得聞乎?"

子虚曰:"可。王駕車千乘,選徒萬騎,田於海濱。列卒滿澤,罘罔彌山,揜兔轔鹿,射麋腳麟。騖於鹽浦,割鮮染輪。射中獲多,矜而自功。先序齊事一段,已具小賦一篇引起。顧謂僕曰:'楚亦有平原廣澤,游獵之地,饒樂若此者乎?楚王之獵何與寡人?'僕下車對曰:'臣,楚國之鄙人也,幸得宿衛十有餘年,時從出游,游于後園,覽于有無,然猶未能徧覩也,又惡足以言其外澤者乎!'又作一頓。齊王曰:'雖然,畧以子之所聞見而言之。'

"僕對曰:'唯唯。|以上總序事,是第一節。臣聞楚有七澤,嘗見其一,未覩其餘也。臣之所見,蓋特其小小者耳,名曰雲夢。雲夢者,方九百里,以謙爲夸,純以姿致勝。其中有山焉。先序其中。其山則盤紆岪鬱,隆崇嵂崒;岑巖參差,日月蔽虧;交錯糾紛,上干青雲;罷池陂陁,下屬江河。其土則丹青赭堊,雌黄白坿,錫碧金銀,衆色炫燿,照爛龍鱗。其石則赤玉玫瑰,琳瑉琨珸,瑊玏玄厲,碝石武夫。一段序其中之山,其土其石。二段,是因山而附序者也。其東則有蕙圃衡蘭,芷若射干,穹窮昌蒲,江離麋蕪,諸蔗猼且。一段序其東,東則平陸。其南則有平原廣澤,登降陁靡,案衍壇曼,緣以大江,限以巫山。其高燥則生葴蔪苞荔,薛沙[1]青薠。其卑溼則生藏莨蒹葭,東薔

① 沙,中華書局本《史記》作"莎"。

雕胡,蓮藕菰蘆,菴蔄軒芋,衆物居之,不可勝圖。一段序其南,南則有大江巫山,故其高燥一段,頂巫山;卑溼一段,頂大江。其西則有湧泉清池,激水推移;外發芙蓉蔆華,內隱鉅石白沙。其中則有神龜蛟鼉,瑇瑁鼈黿。一段序其西,西則皆水。其中,即水之中也,法變。其北則有陰林巨樹,楩柟豫章,桂椒木蘭,蘗離朱楊,樝梸梬栗,橘柚芬芳。其上則有赤猨蠷蝚,鵷雛孔鸞,騰遠射干。其下則有白虎玄豹,蟃蜒貙豻,兕象野犀,窮奇獌狿。一段序其北,北則茂林,其上其下,亦即茂林而言之也。〇中、東、南、西、北五段,或單或重,排偶之中,各寓變化。〇以上序雲夢之地,是第二節。

"'於是乃使專諸之倫,手格此獸。楚王乃駕馴駁之駟,乘雕玉之輿,靡魚須之橈旃,曳明月之珠旗,建干將之雄戟,左烏嗥之雕弓,右夏服之勁箭;陽子驂乘,纖阿爲御;案節未舒,一段寫楚王車服。即陵狡獸,轔邛邛,蹵距虛,軼野馬而轊騊駼,乘遺風而射游騏;儵眒淒浰,靁動熛至,星流霆擊,弓不虛發,中必決眥,洞胷達腋,絕乎心繫,獲若雨獸,揜草蔽地。一段寫專諸之倫,手格猛獸。於是楚王乃弭節裴回,翱翔容與,覽乎陰林,觀壯士之暴怒,與猛獸之恐懼,徼𠆸受詘,殫睹衆物之變態。|一段是楚王觀獵。以上田獵是第三節。

"'於是鄭女曼姬,被阿錫,揄紵縞,雜[①]纖羅,垂霧縠;襞積褰縐,紆徐委曲,鬱橈谿谷;衯衯裶裶,揚袘卹削,蜚纖垂髾;扶輿[②]猗靡,噏呷萃蔡,下摩蘭蕙,上拂羽蓋,錯翡翠之威

① 雜,中華書局本《史記》作"襍"。
② 輿,中華書局本《史記》作"與"。

蕤,繆繞玉綏;縹乎忽忽,若神仙之仿佛。|以上插序楚之嬪妃,是第四節。

"'於是乃相與獠於蕙圃,媻珊勃窣,上金隄揜翡翠,射鵕鸃,微矰出,纖繳施,弋白鵠,連駕鵝,雙鶬下,玄鶴加。一段弋鳥,前是格獸也。怠而後發,游于清池;浮文鷁,揚桂枻,張翠帷,建羽蓋,罔瑇瑁,釣紫貝;摐金鼓,吹鳴籟,榜人歌,聲流喝,水蟲駭,波鴻沸,湧泉起,奔揚會,礌石相擊,硠硠礚礚,若靁霆之聲,聞乎數百里之外。|一段水族,因前有大江、清池、神龜、蛟鼉、鵷鶵、孔鸞等字,故又序此兩段,補田獵之未備,是第五節。

"'將息獠者,郭璞曰:"獠,獵也。"則息獠者,蓋罷獵也。擊靈鼓,起烽燧,車案行,騎就隊,纚乎淫淫,班乎裔裔。寫得舒徐容與,即《詩》所云"蕭蕭馬鳴,悠悠旆旌"也。於是楚王乃登陽雲之臺,泊乎無爲,澹乎自持,勺藥之和具而後御之。不若大王終日馳騁,而不下輿,脟割輪淬,自以爲娛。臣竊觀之,齊殆不如。'罷獵燕飲,是第六節。"勺藥之和"等,句全破他"割鮮染輪"一句,應還前段。於是王默然,無以應僕也。"

烏有先生曰:"是何言之過也!足下不遠千里,來況齊國,王悉發境内之士,而備車騎之衆,以出田,乃欲戮力致獲,以娛左右也,何名爲夸哉!問楚地之有無者,願聞大國之風烈,先生之餘論也。今足下不稱楚王之德厚,而盛推雲夢以爲高,奢言淫樂而顯侈靡,竊爲足下不取也。必若所言,固非楚國之美也。有而言之,是章君之惡;無而言之,是害足下之信。章君之惡而傷私義,二者無一可,而先生行之,必且輕于齊而累於楚矣。一段議論。且齊東有[①]巨海,南有琅邪,觀乎成山,射乎之罘,浮勃澥,游孟諸,邪與肅慎爲鄰,右以湯谷爲界,秋田乎青丘,傍徨乎海外,吞若雲夢者八九,其於胷中曾不蔕芥。若乃俶儻瑰偉,異方殊類,珍恠鳥獸,萬端鱗萃,充仞其中者,不可勝記,禹不能名,契不能計。敘楚事甚詳,前序齊事甚畧,乃于篇後補序一段,反振挽合以作章法。然在諸侯之位,不敢言游戲之樂,苑囿之大;先生又見客,是以王辭而不能復[②],何爲無用應哉!"丨借烏有先生之論作一結,是第七節,《子虛賦》完。

無是公听然而笑以下《上林賦》起。相如分作兩篇,史公合之極是。曰:"楚則失矣,齊亦未爲得也。夫使諸侯納貢者,非爲財幣,所以述職也;封疆畫界者,非爲守禦,所以禁淫也。今齊列爲東藩,而外私肅慎,捐國踰限,越海而田,其於義故未可也。只接齊事。且二君之論,不務明君臣之義而正諸侯之禮,徒事爭游獵之樂,苑囿之大,欲以奢侈相勝,荒淫相越,此不可以揚名發譽,而適足以貶君自損也。

"且夫齊楚之事,又焉足道邪!雙接齊楚,下歸到天子。君未睹夫巨麗也,獨不聞天子之上林乎?入上林事。左蒼梧,右西極,丹水更其南,紫淵徑其北;前東西南北序一雲夢獨詳,此東西南北兼序四海八荒獨畧,法變。蒼梧西極、丹水紫淵俱虛。終始霸滻,出入涇渭;酆鄗潦潏,紆餘委蛇,經營乎其內。蕩蕩兮八川分流,相背而異態。東西南北,馳騖往來,出乎椒丘之闕,

① 有,中華書局本《史記》作"陼"。
② 不能復,中華書局本《史記》作"不復"。

行乎洲淤之浦,徑乎桂林之中,過乎泱莽之野。汩[①]乎渾流,順阿而下,赴隘陜之口。觸穹石,激堆埼,沸乎暴怒,洶涌滂潰,滭浡滵汩,湢測泌瀄,横流逆折,轉騰潎洌,澎濞沆瀣,穹隆雲撓,蜿灗膠戾,踰波趨浥,莅莅下瀨,批巖衝壅,犇揚滯沛,臨坻注壑,瀺灂霣墜,湛湛隱隱,砰磅訇礚,潏潏淈淈,湁潗鼎沸,馳波跳沫,汩急漂疾,悠遠長懷,寂漻無聲,肆乎永歸。然後灝溔潢漾,安翔徐徊,翯乎滈滈,東注太[②]湖,衍溢陂池。於是乎蛟龍赤螭,䱭鰽螹離,鰅鰫鰬魠,禺禺魼鰨,揵鰭擢尾,振鱗奮翼,潛處乎深巖;魚鼈讙聲,萬物眾夥,明月珠子,玓瓅江靡,蜀石黄碝,水玉磊砢,磷磷爛爛,采色澔汗,叢積乎其中。鴻鵠鷫鴇,鴐鵝鸀鳿,鵁鶄䴈目,煩鶩鷛𪅙,䴉䴋鵁鸕,群浮乎其上。前其中、其上,冠在上,此則倒在下,變法。汎淫泛濫,隨風澹淡,與波搖蕩,掩薄草渚,唼喋菁藻,咀嚼菱藕。|一段言水澤。

於是乎崇山矗矗,巃嵸崔巍,深林鉅木,嶄巖參差,九嵏巀嶭,南山峨峨,巖陁甗錡,摧崣崛崎,振谿通谷,蹇産溝瀆,谽呀豁閜,阜陵別島,崴磈嵔瘣,丘墟堀礨,隱轔鬱壘,登降施靡,陂池貏豸,沇溶淫鬻,散渙夷陸,亭皋千里,靡不被築。掩以綠蕙,被以江離,糅以蘪蕪,雜以流夷。尃結縷,攢戾莎,揭車衡蘭,槀本射干,茈薑蘘荷,葴橙若蓀,鮮枝黄礫,蔣芧青薠,布濩閎澤,延曼太原,麗靡廣衍,應風披靡,吐芳揚烈,郁郁斐斐,眾香發越,肸蠁布寫,晻曖苾勃。|一段言山,前賦山在

---

① 汩,底本作"泪",疑誤,據校本改。

② 太,中華書局本《史記》作"大"。

前,水在後;此賦水在前,山在後。前山詳水畧,此水詳山畧,變法。○此賦序山水是第一節。

"於是乎周覽泛觀,瞋盼軋沕,芒芒恍忽,視之無端,察之無崖。日出東沼,入於西陂。其南則隆冬生長,踊水躍波;獸則㺎旄貘犛,沈牛麈麋,赤首圜題,窮奇象犀。其北則盛夏含凍裂地,涉冰揭河;獸則麒麟角端,騊駼橐駝,蛩蛩驒騱,駃騠驢騾。丨其南其北,與前賦同;止序南北,與前賦異。○一段是東南兼序獸。

"於是乎離宮別館,彌山跨谷,高廊四注,重坐曲閣,華榱璧璫,輦道纚屬,步櫚周流,長途中宿。夷嵏築堂,纍臺增成,巖突洞房,俛杳眇而無見,仰攀橑而捫天,奔星更於閨闥,宛虹拖於楯軒。青蚪[①]蚴蟉於東箱,象輿婉𧓍於西清,靈圉燕於閒觀,偓佺之倫暴於南榮,醴泉涌於清室,通川過乎中庭。槃石裖崖,嵚巖倚傾,嵯峨磼礏,刻削崢嶸,玫瑰碧琳,珊瑚叢生,瑉玉旁唐,玢豳文鱗,赤瑕駁犖,雜臿其間,垂綏琬琰,和氏出焉。丨一段序宮館。

"於是乎盧橘夏熟,黄甘橙楱,枇杷橪柿,楟榛[②]厚朴,樗棗楊梅,櫻桃蒲陶,隱夫薁棣,楛榽[③]荔枝,羅乎後宮,列乎北園。貤丘陵,下平原,楊[④]翠葉,杌紫莖,發紅華,秀朱榮,煌煌扈扈,照曜鉅野。沙棠櫟櫧,華氾檘櫨,留落胥餘,仁頻并閭,欃檀木蘭,豫章女貞,長千仞,大連抱,夸條直暢,實葉葰茂,

① 蚪,中華書局本《史記》作"虯"。
② 榛,中華書局本《史記》作"柰"。
③ 楛榽,中華書局本《史記》作"榙樑"。
④ 楊,中華書局本《史記》作"揚"。

攢立叢倚,連卷累佹,崔錯癹骫,阬衡閜砢,垂條扶於,落英幡纚,紛容蕭蔘,旖旋從風,瀏莅芔吸,蓋象金石之聲,管籥之音。柴池茈虒,旋環後宮,雜遝累輯,被山緣谷,循阪下隰,視之無端,究之無窮。|一段序果木。

"於是玄猿素雌,蜼玃飛鸓,蛭蜩蠼蝚,螹胡豰蛫,棲息乎其間;長嘯哀鳴,翩幡互經,夭蟜枝格,偃蹇杪顛。於是乎隃絕梁,騰殊榛,捷垂條,踔稀間,牢落陸離,爛曼遠遷。|一段序木上之獸。

"若此輩者,數千百處。嬉游往來,宮宿館客[①],庖厨不徙,後宮不移,百官備具。|一段總結上四段。○以上序上林苑內是第二節。

"於是乎背秋涉冬,天子校獵。乘鏤象,六玉蚪[②],拖蜺旌,靡雲旗,前皮軒,後道游;孫叔奉轡,衛公驂乘,扈從横行,出乎四校之中。鼓嚴簿,縱獠者,江河爲陆,泰山爲櫓,車騎雷起,隱天動地,先後陸離,離散別追,淫淫裔裔,緣陵流澤,雲布雨施。"|一段序鹵簿車騎。

"生貔豹,搏豺狼,手熊羆,足野羊,蒙鶡蘇,絝白虎,被豳文,跨野馬。陵三嵕,之危,下積歷之坻;俓陖赴險,越壑厲水。事多語叠,故中下數語間之。推蜚廉,弄解豸,格瑕蛤,鋌猛氏,罥騕褭,射封豕。箭不苟害,解脰陷腦;弓不虚發,應聲而倒。於是乎乘輿彌節裴回,翱翔往來,睨部曲之進退,覽將率之變態。又下數語間之。然後浸潭促節,儵夐遠去,流離輕禽,蹵履

① 客,中華書局本《史記》作"舍"。

② 蚪,中華書局本《史記》作"虯"。

狡獸,轊白鹿,捷狡兔,軼赤電,遺光燿,追怪物,出宇宙,彎繁弱,滿白羽,射游梟,櫟蜚虡,擇肉後發,先中命處,弦矢分,藝殪仆。|一段是獵獸。

“然後揚節而上浮,陵驚風,歷駭飈,乘虛無,與神俱,轔玄鶴,亂昆鷄[①]。遒孔鸞,促鵕鸃,拂翳鳥,捎鳳皇,捷鴛雛,掩焦明。|一段是弋鳥。○以上序田獵事,是第三節。

“道盡塗殫,廻車而還。招搖乎襄羊,降集乎北紘,率乎直指,闇乎反鄉。蹷石闕,歷封巒,過鳷鵲,望露寒,下棠梨,息宜春,西馳宣曲,濯鷁牛首,登龍臺,掩細柳,觀士大夫之勤略,鈞獠者之所得獲。觀徒車之所轔轢,乘騎之所蹂若,人民之所蹈躪,與其窮極倦𠳬,驚憚讋伏,不被創刃而死者,佗佗籍籍,填坑滿谷,掩平彌澤。|以上序罷獵,而歸是第四節。

“於是乎游戲懈怠,置酒乎昊天之臺,張樂乎轇輵之宇;撞千石之鐘,立萬石之鉅;建翠華之旗,樹靈鼉之鼓。奏陶唐氏之舞,聽葛天氏之歌,千人唱,萬人和,山陵爲之震動,川谷爲之蕩波。巴俞宋蔡,淮南于遮,文成顛歌,族舉遞奏,金鼓迭起,鏗鎗闛鞈,洞心駭耳。荊吴鄭衛之聲,《韶》《濩[②]》《武》《象》之樂,陰淫案衍之音,鄢郢繽紛,《激楚》結風,俳優侏儒,狄鞮之倡,所以娱耳目而樂心意者,麗靡爛熳[③]於前,靡曼美色於後。|一段是音樂。

---

① 鷄,中華書局本《史記》作“雞”。

② 濩,底本作“頀”,疑誤,據校本改。

③ 熳,中華書局本《史記》作“漫”。

“若夫青琴宓妃之徒，絕殊離俗，妖[①]冶嫻都，靚莊刻飭，便嬛綽約，柔橈嬛嬛，嫵媚姌嫋；抴獨繭之褕袘，眇[②]閻易以戌削，媥姺徶循，與世殊服；芬香漚鬱，酷烈淑郁；皓齒粲爛，宜笑的[③]皪；長眉連娟，微睇緜藐；色授魂與，心愉於側。|一段女色，《子虛賦》祇説得衣服，此乃兼及容貌。“妖冶”二句，指面；“便嬛”三句，指身；“獨繭”四句，指衣服；“芳香”二句，指氣味；“皓齒”四句，細分齒、眉、目，“色授”二句，指意態，撰語俱各工妙。○以上置酒，是第五節。

“於是酒中樂酣，天子芒然而思，似若有亡。曰：‘嗟乎，此泰奢侈！朕以覽聽餘閒，無事棄日，順天道以殺伐，時休息於此，恐後世靡麗，遂往而不反，非所以爲繼嗣創業垂統也。’一段戒泰侈。於是乃解酒罷獵，而命有司曰：‘地可以墾辟，悉爲農郊，以贍萌隸；隤墻填塹，使山澤之民得至焉。實陂池而勿禁，虛宫觀而勿仞。數語就上林苑説。發倉廩，以振貧窮，補不足，恤鰥寡，存孤獨。出德號，省刑罰，改制度，易服色，更正朔，與天下爲始。’一段發政施仁。

“於是歷吉日以齋[④]戒，襲朝衣，乘法駕，建華旗，鳴玉鸞，游乎六藝之囿，騖乎仁義之塗，覽觀《春秋》之林，射《狸[⑤]首》，兼《騶虞》，弋玄鶴，建干戚，載雲罕，掩群《雅》，仍用車馬射弋事，與前映帶。悲《伐檀》，樂樂胥，修容乎《禮》園，翱翔于

① 妖，中華書局本《史記》作“姣”。
② 耿，中華書局本《史記》作“眇”。
③ 旳，底本作“的”，疑誤，據中華書局本《史記》改。
④ 齋，中華書局本《史記》作“齊”。
⑤ 狸，中華書局本《史記》作“貍”。

《書》圃，述《易》道，放怪獸，登明堂，坐清廟，恣群臣，奏得失，四海之内，靡不受獲。於斯之時，天下大説，嚮風而聽，隨流而化，喟然興道而遷義，刑錯而不用，德隆乎三皇，功羨於五帝。若此，故獵乃可喜也。一段興仁慕義，仍點獵一句，繳還通篇。

“若夫終日暴露馳騁，勞神苦形，罷車馬之用，抏士卒之精，費府庫之財，而無德厚之恩，務在獨樂，不顧眾庶，忘國家之政，而貪雉兔之獲，則仁者不由也。從此觀之，齊楚之事，豈不哀哉！地方不過千里，而囿居九百，是草木不得墾辟，而民無所食也。夫以諸侯之細，而樂萬乘之所侈，僕恐百姓之被其尤也。”一段反振，收完兩賦，以上曲終諷諫是第六節。

於是二子愀然改容，超若自失，逡巡避席曰：“鄙人固陋，不知忌諱，乃今日見教，謹聞命矣。”｜

賦奏，天子以爲郎。無是公言天子上林廣大，山谷水泉萬物，及子虛言楚雲夢所有甚眾，侈靡過其實，且非義理所尚，故刪取其要，歸正道而論之。｜又撮數語作論斷，二賦太長，故以收束之。

相如爲郎數歲，間接。會唐蒙使略通夜郎西僰中，發巴蜀吏卒千人，郡又多爲發轉漕萬餘人，用興法軍興法也。誅其渠帥，巴蜀民大驚恐。上聞之，乃使相如責唐蒙，因喻告巴蜀民以非上意。檄曰：

告巴蜀太守：蠻夷自擅不討之日久矣，劈頭一句，便歸過于蠻夷，即爲漢武解釋。時侵犯邊境，勞士大夫。陛下即位，存撫天下，輯安中國。先寫中國治安。然後興師出兵，北征匈奴，單于怖駭，交臂受事，詘膝請和。康居西域，重譯請朝，稽首來享。移師東指，閩越相誅。右弔番禺，太子入朝。後寫四海賓服然後轉入南彝。南彝之君，西僰之長，常效貢職，不敢怠墮，延頸舉踵，喁喁然皆爭歸義，欲爲臣妾，爲南彝贊兩句。道里遼遠，山川阻深，不能自致。又爲南彝寬兩句，是喻告體，是當日情事。夫不順者已誅，而爲善者未賞，總上兩段，"不順者"，匈奴、康居、閩越、番禺；"爲善者"，南彝、西僰也。故遣中郎將往賓之，說得平淡，妙！發巴蜀士民各五百人，以奉幣帛，衛使者，不然，靡有兵革之事，戰鬬之患。"往賓之"掩飾遣使奉幣帛，"衛使者"掩飾興發，不然，恐有兵革戰鬬之事耳，不得不興發也。絶妙出脱，筆如轉圜。今聞其乃發軍興制，驚懼子弟，憂患長老，郡又擅爲轉粟運輸，皆非陛下之意也。當行者或亡逃自賊殺，亦非人臣之節也。上下半篇，正文章交卸處，乃以兩"非也"竟作兩對。一則出脱武帝，以結上；一則責備百姓，以起下，章法，奇妙之極。

夫邊郡之士，聞烽舉燧燔，皆攝弓而馳，荷兵而走，流汗相屬，唯恐居後，觸白刃，冒流矢，義不反顧，計不旋踵，人懷怒心，如報私讎。一路氣勢濃郁，說邊郡之士正指伐匈奴、西域等事也，隱隱照應。彼豈樂死惡生，非編列之民，而與巴蜀異主哉？一掉即打著巴蜀妙。計深慮遠，急國家之難，而樂盡人臣之道也。又一折。故有剖符之封，析珪而爵，位爲通侯，居列東第，終則遺顯號于後世，傳土地於子孫，行事甚忠敬，居位甚安佚，名聲施于無窮，功烈著而不滅。是以賢人君子，肝腦塗中原，膏液潤野草，而不辭也。後半篇大約是兩段，此一段是贊邊郡。今奉幣役至南彝，即自賊殺，或亡逃抵誅，身死無名，謚爲至愚，恥及父母，爲天下笑。人之度量相越，豈不遠哉！然此非

獨行者之罪也，又作一跌。父兄之教不先，子弟之率不謹也；寡廉鮮恥，而俗不長厚也。其被刑戮，不亦宜乎！| 一段是責備巴蜀之民，責備處輕，正其撫安處也，遣詞立體之妙。

陛下患使者有司之若彼，悼不肖愚民之如此，兩語又總結通篇。"有司句"，責唐蒙，結完上半篇；"愚民"句，責百姓，結完下半篇。故遣信使曉喻百姓以發卒之事，因數之以不忠死亡之罪，讓三老孝弟以不教誨之過。始序遣使布檄之故。方今田時，重煩百姓，已親見近縣，恐遠所谿谷山澤之民，不徧聞，檄到，亟下縣道，使咸知陛下之意，唯毋忽也。| 仍歸到朝廷德意住，立言有體如此。

相如還報。唐蒙已畧通夜郎，因通西南彝，道發巴、蜀、廣漢卒，作者數萬人。治道二歲，道不成，士卒多物故，費以巨萬計。告諭未周，通道如故，接寫下，正見虛詞。蜀民及漢用事者，多言其不便。是時邛筰之君長，聞南彝與漢通，得賞賜多，多欲願爲内臣妾，請吏，比南彝。不便者，巴蜀；願通者，南彝。兩邊寫來，以見情事。天子問相如，相如曰："邛、筰、冉[①]、駹者，近蜀，道亦易通，秦時嘗通爲郡縣，至漢興而罷。今誠復通，爲置郡縣，愈于南彝。"天子以爲然，正見相如本意，故告諭之檄，多回護曲詞。乃拜相如爲中郎將，建節往使。副使王然于、壺充國、呂越人馳四乘之傳，因巴蜀吏幣物，以賂西彝。至蜀，蜀太守以下郊迎，縣令負弩矢先驅，王吉尚在否？蜀人以爲寵。又爲相如寫一段，貴賤雲泥，可勝三歎。於是卓王孫、臨邛諸公程鄭亦在也。皆因門下獻牛酒以交驩。卓王孫喟然而嘆，自以

① 冉，中華書局本《史記》作"冄"。

得使女尚司馬長卿晚，而厚分與其女財，與男等同。又寫此一段，形容富牛，肝肺如見，蓋前以錢財作驕態，終以錢財作慇懃，可見失節事小，錢財事大，如此輩人深可憐憫，深可笑歎也。司馬長卿便畧定西夷，邛、筰、冉、駹、斯榆之君，皆請爲内臣。除邊關，關益斥，西至沫、若水，南至牂牁爲徼，通零關道，橋孫水，以通邛都。還報天子，天子大說。|寫相如建功立業處，連寫十句，極力鋪張，正爲文人吐氣。

相如使時，蜀長老多言通西南夷不爲用，唯大臣亦以爲然。相如欲諫，業已建之，不敢，乃著書，籍以蜀父老爲辭，而己詰難之，以風天子，且因宣其使指，令百姓知天子之意。前寫通南夷，寫出使晝錦，寫卓王孫輩勢利，寫相如建功事，多湊集，不及回筆，故于使完之後，倒提一筆，而附《難蜀父老書》於此，章法。其辭曰：

漢興七十有八載，德茂存乎六世，威武紛紜，湛恩汪濊，群生澍濡，洋溢乎方外。說中國寧謐只數語即帶出方外。於是乃命使西征，隨流而攘，風之所被，罔不披靡。因朝冉，從駹，定筰，存邛，畧斯榆，舉苞滿，結軌還轅，東鄉將報，至于蜀都。即序自己出使事起。

耆老大夫，薦紳先生之徒，二十有七人，儼然造焉。辭畢，因進曰："蓋聞天子之于夷狄也，其義羈縻勿絕而已。今罷三郡之士，通夜郎之塗，三年於茲，而功不竟，士卒勞倦，萬民不贍，今又接以西夷，百姓力屈，恐不能卒業，此亦使者之累也，竊爲左右患之。一段序目前事。且夫邛、筰、西僰之與中國並也，歷年茲多，不可記已。仁者不以德來，彊者不以力并，意者其殆不可乎！一段序古來事。今割齊民以附夷狄，弊所恃以事無用，又總結兩句。鄙人固陋，不識所謂。”

使者曰：“烏謂此邪？必若所云，則是蜀不變服，而巴不化俗也。余尚惡聞若說。|是謂如所論則巴蜀當且爲蠻彝，我何從聞汝言也。《索隱》解非，孫月峯解是也。然斯事體大，固非觀者之所覯也。余之行急，其詳不可得聞已，請爲大夫粗陳其畧。

“蓋世必有非常之人，然後有非常之事；有非常之事，然後有非常之功。四“非常”字，叠從《春申傳》“無望之福”等句來。非常者，固常之所異也。故曰非常之原，黎民懼焉；及臻厥成，天下晏如也。又注解兩段，語氣詳婉。

“昔者鴻水浡出，氾濫衍溢，民人登降移徙，陭匾而不安。夏后氏戚之，乃堙鴻水，決江疏河，漉沈贍菑，東歸之于海，而天下永寧。引禹以見非常之人，非常之功也。當斯之勤，豈惟民哉。不是，寬民蓋曰君猶如此，豈特勞民哉？正側重民一邊。心煩於慮，而身親其勞，躬胝無胈，膚不生毛。故休烈顯乎無窮，聲稱浹乎于兹。申明非常，以結上文，下即轉入近事。

“且夫賢君之踐位也。豈特委瑣握齱，拘文牽俗，循誦習，傳當世，取說云爾哉！連四句作勢。必將崇論閎議，創業垂統，爲萬世規。故馳騖乎兼容并包，而勤思乎參天貳地。說得大，氣勢蓬勃，音節閎壯，故曰高文，典冊用相如也。且《詩》不云乎：‘普天之下，莫匪王土；率土之濱，莫非王臣。’是以六合之內，八方之外，浸潯衍溢，懷生之物，有不浸潤於澤者，賢君恥之。應“兼容并包”“參天貳地”。今封疆之內，冠帶之倫，咸獲嘉祉，靡有闕遺矣。又補內事一筆。而彝狄殊俗之國，遼絕異黨之地，舟輿不通，人迹罕至，政教未加，流風猶微。內之則犯義侵禮于邊境,外之則邪行横作,放弑其上。君臣易位,尊卑失序,父兄不辜,幼孤爲奴,係纍號泣,内嚮而怨,曰‘蓋聞中國有至仁焉,德洋而恩普,物靡不得其所,應“湛恩汪濊”“咸獲嘉祉”兩節。今獨曷爲遺己’。舉踵思慕,若枯旱之望雨。盭夫爲之垂涕,況乎上聖,又惡能已?以賦筆爲之,故鏗鏘振響。故北出師以討彊胡,南馳使以誚勁越。四面風德,二方之君鱗集仰流,願得受號者以億計。故乃關沬、若,徼牂牁,鏤零山,梁孫原。創道德之塗,垂仁義之統。將博恩廣施,遠撫長駕,使疏逖不閉,阻深闇昧得耀乎光明,以偃甲兵於此,而息誅伐於彼。七句一氣下,氣勢可觀。遐邇一體,中外提福,不亦康乎?彝狄殊俗一段,一氣趨下,至此乃止。夫拯民於沈溺,奉至尊之休德,反衰世之陵遲,繼周氏之絶業,斯乃天子之急務也。百姓雖勞,又惡可以已哉?總結一段,以少委蛇,“百姓雖勞”正應“豈惟民哉”,是一様主意。

“且夫王事固未有不始于憂勤,而終于佚樂者也。又插一筆。然則受命之符,合在於此矣。方將增泰山之封,加梁父之事,伏《封禪書》意。鳴和鸞,揚樂頌,上咸五,下登三。上止云“繼周”,此又進一層。觀者未睹指,聽者未聞音,猶鷦明已翔乎寥廓,而羅者猶視乎藪澤。悲夫!”答還耆老大夫止此二語,絶不深言,妙!

於是諸大夫芒然喪其所懷來,而失厥所以進,喟然並稱曰:“允哉漢德,此鄙人之所願聞也。百姓雖怠,請以身先之。”敞罔靡徙,因遷延而辭避。|

其後人有上書,言相如使時受金,失官。居歲餘,復召爲郎。|

凡三爲郎，文章官爵，亦勢不兩立，可爲三嘆。

相如口吃而善著書。常有消渴疾。與卓氏婚，饒于財。其進仕宦，未嘗肯與公卿國家之事，稱病閒居，不慕官爵。丨饒才閒居，不慕官爵，極寫相如，然已爲受金暴白矣。常從上至長楊獵，是時天子方好自擊熊彘，馳逐野獸，相如上疏諫之。其辭曰：

臣聞物有同類而殊能者，故力稱烏獲，捷言慶忌，勇期賁、育。臣之愚，竊以爲人誠有之，獸亦宜然。欲作奇文，先立奇想，此奇論劈空而下，絕無依傍，漢以前章疏所無，即文筆亦不多有，是相如創體。今陛下好陵阻險，射猛獸，卒然遇軼材之獸，駭不存之地，犯屬車之清塵，輿不及還轅，人不暇施巧，雖有烏獲、逢蒙之伎，力不得用，枯木朽株盡爲害矣。是胡越起于轂下，而羌夷接軫也，豈不殆哉！"陛下"至此，一氣而下，中作兩轉，而枯木朽株、胡越羌彝作兩跌，奇文奇想。雖萬全無患，然本非天子之所宜近也。以上一氣而下，至此忽然一轉，另開一境界，如長河奔流千里，一折，而波濤洶湧，自成奇觀，又如漁人隨流，桃花衍漾，而回身石罅，別有洞天，豈非奇文！

且夫清道而後行，中路而後馳，猶時有銜橛之變，而況涉乎蓬蒿，馳乎丘墳，前有利獸之樂，而內無存變之意，其爲禍也不亦難矣！又作一段，以正論之，亦一氣而下，中作一轉。夫輕萬乘之重，不以爲安，而樂出于萬有一危之塗，以爲娛，臣竊爲陛下不取也。緊接數語收完通篇。

蓋明者遠見於未萌，而智者避危於無形，禍固多藏于隱微而發于人之所忽者也。故鄙諺曰"家累千金，坐不垂堂"。此言雖小，可以喻大。又作垂戒數言，并引一諺，竟爾便住，前突然而起，後突然而止，首尾相應。臣願陛下之留意幸察。

上善之。還過宜春宮，相如奏賦以哀二世行失也。其辭曰：

登陂陁之長阪兮，坌入曾宮之嵯峨。臨曲江之隑州兮，望南山之參差。巖巖深山之谾谾兮，通谷豁兮谽谺。汩淢噏習以永逝兮，注平皋之廣衍。觀眾庶[①]之墒薆兮，覽竹林之榛榛。東馳土山兮，北揭石瀨。一段流覽山川[②]，下乃憑吊二世，徘徊瞻眺，忽然感生，正愜情景。彌節容與兮，歷弔二世。持身不謹兮，亡國失勢。信讒不寤兮，宗廟滅絕。嗚呼哀哉！操行之不得兮，墳墓蕪穢而不修兮，魂無歸而不食。敻邈絕而不齊兮，彌久遠而愈佅。精罔閬而飛揚兮，拾九天而永逝。嗚呼哀哉！|此賦語短而意長。

相如拜爲孝文園令。天子既美子虛之事，相如見上好僊道，因曰："上林之事，未足美也，尚有靡者。臣常[③]爲大人賦，未就，請具而奏之。"亦先縱一筆同前。相如以爲列仙之傳，居山澤間，形容甚臞，此非帝王之僊意也，乃遂就《大人賦》。先旨後詞，同前。其辭曰：

世有大人兮，在于中州。宅彌萬里兮，曾不足以少留。悲世俗之迫隘兮，朅輕舉而遠游。一篇是遠游之事，此三韻是遠游之故。垂絳幡之素蜺兮，載雲氣而上浮。見[④]格澤之長竿兮，總光耀之采旄。垂旬始以爲幓兮，抴彗星而爲髾。掉指

① 庶，中華書局本《史記》作"樹"。
② 山川，底本作"出州"，疑誤，據校本改。
③ 常，中華書局本《史記》作"嘗"。
④ 見，中華書局本《史記》作"建"。

橋以偃蹇兮,又旖旎以招搖。"素蜺""雲氣"六句,插二句以形容之。攬欃槍以爲旌兮,靡屈虹而爲綢。紅杳渺以眩湣兮,猋風涌而雲浮。"欃槍""屈虹"二句,又插二句,以形容之。駕應龍象輿之蠖略逶麗兮,驂赤螭,青虯之蚴蟉蜿蜒。低卬夭蟜,据以驕驁兮,詘折隆窮,蠼以連卷,沛艾赳螑,仡以佁儗兮,放散畔岸,驤以孱顔。跮踱輵螛,容以委麗兮,綢繆偃蹇,怵臭以梁倚。糾蓼叫奡,蹋以艐路兮,蔑蒙踊躍,騰而狂趭。莅颯卉翕熛至電過兮,煥然霧除,霍然雲消。應龍螭虯止二句,下俱形容,連四句作一調,變法,以上序龍駕是一節。

邪!絕少陽而登太陰兮,與真人乎相求。互折窈窕以右轉兮,横厲飛泉以正東。悉徵靈圉而選之兮,部乘眾神於瑤光。使五帝先導兮,反太一而從陵陽。左玄冥而右含靁兮,前陸離而後潏湟。厮征北①僑而役羨門兮,屬岐伯使尚方。祝融驚而蹕御兮,清雰氣而後行。屯余車其萬乘兮,綷雲蓋而樹華旗。使勾芒其將行兮,吾欲往乎南嬉。以上役從神仙是一節。

歷唐堯于崇山兮,過虞舜于九疑。紛湛湛其差錯兮,雜遝膠葛以方馳。騷擾衝蓯,其相紛挐兮,滂濞泱軋,灑以林離。鑽羅列聚叢以蘢茸兮,衍曼流爛,壇以陸離。徑入靁室之砰磷鬱律兮,洞出鬼谷之崫礨嵬磈。徧覽八紘而觀四荒兮,朅渡九江而越五河。經營炎火而浮弱水兮,杭絕浮渚而涉流沙。奄息總極,氾濫水嬉兮,使靈媧鼓瑟,而舞馮夷。時若薆薆,將混濁兮,召屏翳,誅風伯而刑雨師。西望昆侖之

① 北,中華書局本《史記》作"伯"。

軋,沕洸忽兮,直徑馳乎三危。排閶闔而入帝宫兮,載玉女而與之歸。舒閬風而搖集兮,亢馬騰而一止。低回陰山翔以紆曲兮,吾乃今目睹西王母暠然白首。戴勝而穴處兮,亦幸有三足烏爲之使。必長生若此而不死兮,雖濟萬世不足以喜。以上周游天下是一節。

回車朅來兮,絕道不周,會食幽都。呼吸沆瀣餐朝霞兮,噍咀芝英兮嘰瓊華。嬐侵潯而高縱兮,紛鴻涌而上厲。貫列缺之倒景兮,涉豐隆之滂沛。馳遊道而修降兮,鶩遺霧而遠逝。迫區中之隘陝兮,舒節出乎北垠。遺屯騎於玄闕兮,軼先驅於寒門。下崢嶸而無地兮,上寥廓而無天。視眩眠而無見兮,聽惝恍而無聞。乘虛無而上假兮,超無友而獨存。以上飄然上征是一節,此賦無首無尾,意到筆隨,純祖《離騷》,又一種筆仗。

相如既奏《大人之頌》,天子大說,飄飄有凌雲之氣,似游天地之間意。|只點兩句,而意思已足。

相如既病免,家居茂陵。天子曰:"司馬相如病甚,可往從悉取其書;若不然後失之矣。"使所忠往,而相如已死,家無書。問其妻,應還文君。對曰:"長卿固未嘗有書也。時時著書,人又取去,即空居。長卿未死時,爲一卷書,曰'有使者來求書奏之。'無他書。"其遺札書,言封禪事,奏所忠。忠奏其書,天子異之。亦先序後詞,前後一樣章法。其書曰:

伊上古之初肇,自昊穹兮生民,歷撰列辟,以迄于秦。率邇者踵武,逖聽者風聲。紛綸葳蕤,堙滅而不稱者,不可勝數也。續《昭》《夏》,崇號謚,略可道者七十有二君。所謂登泰山而封禪者七十二君也。罔若淑而不昌,疇逆失而能存?一段總論是冒。

軒轅之前,遐哉邈乎,其詳不可得聞也。五三六經載籍之傳,維見可觀也。《書》曰"元首明哉,股肱良哉"。因斯以談,君莫盛於唐堯,臣莫賢于后稷。引唐堯入周事,堯是客,稷是主。后稷創業於唐,公劉發迹於西戎,文王改制,爰周郅隆,大行越成,而後凌夷衰微,千載無聲,豈不善始善終哉。然無異端,慎所由於前,謹遺教於後耳。故軌迹夷易,易遵也;湛恩濛涌,易豐也;憲度著明,易則也;垂統理順,易繼也。是以業隆于襁褓,而崇冠于二后。揆厥所元,終都攸卒,未有殊尤絕,迹可考于今者也。然猶躡梁父,登泰山,建顯號,施尊名。一段借周比擬,抑周而進漢。大漢之德,逢涌原泉,沕潏漫衍,旁魄四塞,雲尃霧散,上暢九垓,下泝八埏。懷生之類,霑濡浸潤,協氣橫流,武節飄逝,邇陜游原,迥闊泳沫,首惡湮沒,闇昧昭晢,昆蟲凱澤,回首面內。然後囿騶虞之珍群,徼麋鹿之怪獸,導一莖六穗於庖,犧雙觡共抵之獸,獲周餘珍,收龜於岐,招翠黃乘龍于沼。鬼神接靈圉,賓于閒館。奇物譎詭,俶儻窮變。欽哉,符瑞臻茲,猶以爲薄,不敢道封禪。一段頌漢。蓋周躍魚隕杭,休之以燎,微夫斯之爲符也,以登介丘,不亦恧乎！進讓之道,其何爽與？又借周事雙結進者,謂周德薄而封禪,讓者謂漢德盛而退讓也。

於是大司馬進曰:"陛下仁育群生,義征不憓,諸夏樂貢,百蠻執贄,德侔往初,功無與二,休烈浹洽,符瑞眾變,期應紹至,不特創見。意者泰山、梁父,設壇場望幸,蓋號以況榮,作"望辛"意妙。上帝垂恩儲祉,將以薦成,陛下謙讓而弗發也。挈三神之驩,缺王道之儀,群生[1]恧焉。或謂且天爲質闇,珍

① 生,中華書局本《史記》作"臣"。

符固不可辭;若然辭之,是泰山靡記,而梁父靡幾也。亦各並時而榮,咸濟世而屈,說者尚何稱於後,而云七十二君乎?又一反振,應七十二君。夫修德以錫符,奉符以行事,不爲進越。故聖王弗替,而修禮地祇,謁欵天神,勒功中嶽,以彰至尊,舒盛德,發榮號,受厚福,以浸黎民也。皇皇哉!斯事天下之壯觀,王者之丕業,不可貶也。願陛下全之。而後因雜薦紳先生之畧術,使獲燿日月之末光絕炎,以展采錯事,猶兼正列其義,校飭厥文,作《春秋》一藝,將襲舊六爲七,攄之無窮,俾萬世得激清流,揚微波,蜚英聲,騰茂實。前聖之所以永保鴻名,而常爲稱首者,用此,宜命掌故,悉奏其義而覽焉。”此段正言,實序,中多跌宕轉折,而絕無綜跡。

於是天子沛然改容曰:“愉乎,朕其試哉!”乃遷思回慮,總公卿之議,詢封禪之事,詩大澤之博,廣符瑞之富。乃作頌曰:

自我天覆,雲之油油。甘露時雨,厥壤可游。滋液滲漉,何生不育;嘉穀六穗,我穡曷蓄。一章言嘉禾。

非唯雨之,又潤澤之;非唯濡之,氾尃濩之。萬物熙熙,懷而慕思。名山顯位,望君之來。君乎君乎,侯不邁哉!二章言望封禪。

般般之獸,樂我君囿;白質黑章,其儀可嘉;旼旼睦睦,君子之能。蓋聞其聲,今觀其來。厥塗靡蹤,天瑞之徵。茲亦於舜,虞氏以興。三章言騶虞。

濯濯之麟,游彼靈畤。孟冬十月,君徂郊祀。馳我君輿,帝以享祉。三代之前,蓋未嘗有。四章言麟。

宛宛黃龍,興德而升;采色炫燿,熿炳煇煌。正陽顯見,覺悟黎烝,於傳載之,云受命所乘。五章言龍。

厥之有章，不必諄諄。依類託寓，諭以封巒。六章總結符瑞，歸到封禪。

披藝觀之，天人之際已交，上下相發。允答聖王之德，兢兢翼翼也。故曰"興必慮衰，安必思危"。是以湯武至尊嚴，不失肅祗；舜在假典，顧省厥遺：此之謂也。又散序一段歸到漢武，兢兢翼翼，不敢封禪，蓋安不忘危，退讓未遑也，因以終篇。

司馬相如既卒五歲，天子始祭后土。八年，而遂先禮中嶽，封於泰山，至梁父禪，肅然。|

相如他所著，若《遺平陵侯書》《與五公子相難》《草木書》篇不采，采其尤著公卿者云。|通篇以文章貫，故又虛序數篇，作餘波。

太史公曰：《春秋》推見至隱，《易》本隱之以顯，《大雅》言王公大人而德逮黎庶，《小雅》譏小己之得失，其流及上。所以言雖外殊，其合德一也。相如賦家之流，故推本于《詩》，以深予之。相如雖多虛辭濫說，然其要歸引之節儉，此與《詩》之風諫何異。楊雄以爲靡麗之賦，勸百諷一，猶馳騁鄭衛之聲，曲終而奏雅，不已虧乎？余采其語可論者著于篇。贊語是太史公筆力，楊雄一段，或班氏所筆，或後人所摭，存疑可也。

長卿賦才，一代巨麗，所云綦組宮商，包括總覽，夫豈易及！史公偏出一頭地，成此大篇，將其三賦、一疏、一檄、兩書，網羅組織，驅遣運旋，真所謂"吞雲夢八九于胷中，曾不芥蔕"者也，則長卿又在史公囿中矣。○《子虛》《上林》兩賦，以侈麗勝。告蜀一檄一書，以層叠勝。《諫獵疏》，以格法勝。《哀二世賦》，以丰韻勝。《大人賦》，以瑰奇勝。《封禪書》，以古奧勝。一篇一樣，幾與史公匹敵，故史公獨載其文，連篇不厭也。○諸文賦俱侈麗濃郁，畧指其章法，其用事處、用字處、用韻處，具有音釋，不及細注。○史公寫文君一段，濃纖宛轉，爲唐人傳奇小說之祖。

淮南衡山列傳

淮南厲王長者，高祖少子也，|其母故趙王張敖美人。高祖八年，從東垣過趙，趙王獻之美人。厲王母得幸焉，有身。趙王敖弗敢内宫，爲築外宫而舍之。及貫高等謀反，柏人事發覺，并逮治王，盡收捕王母兄弟美人，繫之河内。厲王母亦繫，告吏曰："得幸上，有身。"吏以聞上，上方怒趙王，未理厲王母。厲王母弟趙兼，因辟陽侯言吕后，吕后妬，弗肯白，辟陽侯不彊爭。伏後案。及厲王母已生厲王，句。恚，句。即自殺。吏奉厲王詣上，上悔，令吕后母之，而葬厲王母真定。真定，厲王母之家在焉，父世縣也。|結厲王母事。

高祖十一年十月，淮南王黥布反，立子長爲淮南王，王黥布故地，凡四郡。上自將兵擊滅布，厲王遂即位。|厲王早失母，常附吕后，孝惠、吕后時，以故得幸無患害，而常心怨辟陽侯，弗敢發。虚頓一筆，前寫事勢，後曲寫心事。及孝文帝初即位，淮南王自以爲最親，"心怨""自以為"皆曲寫心事，妙！驕蹇，數不奉法。上以親故，常寬赦之。三年入朝。甚横。從上入苑囿獵，與上同車，常謂上"大兄"。|寫明驕横之事。厲王有材力，力能扛鼎，欲入殺辟陽侯事，先提

明兩句。乃往請辟陽侯。辟陽侯出見之,即自袖鐵椎椎辟陽侯,令從者魏敬剄之。厲王乃馳走闕下,肉袒謝曰:|殺得勇,轉得捷,人是快人,文是快文。"臣母不當坐趙事,其時辟陽侯力能得之吕后,弗爭,罪一也。趙王如意子母無罪,吕后殺之,辟陽侯弗爭,罪二也。吕后王諸吕,欲以危劉氏,辟陽侯弗爭,罪三也。臣謹爲天下誅賊臣辟陽侯,報母之仇,詞亦硬綻,恰如其人。謹伏闕下請罪。"孝文傷其志,爲親故,弗治,赦厲王。當是時,薄太后及太子諸大臣皆憚厲王,厲王以此歸國益驕恣,不用漢法,出入稱警蹕,稱制,自爲法令,擬於天子。|

六年,令男子但等七十人,與棘蒲侯柴武太子奇謀,以輂車四十乘反谷口,令人使閩越、匈奴。事覺,治之,驕姿不法,及謀反事,只畧寫,于奏牘中詳序。使使召淮南王。淮南王至長安。

"丞相臣張蒼[1]、典客臣馮敬、行御史大夫事宗正臣逸、廷尉臣賀、備盗賊中尉臣福昧死言:淮南王長,廢先帝法,不聽天子詔,居處無度,爲黄屋蓋,乘輿出入擬於天子,擅爲法令,不用漢法。及所置吏,以其郎中春爲丞相,聚收漢諸侯人,及有罪亡者,匿與居,爲治家室,賜其財物爵禄田宅,爵或至關内侯,奉以二千石,所不當得,欲以有爲。|一段是"驕恣""不用漢法",欲以有爲,是深文語。大夫但、士伍開章等七十人,與棘蒲侯太子奇謀反,欲以危宗廟社稷。使開章陰告長,但使也,觀下文報告可見。與謀使閩越,及匈奴,發其兵。一段是謀反,以下是謀反踪跡。開章之淮南,見長,長數與坐語飲食,爲家室娶婦,以二千石俸奉之。開章使人告但,已言之

---

[1] 蒼,中華書局本《史記》作"倉"。下同。

王。春,使使報但等。吏覺知,使長安尉奇等,往捕開章。長匿不與①,與故中尉蔄忌謀,殺以閉口。爲棺槨衣衾,葬之肥陵邑,謾吏曰'不知安在'。又佯聚土,樹表其上,曰'開章死,埋此下'。寫得奇恣,如兒戲。及長身自賊殺無罪者一人;令吏論殺無罪者六人;爲命棄市罪詐捕命者以除罪;擅罪人,罪人無告,劾繫治城旦舂以上十四人;以上擅罪人。赦免罪人,死罪十八人,城旦舂以下五十八人;賜人爵關内侯以下九十四人。以上擅赦罪人,擅爵人。前日長病,陛下憂苦之,使使者賜書、棗脯。長不欲受賜,不肯拜見②使者。南海民處廬江界中者反,淮南吏卒擊之。陛下以淮南民貧苦,遣使者賜長帛五千匹,以賜吏卒勞苦者。長不欲受賜,謾言曰'無勞苦者'。南海民王織上書,獻璧皇帝,忌擅燔其書,即前蔄忌。不以聞。吏請召治忌,長不遣,謾言曰'忌病'。春又請長,願入見,長怒曰'女欲離我自附漢'。又羅織三事,俱深文。長當棄市,臣請論如法。"先作一逼。

制曰:"朕不忍致法于王,其與列侯二千石議。"|

"臣蒼、臣敬、臣逸、臣福、臣賀昧死言:即前五人,序用簡法。臣謹與列侯吏二千石臣嬰等四十三人議,皆曰'長不奉法度,不聽天子詔,乃陰聚徒黨,及謀反者,厚養亡命,欲以有爲'。臣等議論如法。"又作一逼。

制曰:"朕不忍致法於王,其赦長死罪,廢勿王。"|

"臣蒼等昧死言:序法又簡。長有大死罪,陛下不忍致法,幸

① 與,中華書局本《史記》作"予"。

② 拜見,中華書局本《史記》作"見拜"。

赦,廢勿王。臣請處蜀郡嚴道邛郵,遣其子母從居,縣爲築蓋家室,皆廩食,給薪菜,鹽豉,炊食器,席蓐。臣等昧死請,請布告天下。”三奏皆有古色,吏牘罪案文筆之妙如此。

制曰:“計食長,給肉日五斤,酒二斗。令故美人才人得幸者十人從居。他可,盡誅所與謀者。丨是酒肉帳,卻寫得文雅如此。”

於是乃遣淮南王,載以輜車,令縣以次傳。是時袁盎諫上曰:“上素驕淮南王,弗爲置嚴傅相,以故至此。且淮南王爲人剛,今暴摧折之。臣恐卒逢霧,露病死。陛下爲有殺弟之名,奈何!”上曰:“吾特苦之耳,今復之。”縣傳淮南王者,皆不敢發車封。淮南王乃謂侍者曰:“誰謂乃公勇者?吾安能勇!吾以驕故不聞吾過,至此。應前“驕恣”,即借淮南口中繳還。人生一世間,安能邑邑如此!”乃不食死。至雍,雍令發封,以死聞。上哭甚悲,謂袁盎曰:“吾不聽公言,卒亡淮南王。”盎曰:“不可奈何,願陛下自寬。”上曰:“爲之奈何?”盎曰:“獨斬丞相、御史以謝天下,乃可。”與《袁盎傳》微不同,寫袁絲苛惡,故不于袁傳寫也,而封淮南諸子語,又不載。上即令丞相、御史,遂[①]考諸縣傳送淮南王不發封餽侍者,皆棄市。乃以列侯葬淮南王于雍,守冢三十戶。丨

孝文八年,上憐淮南王,淮南王有子四人,皆七八歲,乃封子安爲阜陵侯,子勃爲安陽侯,子賜爲周陽侯,子良爲東成侯。丨先封侯作頓。

孝文十二年,民有作歌,歌淮南厲王曰:“一尺布,尚可縫;一斗粟,尚可舂。兄弟二人不能相容。”上聞之,乃歎曰:“堯舜放逐

① 遂,中華書局本《史記》作“逮”。

骨肉,周公殺管蔡,天下稱聖。何者?不以私害公。天下豈以我爲貪淮南王地邪?"乃徙城陽王,王淮南故地,而追尊謚淮南王爲厲王,置園復如諸侯儀。|

孝文十六年,徙淮南王喜,復故城陽。上憐淮南厲王,廢法不軌,自使失國,蚤死,乃立其三子:阜陵侯安爲淮南王,安陽侯勃爲衡山王,周陽侯賜爲廬江王,皆復得厲王時地,參分之。東城侯良前薨,無後也。|四子三封,又找一筆,一絲不漏。

孝景三年,吳楚七國反,吳使者至淮南,淮南王欲發兵應之。其相曰:"大王必欲發兵應吳,臣願爲將。"王乃屬相兵。淮南相已將兵,因城守,不聽王,而爲漢;漢亦使曲成侯將兵救淮南:淮南以故得完。吳使者至廬江,廬江王弗應,而往來使越。吳使者至衡山,衡山王堅守無二心。|序小三段應前三段。孝景四年,吳楚已破,衡山王朝,上以爲貞信,乃勞苦之曰:"南方卑濕。"徙衡山王王濟北,所以褒之。及薨,遂賜謚爲貞王。|廬江王邊越,數使使相交,故徙爲衡山王,王江北。|淮南王如故。前淮南王一傳,分而爲淮南、衡山、廬江三王,三段,此又總序三王一段,即"淮南如故"一句,帶下入淮南王安傳,與後衡山傳,分對,章法楚楚。

淮南王安爲人好讀書,鼓琴,不喜弋獵狗馬馳騁,亦欲以行陰德,拊循百姓,流譽天下。時時怨望厲王死,時欲畔逆,未有因也。|"亦欲""時欲""下心怪""心以爲"等字,一篇皆曲曲寫淮南心事。一味狐疑多變,以至于亡。及建元二年,淮南王入朝。素善武安侯,武安侯時爲太尉,乃逆王霸上,與王語曰:"方今上無太子,大王親高皇帝孫,行仁義,天下莫不聞。即宫車一日晏駕,非大王當誰立者!"淮南王大喜,厚遺武安侯金財物。陰結賓客,拊循百姓,爲畔逆事。|

先伏畔心，是虛寫。建元六年，彗星見，淮南王心怪之。或說王曰："先吳軍起時，彗星出，長數尺，然尚流血千里。今彗星長竟天，天下兵常大起。"王心以爲上無太子，天下有變，諸侯竝爭，愈益治器械攻戰具，積金錢，賂遺郡國諸侯游士奇材。諸辯士爲方畧者，妄作妖言，諂諛王，王喜，多賜金錢，而謀反滋甚。|即承上賂遺結客事，上猶隱，此則漸張，上猶小，此則漸大，逐步而進。

淮南王有女陵，彗[①]，有口辯。王愛陵，常多予金錢，爲中詗長安，約結上左右。|元朔三年，上賜淮南王几杖，不朝。淮南王王后荼，王愛幸之。王后生太子遷，遷取王皇太后外孫脩成君女爲妃。一轉。王謀爲反具，畏太子妃知，而內泄事，二轉。乃與太子謀，令詐弗愛，三月不同席。三轉。王乃詳爲怒太子，閉太子，使與妃同內，三月，四轉。太子終不近妃。妃求去，王乃上書謝，歸去之。寫家室中瑣事，文雅曲盡。王后荼、太子遷，及女陵，得愛幸王，擅國權，侵奪民田宅，妄致繫人。|總承，結上，一女、一子、一后，禍端皆從骨肉不和而起，履霜堅冰，正寫其漸。

元朔五年，太子學用劍，自以爲人莫及，聞郎中靁被巧，乃召與戲。被一再辭讓，誤中太子。太子怒，被恐。一節。此時有欲從軍者，輒詣京師，被即願奮擊匈奴。太子遷數惡被於王，王使郎中令斥免，欲以禁後，兩節。被遂亡至長安，上書自明。詔下其事廷尉、河南。三節。河南治，逮淮南太子，四節。王、王后計欲無遣太子，遂發兵反，計猶豫，十餘日未定。五節。會有詔，即訊太子。六節。當是時淮南相，怒壽春丞留太子逮不遣，劾不敬。王以請相，相弗聽。七節。王使人上書告相，事下廷尉治。蹤跡連王，八節。

① 彗，中華書局本《史記》作"慧"。

王使人候伺漢公卿，公卿請逮捕治王。九節。王恐事發，以上九節凡雷被上書、欲發兵詔訊、相怒劾、告相候伺、請逮，許多事一齊猝發，數行中無不曲盡，筆力收束之妙。太子遷謀曰："漢使即逮王，王令人衣衛士衣，持戟，居庭中王旁，有非是，則刺殺之，臣亦使人刺殺淮南中尉，乃舉兵，未晚。"|急謀亦寫得簡勁曲折。○前一路寫來，事湊情極，謀定計成，其發必矣，下又頓住。是時上不許公卿請，而遣漢中尉宏即訊驗王。王聞漢使來，即如太子謀計。虛應。漢中尉至，王視其顏色和，訊王以斥靁被事耳，王自度無何，不發。淮南謀反，情事所逼，勢且猝發矣，忽而潛消，既潛消矣，忽而又起，凡作數番寫，章法結構之妙。中尉還，以聞。公卿治者曰："淮南王安，擁閼奮擊匈奴者靁被等，廢格明詔，當棄市。"詔弗許。一頓。公卿請廢勿王，詔弗許。二頓。公卿請削五縣，詔削二縣。使中尉宏赦淮南王罪，罰以削地。中尉入淮南界，宣言赦王。王初聞漢公卿請誅之，未知得削地，聞漢使來，恐其捕之，一邊所宣是赦，一邊所聞是誅，當日情事爾爾。乃與太子謀刺之，如前計。又虛應前計，勢且發矣，下頓住。及中尉至，即賀王，王以故不發。忽又潛消，是第二層。其後自傷曰："吾行仁義，見削，甚恥之。"初恐誅，後幸免，事過又自傷，寫王安不定心事如見。然淮南王削地之後，其爲反謀益甚。|"反謀"又迤邐而起。諸使道從長安來，爲妄妖言，言上無男，漢不治，即喜；即言漢廷治，有男，王怒，以爲妄言，非也。|又虛寫一段，神情俱動。

王日夜與伍被、左吳等，案《輿地圖》，部署兵所從入。先虛寫，與前同。王曰："上無太子，宮車即晏駕，廷臣必徵膠東王，不即常山王，諸侯竝爭，吾可以無備乎！且吾高祖孫，親行仁義，陛下遇我厚，吾能忍之；萬世之後，吾寧能北面臣事豎子乎！"|又虛寫王安

心上事,再四思量,決忍不住,勢又將發矣。

王坐東宫,召伍被與謀,曰:"將軍上。"前虚寫王安心事,此乃突出一句,正是以前心中算定,擬定,故不覺口中脱出也。被悵然曰:"上寬赦大王,王復安得此亡國之語乎!臣聞子胥諫吴王,吴王不用,乃曰'臣今見麋鹿游姑蘇之臺也'。今臣亦見宫中生荊棘,露沾衣也。"久已算定之事,忽爲伍被一掃,就勢作一頓。王怒,繫伍被父母,囚之三月。復召曰:"將軍許寡人乎?"住而復起。被曰:"不,直來爲大王畫耳。臣聞聽者聽於無聲,明者見於未形,故聖人萬舉萬全。昔文王一動,而功顯於千世,列爲三代,此所謂因天心以動作者也,故海内不期而隨。此千歲之可見者。夫百年之秦,近世之吴楚,|先雙提秦與吴楚,下兩應。亦足以喻國家之存亡矣。臣不敢避子胥之誅,願大王毋爲吴王之聽。前引子胥一小段,此引秦始一小段,對作章法,先以此二句承上起下。昔秦絕先王[①]之道,殺術士,燔《詩》《書》,棄禮義,尚詐力,任刑罰,轉負海之粟,致之西河。當是之時,男子疾耕不足於糟糠,女子紡績不足於蓋形。遣蒙恬築長城,東西數千里,暴兵露師,常數十萬,死者不可勝數,僵尸千里,流血頃畝,百姓力竭,欲爲亂者十家而五。又使徐福入海,求神異物,還爲僞辭曰:'臣見海中大神,言曰:"汝西皇之使邪?"臣答曰:"然。""汝何求?"曰:"願請延年益壽藥。"神曰:"汝秦王之禮薄,得觀而不得取。"即從臣東南至蓬萊山,見芝成宫闕,有使者銅色而龍形,光上照天。奇語,補《封禪書》之未備。於是臣再拜問曰:"宜何資以獻?"海神曰:"以令名男子,若振女,與百工之事,即得之

① 先王,中華書局本《史記》作"聖人"。

矣。"'秦皇帝大說,遣振男女三千人,資之五穀種種百工而行。徐福得平原廣澤,止王不來。於是百姓悲痛相思,欲爲亂者十家而六。又使尉佗踰五嶺,攻百越。尉佗知中國勞極,止王不來,兩"止王不來",借徐福、尉佗,以喻淮南。使人上書,求女無夫家者三萬人,以爲士卒衣補。秦皇帝可其萬五千人。於是百姓離心瓦解,欲爲亂者十家而七。十家而五、而六、而七,文字借此助色。客謂高皇帝曰:'時可矣。'高皇帝曰:'待之,聖人當起東南間。'不一年,陳勝吴廣發矣。高皇始于豐沛,一倡,天下不期而響應者,不可勝數也。此所謂蹈瑕候間,因秦之亡而動者也。百姓願之,若旱之望雨,故起於行陳之中,而立爲天子,功高三王,德傳無窮。正要緊時,忽撰出一篇閒文,然語奇調匀,姿致濃郁,不嫌其長。今大王見高皇帝得天下之易也,獨不觀近世之吴楚乎?前段太長,忽一句折轉呼應,入吴楚事。夫吴王賜號爲劉氏祭酒,復不朝,王四郡之衆,地方數千里,内鑄消銅以爲錢,東煮海水以爲鹽,上取江陵木以爲船,一船之載,當中國數十兩車,國富民衆。行珠玉金帛,賂諸侯宗室大臣,獨竇氏不與。計定謀成,舉兵而西。破於大梁,敗於狐父,奔走而東,至于丹徒,越人禽之,身死絶祀,爲天下笑。夫以吴越之衆,不能成功者何?誠逆天道而不知時也。言利害明晰,前用敷衍,此用緊接。方今大王之兵衆,不能十分吴楚之一,天下安寧,有萬倍於吴楚[①]之時,兩句急折轉,"十分""萬倍"相配著色。願大王從臣之計。大王不從臣之計,今見大王事必不成,而語先泄也。臣聞微子過故國而悲,於是作麥秀之歌,是痛紂之不用王子比干也。故孟子曰'紂

① 吴楚,中華書局本《史記》作"秦"。

貴爲天子,死曾不若匹夫'。是紂先自絕於天下久矣,非死之日而天下去之。今臣亦竊悲大王棄千乘之君,必且賜絕命之書,爲群臣先死於東宮也。"前兩段不過說事明晰,此又作一段急切語,使人不得不動,妙!於是王氣怨結而不揚,涕滿匡而橫流,即起,歷階而去。|多時算就,忽被伍被一番剴切,忽又潛消,是第三層。王氣結三句,不是怨艾,不是感動,直是時勢如此,計畫空施,不覺垂首喪氣,悲來填膺耳,何入情至此耶?

王有孽子不害,最長,王弗愛,王、王后、太子皆不以爲子兄數。一層。不害有子建,材高有氣,常怨望太子不省其父;二層。又怨時諸侯皆得分子弟爲侯,而淮南獨二子,一爲太子,建父獨不得爲侯。三層。建陰結交,欲告敗太子,以其父代之。四層。太子知之,數捕繫而榜笞建。五層。建具知太子之謀欲殺漢中尉,六層。即使所善壽春莊正,以元朔六年,上書於天子曰:"毒藥苦於口,利於病;忠言逆於耳,利於行。今淮南王孫建,材能高,淮南王王后荼、荼子太子遷常疾害建。建父不害,無罪,擅數捕繫,欲殺之。今建在,可徵問,具知淮南陰事。"書聞,反謀已息,忽又節外生枝,曲曲而起。上以其事下廷尉,廷尉下河南治。是時故辟陽侯孫審卿,善丞相公孫弘,怨淮南厲王殺其大父,忽應前事。乃深購淮南事於弘,弘乃疑淮南有畔逆計謀,深窮治其獄。河南治建,辭引淮南太子及黨與。|淮南寢謀,漢廷起釁,事會所際,不知其然,天下事真有如此者,可爲一嘆。淮南王患之,欲發,問伍被曰:"漢廷治亂?"伍被曰:"天下治。"王意不說,前後對語太長,故中用簡法一間。謂伍被曰:"公何以言天下治也?"被曰:"被竊觀朝廷之政,君臣之義,父子之親,夫婦之別,長幼之序,皆得其理,上之舉錯,遵古之道,風俗紀綱,

未有所缺也。重裝富賈,周流天下,道無不通,故交易之道行。南越賓服,羌僰入獻,東甌入降,廣長榆,開朔方,匈奴折翅傷翼,失援不振。句法三變。雖未及古太平之時,然猶爲治也。”王怒,被謝死罪。又作一頓。王又謂被曰:“山東即有兵,漢必使大將軍將而制山東,公以爲大將軍何如人也?”被曰:“被所善者黄義,從大將軍擊匈奴,還,告被曰:‘大將軍遇士大夫有禮,於士卒有恩,眾皆樂爲之用。騎上下山若蜚,材幹絶人。’被以爲材能如此,數將習兵,未易當也。及謁者曹梁使長安來,言大將軍號令明,當敵勇敢,常爲士卒先。休舍,穿井未通,須士卒盡得水,乃敢飲。軍罷,卒盡已渡河,乃渡。皇太后所賜金帛,盡以賜軍吏。雖古名將弗過也。”大將軍事,止是一樣,偏借兩人,作兩層寫,章法出色。王默然。|

淮南王見建已徵治,恐國陰事且覺,欲發,被又以爲難,正匆匆中,又作一頓,妙。乃復問被曰:“公以爲吳興兵,是邪？非也?”被曰:“以爲非也。吳王至富貴也,舉事不當,身死丹徒,頭足異處,子孫無遺類。臣聞吳王悔之甚。願王孰慮之,無爲吳王之所悔。”《國策》調,好。王曰:“男子之所死者一言耳。且吳何知反,漢將一日過成皋者四十餘人。三句,硬綻精采。下二句,是倒句法。今我令樓緩先要成皋之口,周被下潁川兵,塞轘轅、伊闕之道,陳定發南陽兵,守武關。此是實計,下是虛說。河南太守,獨有雒陽耳,何足憂。三路斷道,止有雒陽,故不足憂也。然此北尚有臨晉關、河東、上黨與河内、趙國。人言曰‘絶成皋之口,天下不通’。“人言”兩句,頂上,蓋絶成皋則天下不通,雖臨晉、河東、上黨、河内,趙國亦不足憂也。據三川之險,招山東之兵,舉事如此,公以爲何如?”四句一連,承上總結。被曰:“臣見其禍,未見其福也。”王曰:“左吳、趙賢、朱驕如皆以爲有福，什事九成，公獨以爲有禍無福，何也？”被曰：“大王之群臣近幸，素能使眾者，皆前繫詔獄，餘無可用者。”丨又一折頓。王曰：“陳勝、吳廣，無立錐之地，千人之聚，起于大澤，奮臂大呼，而天下響應，西至于戲，而兵百二十萬。今吾國雖小，然而勝兵者可得十餘萬，非直適戍之眾，鐖鑿棘矜也，公何以言有禍無福？”被曰：“往者秦爲無道，殘賊天下。興萬乘之駕，作阿房之宮，收大半之賦，發閭左之戍，父不寧子，兄不便弟，政苛刑峻，天下熬然若焦，民皆引領而望，傾耳而聽，悲號仰天，叩心而怨上，八句，句法聰俊。故陳勝大呼，天下響應。說秦事，前以從容。故詳盡；此以匆匆，故簡節。當今陛下臨制天下，一齊海內，汎愛蒸庶，布德施惠。口雖未言，聲疾雷霆，令雖未出，化馳如神，心有所懷，威動萬里，下之應上，猶影響也。是《淮南子》文法。而大將軍材能，不特章邯、楊熊也。大王以陳勝、吳廣論之，被以爲過矣。”王曰：“苟如公言，不可徼幸邪？”被曰：“被有愚計。”多少反覆，至此入題。王曰：“奈何？”被曰：“當今諸侯無異心，百姓無怨氣。朔方之郡，田地廣，水草美，民徙者，不足以實其地。臣之愚計，可僞爲丞相、御史請書，徙郡國豪傑任俠及有耐罪以上，赦令除其罪，家產五十萬以上者①，皆徙其家屬朔方之郡，益發甲卒，急其會日。一動百姓。又僞爲左右都司空上林中，都官詔獄逮書，以逮諸侯太子幸臣。一動諸侯。如此則民怨，諸侯懼，雙承。即使辨武隨而說之，儻可徼幸，什得一乎？”“什得一”，應“什事九成”。王曰：“此可也。雖然，吾以爲不至若此。”可也，然其計，“不至若此”，答其“什得一”也，口吻，如見。於是王乃令官奴入宮，

① 此句校本作“赦令除其罪，家產五十萬以上者”，中華書局本《史記》作“赦令除其罪，產五十萬以上者”。

作皇帝璽,丞相、御史、大將軍、軍吏、中二千石、都官令、丞印,及旁近郡太守、都尉印,漢使節,法冠,欲如伍被計。結上伍被計。使人,僞得罪而西,事大將軍、丞相;一日發兵,使人即刺殺大將軍青,應大將材武一段。而說丞相下之,如發蒙耳。|"而"字帶下,說得公孫弘有如無物。

王欲發國中兵,恐其相、二千石不聽。王乃與伍被謀,先殺相、二千石;僞失火宮中,相、二千石救火,至即殺之。計未決,又欲令人衣求盜衣,持羽檄,從東方來,呼曰"南越兵入界",欲因以發兵。乃使人至廬江、會稽爲求盜,未發。|左不是,右不是,寫王安狐疑心事。王問伍被曰:"吾舉兵西鄉,諸侯必有應我者;即無應,奈何?"被曰:"南收衡山以擊廬江,有尋陽之船,守下雉之城,結九江之浦,絕豫章之口,彊弩臨江而守,以禁南郡之下,東收江都、會稽,南通勁越,屈彊江淮間,猶可得延歲月之壽。"王曰:"善,無以易此。急則走越耳。"|先辨走計,節節寫其狐疑。

於是廷尉以王孫建辭連淮南王太子遷聞。間接,中一段伍被之謀,是建上書以後,廷尉請逮以前事,夾序于中。上遣廷尉監,因拜淮南中尉,逮捕太子。至淮南,淮南王聞,與太子謀,召相、二千石,欲殺而發兵。逮者已至,勢不得不發矣。召相,相至;內史以出爲解。中尉曰:"臣受詔使,不得見王。"王念獨殺相,而內史中尉不來,無益也,即罷相。王猶豫,計未決。處處寫王安狐疑,以至于亡。太子念所坐者,謀刺漢中尉,所與謀者已死,以爲口絕,乃謂王曰:"群臣可用者,皆前繫,今無足與舉事者。王以非時發,恐無功,臣願會逮。"王亦偷欲休,忽寫得烈烈轟轟,刻謀定約,忽寫得猶豫未決,"偷欲休",王安妄人,一錢不值。即許太子。太子即自到,不殊。伍被自詣吏，因告與淮南王謀反，反蹤跡具如此。明知其不可而不得不謀，既謀而又不復用，一團鬱結，無可奈何，而出於告，告而又復不免，士生此時，可云不幸矣。

吏因捕太子、王后，圍王宮，盡求捕王所，與謀反賓客在國中者，索得反具以聞。上下公卿治，所連引與淮南王謀反，列侯二千石豪傑數千人，皆以罪輕重受誅。衡山王賜，淮南王弟也，當坐收，有司請逮捕衡山王。天子曰："諸侯各以其國爲本，不當相坐。與諸侯王列侯會，肄丞相諸侯議。"趙王彭祖、列侯臣讓等四十三人議，皆曰："淮南王安，甚大逆無道，謀反明白，當伏誅。"膠西王臣端議曰："淮南王安廢法行邪，懷詐偽心，以亂天下，熒惑百姓，倍畔宗廟，妄作妖言。《春秋》曰'臣無將，將而誅'。安罪重於將，謀反形已定。臣端所見其書節印圖，及他逆無道，事驗明白，甚大逆無道，當伏其法。而論國吏二百石以上，及比者，宗室近幸臣，不在法中者，不能相教，當皆免官，削爵爲士伍，毋得宦爲吏。其非吏，他贖死金二斤八兩。以章臣安之罪，使天下明知臣子之道，毋敢復有邪僻倍畔之意。"丞相弘、廷尉湯，等以聞，天子使宗正以符節治王。未至，淮南王安自剄殺。王后荼、太子遷，諸所與謀反者皆族。|完淮南事。天子以伍被雅辭多引漢之美，欲勿誅。廷尉湯曰："被首爲王畫反謀，被罪無赦。"遂誅被。并完伍被事。國除爲九江郡。|

衡山王賜，王后乘舒生子三人，長男爽，爲太子，次男孝，次女無采；又姬徐來，生子男女四人；美人厥姬，生子二人。先提序明白，爲一篇之綱。衡山王、淮南王兄弟相責望禮節，間不相能。衡山王聞淮南王作爲畔逆反具，亦心結賓客，以應之，恐爲所并。|先提

明,應前伍被云南收衡山也。

元光六年,衡山王入朝,其謁者衛慶,有方術,欲上書事天子,王怒,故劾慶死罪,彊榜服之。衡山内史以爲非是,卻其獄。王使人上書告内史,内史治,言王不直。王又數侵奪人田,壞人冢以爲田。有司請逮治衡山王。天子不許,爲置吏二百石以上。衡山王以此恚,與奚慈、張廣昌謀,求能爲兵法候星氣者,日夜從容王,密謀反事。|先開其端。

王后乘舒死,立徐來爲王后。厥姬俱幸。兩人相妬,厥姬乃惡王后徐來於太子曰:“徐來使婢蠱道殺太子母。”一節。太子心怨徐來。徐來兄至衡山,太子與飲,以刃刺傷王后兄。王后怨怒,數毁惡太子於王。二節。太子女弟無采,嫁棄歸,與奴奸,又與客奸。太子數讓無采,無采怒,不與太子通。三節。王后聞之,即善遇無采。四節。無采及中兄孝,少失母,附王后,王后以計愛之,與共毁太子,王以故數擊笞太子。五節。元朔四年中,人有賊傷王后假母者,王疑太子使人傷之,笞太子。六節。後王病,太子時稱病不侍。孝、王后、無采,惡太子:“太子實不病,自言病,有喜色。”王大怒,欲廢太子,立其弟孝。七節。王后知王決廢太子,又欲并廢孝。王后有侍者善舞,王幸之,王后欲令侍者與孝亂,以汙之,欲并廢兄弟,而立其子廣代太子。八節。太子爽知之,念后數惡己無已時,欲與亂以止其口。王后飲,太子前爲壽,因據王后股,求與王后臥。王后怒,以告王。九節。王乃召,欲縛而笞之。太子知王常欲廢己立其弟孝,乃謂王曰:“孝與王御者奸,無采與奴奸,王彊食,請上書。”即倍王去。王使人止之,莫能禁,乃自駕追捕太子。太子妄惡言,王械繫太子宫中。十節。孝日益親幸。王奇孝材能,乃佩之王印,號曰將軍,令居外宅,多給金錢,招致賓客。賓客來者,微知淮南、衡山有逆計,日夜從容勸之。十一節。曲曲寫家庭嫌釁,層疊詳盡,不嫌瑣褻。王乃使孝客江都人救赫、陳喜,作輣車鏃矢,刻天子璽,將相軍吏印。王日夜求壯士如周丘等,數稱引吳楚反時計畫,以約束。衡山王非敢效淮南王,求即天子位,畏淮南起,并其國,以爲淮南已西,發兵定江淮之間而有之,望如是。丨又虛寫一段,與前對照,前恐爲所併,此則欲併淮南,進一層。

元朔五年秋,衡山王當朝,六年過淮南,淮南王乃昆弟語,除前卻,約束反具。衡山王即上書謝病,上賜書不朝。丨忽又與淮南合。

元朔六年中,衡山使人上書,請廢太子爽,立孝爲太子。爽聞,即使所善白嬴之長安上書,言孝作輣車鏃矢,與王御者奸,欲以敗孝。白嬴至長安,未及上書,吏捕嬴,以淮南事繫。王聞爽使白嬴上書,恐言國陰事,即上書反告太子爽所爲不道棄市罪事。事下沛郡治。元朔七年冬,有司公卿下沛郡,求捕所與淮南謀反者未得,得陳喜於衡山王子孝家。吏劾孝首匿喜。衡山、白嬴以淮南事繫,淮南陳喜,在衡山孝家,足見淮南、衡山除郤相合。孝以爲陳喜雅數與王計謀反,恐其發之,一層。聞律先自告,除其罪,二層。又疑太子使白嬴上書發其事,即先自告,三層,寫孝之心事,層層洗出。告所與謀反者救赫、陳喜等。廷尉治驗,公卿請逮捕衡山王治之。天子曰:"勿捕。"遣中尉安、大行息,即問王,王具以情實對。吏皆圍王宮而守之。中尉大行還以聞,公卿請遣宗正、大行與沛郡雜治王。王聞,即自剄殺。孝先自告反,除其罪;坐與王御婢奸,棄市。王后徐來,亦坐蠱殺前王后乘舒,及太子爽坐告王[1]不孝,皆棄市。諸與衡山王謀反者皆族。國除爲衡山郡。

太史公曰:《詩》之所謂"戎狄是膺,荊舒是懲",信哉是也。淮南、衡山,親爲骨肉,疆土千里,列爲諸侯,不務遵蕃臣職以承輔天子,而專挾邪僻之計,謀爲畔逆,仍父子再亡國,各不終其身,爲天下笑。此非獨王過也,爲二王出脱。亦其俗薄,臣下漸靡使然也。夫荊楚僄勇輕悍,好作亂,乃自古記之矣。贊語反借詩詞,以淮南衡山地方立論,創格!

一傳三人,是三樣寫法。淮南厲王是一味剛狠倔強,淮南王安是一味狐疑猶豫,衡山王賜是一味鶻突顛倒,遂皆以殺身亡國。○淮南厲王,剛狠倔強處,寫其椎殺辟陽侯,不用漢法,出入驕恣,賊殺不辜,梟凌如見;而中間以奏詞、獄詞,簡質古勁勝。○淮南王安,狐疑猶豫處,只在心上寫,故用"欲"字、"畏"字、"恐"字、"念"字、"亦欲""時欲""偷欲""計欲""心怪""心以爲""自傷""恥之",及"未決""未發"等字,摸擬絶肖。忽而如火,忽而如水,真堪一笑。而中與伍被反覆,行文頓折極妙,此爲最勝。○衡山王賜鶻突顛倒處,寫其忽與淮南構郤,忽與淮南連和,家庭之中,節節構釁,絶無斷制,而身亦隨波逐流,爲天下笑。文字遒緊簡括。

---

① 告王,中華書局本《史記》作"王告"。

循吏列傳

太史公曰:法令,所以導民也;刑罰,所以禁奸也。文武不備,良民懼。文,法令也;武,刑罰也。承上兩句雙起,下乃仄入。然身修者,官未曾亂也。奉職循理,亦可以爲治,法令也。何必威嚴哉?威嚴,刑罰也,數語中多少波折咏歎。

孫叔敖者,楚之處士也。虞丘相進之於楚莊王,以自代也。孫叔敖爲相以前事,作現成説,另一文法。三月爲楚相,施教導民,上下和合,世俗盛美,政緩禁止,吏無奸邪,盜賊不起。秋冬則勸民山採,春夏以水,句法奇妙。各得其所便,民皆樂其生。|數語總敘。

莊王以爲幣輕,更以小爲大,百姓不便,皆去其業。市令言之相曰:"市亂,民莫安其處,次行不定。"相曰:"如此幾何頃乎?"市令曰:"三月頃。"相曰:"罷,吾今令之復矣。"處得淡,妙!後五日,朝,言之王曰:"前日更幣,以爲輕。今市令來言曰"市亂,民莫安其處,次行之不定"。臣請遂令復如故。"王許之,説得亦淡,正見識度優容處是循吏也。下令三日,而市復如故。|

楚民俗好庳車,王以爲庳車不便馬,欲下令使高之。相曰:"令數下,民不知所從,不可。寫循吏,純是黃老清淨學問,爲循吏寫神。

王必欲高車,臣請教閭里,使高其梱。乘車者皆君子,君子不能數下車。”竟不説盡,意度如生。王許之。居半歲,民悉自高其車。|

此不教而民從其化,近者視而效之,遠者四面望而法之。故三得相而不喜,知其材自得之也;三去相而不悔,知非己之罪也。|忽作數語論斷住,另爲出色。

子產者,鄭之列大夫也。鄭昭君之時,以所愛徐摯爲相,國亂,上下不親,父子不和。大宫子期言之君,以子產爲相。爲相一年,豎子不戲狎,斑白不提挈,僮子不犁畔。二年,市不豫賈。三年,門不夜關,道不拾遺。四年,田器不歸。五年,士無尺籍,喪期不令而治。治鄭二十六年而死,丁壯號哭,老人兒啼,曰:“子產去我死乎! 民將安歸?”|寫子產,只序其年譜,序其功效,其爲政處一字不實寫,而以歌謠結得,其全神更勝一倍。

公儀休者,魯博士也。以高第爲魯相。奉法循理,無所變更,百官自正。使食禄者不得與下民爭利,受大者不得取小。|亦空寫。

客有遺相魚者,相不受。客曰:“聞君嗜魚,遺君魚,何故不受也?”相曰:“以嗜魚,故不受也。今爲相,能自給魚;今受魚而免,誰復給我魚者?|七句中六“魚”字,但見其錯落,不見其煩瑣。吾故不受也。”|

食茹而美,拔其園葵而棄之。見其家織布好,而疾出其家婦,燔其機,云“欲令農士工女,安所讎其貨乎”?|公儀休,亦從其閒處寫。

石奢者,楚昭王相也。堅直廉正,無所阿避。|先爲追父伏一筆。行縣,道有殺人者,相追之,乃其父也。縱其父,而還自繫焉。使人言之王曰:“殺人者,臣之父也。夫以父立政,不孝也;廢法縱

罪,非忠也;臣罪當死。”王曰:“追而不及,不當伏罪,子其治事矣。”石奢曰:“不私其父,非孝子也;不奉主法,非忠臣也。王赦其罪,上惠也;伏誅而死,臣職也。”四“也”字作兩樣寫。遂不受令,自刎而死。|

李離者,晉文公之理也。過聽殺人,自拘,當死。文公曰:“官有貴賤,罰有輕重。下吏有過,非子之罪也。”李離曰:“臣居官爲長,不與吏讓位;受祿爲多,不與下分利。今過聽殺人,傅其罪下吏,非所聞也。”辭不受令。文公曰:“子則自以爲有罪,寡人亦有罪邪?”李離曰:“理有法,失刑則刑,失死則死。句法。公以臣能聽微決疑,故使爲理。今過聽殺人,罪當死。”遂不受令,伏劍而死。寫石奢、李離,亦摭其閒事,若與循吏無涉,實是循吏,一片純摯至心。

太史公曰:孫叔敖出一言,郢市復。子產病死,鄭民號哭。公儀子見好布,而家婦逐。石奢縱父而死,楚昭名立。李離過殺而伏劍,晉文以正國法。贊用韻語。

所列五人傳,循吏耳。而其政績事實,一槩畧開,有空序者,有序其逸事者,止寫性情氣度。而循吏一片惻怛,全副精神,于中現出,與隨行數墨者相去萬萬,是《史記》中一篇極脫胎文字。〇此當與《酷吏傳》參看,其得其失,可以瞭然。然酷吏十數,無非漢人,而循吏寥寥,反欲借才異代。史公於此,其有慨世之心乎?

汲鄭列傳

汲黯字長孺，濮陽人也。其先有寵于古之衛君。至黯七世，世爲卿大夫。丨世系畧點。黯以父任，孝景時爲太子洗馬，以莊見憚。丨提一句主。孝景帝崩，太子即位，黯爲謁者。東越相攻，上使黯往視之。不至，至吳而還報曰："越人相攻，固其俗然，不足以辱天子之使。"丨河内失火，延燒千餘家，上使黯往視之。還報曰："家人失火，屋比延燒，不足憂也。臣過河南，河南貧人，傷水旱，萬餘家，或父子相食，臣謹以便宜，持節發河南倉粟，以振貧民。臣請歸節，伏矯制之罪。"上賢而釋之，丨兩"視之"、兩"還報"，作兩對寫，而後層更進。遷爲滎陽令。黯恥爲令，病歸田里。丨令何足恥，正見戇直高風。上聞，乃召拜爲中大夫。以數切諫，不得久留内，遷爲東海太守。丨黯學黄老之言，治官理民，好清靜，擇丞史而任之。其治，責大指而已，不苛小。黯多病，臥閨閤内不出。歲餘，東海大治。稱之。丨上聞，召以爲主爵都尉，列于九卿。治務在無爲而已，弘大體，不拘文法。丨寫汲黯，只在大處虛寫，而其人已見，兩"而已，不苛小""不拘文法"，作兩層對寫，而後層更進。

黯爲人性倨,少禮,面[1]折,不能容人之過。合己者善待之,不合己者不能忍見,士亦以此不附焉。然好學,游俠,任氣節,内行修絜,好直諫,數犯主之顔色,常慕傅柏、袁盎之爲人也。又從其爲人,再虚寫一段,只籠統寫大意,妙! 善灌夫、鄭當時,及宗正劉棄。後有武安侯、大將軍,故先出灌夫、鄭當時、劉棄,作引。亦以數直諫,不得久居位。|中間虚序一段,與"切諫,不得久留内",前後對鎖,作章法。

當是時,太后弟武安侯蚡爲丞相,中二千石來拜謁,蚡不爲禮。然黯見蚡,未嘗拜,常揖之。|借一田蚡以形容之。○先抗丞相。天子方招文學儒者,上曰,吾欲云云,黯對曰:"陛下内多欲而外施仁義,奈何欲效唐虞之治乎!"上默然怒,變色而罷朝。後抗天子,總是形容其戇直。公卿皆爲黯懼。上退,謂左右曰:"甚矣,汲黯之戇也!"群臣或數黯,黯曰:"天子置公卿輔弼之臣,寧令從諛承意,陷主于不義乎? 且已在其位,縱愛身,奈辱朝廷何!"汲黯之品從汲黯口中寫出。

黯多病,病且滿三月,上常賜告者數,終不愈。最後病,莊助爲請告。上曰:"汲黯何如人哉?"助曰:"使黯任職居官,無以踰人。然至其輔少主,守城深堅,"守城"作借喻解,是《漢書》作"成",四字不連。招之不來,麾之不去,雖自謂賁育亦不能奪之矣。"上曰:"然。古有社稷之臣,至如黯,近之矣。"|汲黯之品,又借莊助與武帝口中寫出。

大將軍青侍中,上踞厠而視之。丞相弘燕見,上或時不冠。至如黯見,上不冠不見也。又借大將軍、丞相弘以形容之。上嘗坐武帳中,黯前奏事,上不冠,望見黯,避帳中,使人可其奏。其見敬禮

[1] 面,底本作"而",疑誤,據校本改。

如此。|又即"不冠不見"上,再舉其事以實之,作兩層寫,使俗手爲之,必先寫武帳事,後足一句云"上不冠不見"矣。

張湯方以更定律令爲廷尉,黯數質責湯于上前,曰:"公爲正卿,上不能褒先帝之功業,下不能抑天下之邪心,安國富民,使囹圄空虛,二者無一焉。非苦就行,放析就功,何乃取高皇帝約束紛更之爲?公以此無種矣。"又借張湯以形容之。黯時與湯論議,湯辯常在文深小苛,黯伉厲守高,不能屈,忿發,罵曰:"天下謂刀筆吏不可以爲公卿,果然。必湯也,令天下重足而立,側目而視矣!"|就張湯事再足一段,作兩層寫,與武帳事一樣筆法。

是時,漢方征匈奴,招懷四夷。黯務少事,承上間①,常言與胡和親,無起兵。上方向儒術,尊公孫弘。及事益多,吏民巧弄。上分別文法,湯等數奏決讞以幸。而黯常毁儒,面觸弘等,徒懷詐飾智,以阿人主取容,而刀筆吏專深文巧詆,陷人於罪,使不得反其真,以勝爲功。上愈益貴弘、湯,弘、湯深心疾黯,唯天子亦不悦也,欲誅之以事。|一路序事,忽夾插議論一段,是表揚汲黯處,而已將大將軍、丞相、張湯,與抗武帝事,一齊收束,作一結。下又徐徐而起,章法之妙。○忽以誅之句住,令人爲長孺着急。弘爲丞相,乃上言曰:"右內史界部中,多貴人宗室,難治,非素重臣不能任,請徙黯爲右內史。"爲右內史數歲,官事不廢。|所謂欲誅之以事也,而官事不廢,所以深表汲黯。

大將軍青既益尊,姊爲皇后,然黯與亢禮。人或説黯曰:"自天子欲群臣下大將軍,大將軍尊重益貴,君不可以不拜。"黯曰:"夫以大將軍有揖客,反不重耶?"大將軍聞,愈賢黯,數請問國家

① 承上間,中華書局本《史記》作"乘上閒"。

朝廷所疑,遇黯過于平生。丨非贊大將軍,正借大將軍形容汲黯也,以見汲黯能傾倒大將軍如此,與前武安事對。

淮南王謀反,憚黯,曰:“好直諫,守節死義,難惑以非。至如說丞相弘,如發蒙振落耳。”丨又借淮南王以形容之。

天子既數征匈奴有功,黯之言益不用。

始黯列爲九卿,而公孫弘、張湯爲小吏。及弘、湯稍益貴,與黯同位,黯又非毁弘、湯等。已而弘至丞相,封爲侯;湯至御史大夫;故黯時丞相史皆與黯同列,或尊用過之。黯褊心,不能無少望,又散序一段,又將公孫弘、張湯提序一遍。見上,前言曰:“陛下用群臣,如積薪耳,後來者居上。”上默然。有間又觸武帝。黯罷,上曰:“人果不可以無學,觀黯之言也日益甚。”丨“不學”字,與“毁儒”字應,然極得汲黯神情。

居無何,匈奴渾邪王率衆來降,漢發車二萬乘。縣官無錢,從民貰馬。民或匿馬,馬不具。上怒,欲斬長安令。黯曰:“長安令無罪,獨斬黯,民乃肯出馬。爲右内史故也。且匈奴畔其主而降漢,漢徐以縣次傳之,何至令天下騷動,罷弊中國,而以事彝狄之人乎!”上默然。丨渾邪事亦作兩層寫,先出一小段引起。及渾邪至,賈人與市者,坐當死者五百餘人。黯請間,見高門,曰:“夫匈奴攻當路塞,絶和親,中國興兵誅之,死傷者不可勝計,而費以巨萬百數。臣愚以爲陛下得胡人,皆以爲奴婢,以賜從軍死事者家;所鹵獲,因予之,以謝天下之苦,塞百姓之心。一折。○提得明,說得快。今縱不能,渾邪率數萬之衆來降,虚府庫賞賜,發良民侍養,譬若奉驕子。二折。愚民安知,市買長安中物,而文吏繩以爲闌出財物于邊關乎?三折。陛下縱不能得匈奴之資以謝天下,又以微文殺無

知者五百餘人，是所謂‘庇其葉而傷其枝’者也，臣竊爲陛下不取也。”一篇文字，俱用短節簡調勝，此獨用氣勢語，兩山環匝，中有平原，令心目一豁。上默然，篇中“上默然”凡四見，寫武帝，正極寫汲黯。不許，曰：“吾久不聞汲黯之言，今又復妄發矣。”後數月，黯坐小法，會赦，免官。於是黯隱于田園。|中一頓，應“直諫，不得久居位”。

居數年，會更五銖錢，民多盜鑄錢，楚地尤甚。上以爲淮陽，楚地之郊，乃召拜黯爲淮陽太守。黯伏謝，不受印，詔數彊予，然後奉詔。應前恥為令。詔召見黯，前詔予，此而見也，作兩層寫。黯爲上泣曰：“臣自以爲填溝壑，不復見陛下，不意陛下復收用之。臣常有狗馬病，力不能任郡事，臣願爲中郎，出入禁闥，補過拾遺，臣之願也。”上曰：“君薄淮陽邪？吾今召君矣。顧淮陽吏民不相得，吾徒得君之重，臥而治之。”|上之待黯，終以體面語竟，足見直諫不得久居內也。黯既辭行，過大行李息，曰：“黯棄居郡，不得與朝廷議也。然御史大夫張湯智足以拒諫，詐足以飾非，務巧佞之語，辨[①]數之辭，非肯正爲天下言，專阿主意。主意所不欲，因而毀之；主意所欲，因而譽之。好興事，舞文法，內懷詐以御主心，外挾賊吏以爲威重。公列九卿，不早言之，公與之俱受其僇矣。”一篇借張湯照映，仍以張湯爲去後餘波。息畏湯，終不敢言。|黯居郡如故治，淮陽政清。|應前省筆。後張湯果敗，上聞黯與息言，抵息罪。令黯以諸侯相秩，居淮陽。七歲而卒。

卒後，上以黯故，官其弟汲仁，至九卿；子汲偃，至諸侯相。黯姑姊子司馬安，亦少與黯爲太子洗馬。安文深巧，善宦，官四至九

① 辨，中華書局本《史記》作“辯”。

卿,以河南太守卒。昆弟以安故,同時至二千石者十人。終又借司馬安,形容黯,又作弘、湯餘波。濮陽段宏,始事蓋侯信,信任宏,宏亦再至九卿。然衛人仕者皆嚴憚汲黯,出其下。掉尾勁古。

鄭當時者,字莊,陳人也。其先鄭君,嘗爲項籍將;籍死,已而屬漢。高祖令諸故項籍臣,名籍,鄭君獨不奉詔。詔盡拜名籍者爲大夫,而逐鄭君。鄭君死。|

孝文時,鄭莊以任俠自喜,脱張羽於卮,聲聞梁楚之間。|張羽事虛寫。孝景時,爲太子舍人。每五日洗沐,常置驛馬長安諸郊,存諸故人,請謝賓客,夜以繼日,至其明旦,常恐不徧。|寫鄭莊又是一樣頓住,亦作兩層寫。莊好黄老之言,其慕長者如恐不見。年少官薄,然其游知交,皆其大父行,天下有名之士也。|武帝立,莊稍遷,爲魯中尉、濟南太守、江都相,至九卿,爲右內史。宦蹟皆畧。以武安侯魏其時議,貶秩爲詹事,遷爲大農令。|

莊爲太史,誡門下:"客至,無貴賤,無留門者。"執賓主之禮,以其貴下人。莊廉,又不治其產業,仰奉賜以給諸公。然其餽遺人,不過算器食。每朝,候上之間,說,未嘗不言天下之長者。其推轂士,及官屬丞史,誠有味其言之也,嘗①引以爲賢于己。未嘗名吏,與官屬言,若恐傷之。聞人之善言,進之上,唯恐後。只就其薦賢下士處,反覆虛序,淋漓盡致。四"恐"字,點綴,寫其心事,不是體面之交。山東士諸公以此翕然稱鄭莊。

鄭莊一句結上兩段,叠一鄭莊句峭。使視決河,自請治行五日。上曰:"吾聞'鄭莊行千里,不齎糧',請治行者何也?"|實事只虛寫。

① 嘗,中華書局本《史記》作"常"。

然鄭莊在朝，常趨和承意，不敢甚引當否。|與汲黯相反。及晚節，漢征匈奴，招四夷，天下費多，財用益匱。莊任人賓客爲大農僦人，多逋負。司馬安爲淮陽太守，發其事，莊以此陷罪，贖爲庶人。|頃之，守長史。上以爲老，以莊爲汝南太守。數歲，以官卒。|

鄭莊、汲黯始列爲九卿，廉，内行修絜。此汲鄭合傳之故，點明。此兩人中廢，家貧，賓客益落。及居郡，卒後家無餘貲財。莊兄弟子孫，以莊故至二千石，六七人焉。

太史公曰：夫以汲、鄭之賢，有勢則賓客十倍，無勢則否，況衆人乎！下邽翟公有言，一頓，下乃序翟公事，奇文！始翟公爲廷尉，賓客闐門；及廢，門外可設雀羅。翟公復爲廷尉，賓客欲往，翟公乃大署其門曰："一死一生，乃知交情。一貧一富，乃知交態。一貴一賤，交情乃見。"凡六句，廿四字，顛倒用來，只十四字，文法之妙。汲、鄭亦云，悲夫！只就翟公說，汲、鄭一句即收，妙！

汲長孺在漢廷，是第一流人物。其戇直犯顏處，極好鋪張，史公偏借武安侯，借莊助，借大將軍，借張湯，借公孫弘，借淮南王，借司馬安，反從他人身上，形容出來。而汲長孺意思情性、氣槩節誼，無不全現。反強于只寫一汲黯，如畫家寫像，絕無神氣也。此所謂綠葉扶花之法。○汲傳，忽序事，忽行文，忽而簡質，忽而鋪排，逐段變換，又有山回谷轉、雲破月來之妙。○鄭莊傳，實處虛寫，虛處實寫，龍跳鳳騫，不可以羈靮網羅而致。又如秋空黛碧，白雲蒼狗，舒卷自如，自成一片神理。夫豈易及！

儒林列傳

太史公曰：余讀功令，至於廣厲學官之路，未嘗不廢書而歎也。劈頭先作一歎，飈起文情，而廣厲學官之詔，倒提，先伏於此，千鈞之力。曰：嗟乎！夫周室衰而《關雎》作，幽厲微而禮樂壞，諸侯恣行，政由彊國。|此儒術之所由衰也，以終一歎之旨。故孔子閔王路廢而邪道興，於是論次《詩》《書》，修起禮樂。適齊聞《韶》，三月不知肉味。自衛返魯，然後樂正，《雅》《頌》各得其所。世以混濁莫能用，是以仲尼干七十餘君，無所遇，曰"苟有用我者，期月而已矣"。西狩獲麟，曰"吾道窮矣"。故因史記，作《春秋》，以當王法，其词微而指博①，後世學者多録焉。|總序五經，推重孔子，爲萬古儒林祖，儒術由此一盛。

自孔子卒後，七十子之徒散游諸侯，大者爲師傅卿相，小者友教士大夫，或隱而不見。故子路居衛，子張居陳，澹臺子羽居楚，子夏居西河，子貢終於齊。由孔子而及弟子。如田子方、段干木、吴起、禽滑釐之屬，皆受業於子夏之倫，爲王者師。|由孔子弟子而及弟

① 其词微而指博，中華書局本《史記》作"其辭微而指博"。

子之弟子，水木本源，儒之所以不廢。是時獨魏文侯好學。後凌遲以至於始皇，天下竝爭於戰國，儒術既絀焉，| 儒術再衰。然齊魯之間，學者獨不廢也。即折轉。於威、宣之際，孟子、荀卿之列，咸遵夫子之業，而潤色之，以學顯於當世。儒術再盛。

及至秦之季世，焚《詩》《書》，坑術士，六蓺從此缺焉。儒術三衰。陳涉之王也，而魯諸儒持孔子之禮器，往歸陳王。於是孔甲爲陳涉博士，孔鮒，字甲。卒與涉俱死。陳涉起匹夫，驅瓦合適戍，旬月以王楚，不滿半歲竟滅亡，其事至微淺，然而縉紳先生之徒，負孔子禮器，往委質爲臣者，何也？以秦焚其業，積怨而發憤於陳王也。| 數折之後又帶議論，衍漾一段，註秦季之遺害。

及高皇帝誅項籍，舉兵圍魯，魯中諸儒，尚講誦，習禮樂，絃[1]歌之音不絕，豈非聖人之遺化，好禮樂之國哉？故孔子在陳，曰"歸與歸與！吾黨之小子狂簡，斐然成章，不知所以裁之"。夫齊魯之間於文學，自古以來，其天性也。| 上二段俱帶議論，陳涉、項籍崎嶇兵革之間，而儒術不廢。〇齊魯文學，直貫至篇末。故漢興，然後諸儒始得修其經藝，講習大射鄉飲之禮。叔孫通作漢禮儀，因爲太常，諸生弟子共定者，咸爲選首，於是喟然歎興於學。然尚有干戈，平定四海，亦未暇遑庠序之事也。| 儒術三盛後又作一掉。孝惠、吕后時，公卿皆武力有功之臣。孝文時，頗徵用，然孝文帝本好刑名之言。及至孝景，不任儒者，而竇太后又好黄老之術，故諸博士，具官待問，未有進者。| 儒術四衰。

及今上即位，趙綰、王臧之屬，明儒學，而上亦鄉之，於是招方

---

① 絃，中華書局本《史記》作"弦"。

正賢良文學之士。儒術四盛。凡遞衰遞盛，落至於此，始入傳旨，以前皆引子也。自是之後，言《詩》於魯則申培公，於齊則轅固生，於燕則韓太傅。言《尚書》自濟南伏生。言《禮》自魯高堂生。言《易》自菑川田生。言《春秋》於齊魯自胡毋生，於趙自董仲舒。皆齊魯間文學也，爲下傳先序總目，以《詩》《書》《禮》《易》《春秋》序，後傳照此。○經目①第二遍點。及竇太后崩，間接完竇太后事。武安侯田蚡爲丞相，絀黄老、刑名百家之言，延文學儒者數百人，而公孫弘以《春秋》白衣爲天子三公，封以平津侯。於申公等前又出一公孫弘，插入中間，段段挽合，直至篇末。天下之學士，靡然鄉風矣。一鎖。

公孫弘爲學官，悼道之鬱滯，即就公孫弘帶出廣厲學官之功令，應還篇首，插序奇妙。乃請曰："丞相御史言：制曰'蓋聞道民以禮，風之以樂。婚姻者，居室之大倫也。今禮廢樂崩，朕甚愍焉。故詳延天下方正博聞之士，咸登諸朝。其令禮官勸學，講議洽聞，興禮以爲天下先。太常議與博士弟子，崇鄉里之化，以廣賢材焉'。此廣厲學官之詔也，即於奏疏中全點出，奏疏作兩半篇寫，詔亦兩段述，前半篇，述詔一段，是舉博士弟子也。謹與太常臧、博士平等議，曰：聞三代之道，鄉里有教，夏曰校，殷曰序，周曰庠。其勸善也，顯之朝廷；其懲惡也，加之刑罰。故教化之行也，建首善自京師始，由內及外。奏疏一段泛序。今陛下昭至德，開大明，配天地，本人倫，勸學修理，崇化厲賢，以風四方，太平之原也。序近事。古者政教未洽，不備其禮，請因舊官而興焉。又反兩句，見學官之當興也，下乃實序。爲博士官置弟子五十人，復其身。一博士官，則置五十弟子也。太常擇民年十八已上，儀狀端正者，補博士弟子。太常所舉一。郡國縣

① 經目，底本作"經日"，疑誤，據校本改。

道邑,有好文學,敬長上,肅政教,順鄉里,出入不悖所聞者,令相長丞上屬所二千石,二千石謹察可者,當與計偕,詣太常,得受業如弟子。郡國所舉二。如弟子者,即今之附學生也。一歲,皆輒試,總頂二項。能通一藝以上,補文學掌故缺;此考用之等第,從下等起,通一藝,則補文學掌故也。其高第,可以爲郎中者,太常籍奏。其稍高者則類奏。即有秀才異等,輒以名聞。其最高者則特奏。其不事學,若下材,及不能通一藝,輒罷之,而請諸不稱者罰。舉非其人并罪舉主。○奏疏上半篇完。臣謹案詔書律令下者,明天人分際,通古今之義,文章爾雅,訓辭深厚,恩施甚美。小吏淺聞,不能究宣,無以明布諭下。治禮次治掌故,以文學禮義爲官,遷留滯。下半篇再述詔一段,是舉小吏通經者,遷其留滯也。請選擇其秩,比二百石以上,及吏百石,通一藝以上,補左右內史、大行卒史;補吏一二百石者,補內史、大行之卒史,作一句讀。比百石以下,補郡太守卒史:補吏二。皆各二人,總頂二項。邊郡一人。單頂郡卒史。先用誦多者,若不足,乃擇掌故補中二千石屬,文學掌故補郡屬,備員。後半篇完。請著功令。佗如律令。"總收通奏,簡練明核,是漢人文移。制曰:"可。"自此以來,則公卿大夫士吏斌斌多文學之士矣。|應前調作一鎖,收完廣厲學官一段,以下始接入申公等傳。

申公者,魯人也。高祖過魯,申公以弟子從師,入見高祖於魯南宮。呂太后時,申公游學長安,與劉郢同師。已而郢爲楚王,令申公傅其太子戊。戊不好學,疾申公。及王郢卒,戊立爲楚王,胥靡申公。傳說,胥靡,工作之說是。申公恥之,歸魯,退居家教,終身不出門,復謝絕賓客,獨王命召之,乃往。此魯王也。弟子自遠方至受業者,百餘人。申公獨以《詩經》爲訓以教,無傳疑,疑者則闕不傳。

蘭陵王臧既受《詩》，頂上弟子。弟子一。以事孝景帝爲太子少傅，免去。今上初即位，臧乃上書宿衛上，累遷，一歲中爲郎中令。及代趙綰，亦嘗受《詩》申公，弟子二。綰爲御史大夫。綰、臧請天子，欲立明堂以朝諸侯，不能就其事，乃言師申公。於是，天子使使，束帛加璧，安車駟馬，迎申公，弟子二人，乘軺傳從。寫得鄭重。至，句。見天子。天子問治亂之事，申公時年[①]已八十餘，句。老，句。對曰："爲治者不在多言，顧力行何如耳。"是時天子方好文詞，見申公對，默然。然已招致，則以爲太中大夫，舍魯邸，議明堂事。太皇竇太后好老子言，太皇竇太后，殊不成句，千百年之書，錯誤必多，遇此自應體貼。不説儒術，得趙綰、王臧之過，以讓上，上因廢明堂事，議明堂事，罷明堂事，對寫如兒戲。盡下趙綰、王臧吏，後皆自殺。申公亦疾免以歸，數年卒。

弟子爲博士者十餘人：孔安國，至臨淮太守；弟子三。周霸，至膠西内史；弟子四。夏寬，至城陽内史；弟子五。碭魯賜，至東海太守；弟子六。蘭陵繆生，至長沙内史；弟子七。徐偃，爲膠西中尉；弟子八。鄒人闕門慶忌，爲膠東内史。弟子九。其治官民，皆有廉節，稱其好學。學官弟子，行雖不備，而至於大夫、郎中、掌故以百數。應弟子百餘人，帶序作波。言《詩》雖殊，多本於申公。|諸傳俱以經收尾，應前總目。

清河王太傅轅固生者，齊人也。以治《詩》，孝景時爲博士。與黄生爭論景帝前。黄生曰："湯武非受命，乃弑也。"先立一句，後

① 年，中華書局本《史記》無此字。

乃闡明。轅固生曰:"不然。夫桀紂虐亂,天下之心,皆歸湯武,湯武與天下之心,而誅桀紂,桀紂之民,不爲之使,而歸湯武,湯武不得已而立,非受命爲何?"黄生曰:"冠雖敝,必加於首;履雖新,必關於足。何者,上下之分也。今桀紂雖失道,然君上也;湯武雖聖,臣下也。夫主有失行,臣下不能正言匡過,以尊天子,反因過而誅之,代立,踐南面,非弑而何也?"轅固生曰:"必若所云,是高帝代秦即天子之位,非邪?"上一反一覆,俱寬,只此一句緊接,入文字觔節。於是景帝曰:"食肉不食馬肝,不爲不知味;言學者無言湯武受命,不爲愚。"遂罷。馬肝語奇,景帝亦以弑爲是,特壓於高帝一語,而無可如何耳。是後學者莫敢明受命放殺者。

竇太后好《老子》書,召轅固生問《老子》書。固曰:"此是家人言耳。"太后怒曰:"安得司空城旦書乎?"乃使固入圈刺豕。景帝知太后怒,而固直言無罪,乃假固利兵,下圈刺豕,正中其心,一刺,豕應手而倒。寫刺豕,作兩番寫,雍容文雅,殊非腐儒。太后默然,無以復罪,罷之。|寫太后心事,亦兩句寫。居頃之,景帝以固爲廉直,拜爲清河王太傅。久之,病免。

今上初即位,復以賢良徵固。諸諛儒多疾毁固,"諛儒"字奇,其公孫之流乎?曰"固老",罷歸之。時固已九十餘矣。補序"固老"之註。固之徵也,薛人公孫弘亦徵,側目而視固。又插公孫弘。固曰:"公孫子,務正學以言,無曲學以阿世!"|補序疾毁之根。自是之後,齊言《詩》皆本轅固生也。諸齊人以《詩》顯貴,皆固之弟子也。|轅固生之弟子,則虚序,法變。

韓生者,名嬰。燕人也。孝文帝時,爲博士,|景帝時爲常山王太傅。韓生推《詩》之意而爲《内》《外傳》數萬言,其語頗與齊魯

間殊，魯則申公，齊則轅固。齊魯是本旨。燕韓生，趙董仲舒，齊魯之別傳，故點明。然其歸一也。又褒一句。淮南賁生受之。弟子。自是之後，而燕趙間言《詩》者由韓生。韓生孫商，爲今上博士。|以上完言《詩》，申培公、轅固生、韓太傅。

伏生者，名勝。濟南人也。故爲秦博士。孝文帝時，欲求能治《尚書》者，天下無有，乃聞伏生能治，欲召之。是時伏生年九十餘，句。老，句。不能行，於是乃詔太常使掌故朝錯，往受之。秦時焚書，伏生壁藏之。其後兵大起，流亡，追序伏生獨治《尚書》，與天下無有之故。漢定，伏生求其書，亡數十篇，獨得二十九篇，即以教於齊魯之間。學者由是頗能言《尚書》，諸山東大師無不涉《尚書》以教矣。|收法又變。

伏生教濟南張生及歐陽生，歐陽生教千乘兒寬。|伏生弟子，三傳至兒寬，下爲兒寬附傳，序法變。兒寬既通《尚書》，以文學應郡舉，詣博士受業，受業孔安國。孔是博士師也。兒寬貧，無資用，常爲弟子都養，及時時間行傭賃，以給衣食。行常帶經止息，則誦習之。以試第次，補廷尉史。是時張湯方鄉學，以爲奏讞掾，以古法議決疑大獄，而愛幸寬。寬爲人溫良，有廉智，自持，而善著書、書奏，敏於文，口不能發明也。寫兒寬極好。湯以爲長者，數稱譽之。及湯爲御史大夫，以兒寬爲掾，薦之天子。天子見問，說之。張湯死後六年，兒寬位至御史大夫。九年，而以官卒。寬在三公位，以和良承意，從容得久，然無有所匡諫；於官，官屬易之，不爲盡力。|總序數句，完兒寬事。張生亦爲博士。遙接張生。而伏生孫以治《尚書》徵，不能明也。收完伏生。

自此之後，魯周霸、孔安國，雒陽賈嘉，頗能言尚書事。又接孔安國，另出周賈陪。孔氏有古文《尚書》，而安國以今文讀之，因以起其家。逸《書》得十餘篇,蓋《尚書》滋多於是矣。丨又收一筆,作兩層收,以上完言《尚書》伏生。

諸學者多言禮,而魯高堂生最。起法變。本禮固自孔子時,而其經不具,及至秦焚書,書散亡益多,於今獨有《士禮》,高堂生能言之。高堂生只虛序,而通節反序徐生,法變。

而魯徐生善爲容。孝文帝時,徐生以容爲禮官大夫。傳子至孫徐延、徐襄。延、襄竝提,下互序。襄,其天姿善爲容,不能通《禮經》;延頗能,未善也。襄以容爲漢禮官大夫,至廣陵內史。延及徐氏,弟子公戶滿意、桓生、單次,皆常①爲漢禮官大夫。而瑕丘蕭奮,以《禮》爲淮陽太守。是後能言《禮》爲容者,由徐氏焉。丨以上完言禮,高唐生、徐氏附序。

自魯商瞿受《易》孔子,起法又變。孔子卒,商瞿傳《易》,六世,至齊人田何,字子莊,而漢興。田何傳東武人王同子仲,子仲傳菑川人楊何。何以《易》,元光元年徵,官至中大夫。齊人即墨成,以《易》至城陽相。廣川人孟但,以《易》爲太子門大夫。魯人周霸,莒人衡胡,臨菑人主父偃,皆以易至二千石。然要言《易》者本於楊何之家。丨畧田生而序楊何、王同七人,即以楊何收尾,事同徐生,而法變。○以上完言易田生。

董仲舒,廣川人也。以治《春秋》,孝景時爲博士。下帷講誦,弟子傳以久次相受業,或莫見其面,蓋三年董仲舒不觀於舍園,其精如此。進退容止,非禮不行,學士皆師尊之。先總序一段。今上即位,爲江都相。以《春秋》災異之變,推陰陽所以錯行,故求雨,閉諸陽,縱諸陰,其止雨反是。行之一國,未嘗不得所欲。一段序《繁露》。中廢,爲中大夫,居舍,著《災異之記》。是時遼東高廟災,

---

① 常,中華書局本《史記》作"嘗"。

主父偃疾之,取其書奏之天子。天子召諸生示其書,有刺譏。董仲舒弟子呂步舒,不知其師書,以爲下愚。於是下董仲舒吏,當死,詔赦之。於是董仲舒竟不敢復言災異。一段序災異記。

董仲舒爲人廉直。是時方外攘四彝,公孫弘治《春秋》不如董仲舒,而弘希世用事,回映公孫弘。位至公卿。董仲舒以弘爲從諛。弘疾之,乃言上曰:"獨董仲舒可使相膠西王。"膠西王素聞董仲舒有行,亦善待之。董仲舒恐久獲罪,疾免,居家。至卒,終不治產業,應不觀舍園。以修學著書爲事。故漢興至於五世之間,唯董仲舒名爲明於《春秋》,其傳《公羊氏》也。丨補出《公羊氏》。

胡毋生,齊人也。孝景時爲博士,以老,歸教授。齊之言《春秋》者多受胡毋生,公孫弘亦頗受焉。丨胡母生獨夾序。

瑕丘江生爲《穀梁春秋》。又補出《穀梁》。自公孫弘得用,嘗集比其義,卒用董仲舒。回映公孫弘,歸至董仲舒,終篇。

仲舒弟子遂者:遂者,即丁通字也。蘭陵褚大,廣川殷忠,溫呂步舒。褚大至梁相。步舒至長史,持節,使決淮南獄,於諸侯,擅專斷不報,以《春秋》之義正之,天子皆以爲是。弟子通者,至於命大夫;爲郎、謁者、掌故者以百數。而董仲舒子及孫,皆以學至大官。帶序仲舒弟子,應前,以上完言《春秋》胡毋生、董仲舒。

凡文各有首尾,獨此傳有首而無尾。以前由周而魏,而秦,而陳涉、項籍,以至漢興。首崇孔子,而及子路、子張、子羽、子夏、子貢,而及田子方、段干木、吳起、禽滑釐,而及荀卿、孟子、孔甲,以至叔孫通、王臧、趙綰,先穿挽作一篇,乃後又出入傳,中間處處以公孫弘插映,前散後整,前合後分,另一體格。〇入傳先提總目,井分五經,五經之中,流分數派,序法或詳或畧,處處變法,或錯綜,或整齊,各極其妙。〇每段俱帶序弟子襯貼,蓋以前列多人,後不應獨畧也。〇劈頭提"廣厲學官"一句,以爲主意,乃半中間突出,以爲提綱,即以爲過接;以爲承前,即以爲統後,章法甚妙。

酷吏列傳

孔子曰:"道之以政,齊之以刑,民免而無恥。道之以德,齊之以禮,有恥且格。"老氏稱:"上德不德,是以有德;下德不失德,是以無德。法令滋章,盜賊多有。"引孔子、老子,是立言主意,以見酷吏之不可崇尚也。太史公曰:信哉是言也!法令者治之具,而非制治清濁之源也。昔天下之網嘗密矣,然姦僞萌起,其極也,上下相遁,至於不振。當是之時,吏治若救火揚沸,非武健嚴酷,惡能勝其任而愉快乎!言道德者,溺其職矣。故曰"聽訟,吾猶人也,必也使無訟乎"。應孔子。"下士聞道大笑之"。應老子。非虛言也。|漢興,破觚而爲圜,斲雕而爲朴,網漏於吞舟之魚,而吏治烝烝,不至於姦,黎民艾安。由是觀之,在彼不在此。|一束用全力,并以應前。

高后時,酷吏獨有侯封,刻轢宗室,侵辱功臣。呂氏已敗,遂禽侯封之家。|孝景時,鼂錯以刻深,頗用術輔其資,而七國之亂,發怒於錯,錯卒以被戮。|先列兩人,引起郅都、甯成十人。○"遂禽""卒以",有天網恢恢之意。其後有郅都、甯成之屬。|

郅都者,楊人也。以郎事孝文帝。孝景時,都爲中郎將,敢直諫,面折大臣於朝。嘗從入上林,賈姬如厠,野彘卒入厠。上目都，都不行。上欲自持兵救賈姬，都伏上前曰："亡一姬復一姬進，天下所少，寧賈姬等乎？陛下縱自輕，奈宗廟太后何！"上還，彘亦去。太后聞之，賜都金百斤，由此重郅都。重郅都者，太后也，殺郅都者，亦太后，可爲三嘆。

濟南瞷氏，宗人三百餘家，豪猾，二千石莫能制，於是景帝乃拜都爲濟南太守。至則族滅瞷氏首惡，餘皆股慄。居歲餘，郡中不拾遺。傍十餘郡守畏都如大府。旁描一筆。

都爲人勇，有氣力，公廉，不發私書，公。問遺無所受，廉。請寄無所聽。公。常自稱曰："已倍親而仕，身固當奉職，死節宮[①]下，終不顧妻子矣。"又插序一段，是史公本色。

郅都遷爲中尉。丞相條侯，至貴倨也，而都揖丞相。是時民朴，畏罪自重，而都獨先嚴酷，致行法不避貴戚，列侯宗室見都側目而視，號曰"蒼鷹"。郅都傳，俱于空處寫，畏罪自重，何所用酷吏？而郅都爲酷吏之始，能不爲後世之罪人也哉？

臨江王徵詣中尉府，對簿，臨江王欲得刀筆爲書謝上，而都禁吏不予。魏其侯使人以間與臨江王。臨江王既爲書謝上，因自殺。竇太后聞之，怒，以危法中都，都免歸家。孝景帝乃使使持節，拜都爲雁門太守，而便道之官，得以便宜從事。匈奴素聞郅都節，居邊，爲引兵去竟，郅都死倒提。不近雁門。匈奴至爲偶人象郅都，令騎馳射莫能中，見憚如此。於閒處寫妙。匈奴患之。丨又找一句。竇太后乃竟中都以漢法。景帝曰："都忠臣。"欲釋之。竇太后曰："臨江王獨非忠臣邪？"於是遂斬郅都。丨"乃竟"字、"於是遂斬"字，有惜之之意。

---

① 宮，中華書局本《史記》作"官"。

寧成者,穰人也。以郎謁者事景帝。好氣,爲人小吏,必陵其長吏;正見好氣。爲人上,操下如束溼薪。滑賊任威。此句結上兩事。稍遷至濟南都尉,而郅都爲守。於寧成傳插入郅都。始前數都尉,皆步入府,因吏謁守如縣令,其畏郅都如此。又描一筆。及成往,直凌[①]都出其上。應"淩長吏"。都素聞其聲,於是善遇,與結驩。久之,郅都死,後長安左右宗室多暴犯法,於是上召寧成爲中尉。其治效郅都,其廉弗如,應前。然宗室豪傑,皆人人惴恐。

武帝即位,徙爲內史。外戚多毀成之短,抵罪髡鉗。是時九卿罪死即死,少被刑,而成極刑,自以爲不復收,於是解脫,詐刻傳,"被極刑""詐刻傳",極寫酷吏即滑吏,不可任如此。出關,歸家。稱曰:"仕不至二千石,賈不至千萬,安可比人乎!"乃貰貸,買陂田千餘頃,假貧民,役使數千家。數年,會赦。致產數千金,爲任俠,持吏長短,出從數十騎。其使民威重於郡守。|寧成傳不完,於義縱傳內序完。

周陽由者,其父趙兼,以淮南王舅父侯周陽,故因姓周陽氏。由以宗家任爲郎,事孝文及景帝。景帝時,由爲郡守。武帝即位,吏治尚循謹甚,然由居二千石中,最爲酷暴驕恣。所愛者,撓法活之;所憎者,曲法誅滅之。所居郡,必夷其豪。爲守,視都尉如令。爲都尉,必凌太守,奪之治。|與寧成一樣,卻用兩樣文法。與汲黯俱爲忮,司馬安之文惡,俱在二千石列同車,未嘗敢均茵伏。|寫兩閒人映帶。

由後爲河東都尉時,與其守勝屠公爭權,相告言罪。勝屠公當抵罪,義不受刑,自殺,而由棄市。|

---

① 凌,中華書局本《史記》作"陵"。

自寧成、周陽由之後,事益多,民巧法,大抵吏之治類多成、由等矣。|忽作一總,關合上下。

趙禹者,斄人。以佐史補中都官,用廉爲令史,事太尉亞夫。亞夫爲丞相,禹爲丞相史,府中皆稱其廉平。然亞夫弗任,曰:"極知禹無害,然文深,不可以居大府。"今上時,禹以刀筆吏積勞,稍遷爲御史。上以爲能,至太中大夫。與張湯論定諸律令,趙禹傳,倒插入張湯。作見知,吏傳得相監司。用法益刻,蓋自此始。|趙禹傳不完,於張湯傳後序完。

張湯者,杜人也。其父爲長安丞,出,湯爲兒守舍。還而鼠盜肉,其父怒,笞湯。湯掘窟得盜鼠,及餘肉,劾鼠掠治,傳爰書,訊鞫論報,并取鼠與肉,具獄磔堂下。其父見之,視其文辭如老獄吏,大驚,遂使書獄。|父死後,湯爲長安吏,久之。

周陽侯始爲諸卿時,張湯傳,插入周陽侯。嘗繫長安,湯傾身爲之。及出爲侯,大與湯交,徧見湯貴人。湯給事内史,爲寧成掾,又插入寧成。以湯爲無害,言大府,調爲茂陵尉,治方中。|

武安侯爲丞相,徵湯爲史,時薦言之天子,補御史,使案事。治陳皇后蠱獄,深竟黨與。於是上以爲能,"上以爲能",是作傳本旨,下同。稍遷至太中大夫。|與趙禹共定諸律令,又插入趙禹。務在深文,拘守職之吏。已而趙禹遷爲中尉,徙爲少府,而張湯爲廷尉,兩人交驩,而兄事禹。|禹爲人"禹爲人""湯爲人"竟作兩對,蓋禹傳未詳,故於湯傳詳之。廉倨。爲吏以來,舍毋食客。公卿相造請禹,禹終不報謝,務在絶知友賓客之請,孤立行一意而已。見文法輒取,亦不覆案,求官屬陰罪。湯爲人多詐,舞智以御人。始爲小吏,乾沒,與長安富賈田甲、伏。魚翁叔之屬交私。及列九卿,收接

天下名士大夫,己心內雖不合,然陽浮慕之。|

是時上方向文學,上收接名士,下傳古義,不過爲上向文學耳,足見“多詐舞智”。湯決大獄,欲傅古義,乃請博士弟子,治《尚書》《春秋》,補廷尉史,亭疑法。|以下三段,皆宛轉,寫張湯心事如見,總以發“多詐舞智”四字。奏讞疑事,必豫先爲上分別其原,上所是,受而著讞決法,廷尉絜令,揚主之明。|下兩意,又足上文。奏事即譴,湯應謝,鄉上意所便,必引正、監、掾史賢者,曰:“固爲臣議,如上責臣,臣勿[①]用,愚抵於此。”罪常釋聞。即奏事,上善之,曰:“臣非知爲此奏,乃正、監、掾史某爲之。”其欲薦吏,揚人之善蔽人之過如此。上兩段,是奏讞之事;此下一段,是奏讞之人,下四“即”字俱作“就”字解。所治即上意所欲罪,予監史深禍者;即上意所欲釋,予監史輕平者。所治即豪,必舞文巧詆;即下戶羸弱,時口言,雖文致法,上財察。於是往往釋湯所言。湯至於大吏,內行修也。通賓客飲食。於故人子弟爲吏,及貧昆弟調護之尤厚。其造請諸公,不避寒暑。反映趙禹不造請。是以湯雖文深意忌,不專平,然得此聲譽。而刻深吏多爲爪牙用者,依於文學之士。丞相弘數稱其美。|寫張湯用權術,牢籠天下士如此。及治淮南、衡山、江都反獄,皆爲根本。應“舞文巧詆”。嚴助及伍被,上欲釋之。湯爭曰:又與上反。“伍被本畫反謀,而助親幸,出入禁闥爪牙臣,乃交私諸侯,如此弗誅,後不可治。”於是上可論之。其治獄,所排大臣自爲功,多此類。於是湯益尊任,總接上數節。遷爲御史大夫。

會渾邪等降,漢大興兵伐匈奴,山東水旱,貧民流徙,皆仰給

① 勿,中華書局本《史記》作“弗”。

縣官,縣官空虛。兵興、賦重、民窮、奸生,此酷吏之效也,反爲酷吏之也,哀哉。於是承[①]上指,映前。請造白金及五銖錢,籠天下鹽鐵,排富商大賈,出告緡令,鉏豪彊并兼之家,舞文巧詆以輔法。又點一句。湯每朝奏事,語國家用,日晏,天子忘食。丞相取充位,天下事皆決於湯。百姓不安其生,騷動,縣官所興,未獲其利,奸吏竝侵漁,聚斂與刑罰相始終。於是痛繩以罪。則自公卿以下,至於庶人,咸指湯。湯嘗病,天子至自視病,其隆貴如此。|天下怨之、天子親之,具寫其奸。

匈奴來請和親,群臣議上前。博士狄山曰:"和親便。"上問其便,山曰:"兵者凶器,未易數動。高帝欲伐匈奴,大困平城,乃遂結和親。孝惠、高后時,天下安樂。及孝文帝欲事匈奴,北邊蕭然苦兵矣。孝景時,吳楚七國反,景帝往來兩宮間,寒心者數月。吳楚已破,竟景帝不言兵,天下富實。今自陛下舉兵擊匈奴,中國以空虛,邊民大困貧。由此觀之,不如和親。"上問湯,湯曰:"此愚儒,無知。"狄山曰:"臣固愚忠,若御史大夫湯,乃詐忠。|借一狄山不承上指之愚忠,以反形湯之舞智。若湯之治淮南、江都,以深文痛詆諸侯,應。別疏骨肉,使蕃臣不自安。臣固知湯之爲詐忠。"於是上作色曰:"吾使生居一郡,能無使鹵入盜乎?"曰:"不能。"曰:"居一縣?"對曰:"不能。"復曰:"居一障間?"山自度辯窮,且下吏,曰:"能。"於是上遣山乘鄣。至月餘,匈奴斬山頭而去。自是以後,群臣震慴。

湯之客田甲,雖賈人,有賢操。始湯爲小吏時,與錢通,及湯

---

① 承,中華書局本《史記》作"丞"。

爲大吏，甲所以責湯行義過失，亦有烈士風。丨又借出一田甲，以形容湯之不如賈人，并以應前。

湯爲御史大夫七歲，敗。序完湯興頭事，倒提一筆，以後序敗之之事。

河東人李文，嘗與湯有郤，已而爲御史中丞，恚，數從中文書事，有可以傷湯者，不能爲地。湯有所愛史魯謁居，知湯不平，使人上蜚變告文姦事，下湯，湯治論殺文，而湯心知謁居爲之。上問曰："言變事縱跡安起？"湯詳驚曰：寫舞智。"此殆文故人怨之。"謁居病臥閭里主人，湯自往視疾，爲謁居摩足。丨敗故非一事，逐節敘來，李文是第一節。趙國以冶鑄爲業，王數訟鐵官事，湯嘗①排趙王。趙王求湯陰事。謁居嘗案趙王，趙王怨之，并上書告："湯，大臣也，史謁居有病，湯至爲摩足，疑與爲大姦。"事下廷尉。丨趙王鐵官，是第二節。謁居病死，事連其弟，弟繫導官。湯亦治他囚導官，見謁居弟，欲陰爲之，而詳不省。謁居弟弗知，怨湯，使人上書，告湯與謁居謀，共變告李文。事下減宣。丨謁居弟怨湯是第三節。○倒插入減宣。宣嘗與湯有郤，及得此事，窮竟其事，未奏也。丨頓住。○減宣有郤是第四節。會人有盜發，孝文園瘞錢，丞相青翟朝，與湯約俱謝，至前，湯念獨丞相以四時行園，當謝，湯無與也，不謝。丞相謝，上使御史案其事。湯欲致其文丞相見知，丞相患之。丨"丞相患之"，是第五節。三長史皆害湯，欲陷之。先出後序。

始，長史朱買臣，會稽人也。讀《春秋》。莊助使人言買臣，買臣以楚辭，與助俱幸，侍中，爲太中大夫，用事；若不先出"三長史害湯"句，便似朱買臣傳矣，幸讀者細思之。而湯乃爲小吏，跪伏使買臣等

① 嘗，中華書局本《史記》作"常"。

前。已而湯爲廷尉，治淮南獄，排擠莊助，應前。買臣固心望。及湯爲御史大夫，買臣以會稽守，爲主爵都尉，列於九卿。數年，坐法廢，守長史，見湯，湯坐牀上，丞史遇買臣，弗爲禮。買臣楚士，深怨，嘗欲死之。王朝，齊人也。以術至右内史。邊通，學長短，剛暴彊人也，官再至濟南相。故皆居湯右，已而失官，守長史，詘體於湯。即此一節中，細細看來，更有數節，批不能盡也。湯數行丞相事，知此三長史素貴，常淩折之。以故三長史合謀，一總。曰："始湯約與君謝，已而賣君；今欲劾君以宗廟事，此欲代君耳。吾知湯陰事。"使吏捕案湯左田信等，曰湯且欲奏請，信輒先知之，居物致富，與湯分之，應前與賈人交。及他奸事。事辭頗聞。上問湯曰："吾所爲，賈人輒先知之，益居其物，是類有以吾謀告之者。"湯不謝。湯又詳驚，兩"佯驚"妙，寫湯終以舞智而敗。曰："固宜有。"｜三長史害湯，是第六節。減宣亦奏謁居等事。一句遙接。天子果以湯懷詐面欺，"果以"二字，接狄山"詐忠"字。使使八輩簿責湯。湯具自道無此，不服。於是上使趙禹責湯。又插入趙禹，固所謂交驩兄弟事之人也，相煎之急如此，寫出酷吏之惡。禹至，讓湯曰："君何不知分也。君所治，夷滅者幾何人矣？今人言君皆有狀，天子重致君獄，欲令君自爲計，何多以對簿爲？"天道好還之語，出自酷吏口中，奇！湯乃爲書謝曰："湯無尺寸功，起刀筆吏，陛下幸致爲三公，無以塞責。然謀陷湯罪者，三長史也。"遂自殺。

湯死，家産直不過五百金，皆所得奉賜，無他業。應廉。昆弟諸子，欲厚葬湯，湯母曰："湯爲天子大臣，被汙惡言而死，何厚葬乎！"載以牛車，有棺無槨。天子聞之，曰："非此母不能生此子。"蓋深惜之也。乃盡案誅三長史。丞相青翟自殺。出田信。上惜湯。

稍遷其子安世。丨寫張湯舞智籠絡人主,至死而不悟,賞延及世,正見酷吏之惡。

趙禹中廢,已而爲廷尉。遥接趙禹事,反從湯傳後序完,穿插之妙。始條侯以爲禹賊深,弗任。又遥接。及禹爲少府,比九卿。禹酷急,至晚節,事益多,吏務爲嚴峻,而禹治加緩,而名爲平。王溫舒等後起,又倒插入王溫舒。治酷於禹。禹以老,徙爲燕相。數歲,亂悖有罪,免歸。後湯十餘年,以壽卒於家。丨敘完趙禹事,復帶張湯。

義縱者,河東人也。爲少年時,嘗與張次公俱攻剽爲群盜。酷吏出於盜,其氣類,固同,亦深惡之也。縱有姊姁,以醫幸王太后。王太后問:"有子兄弟爲官者乎?"姊曰:"有弟無行,不可。"太后乃告上,拜義姁弟縱爲中郎,補上黨郡中令。治敢行,少蘊藉,縣無逋事,舉爲第一。遷爲長陵,及長安令,直法行治,不避貴戚。以捕案太后外孫修成君子仲,上以爲能,照應。遷爲河内都尉。至則族滅其豪穰氏之屬,河内道不拾遺。而張次公亦爲郎,以勇悍從軍,敢深入,有功,爲岸頭侯。張次公附序,并以應前。

寧成家居,遥接序完寧成事,穿插之妙。上欲以爲郡守。御史大夫弘曰:"臣居山東爲小吏時,寧成爲濟南都尉,其治如狼牧羊。成不可使治民。"上乃拜成爲關都尉。歲餘,關東吏隸郡國出入關者,號曰"寧見乳虎,無直[①]寧成之怒"。義縱自河内遷爲南陽太守,聞寧成家居南陽,義縱、寧成合序。及縱至關,寧成側行送迎,然縱氣盛,弗爲禮。至郡,遂案寧氏,盡破碎其家。成坐有罪,及孔、暴之屬虚。皆奔亡,南陽吏民,重足一迹。字奇。而平氏朱彊、杜

① 直,中華書局本《史記》作"值"。

衍、杜周四人，三虛一實。○義縱傳內倒插入杜周，又無行迹。爲縱牙爪之吏，任用遷爲廷史。軍數出定襄，定襄吏民亂敗，於是徙縱爲定襄太守。縱至，掩定襄獄中，重罪輕繫二百餘人，及賓客昆弟私入相視，亦二百餘人。縱一捕鞫，曰"爲死罪解脫"。是日皆報殺四百餘人。其後郡中不寒而慄，猾民佐吏爲治。｜極寫其惡，猾民句，奸猾之民，亦玩法殺人，"佐吏爲治"猶云助天爲虐也。

是時趙禹、張湯又插入趙禹、張湯，以形容義縱。以深刻爲九卿矣，然其治尚寬，輔法而行，而縱以鷹擊毛摯爲治。後會五銖錢白金起，民爲奸，京師尤甚，乃以縱爲右內史，王溫舒爲中尉。又倒插入王溫舒。溫舒至惡，其所爲不先言縱，縱必以氣淩之，敗壞其功。其治，所誅殺甚多，此爲右內史事，虛寫。然取爲小治，奸益不勝，直指始出矣。平空又入直指事。吏之治以斬殺縛束爲務，閻奉以惡用矣。虛。縱廉，其治放郅都。又插入郅都。上幸鼎湖，病久，已而卒起，幸甘泉，道多不治。上怒曰："縱以我爲不復行此道乎？"兼之。至冬，楊可方受告緡，縱以爲此亂民，部吏捕其爲可使者。天子聞，使杜式治，以爲廢格沮事，棄縱市。｜後一歲，張湯亦死。｜又插入補完張湯。

王溫舒者，陽陵人也。少時椎埋爲奸。非群盜，即椎埋，酷吏之人品如此。已而試補縣亭長，數廢。爲吏，以治獄至廷史。事張湯，王溫舒傳，插入張湯。○自王溫舒下，皆張湯故吏，張湯爲酷吏之領袖，故序之獨詳。遷爲御史。督盜賊，殺傷甚多，稍遷至廣平都尉。擇郡中豪敢任吏十餘人，以爲爪牙，一溫舒之下，更有十餘溫舒，所以言其極惡也。皆把其陰重罪，而縱使督盜賊，快其意所欲得。督盜賊，可也；快意欲得，不可也，極寫酷吏。此人雖有百罪，弗法；即有避，因其事夷之，亦滅宗。以其故齊趙之郊，盜賊不敢近廣平，廣平聲爲道不拾遺。“聲爲”妙，徒有其名，實未然也。上聞，遷爲河内太守。

素居廣平時，皆知河内豪奸之家，及往，九月而至。令郡具私馬五十匹爲驛，自河内至長安，部吏如居廣平時方略，省筆。捕郡中豪猾，郡中豪猾，相連坐千餘家。上書請，大者至族，小者乃死，家盡沒入償臧。奏行不過二三日，得可。事論報，至流血十餘里。河内皆怪其奏，以爲神速。盡十二月，郡中毋聲，毋敢夜行，野無犬吠之盜。寫得民無生人之樂。嗚呼，何以至此！其頗不得，失之旁郡國，黎來，“黎來”，《漢書》作“追求”，乃明。會春，溫舒頓足歎曰：“嗟乎，令冬月益展一月，足吾事矣！”其好殺伐行威，不愛人如此。天子聞之，以爲能，上以爲能，連兩句寫，可爲浩歎。遷爲中尉。其治復放河内，省筆。徙諸名禍猾吏，與從事，河内，則楊皆、麻戊；關中，楊贛、成信等。俱虛。義縱爲内史，憚，未敢恣治。及縱死，張湯敗後，徙爲廷尉，|王溫舒傳未完，於楊僕傳内序完。而尹齊爲中尉。倒提尹齊即過下，接入本傳。

尹齊者，東郡茌平人。以刀筆稍遷至御史。事張湯，尹齊傳，插入張湯。張湯數稱以爲廉武，使督盜賊，所斬伐，不避貴戚。遷爲關内都尉，聲甚於寧成。又插入寧成。上以爲能，遷爲中尉，吏民益凋敝。“上以爲能”，連下兩句寫，可爲浩歎。尹①齊木彊少文，豪惡吏伏匿，而善吏不能爲治，以故事多廢，抵罪。|尹齊傳未完，於楊僕傳後序完。上復徙溫舒爲中尉，而楊僕以嚴酷爲主爵都尉。又插入王溫舒，帶出楊僕，即接下楊僕傳。

---

① 尹，底本作“君”，疑誤，據校本改。

楊僕者,宜陽人也。以千夫爲吏。河南守案舉以爲能,遷爲御史,使督盜賊關東。治放尹齊,楊僕傳,插入尹齊。以爲敢摯行。稍遷至主爵都尉,列九卿。天子以爲能。應。南越反,拜爲樓船將軍,有功,封將梁侯。爲荀彘所縛。居久之,病死。|

而溫舒復爲中尉。遙接,序完王溫舒事。爲人少文,居廷惛惛不辨,至於中尉則心開。督盜賊,素習關中俗,知豪惡吏,豪惡吏盡復爲用爲方畧。吏苛察,盜賊惡少年,投缿,購告言奸,置伯格長以牧司姦盜賊。溫舒以前憚義縱不敢恣,此皆縱死,爲中尉,心開以後事,故序於此。溫舒爲人諂,善事有勢者;即無勢者,視之如奴。有勢家,雖有奸如山,弗犯;無勢者,貴戚必侵辱。舞文巧詆下戶之猾,以焄大豪。焄,或即"窘"字,作"熏"字解者恐非。其治中尉如此。極寫酷吏之玩法無品也。奸猾窮治,大抵盡靡爛獄中,行論無出者。其爪牙吏虎而冠。於是中尉部中,中猾以下皆伏,有勢者爲游聲譽,稱治。治數歲,其吏多以權富。又寫一段以極著其惡,以見酷吏之一刻不可容也。

溫舒擊東越還,議有不中意者,坐小法抵罪,免。是時天子方欲作通天臺而未有人,溫舒請復中尉脫卒得數萬人作。上悅,拜爲少府。徙爲右內史,治如其故,省筆。奸邪少禁。坐法失官。復爲右輔,行中尉事。如故操。省筆。

歲餘,會宛軍發,詔徵豪吏,溫舒匿其吏華成,及人有變告溫舒受員騎錢,他奸利事,罪至族,自殺。其時兩弟及兩婚家,亦各自坐他罪而族。溫舒獨酷,故受禍獨慘。天道也,酷吏亦何益哉!光祿徐自爲曰:"悲夫,夫古有三族,而王溫舒罪至同時而五族乎!"請出一閒人,感歎作波,妙甚!

溫舒死,家直累千金。|後數歲,尹齊亦以淮陽都尉病死,尹齊死事,又插於此。家直不滿五十金。所誅滅淮陽甚多,借尹齊,形容王溫舒。及死,仇家欲燒其尸,尸亡去歸葬。|

自溫舒等以惡爲治,間接總序。而郡守、都尉、諸侯二千石欲爲治者,其治大抵盡放溫舒,而吏民益輕犯法,盜賊滋起。"盜賊",應前"盜賊多有",是本旨也。南陽有梅免、白政,楚有殷中、杜少,齊有徐勃,燕趙之間有堅盧、范生之屬。大群至數千人,擅自號,攻城邑,取庫兵,釋死罪,縛辱郡太守、都尉,殺二千石,爲檄告縣,趣具食;小郡[1]盜以百數,掠鹵鄉里者,不可勝數也。酷吏與盜賊相終始。於是天子始使御史中丞、丞相長史督之。猶弗能禁也,乃使光祿大夫范昆、諸輔都尉,及故九卿張德等,衣繡衣,持節,虎符應前直指使。發兵以興擊,斬首大部或至萬餘級,及以法誅通飲食,坐連諸郡,甚者數千人。刑罰與兵革相終始,一篇大議論,於此發明。數歲,乃頗得其渠率。散卒失亡,復聚黨阻山川者,往往而群居,無可奈何。於是作"沉命法",曰群盜起不發覺,發覺而捕弗滿品者,二千石以下至小吏,主者皆死。其小吏畏誅,雖有盜,不敢發,恐不能得,坐課累府,府亦使其不言。故盜賊浸多,上下相爲匿,以文辭避法焉。|刑罰益急,則上下相遁,亦何益哉!

減宣者,楊人也。以佐史無害,給事河東守府。衛將軍青使買馬河東,見宣無害,言上,徵爲大廄丞。官事辦,稍遷至御史及中丞。使治主父偃,及治淮南反獄,所以微文深詆,殺者甚衆,稱爲敢決疑。數廢數起,省筆。爲御史及中丞者幾二十歲。王溫舒

① 郡,中華書局本《史記》作"羣"。

免中尉,減宣傳,插入王溫舒。而宣爲左內史。其治米鹽,事大小皆關其手,自部署縣名曹實物,官吏令丞不得擅搖,痛以重法繩之。居官數年,一切郡中爲小治辦,然獨宣以小致大,能因力行之,難以爲經。寫酷吏,雖好處亦不可法,以深惡痛絕之也。中廢。爲右扶風,坐怨成信,信亡藏上林中,宣使郿令格殺信,吏卒格信時,射中上林苑門,宣下吏詆罪,以爲大逆,當族,自殺。而杜周任用。即減宣傳,帶入杜周。

杜周者,南陽杜衍人。義縱爲南陽守,以爲爪牙,杜周傳,插入義縱。舉爲廷尉史。事張湯,又插入張湯。湯數言其無害,至御史。使案邊失亡,所論殺甚眾。奏事中上意,任用,與減宣相編,又插入減宣。更爲中丞十餘歲。

其治與宣相放,然重遲,外寬,內深刺骨。"刺骨"二字,得酷吏之神。宣爲左內史,周爲廷尉,其治大放張湯又插入張湯。而善候伺。上所欲擠者,因而陷之;上所欲釋者,久繫待問,而微見其冤狀。客有讓周曰:"君爲天子決平,不循三尺法,專以人主意指爲獄。獄者固如是乎?"周曰:"三尺安出哉?前主所是,著爲律;後主所是,疏爲令,當時爲是,何古之法乎!"寫酷吏之逢君玩法。

至周爲廷尉,詔獄亦益多矣。二千石繫者,新故相因,不減百餘人。郡吏大府,舉之廷尉,一歲至千餘章。章大者連逮證案數百,小者數十人;遠者數千,近者數百里。"人"字、"里"字,總管上兩句,句法奇。會獄,吏因責如章,告劾不服,以笞掠定之。所謂捶楚之下,何求不得,酷吏之惡如此。於是聞有逮皆亡匿。獄久者至更數赦,十有餘歲,而相告言,大抵盡詆以不道以意爲令,無法無天,極寫酷吏之惡。以上廷尉及中都官詔獄,逮至六七萬人,吏所增加十餘萬人。一時草菅人命如此，酷吏之惡，上通於天。

周中廢，後爲執金吾，逐盜，捕治桑弘羊、衛皇后昆弟子刻深，天子以爲盡力無私，應。遷爲御史大夫。家兩子，夾河爲守。其治暴酷，皆甚於王溫舒等矣。又插入王溫舒，加一“等”字，總括十人在內。杜周初徵爲廷史，有一馬，且不全；及身久任事，至三公列，子孫尊官，家訾累數巨萬矣。以見酷吏無不貪，廉者有幾，酷吏亦何足任使哉！

太史公曰：自郅都、杜周十人者，此皆以酷烈爲聲。總序一句。然郅都伉直，引是非，爭天下大體。張湯以知陰陽，人主與俱上下，時數辨當否，國家賴其便。趙禹時據法守正。杜周從諛，以少言爲重。自張湯死後，網密，多詆嚴，官事寖以秏廢。九卿碌碌，奉其官，救過不贍，何暇論繩墨之外乎！然此十人中，其廉者足以爲儀表，其污者足以爲戒，方畧教導，禁奸止邪，一切亦皆彬彬質有其文武焉。雖慘酷，斯稱其位矣。至若蜀守馮當，暴挫；廣漢李貞，擅磔人；東郡彌璞①，鋸項；天水駱壁，推減；河東褚廣，妄殺，京兆無忌、馮翊、殷周，蝮鷙；水衡閻奉，朴擊賣請。又虛列許人作波。何足數哉！何足數哉！

一篇共序十人，可以爲難矣。然偏不逐人序去，獨將十人花分穿插，處處組織，更覺異常絢爛。蓋天孫機上無縫天衣，決不是排窠儷葉，枝蒂對生，必有擘金絲翠，西穿東插，柳映花遮之妙，然後成此一片文章也。〇十人郅都、寧成、周陽由各序，爲一截。趙禹、張湯合序，爲一截。義縱一傳，留寧成未了合序，爲一截。王溫舒、尹齊合序，爲一截。杜周、減宣各序，爲一截。而楊僕附見于王溫舒、尹齊傳內，不在十人之數。其次序則用年代之前後爲次。杜周當時人，未有結果，故其傳不終。〇此傳以“上以爲能”“上以爲盡

---

① 璞，中華書局本《史記》作“僕”。

力”等句爲骨，蓋酷吏深結主知，方能行其威武，是史公著眼處。○其主意，則在篇首，當任德而不當任刑，故詳序酷吏之效，則曰奸僞萌起，上下相遁。事益多，民巧法，奸吏侵漁，奸益不勝，吏民輕犯法，盗賊滋起。上下相遁，官事耗癈而已。問酷吏之身，則曰侯封禽，鼂錯戮，郅都斬，周陽由、義縱棄市，張湯、減宣自殺，王溫舒五族而已。人亦何至爲酷吏？上亦何爲而用酷吏也哉？○《史①記》雖序事，而意在作文，其中許多人、許多事，不過供我作文之料耳。故或前或後，或散或合，或花分，或摶捖，極我文章之妙，而其事已傳矣。非必一人還他一篇，若泥塑神佛，逐尊逐位排列兩邊，絕無生氣也。辟如戲劇，凡爲孤酸末尼，叅軍傖鶻，不過聽我搬演，以成此悲歡離合，非必一人一齣也。故酷吏一傳，十人只是一篇。

① 史，底本作“吏”，疑誤，據校本改。

大宛列傳

大宛之跡,見自張騫。|劈頭一句,總領起,下乃序事,《史記》創格。張騫,漢中人。建元中爲郎。|又一句,點張騫事,截住。是時天子問匈奴降者,皆言匈奴破月氏王,以其頭爲飲器,月氏遁逃,而常怨仇匈奴,無與共擊之。漢方欲事滅胡,聞此言,因欲通使。伐匈奴是主因,匈奴而及月氏,因月氏而及大宛。尋源問派,歷歷分明。道必更匈奴中,乃募能使者。騫以郎應募,使月氏,間接入本傳。與堂邑氏故胡奴甘父,俱出隴西。經匈奴,匈奴得之,傳詣單于。欲通月氏,而中間乃作此一跌。單于留之,曰:"月氏在吾北,漢何以得往使?吾欲使越,漢肯聽我乎?"議正語俊。留騫十餘歲,與妻,有子,然騫持漢節不失。極寫張騫。

居匈奴中,益寬,故作一颺。騫因與其屬亡鄉月氏,西走數十日,至大宛。先一段閒閒引起,至此欲序月氏,乃忽入大宛一傳,本題反若旁及者,妙!大宛聞漢之饒財,欲通不得,欲通月氏非大宛不能,欲用大宛非賂遺不得,故先伏一①句,反若大宛欲通,是反擊之法也。見騫,句。

① 一,底本作"二",疑誤,據校本改。

喜,句。問曰:"若欲何之?"騫曰:"爲漢使月氏,而爲匈奴所閉道。今亡,唯王使人導送我。誠得至,反漢,漢之賂遺王財物不可勝言。"應聞漢饒財。大宛以爲然,遣騫,爲發導驛,抵康居,由匈奴而及月氏,由月氏而及大宛,因大宛而又插一康居,層層衍出。康居傳致大月氏。大月氏王已爲胡所殺,立其太子爲王。既臣大夏而居,忽又插入一大夏,無跡可尋,使人不覺。地肥饒,少寇,志安樂,又自以遠漢,殊無報胡之心。正應仇怨匈奴,見萬里之外,傳聞異詞,不足信如此。騫從月氏至大夏,竟不能得月氏要領。一件高興事,一篇大文章,前患不得通月氏耳,既通月氏,不知如何共伐匈奴。張騫如何建功立業,至此乃爾索然,故作一縱。

留歲餘,還,竝南山,欲從羌中歸,復爲匈奴所得。前匈奴得之,已令讀者一驚,乃復爲匈奴所得,又一驚,得而逃,逃而復得,得而又逃,幾縱幾跌,事奇文奇。留歲餘,單于死,左谷蠡王攻其太子自立,國內亂,騫與胡妻,及堂邑父俱亡歸漢。一人再逃,奇矣,乃又挈婦逃,堂邑父亦逃,極寫張騫謀勇。漢拜騫爲太中大夫,堂邑父爲奉使君。一結,并序完堂邑父事。

騫爲人彊力,寬大信人,蠻夷愛之。堂邑父故胡人,善射,窮急射禽獸給食。初,騫行時,百餘人,去十三歲,唯二人得還。萬里遠行,艱苦自倍,萬里遠歸,智勇亦倍,故插入一段作餘波,補完前段。○不必詳序,即二人得還一句,痛定之痛,當何如也?極寫艱苦。○自篇首至此爲一段。

騫身所至者大宛、大月氏、大夏、康居,而傳聞其旁大國五六,具爲天子言之。又作一總結,并起下文,峯巒過接之妙。○一篇職貢志,一幅王會圖,俱從張騫口中說出,妙!曰:

大宛身至,實。在匈奴西南,在漢正西,去漢可萬里。其俗土著耕田,田稻麥。有蒲陶酒。多善馬,馬汗血,其先天馬子也。馬上增兩句以爲著色語耳,孰知已伏篇末一段,遥遥照映哉。有城郭屋室。其屬邑,大小七十餘城,衆可數十萬。其兵弓矛騎射。其北,則康居,西則大月氏,非止序其地界,正點明張騫來路也。西南則大夏,東北則烏孫,東則扜罙、于窴。東西南北詳點。于窴之西,則水皆西流,注西海;其東水東流,注鹽澤。鹽澤潛行地下,其南則河源出焉。又點一西東南,序法兩層,錯落有致,河源伏。多玉石,玉石伏。河注中國。而樓蘭、姑師扜罙、于窴、樓蘭、姑師,因大宛附見,此又傳聞之傳聞者也。邑有城郭,臨鹽澤。鹽澤去長安可五千里。匈奴右方,居鹽澤以東,至隴西,長城南,接羌,鬲漢道焉。丨數語一收,有力,照前必更匈奴中,及從羌中歸,且爲後通道張本,前之欲事匈奴,主意也,張騫之來路,貳師之去路,一一明白,通體俱應。

烏孫傳聞,虛。在大宛東北可二千里,行國,蓋逐水艸遷徙,不常也,只二字,明淨,卓鍊之妙。隨畜,與匈奴同俗。控弦者數萬,敢戰。故服匈奴,及盛,取其羈屬,不肯往朝會焉。丨短節勁句,佳,"故"字,作"舊"字解。

康居身至,實。在大宛西北,可二千里,行國,與月氏大同俗。控弦者八九萬人。與大宛隣國。國小,南羈事月氏,東羈事匈奴。丨作兩對,"羈事"字奇。

奄蔡傳聞,虛。在康居西北,可二千里,行國,與康居大同俗。控弦者十餘萬。臨大澤,無崖,蓋乃北海云。丨"北海"寫得疑似,是傳聞語,妙!

大月氏身至,實。在大宛西,可二三千里,居嬀水北。其

南則大夏,西則安息,北則康居。行國也,隨畜移徙,與匈奴同俗。控弦者可一二十萬。故時彊,輕匈奴,及冒頓立,攻破月氏,至匈奴老上單于,殺月氏王,以其頭爲飲器。遥應前事。始月氏居燉煌、祁連間,及爲匈奴所敗,乃遠去,過宛,西擊大夏而臣之,遂都嬀水北,爲王庭。其餘小衆不能去者,保南山羌,號小月氏。|

安息傳聞,虛。在大月氏西,可數千里。其俗土著耕田,田稻麥,蒲陶酒。城邑如大宛。其屬小大數百城,地方數千里,最爲大國。臨嬀水,有市民商賈,用車及船,行旁國或數千里。以銀爲錢,錢如其王面,王死輒更錢,效王面焉。畫革,旁行,以爲書記。以前諸國與匈奴同俗,此則一路向南,土著耕田、稻麥、城邑、商賈、車船、鑄錢、書記,寫得與漢一樣,蓋漸近蜀故也。其西則條枝,北有奄蔡、黎軒。|黎軒附見。

條枝傳聞,虛。在安息西,數千里,臨西海。暑濕。耕田,田稻。有大鳥卵,如甕。人衆甚多,往往有小君長,而安息役屬之,以爲外國。國善眩。安息長老傳聞條枝有弱水、西王母,而未嘗見。|弱水、西王母,亦寫得似有如無,傳聞異詞,妙!

大夏身至,實。在大宛西南,二千餘里嬀水南。其俗土著,有城屋,與大宛同俗。無大王長,往往城邑置小長。其兵弱,畏戰。善賈市。及大月氏西徙,攻敗之,皆臣畜大夏。大夏民多,可百餘萬。其都曰藍市城,有市,販賈諸物。其東南有身毒國。|身毒附見。以上諸國,一實一虛,相間而序,作章法,後無不應,奇妙!〇大宛俗近漢,下烏孫、康居、奄蔡、大小月氏俗近匈奴,下安息、條枝、大夏俗又近漢,蓋自大宛往西北,經歷諸國,復轉至大宛

西南,循環一轉,以大宛作主。

騫曰:"臣在大夏時,見邛竹杖、蜀布。遥遥萬里,忽見故物,如游客歸鄉,恍然感目。問曰:'安得此?'大夏國人曰:'吾國[①]人往市之身毒。身毒在大夏東南可數千里。其俗土著,大與大夏同,而卑濕暑熱云。其人民乘象以戰。其國臨大水焉。'序完諸國詳矣,乃空出一身毒,另于張騫口中序出,變化奇文。以騫度之,大夏去漢萬二千里,居漢西南。今身毒國又居大夏東南,數千里,有蜀物,此其去蜀不遠矣。萬里循環,數語結盡。今使大夏,從羌中,句。險,句。羌人惡之;少北,則爲匈奴所得;應爲匈奴得,應欲從羌中歸,是一路程圖要署。從蜀宜徑,又無寇。"天子既聞大宛及大夏、安息之屬皆大國,多奇物,土著,頗與中國同業,而兵弱,貴漢財物;一段是近漢之國。其北有大月氐、康居之屬,兵彊,可以賂遺設利朝也。一段是近匈奴之國,作兩節,一總。且誠得而以義屬之,則廣地萬里,重九譯,致殊俗,威德徧於四海。又總括諸國情勢,再作一結。蓋文章太重,必如此,然後承載得起也。〇聳動武帝處,連用四五句說來手舞足蹈,令人心痒。天子欣然,以騫言爲然,乃令騫因蜀犍爲,發間使,四道竝出:出駹,出冄,出徙,出邛、僰,皆各行一二千里。其北方閉氐、筰,南方閉嶲、昆明。昆明之屬,無君長,善寇盜,輒殺畧漢使,終莫得通。然聞其西可千餘里有乘象國,名曰滇越,一篇大文字序大宛、烏孫、奄蔡、月支、安息、條枝、大夏繁重浩汗,故又序駹、冄、邛、僰、氐、筰、嶲、昆明、滇越以爲襯貼,以爲後勁,文字始覺不孤。而蜀賈姦出物者或至焉,於是漢以求大夏道始通滇國。收住,下又飏開。初,漢欲通西南彝,費多,道不通,罷之。及張騫言可以通大夏,乃復事西南彝。|數萬里

① 國,中華書局本《史記》作"賈"。

外,忽遇蜀物,忽思通蜀,以爲從天而降也,乃漢初先有之爲張騫嚆矢,正爲張騫襯點也。〇序完西南彝,後入伐匈奴事,歸入正意。〇自張騫爲天子言,序諸國事爲一段。

騫以校尉從大將軍擊匈奴,知水草處,軍得以不乏,乃封騫爲博望侯。是歲元朔六年也。伐匈奴一。其明年,騫爲衛尉,與李將軍俱出右北平,擊匈奴。匈奴圍李將軍,軍失亡多;而騫後期,當斬,贖爲庶人。伐匈奴二。是歲漢遣驃騎破匈奴西城數萬人,至祁連山。伐匈奴三。其明年,渾邪王率其民降漢,而金城、河西,西竝南山至鹽澤,空無匈奴。匈奴時有候者到,而希矣。伐匈奴四。其後二年,漢擊走單于於幕北。|伐匈奴五。伐匈奴事爲一段。

是後天子數問騫大夏之屬。一句遙接,又入烏孫事。騫既失侯,因言曰:"臣居匈奴中,聞烏孫王號昆莫,昆莫之父,匈奴西邊小國也。匈奴攻殺其父,而昆莫生,棄於野。烏嗛肉蜚其上,狼往乳之。單于怪以爲神,而收長之。奇事,幾與平林寒冰一樣。及壯,使將兵,數有功,單于復以其父之民予昆莫,令長守於西城。昆莫收養其民,攻旁小邑,控弦數萬,習攻戰。單于死,昆莫乃率其眾遠徙,中立,不肯朝會匈奴。匈奴遣奇兵擊,不勝,以爲神而遠之,因羈屬之,不大攻。歷序諸國,空一身毒,張騫口中序出此,又找一烏孫亦從張騫口中序出,文章之妙,不可方物。今單于新困於漢,而故渾邪地空無人。蠻彝俗貪漢財物,今誠以此時而厚幣賂烏孫,招以益東,居故渾邪之地,與漢結昆弟,其勢宜聽,聽則是斷匈奴右臂也。即烏孫點出伐匈奴正意。既連烏孫,自其西大夏之屬皆可招來而爲外臣。"又即烏孫,照映聯絡大夏諸國,一絲不亂,一滴不漏。天子以爲然,拜騫爲中郎將,將三百人,馬各二匹,牛羊以萬數,齎金幣帛直數

千巨萬,多持節副使,道可使,使遺之他旁國。|照傳聞其旁大國。

騫既至烏孫,烏孫王昆莫,見漢使如單于禮,騫大慚,知蠻彝貪,乃曰:"天子致賜,王不拜,則還賜。"昆莫起拜賜,其他如故。騫諭使指曰:"烏孫能東居渾邪地,則漢遣翁主,爲昆莫夫人。"|寫張騫自取其慢,爲開邊生事。烏孫國分,一層。王老,二層。而遠漢,未知其大小,三層。素服屬匈奴日久矣,四層。且又近之,五層。其大臣皆畏胡,六層。不欲移徙,七層。王不能專制。一句一層,一層一事,堆簇之妙。騫不得其要領。|與前月氏一樣。昆莫有十餘子,其中子曰大祿,彊,善將眾,將眾別居萬餘騎。大祿兄爲太子,太子有子曰岑娶,而太子蚤死。臨死,謂其父昆莫曰:"必以岑娶爲太子,無令他人代之。"昆莫哀而許之,卒以岑娶爲太子。大祿怒其不得代太子也,乃收其諸昆弟,將其眾畔,謀攻岑娶及昆莫。昆莫老,常恐大祿殺岑娶,予岑娶萬餘騎別居,而昆莫有萬餘騎,自備,國眾分爲三,而其大總取羈屬昆莫,昆莫亦以此不敢專約於騫。|一段詳序烏孫事是"王老國分"注脚。

騫因分遣副使使大宛、康居、大月氏、大夏、安息、身毒、于寘、扜罙及諸旁國。又插諸旁國應副使,并點大宛、康居,作一關鍵。烏孫發導譯,送騫還,騫與烏孫遣使數十人,馬數十匹報謝,因令窺漢,知其廣大。此句虛,是窺漢之意,至富厚句乃實見之也。

騫還到,拜爲大行,列於九卿。歲餘,卒。完張騫事,一件大事,托重張騫,偏張騫一颺。

烏孫使既見漢人眾富厚,歸報其國,其國乃益重漢。|一段詳序烏孫窺漢,應"遠漢,不知大小"。其後歲餘,騫所遣使通大夏之屬者皆頗與其人俱來,於是西北國始通於漢矣。間接副使遣他旁國,又總大

浩侯。二節,對。於是酒泉列亭鄣至玉門矣。丨又爲漢贊一句,回護,作二鎖。

烏孫以千匹馬,聘漢女,漢遣宗室女江都翁主往妻烏孫,遙接張騫論使指事。烏孫王昆莫,以爲右夫人。匈奴亦遣女妻昆莫,昆莫以爲左夫人。昆莫曰"我老",乃令其孫岑娶妻翁主。遙接岑娶事。烏孫多馬,其富人至有四五千匹馬。又閒入馬事,應烏孫天馬。

初,漢使至安息,安息王令將二萬騎迎於東界。東界,去王都數千里。行比至,過數十城,人民相屬甚多。漢使還,而後發使隨漢使來安息另序,與烏孫一樣寫。觀漢廣大,以大鳥卵,及黎軒善眩人應前。獻於漢。及宛西小國驩潛、新。大益,新。宛東姑師、舊。扜罙、舊。蘇薤新。之屬,以大宛作主,一東一西,三新兩舊,相間出色。皆隨漢使,獻見天子。天子大悅。丨大宛、烏孫,單序;餘國,相間插序。

而漢使窮河源,河源出于窴,應前。其山多玉石,采來,應前。天子案古圖書,名河所出山曰崑崙云。北海、西王母、崑崙,寫得傳聞疑似,而崑崙遂屬強名,尤奇。○自此散序爲一段。

是時上方數巡狩海上,乃悉從外國客,大都多人,則過之,散財帛以賞賜,厚具以饒給之,以覽示漢富厚焉。於是大觳抵,出奇戲諸怪物,多聚觀者,行賞賜,酒池肉林,令外國客徧觀各倉庫府藏之積,見漢之廣大,傾駭之。及加其眩者之工,而觳抵奇戲,歲增變,甚盛益興,自此始。丨內寫漢事,作一結,寫漢武心事,夸大鋪張,極其曲折。

西北外國使,更來更去。宛以西,皆自以遠,尚驕恣,晏然,未可詘以禮,羈縻而使也。自烏孫以西至安息,以近匈奴,匈奴困月氏也,匈奴使持單于一信,則國國傳送食,不敢留苦;及至漢使,非

出幣帛,不得食;不市畜,不得騎用。所以然者,遠漢,而漢多財物,故必市,乃得所欲,然以畏匈奴於漢使焉。|外寫諸國,作一結,寫諸國心事,懷疑蓄詐,與漢武心事件件不合,妙!宛左右以蒲陶爲酒,富人藏酒,至萬餘石,久者數十歲不敗。俗嗜酒,馬嗜苜蓿。漢使取其實來,於是天子始種苜蓿、蒲陶肥饒地。及天馬多,外國使來衆,則離宮别觀旁,盡種蒲陶、苜蓿極望。|又内寫漢事,刻意學諸國。自大宛以西,至安息國,雖頗異言,然大同俗,相知言。其人皆深眼,多鬚頿,善市賈,爭分銖。俗貴女子,女子所言,而丈夫乃決正。其地皆無絲漆,不知鑄錢器。及漢使亡卒降,教鑄作他兵器。得漢黄白金,輒以爲器,不用爲幣。|又外寫諸國事,刻意學漢。○一篇大文字,詳序諸國,汪洋浩蕩,必有一大結以收束之,故序此四段,收羅已盡,乃諸國結穴處。○以上四節作一段,以下則提出大宛單序,另作一段。

而漢使者往既多,其少從率多進熟於天子,言曰:"宛有善馬,在貳師城,匿不肯與漢使。"天子既好宛馬,聞之遙接。甘心,使壯士車令等,持千金,及金馬,以請宛王貳師城善馬。宛國饒漢物,相與謀曰:"漢去我遠,而鹽水中數敗,出其北,有胡寇;出其南,乏水草。又且往往而絶邑,乏食者多。漢使數百人爲輩來,而常乏食,死者過半,是安能致大軍乎?無奈我何。"饒漢物""遠""乏食"又序一遍。且貳師馬,宛寶馬也。"遂不肯予漢使。漢使怒,妄言,椎[①]金馬而去。宛貴人怒曰:"漢使至,輕我!"遣漢使去,令其東邊郁成,遮攻殺漢使,取其財物。於是天子大怒。諸嘗使宛姚定漢等言,宛兵弱,誠以漢兵,不過三千人,彊弩射之,即盡虜破宛矣。説得如許之易。天子已嘗使浞野侯攻樓蘭,以七百騎先至,虜其王,

① 椎,底本作"推",疑誤,據校本改。

丨又回映浞野樓蘭一事。以定漢等言爲然，詳序出師之故，見脫畧輕眇如此。而欲侯寵姬李氏，拜李廣利爲貳師將軍，發屬國六千騎，及郡國惡少年數萬人，以往伐宛。期至貳師城取善馬，故號"貳師將軍"。趙始成爲軍正，故浩侯王恢使導軍，而李哆爲校尉，制軍事。是歲太初元年也。丨詳序出師之事，見氣勢赫奕如此。而關東蝗大起，蜚西至燉煌。丨正序出師事，忽插一筆，見天下饑荒，而獨勤遠畧，是史公主意，而閒閒點入，令人不覺。

貳師將軍軍，既西過鹽水，當道小國，恐，各堅城守，不肯給食。攻之，不能下。下者，得食；不下者，數日則去。間接宛王所言。比至郁成，士至者不過數千，皆飢罷。攻郁成，郁成大破之，初寫得輕眇如此，赫奕如此，以爲宛馬唾手可得，偏作一縱。所殺傷甚眾。貳師將軍與哆、始成等計："至郁成，尚不能舉，況至其王都乎？"引兵而還。往來二歲。還至燉煌，士不過什一二。寫艱難困苦，以前之籌畫氣勢俱成孟浪，以爲一笑。使使上書言："道遠，多乏食；且士卒不患戰，患飢。人少，不足以拔宛。願且罷兵，益發而復往。"天子聞之，大怒，而使使遮玉門，曰軍有敢入者，輒斬之！一路委靡，得此一詔，復振起氣勢。貳師恐，因留燉煌。丨

其夏，漢亡浞野之兵二萬餘於匈奴。又插序匈奴一筆。公卿及議者，皆願罷擊宛軍，專力攻胡。天子已業誅宛，宛小國，而不能下，則大夏之屬輕漢，而宛善馬絕不來，烏孫、侖頭，易苦漢使矣，爲外國笑。前作欲合之勢，偏作一颺，今作欲颺之勢，偏又收轉，文字之妙！乃案言伐宛尤不便者鄧光等，赦囚徒材官，益發惡少年及邊騎，歲餘而出燉煌者六萬人，負私從者不與。牛十萬，馬三萬餘匹，驢騾橐駝以萬數。多齎糧，兵弩甚設，天下騷動，傳相奉伐宛，又插天下

騷動一筆，與飛蝗一樣。凡五十餘校尉。宛王城中，無井，皆汲城外流水，於是乃遣水工徙其城下水空，以空其城。益發戍甲卒十八萬，酒泉、張掖北，置居延、休屠，以衛酒泉，而發天下七科適，及載糒給貳師。轉車人徒，相連屬至燉煌。而拜習馬者二人，爲執驅校尉，備破宛擇取其善馬云。|一段布置，便不似以前輕脫，而預拜習馬者，更爲增致。

於是貳師後復行，兵多，而所至小國莫不迎，出食給軍。至侖頭，侖頭不下，攻數日，屠之。自此而西，平行至宛城，漢兵到者三萬人。至此少舒其氣，序致亦勃然生色。宛兵迎擊漢兵，漢兵射敗之，應彊弩。宛走入葆，乘其城。貳師兵欲行攻郁成，恐留行而令宛益生詐，乃先至宛，決其水源，移之，應水工徙城下水，前詳此畧。則宛固已憂困。圍其城，攻之，四十餘日，其外城壞，鹵宛貴人勇將煎靡。宛大恐，走入中[1]城。大爲漢人吐氣。宛貴人相與謀曰："漢所爲攻宛，以王母寡[2]，匿善馬，而殺漢使。今殺王毋寡，而出善馬，漢兵宜解；即不解，乃力戰而死，未晚也。"宛貴人皆以爲然，共殺其王毋寡，持其頭，遣貴人使貳師，約曰："漢毋攻我。我盡出善馬，恣所取，而給漢軍食。即不聽，我盡殺善馬，而康居之救且至。至，我居內，康居居外，與漢軍戰。漢軍熟計之，何從？"即句踐會稽之談，寫得精致。是時康居候視漢兵，漢兵尚盛，不敢進。應康居之救。貳師與趙始成、李哆等計："聞宛城中新得秦人，知穿井，應移水源。而其內食尚多。應漢軍乏食。所爲來，誅首惡者毋寡。毋寡頭已至，如此而不許解兵，則堅守，而康居候漢罷而來救宛，破漢軍必

① 中，底本作"申"，疑誤，據校本改。

② 王母寡，中華書局本《史記》作"王毋寡"。下同。

矣。"軍吏皆以爲然,與"宛貴人皆以爲然"對。許宛之約。宛乃出其善馬,令漢自擇之,而多出食,食給漢軍。漢軍取其善馬數十匹。如此而已。中馬以下,牡牝三千餘匹,如此而已。而立宛貴人之故待遇漢使善者,名昧蔡,以爲宛王,與盟而罷兵。終不得入中城。前大宛輕漢遠,困漢兵,先作一逼,逼出遮玉門,攻宛城,一爲漢人吐氣矣,乃以終不得入中城結之,而漢之靡財喪師,窮兵黷武,如此而已,正深爲一嘆也。乃罷而引歸。|

初,貳師起燉煌西,以爲人多,道上國不能食,乃分爲數軍,從南北道。校尉王申生、故鴻臚壺充國等千餘人,別到郁成。郁成城守,不肯給食其軍。王申生去大軍二百里,偵而輕之,責郁成。郁成食不肯出,窺知申生軍日少,晨用三千人攻,戮殺申生等,軍破,得意而歸,又復遭此一跌,漢終無奈諸國何也!數人脫,亡走貳師。貳師令搜粟都尉上官桀,往攻破郁成。郁成王亡走康居,桀追至康居。康居聞漢已破宛,乃出郁成王予桀,回映了康居救兵事。桀令四騎士縛守詣大將軍。四人相謂曰:"郁成王[①]漢國所毒,今生將去,卒失大事。"欲殺,莫敢先擊。上邽騎士趙弟最少,拔劍擊之,斬郁成王,齎頭。弟、桀等逐及大將軍。|

初,貳師後行,天子使使告烏孫,大發兵,并力擊宛。烏孫發二千騎往,持兩端,不肯前。貳師將軍之東,諸所過小國烏孫在內。聞宛破,皆使其子弟從軍入獻,見天子,因以爲質焉。又回映烏孫及諸小國,點綴以照映前篇。貳師之伐宛也,而軍正趙始成力戰,功最多;及上官桀敢深入,李哆爲謀計,軍入玉門者萬餘人,軍馬千餘匹。貳師後行,軍非乏食,戰死不能多,而將吏貪,多不愛士卒,侵

---

① 王,底本作"至",疑誤,據校本改。

牟之，以此物故衆。萬里開邊，即兵食俱足，而利弊尚如此，史公有深意在也。天子爲萬里而伐宛，不錄過，封廣利爲海西侯。又封身斬郁成王者騎士趙弟爲新畤侯。軍正趙始成爲光祿大夫，上官桀爲少府，李哆爲上黨太守。軍官吏爲九卿者三人，諸侯相、郡守、二千石者百餘人，千石以下千餘人。奮行者，官過其望，以適過行者，皆絀其勞。士卒賜直四萬金。萬里開邊，即成功之後，而所費又如此，史公有深意在也。伐宛，再反，凡四歲而得罷焉。｜總結伐宛事，前二歲，今又二歲，寫得其難如此。

漢已伐宛，立昧蔡爲宛王而去。歲餘，宛貴人以爲昧蔡善諛，使我國遇屠，乃相與殺昧蔡，立毋寡昆弟曰蟬封爲宛王，而遣其子入質于漢。漢因使使賂賜以鎮撫之。｜寫得漢終無奈大宛何也。

而漢發使十餘輩，至宛西諸外國，求奇物，因風覽以伐宛之威德。而燉煌置酒泉都尉；西至鹽水，往往有亭。而侖頭有田卒數百人，因置使者，護田積粟，以給使外國者。｜文字只如總結，故作不了，以見開邊未已。

太史公曰：《禹本紀》言"河出崑崙。崑崙其高二千五百餘里，日月所相避隱爲光明也。其上有醴泉、瑤池"。今自張騫使大夏之後也，窮河源，惡睹《本紀》所謂崑崙者乎？故言九州山[①]川，《尚書》近之矣。至《禹本紀》《山海經》所有怪物，余不敢言之也。大宛一傳，只就事詳序而得失已見。贊語自難下筆，故只就崑崙辨論，以作餘波，亦就"天子按古圖書"一句生出也。

此一篇序西北諸國，詳序八國，爲大宛、烏孫、康居、奄蔡、大小月氏、安息、條枝、大夏。附序九國，爲打罙、于寘、樓蘭、姑師、黎軒、身毒、驩潛、大

① 山，底本作"出"，疑誤，據校本改。

益、蘇薤。帶序西南十國，爲駹、冉、徙、邛、僰、氐、筰、嶲、昆明、滇越。其中序烏孫、大宛更詳，而傳文以大宛起，大宛結，故以大宛名篇。○序諸國，有排有錯，或多或少，處處回環，照應變化神妙。○序諸國，分四大段。而後以四小段，分序漢事諸國事，結完收盡。而獨提大宛貳師事，另作一段，不作了語，以見漢武窮兵，正未有艾也。○漢武開邊生事，原非盛事，故史公序漢夸耀諸國處，諸國恃遠輕漢處，又帶序蜚蝗騷動處，即大宛一捷，亦以不入中城，殺王昧蔡，不能討而賜賂鎮撫終焉。含多少譏諷？多少嗟嘆？○忽入序事，或入議論，或以序事帶議論，或以議論代序事，縱橫錯雜，而出，其中段落井井，照應楚楚，結構奇絕。

游俠列傳

《韓子》曰："儒以文亂法，而俠以武犯禁。"首二句，以儒俠相提而論，借客形主，下應。二者皆譏，而學士多稱於世云。丨側重一句儒，是史公立言主意。至如以術取宰相卿大夫，輔翼其世主，功名俱著於春秋，固無可言者。及若季次、原憲，閭巷人也，閭巷之儒，照閭巷之俠，讀書懷獨行君子之德，義不苟合當世，當世亦笑之。故季次、原憲，終身空室蓬戶，褐衣疏食不厭。死而已四百餘年，而弟子志之不倦。一段儒。今游俠，其行雖不軌於正義，然其言必信，其行必果，已諾必誠，不愛其軀，赴士之阸困，既已存亡死生矣，句法。而不矜其能，羞伐其德，蓋亦有足多者焉。

且緩急，人之所時有也。一段俠。○折宕處，極有丰神。太史公曰：昔者虞舜窘於井廩，伊尹負於鼎俎，傅說匿於傅險，呂尚困於棘津，夷吾桎梏，百里飯牛，仲尼畏匡，菜色陳、蔡。此皆學士所謂有道仁人也，猶然遭此菑，況以中材而涉亂世之末流乎？其遇害何可勝道哉！一段儒。○感嘆處，史公自道，故曲折悲憤。

鄙人有言曰："何知仁義，已饗其利者爲有德。"正應遭菑涉世，接下。故伯夷醜周，餓死首陽山，而文武不以其故貶王；跖、蹻暴戾,其徒誦義無窮。由此觀之,"竊鉤者誅,竊國者侯,侯之門仁義存",對"何知仁義"二句。非虛言也。丨一段俠。○與前段對照,極其感歎。

今拘學或抱咫尺之義,久孤於世,豈若卑論儕俗,與世浮沈,而取榮名哉!丨一段儒。○名聲是一篇主意。而布衣之徒,設取予然諾千里誦義,爲死不顧世,此亦有所長,非苟而已也。一段俠。故士窮窘而得委命,此豈非人之所謂賢豪間者邪?一段儒。誠使鄉曲之俠,與季次、原憲,比權量力,効功於當世,不同日而論矣。一段俠。要以功見言信,俠客之義又曷可少哉!丨儒俠叠發,至此方收歸本題。

古布衣之俠,靡得而聞已。布衣閭巷是主意,一有憑藉便不足重,故下詳言之。近世延陵、孟嘗、春申、平原、信陵之徒,又借五人引起。皆因王者親屬,藉於有土[①]卿相之富厚,招天下賢者,顯名諸侯,不可謂不賢者矣。比如順風而呼,聲非加疾,其勢激也。丨前有多少層折,方入本題以爲止矣,偏又翻出一層,落下匹夫之俠。至如閭巷之俠,修行砥名,聲施於天下,名。莫不稱賢,是爲難耳。然儒、墨皆排擯不載。丨又挽定儒字。自秦以前,匹夫之俠,湮没不見,遥接布衣之俠,靡得而聞。○閭巷布衣匹夫之俠,是著意處。余甚恨之。以余所聞,漢興,有朱家、田仲、王公、劇孟、郭解之徒,緊照延陵、孟嘗、春申、平原、信陵之徒,五虛五實。○總序朱家五人之目,又三實,二虛,三詳,二畧。雖時扞當世之文罔,然其私義,廉潔退讓,有足稱者。名不虛立,名。士不虛附。至如朋黨宗彊比周,設財役貧,豪暴侵凌孤弱,恣欲自快,游俠亦醜之。朋黨、豪暴,照後姚氏、杜氏一流人。余悲世俗不察其

① 土,底本作"士",疑誤,據校本改。

意，而猥以朱家、郭解等令與豪暴[①]之徒，同類而共笑之也。｜借延陵、孟嘗卿相之俠引出朱家、田仲布衣之俠，可以止矣，偏又總序跌宕，反出豪暴之徒，直兜篇末姚杜諸人，其才力如此。○朱家、郭解五人之中，一項一末也。反挑一筆就朱家二字，借勢落入本傳，奇妙。

魯朱家者，與高祖同時。魯人皆以儒教，而朱家用俠聞。儒俠餘波。所藏活豪士以百數，其餘庸人，不可勝言。應"捍當世之文罔"，然終不伐其能，歆其德，應"不矜其能，羞伐其德"。諸所嘗施，唯恐見之。振人不贍，先從貧賤始。家無餘財，衣不完采，食不重味，乘不過軥牛。專趨人之急，甚己之私。應"不愛其軀，赴士之急"。既陰脱季布將軍之阸，所云"藏活豪士"。及布尊貴，終身不見也。所云"唯恐見之"。自關以東，莫不延頸願交焉。｜朱家一傳只於空處寫，即季布事亦不詳書，以實爲虚，神妙如此。

楚田仲以俠聞，喜劍，父事朱家，自以爲行弗及。田仲虚畧。田仲已死，而洛陽有劇孟。朱家傳帶出田仲，畧序即從田仲帶入劇孟，章法之妙。周人以商賈爲資，而劇孟以任俠顯諸侯。正寫只一句，下俱以側筆於四傍寫。吴楚反時，條侯周亞夫。爲太尉，乘傳車將至河南，得劇孟，喜曰："吴楚舉大事，而不求孟，吾知其無能爲已矣。"天下騷動，宰相得之若得一敵國云。入一贊語，以爲出色。劇孟行大類朱家，又挽合朱家。而好博，多少年之戲。然劇孟母死，自遠方送喪蓋千乘。及劇孟死，家無餘十金之財。劇孟傳亦只於空處寫。而符離人王孟，亦以俠稱江淮之間。｜王孟虚畧，只一句。

是時濟南瞷氏、陳周庸，亦以豪聞，景帝聞之，使使盡誅此屬。其後代諸白、梁韓無辟、陽翟薛況、陜韓孺，紛紛復出焉。｜忽於傳

① 豪暴，中華書局本《史記》作"暴豪"。

外,添出許多人,以爲照應波瀾,然大抵所云,曷足道者也。

郭解,軹人也,字翁伯,善相人者許負外孫也。解父以任俠,孝文時誅死。|郭解傳,似特起,而實從景帝誅諸俠落下。○家世任俠,家世刑僇,寫小人怙終如此。解爲人短小精悍,不飲酒。少時陰賊,慨不快意,身所殺甚衆。以軀借交報讎,應"不愛其軀,赴士之急"。藏命作姦,剽攻不休鑄錢掘冢,固不可勝數。應"捍當世之文罔"。適有天幸,窘急常得脱,若遇赦。|及解年長,更折節爲儉,伏箕踞事。以德報怨,伏姊子事。厚施而薄望。然其自喜爲俠益甚。既已振人之命,不矜其功,伏居閒事。○應"不矜其功,羞伐其德"。其陰賊著於心,卒發於睚眦如故云。伏楊季主事。而少年慕其行,亦輒爲報讎,不使知也。|伏儒生事。○先總序一段,後事俱從此序出。解姊子負解之勢,與人飲,使之嚼。非其任,彊必灌之。人怒,拔刀刺殺解姊子,亡去。解姊怒曰:"以翁伯之義,人殺吾子,賊不得。"棄其尸於道,弗葬,欲以辱解。解使人微知賊處。賊窘自歸,具以實告解。解曰:"公殺之固當,吾兒不直。"遂去其賊,罪其姊子,乃收而葬之。諸公聞之,皆多解之義,益附焉。|此節應"以德報怨"。

解出入,人皆避之。有一人獨箕倨視之,解遣人問其姓名。客欲殺之。解曰:"居邑屋,至不見敬,是吾德不脩也,彼何罪!"乃陰囑尉吏①曰:"是人,吾所急也,"急",解情切。至踐更時脱之。""踐更",力役也,役一月,休十一月。每至踐更,數過,吏弗求。恠之問其故,乃解使脱之。箕踞者乃肉袒謝罪。引咎足矣,踐更陰脱,曲寫其立異,好名之過止爲下邊一句也。少年聞之,愈益慕解之行。|此節應折節。

① 吏,中華書局本《史記》作"史"。

洛陽人有相讎者，邑中賢豪居間者以十數，終不聽。客乃見郭解。解夜見讎家，何以夜見？下乃恍然，一字何可輕著。讎家曲聽解。解乃謂讎家曰："吾聞洛陽諸公，在此間，多不聽者。今子幸而聽解，解奈何乃從他縣，奪人邑中賢大夫權乎！"乃夜去，不使人知，"夜見""夜去"，照應。曰："且無用待我，待我去，令洛陽豪居其間，乃聽之。"丨此節應"振人之命，不矜其功"。

解執恭敬，不敢乘車入其縣廷。之傍郡國，爲人請求事，事可出，出之；不可者，各厭其意，然後乃敢嘗酒食。諸公以故嚴重之，爭爲用。邑中少年，及傍郡①縣賢豪，夜半過門，常十餘車，請得解客舍養之。丨又入議論一段，以通應前後議論不煩，序事則不板，段落疎密之妙。〇請解客妙，愛其人，及屋烏也。

及徙豪富茂陵也，解家貧，不中訾，家貲不滿額。吏恐，不敢不徙。衛將軍爲言："郭解家貧，不中徙。"上曰："布衣點。權至使將軍爲言，此其家不貧。"解家遂徙。諸公送者出千餘萬。丨"千餘萬"，送者所資助也。軹人楊季主，子爲縣掾，舉徙解。解兄子斷楊掾頭。由此楊氏與郭氏爲讎。丨只一點，姑置之。

解入關，關中賢豪知與不知，聞其聲，名。爭交驩解。解爲人短小，不飲酒，出未嘗有騎。丨解入關後事，以後忙不及序，故插入於此，并重出解爲人，通篇警策，此行文變化之妙。〇"短小""不飲酒"，重序，何也？蓋曰再思其人，形性亦猶是耳，何以得此於天下哉！即狀貌不及中人之意。已又殺楊季主。間接。楊季主家上書，人又殺之，闕下。不言上書，竟言殺上書人，變法。上聞，乃下吏捕解。此節應"卒發於睚眦如故"。解亡，置其母家室夏陽，身至臨晉。臨晉籍少公，素不知解，

① 郡，中華書局本《史記》作"近"。

應"知與不知,聞其聲爭交驩"。解冒,因求出關。籍少公已出解,"冒",冒昧也。兩句寫得省。解轉入太原,所過輒告主人家。吏逐之,跡至籍少公。少公自殺,口絕。|久之,乃得解。窮治所犯,爲解所殺,皆在赦前。軹有儒生,侍使者坐,此亦窮治中之一事,蓋赦後事也,故遂以殺解。○儒與俠不相容,爲儒俠餘波。客譽郭解,生曰:"郭解專以姦犯公法,何謂賢!"解客聞,殺此生,斷其舌。應"少年輒爲報讐,不使知也"。吏以此責解,解責不知殺者。殺者亦竟絕,莫知爲誰。疊三句以見再四,窮治推敲,終莫能得也。吏奏解無罪。御史大夫公孫弘議曰:"解布衣爲任俠完布衣之俠。行權,以睚眦殺人,解雖弗知,此罪甚於解殺之。解死罪甚多,此則不知不坐也。公孫弘未免文深。通篇是"俠以武犯禁",此則"儒以文亂法"也。當大逆無道。"遂族郭解翁伯。傳其名,并傳其字,足見名之顯也。

自是之後,爲俠者極衆,敖而無足數者。然關中長安樊仲子,槐里趙王孫,長陵高公子,西河郭公仲,太原鹵公孺,臨淮兒長卿,東陽田君孺,雖爲俠而逡逡有退讓君子之風。所云廉潔退讓,有足稱者也。至若北道姚氏,西道諸杜,南道仇景,東道趙他、羽公子,南陽趙調之徒,此盜跖居民間者耳,曷足道哉!所云豪暴侵凌,恣欲自快,游俠亦醜之者也。此乃鄉者朱家之所羞也。又挽合傳中第一人,虎豹之尾,可以繞額,此之謂乎!○前於傳外列如許人,此又於傳外列如許人,作兩處安頓,爲照應襯貼,正不覺其繁。

太史公曰:吾視郭解,狀貌不及中人,言語不足採者。然天下無賢與不肖,知與不知,皆慕其聲,言俠者皆引以爲名。名聲是一篇主意。游俠大抵皆好名之人也。○獨贊郭解,不及四人,想爲史公心重。諺曰:"人貌榮名,豈有既乎!"言名爲游俠所竊寧有定准乎?所以深惜之,所以深貶之也。**嗚呼，惜哉！**

吾讀班氏《漢書》，有曰史公“進奸雄”，而不覺爲之三歎也。夫太史公傳游俠，雖借儒形俠，而首即特書曰“學士多稱於世”云，則其立言之旨，爲何如哉！即有抑揚激昂之論，亦自舒吾感憤不平之氣而已。夫固所謂“反言之”“激言之”者也，奈何操戈論出，遂令後世不善讀書者，守之而不化乎？〇篇中先以儒俠相提而論，層層回環，步步轉折，曲盡其妙，後乃出二傳，反若借以爲印證、爲注解。而篇章之妙，此又一奇也。〇兩傳俱於空寫，即朱家有季布一事，亦作花香月影，在有無之中，而郭解一傳，方用全力。此虛實相生，疏密相間之妙也！

佞倖[①]列傳

諺曰"力田不如逢年,善仕不如遇合",固無虚言。非獨女以色媚,而仕宦亦有之。忽引諺起。下一折即入,文法緊峭。

昔以色幸者多矣。一句中,藏却彌子等一輩幾許人。至漢興,高祖至暴抗也,然籍孺以佞幸;孝惠時有閎孺。此兩人非有材能,徒以婉佞貴幸,與上臥起,公卿皆因關說。故孝惠時,郎侍中皆冠鵕鸃,貝帶,傅脂粉,化閎、籍之屬也。兩人徙家安陵。丨先以兩人夾序一段引起,帶議論行文。

孝文時,中寵臣,士人則鄧通,宦者則趙同、北宫伯子。忽序三人,一實二虚,一詳二畧,趙北宫陪序。北宫伯子以愛人長者;而趙同以星氣幸,常爲文帝參乘;即據袁盎傳中事。鄧通無伎能。丨三人平序,反抑倒鄧通,借此一側,即瀉下,章法神化。鄧通,蜀郡南安人也,以濯船爲黄頭郎。孝文帝夢欲上天,不能,有一黄頭郎,從後推之上天,顧見其衣裻帶後穿。寫夢境模糊有致,裻,衣之要也。覺而之漸臺,以夢中陰目求推者郎,即見鄧通,其衣後穿,夢中所見也。召

① 佞倖,中華書局本《史記》作"佞幸"。下同。

問其名姓，姓鄧氏，名通，忽而覺，忽而求，先見其人，繼見其衣，後問其姓名。舊夢重回，歷歷如在，寫得秀倩乃爾。文帝說焉，尊幸之，日異。通亦愿謹，不好外交，雖賜洗沐，不欲出。於是文帝賞賜通，巨萬以十數，官至上大夫。文帝時時如鄧通家游戲。尊幸處，只淡寫。然鄧通無他能，不能有所薦士，獨自謹其身，以媚上而已。|應"無伎能"，繳還前段。上使善相者相通，曰"當貧餓死"。文帝曰："能富通者在我也。何謂貧乎？"於是賜鄧通蜀嚴道銅山，得自鑄錢，"鄧氏錢"布天下。找一句，伏徼外鑄錢。其富如此。|又贊一句，映寄死人家。

文帝嘗病癰，鄧通常爲帝唶吮之。文帝不樂，從容問通曰："天下誰最愛我者乎？"通曰："宜莫如太子。"太子入問病，文帝使唶癰，而色難之。已而聞鄧通嘗爲帝唶吮之，心慚，一難一慚，曲曲連寫出。由此怨通矣。|及文帝崩，景帝立，鄧通免，家居。居無何，人有告鄧通盜出徼外鑄錢。下吏驗問，頗有之，遂竟案，盡沒入鄧通家，尚負責數巨萬。長公主賜鄧通，吏輒隨沒入之，一簪不得著身。形容妙語。於是長公主乃令假衣食。竟不得名一錢，形容妙語。一簪一錢顛倒成法，"不得名一錢"與"錢布天下"，作一嘆。寄死人家。|

孝景帝時，中無寵臣，然獨郎中令周文仁，仁寵最過句。庸，句。乃不甚篤。愚意寵最過矣，以其材庸下耳，否則當甚篤也，諸解太鑿，《漢書》爲"取過庸不篤"亦不明。○上有籍孺四人畧序，故鄧通一段詳序，中間周文仁畧序，下韓李兩段詳序，章法。

今天子中寵臣，士人則韓王孫嫣，宦者則李延年。前提鄧通三人，單側下；此提韓李二人，雙承下。嫣者，弓高侯孽孫也。今上爲膠東王時，嫣與上學書相愛。及上爲太子，愈益親嫣。嫣善騎射，善佞。上即位，欲事伐匈奴，而嫣先習胡兵，以故益尊貴，官至上大夫,賞賜擬於鄧通。又映合鄧通。時嫣常與上臥起。丨佞幸本旨。江都王入朝,有詔得從入獵上林中。天子車駕蹕道未行,而先使嫣乘副車,從數十百騎,儼然似車駕。騖馳視獸。江都王望見,以爲天子,辟從者,伏謁道傍。嫣驅不見。既過,江都王怒,爲皇太后泣曰:"請得歸國,入宿衛,比韓嫣。"太后由此嗛嫣。丨嫣侍上,出入永巷不禁,以姦聞皇太后。皇太后怒,使使賜嫣死。上爲謝,終不能得,嫣遂死。而案道侯韓說,其弟也,亦佞幸。丨韓嫣帶序其弟。

李延年,中山人也。父母及身,兄弟及女,皆故倡也。其賤如此。延年坐法腐,給事狗中。狗監也。而平陽公主言延年女弟善舞,上見,心說之,及入永巷,而召貴延年。丨延年善歌,爲變新聲,而上方興天地祠,欲造樂詩,歌絃之。延年善承意,絃次初詩。其女弟亦幸,有子男。延年佩二千石印,號協聲律。與上臥起,佞幸本旨。甚貴幸,埒如韓嫣也。又回映韓嫣。久之,寖與中人亂,出入驕恣。及其女弟李夫人卒後,愛弛,則禽誅延年昆弟也。丨李延年亦帶序其弟,相對作章法。

自是之後,內寵嬖臣大抵外戚之家,然不足數也。衛青、霍去病亦以外戚貴幸,然頗用材能自進。前散序籍、閎二人起,此散序衛、霍二人結,大是惡筆。

太史公曰:甚哉愛憎之時!彌子瑕之行,足以觀後人佞幸矣。雖百世可知也。前從漢興序起,忽於贊中補出一彌子瑕,應篇首"昔以色幸多矣"一句,奇妙。

太史公遇鵕冠貝帶諸君,故用此清新俊逸之筆。通身風雅,有露泫風輕、嬌花漸吐之致。東坡所云:"恕先在焉,呼之欲出也。"〇中間列許多人,有整序者、散序者、實序者、虛點者,又段段牽挽,處處回合,通篇一氣,直貫到底,絕無一毫澀滯。止有清空靈氣,點化運旋。文章至此,可云靈化矣!

滑稽列傳

孔子曰:“六藝於治一也。《禮》以節人,《樂》以發和,《書》以導事,《詩》以達意,《易》以神化,《春秋》以道義。”《滑稽傳》以莊語起。太史公曰:天道恢恢,豈不大哉!談言微中,亦可以解紛。|輕輕點次,是唐人傳奇之祖。

淳于髡者,齊之贅壻也。長不滿七尺,滑稽多辨,數使諸侯,未嘗屈辱。|一總,虛序。齊威王之時,喜隱,好爲淫樂長夜之飲,沈湎不治,委政卿大夫。百官荒亂,諸侯並侵,國且危亡,在於旦暮,左右莫敢諫。淳于髡說之以隱曰:“國中有大鳥,止王之庭,三年不蜚,又不鳴,用韻。王知此鳥何也?”王曰:“此鳥不飛則已,一飛沖天;不鳴則已,一鳴驚人。”用韻。於是乃朝諸縣令長七十二人,賞一人,誅一人,省即墨、阿大夫名,是淳于傳中體。奮兵而出。諸侯振驚,皆還齊侵地。威行三十六年。語在田完世家中。|

威王八年,楚大發兵加齊。齊王使淳于髡之趙請救兵,齎金百斤,車馬十駟。淳于髡仰天大笑,冠纓索絕。加四字,無關於大笑,而大笑之神情俱現。王曰:“先生少之乎?”髡曰:“何敢!”王曰:“笑豈有說乎?”髡曰:“今者臣從東方來,見道旁[1]有穰田者,操一豚蹄,酒一盂,而祝曰:‘甌窶滿篝,汙邪滿車,五穀蕃熟,穰穰滿家。’臣見其所持者狹,而所欲者奢,用韻。首句二字一韻,尤古奥。故笑之。”於是齊威王乃益齎黄金千鎰[2],白璧十雙,車馬百駟。髡辭而行,至趙。趙王與之精兵十萬,革車千乘。楚聞之,夜引兵而去。

威王大説,置酒後宫,召髡,賜之酒。問曰:“先生能飲幾何而醉?”對曰:“臣飲,一斗亦醉,一石亦醉。”一路皆以劈空奇論成文。威王曰:“先生飲一斗而醉,惡能飲一石哉!其説可得聞乎?”髡曰:“賜酒大王之前,執法在傍,御史在後,髡恐懼俯伏而飲,不過一斗,徑醉矣。若親有嚴客,髡帣韝鞠𦜕,侍酒于前,時賜餘瀝,奉觴上壽,數起,飲不過二斗,徑醉矣。若朋友交游,久不相見,卒然相覩,歡然道故,私情相語,飲可五六斗徑醉矣。若乃州閭之會,男女雜坐,行酒稽留,六博投壺,相引爲曹,握手無罰,目眙不禁,前有墮珥,後有遺簪,髡竊樂此,飲可八斗,而醉二參。日暮酒闌,合尊促坐,男女同席,履舄交錯,杯盤狼籍[3],堂上燭滅,主人留髡而送客,羅襦襟解,微聞薌澤,當此之時,髡心最歡,能飲一石。逐節遞入,如落花流水,溶溶漾漾,而中間有用韻者,有不用韻者,字句之妙,情事之妙,清新俊逸,賦手賦心。故曰酒極則亂,樂極則悲;萬事盡然,言不可極,極之而衰。”以諷諫焉。齊王曰:“善。”乃罷長夜之飲,以髡爲諸侯主客。宗室置酒,髡嘗在側。仍用韻語住。

其後百餘年,楚有優孟。

---

① 旁,中華書局本《史記》作“傍”。
② 鎰,中華書局本《史記》作“溢”。
③ 籍,中華書局本《史記》作“藉”。

優孟者[1]，故楚之樂人也。長八尺，多辯，常以談笑諷諫。亦總虚序一句。楚莊王之時，有所愛馬，衣以文繡，置之華屋之下，席以露床，啗以棗脯。馬病肥死，使群臣喪之，欲以棺槨大夫禮葬之。左右爭之，以爲不可。王下令曰："有敢以馬諫者，罪至死。"豈真有此事，聊爲優孟作襯耳。優孟聞之，入殿間[2]。仰天大哭。淳于、優孟一笑一哭。王驚而問其故。優孟曰："馬者，王之所愛也，以楚國堂堂之大，何求不得，而以大夫禮葬之，句。薄，句。請以人君禮葬之。"王曰："何如？"對曰："臣請以彫玉爲棺，文梓爲槨，楩楓豫章爲題湊，發甲卒爲穿壙，老弱負土，齊趙陪位于前，韓魏翼衛其後，與淳于飲酒一樣句法。廟食太牢，奉以萬戶之邑。諸侯聞之，皆知大王賤人而貴馬也。"王曰："寡人之過，一至此乎！爲之奈何？"優孟曰："請爲大王六畜葬之。以壠竈爲槨，銅歷爲棺，齎以薑棗，薦以木蘭，祭以粳[3]稻，衣以火光，葬之於人腹腸。"丨與淳于飲酒一樣句法。於是王乃使以馬屬大[4]官，無令天下久聞也。丨

楚相孫叔敖，知其賢人也，善待之。病且死，屬其子曰："我死，汝必貧困。若往見優孟，言我孫叔敖之子也。""言我"句，更增色澤，只如此住，妙！居數年，其子窮困負薪，逢優孟，與言曰："我，孫叔敖之子也。父且死時，屬我貧困，往見優孟。"與前一字不換，畧一顛倒便成兩樣。優孟曰："若無遠有所之。"即爲孫叔敖衣冠，抵掌談語。歲餘，像孫叔敖，楚王及左右，不能別也。寫得有意無意，說來恰

---

① 中華書局本《史記》无"者"字。

② 間，中華書局本《史記》作"門"。

③ 粳，中華書局本《史記》作"糧"。

④ 大，中華書局本《史記》作"太"。

好,他人未免夢中尋夢耳。莊王置酒,優孟前爲壽。莊王大驚,以爲孫叔敖復生也,欲以爲相。"欲以爲相",亦有若爲師之意,總是寓言,何勞聚訟。優孟曰:"請歸與婦計之,三日而爲相。"莊王許之。三日後,優孟復來。王曰:"婦言謂何?"孟曰:"婦言慎無爲,楚相不足爲也。如孫叔敖之爲楚相,盡忠爲廉,以治楚,楚王得以霸。今死,其子無立錐之地,貧困負薪,以自飲食。必如孫叔敖,不如自殺。"因歌曰:忽而爲相,忽而自殺,忽而作歌,無倫無次,是優孟口角。"山居耕田苦,難以得食。起句言農不可爲,起而爲吏,乃一行作吏,其苦更甚也。起而爲吏,身貪鄙者餘財,不顧耻辱。身死家室富,又恐受賕枉法,爲姦觸大罪,身死而家滅。貪吏安可爲也! 念爲廉吏,奉法守職,竟死不敢爲非。廉吏安可爲也! 楚相孫叔敖,持廉至死,方今妻子窮困,負薪而食,不足爲也!"歌凡四層,一層言農,一層言貪吏,一層言廉吏,一層方入叔孫敖。於是莊王謝優孟,乃召孫叔敖子,封之寢丘四百戶,以奉其祀。後十世不絶。此知可以言時矣。|

其後二百餘年,秦有優旃。|

優旃者,秦倡侏儒也。善爲笑言,然合于大道,亦虚序一筆,三傳相配而起。秦始皇時,置酒而天雨,陛楯者皆沾寒。優旃見而哀之,謂之曰:"汝欲休乎?"陛楯者皆曰:"幸甚。"優旃曰:"我即呼汝,汝疾應曰諾。"居有頃,殿上上壽,呼萬歲。優旃臨檻大呼兩呼相應,借此作態。曰:"陛楯郎!"郎曰:"諾。"優旃曰:"汝雖長,何益,幸雨立。我雖短也,幸休居。"於是始皇使陛楯者得半相代,|

始皇嘗議欲大苑囿,東至函谷關,西至雍、陳倉。優旃曰:"善。多縱禽獸于其中,寇從東方來,令麋鹿觸之足矣。"言之解頤。

始皇以故輟止。|

二世立,又欲漆其城。優旃曰:"善。主上雖無言,臣固將請之。漆城雖于百姓愁費,然佳哉!漆城蕩蕩,寇來不能上。即欲就之,易爲漆耳,顧難爲蔭室。"此所謂微言也。於是二世笑之,以其故止。|居無何,二世殺死,優旃歸漢,數年而卒。

太史公曰:淳于髡仰天大笑,齊威王横行。優孟搖頭而歌,負薪者以封。優旃臨檻疾呼,陛楯得以半更。贊語亦用韻。豈不亦偉哉!

褚先生曰:臣幸得以經術爲郎,而好讀外家傳語。竊不遜讓,復作故事滑稽之語六章,編之於左。方可以覽觀揚意,字法。以示後世,好事者讀之,以游心駭耳,字法,然已近六朝。以附益上方太史公之三章。|

武帝時,有所幸倡郭舍人者,發言陳辭,雖不合大道,然令人主和說。武帝少時,東武侯母,常養帝,帝壯時,號之曰"大乳母"。率一月再朝。朝奏入,有詔使幸臣馬游卿,以帛五十匹賜乳母,又奉飲糒餐養乳母。乳母上書曰:"某所有公田,願得假倩之。"帝曰:"乳母欲得之乎?"以賜乳母。乳母所言,未嘗不聽。節節寫其得幸,是反襯法。有詔得令乳母乘車行馳道中。當此之時,公卿大臣皆敬重乳母。乳母家子孫奴從者,横暴長安中,當道掣頓人車馬,奪人衣服。聞于中,不忍致之法。有司請徙乳母家室,處之于邊。奏可。乳母當入至前,面見辭。乳母先見郭舍人,爲下泣。舍人曰:"即入見,辭去,疾步,數還顧。"不先説明好,與陛楯郎一樣文法。乳母如其言,謝去,疾步,數還顧。郭舍人疾言罵之曰:"咄!老女子!

何不疾行！陛下已壯矣，寧尚須汝乳而活耶？尚何還顧！"於是人主憐焉，悲之，乃下詔，止無徙乳母，罰謫譖之者。|

武帝時，齊人有東方生名朔，以好古傳書，愛經術，多所博觀外家之語。|朔初入長安，至公車上書，凡用三千奏牘。公車令兩人共持舉其書，僅然能勝之。人主從上方讀之，句。止，句。輒乙其處，讀之二月乃盡。|先從書上描寫，有致。詔拜以爲郎，常在側侍中。數召至前談語，人主未嘗不說也。先虛寫。時詔賜之飯於前。飯已，盡懷其餘肉，持去，衣盡汙。數賜縑帛，擔揭而去。徒用所賜錢帛，取少婦於長安中好女。率取婦一歲所者，即棄去，更取婦。所賜錢財，盡索之於女子。人主左右諸郎，半呼之"狂人"。人主聞之，曰："令朔在事，無爲是行者，若等安能及之哉！"朔任其子爲郎，又爲侍謁者，常持節出使。朔行殿中，郎謂之曰："人皆以先生爲狂。"朔曰："如朔等，所謂避世于朝廷間者也。只此好，下一歌便贅。古之人，乃避世於深山中。"時坐席中，酒酣，據地歌曰："陸沉于俗，避世金馬門。宮殿中可以避世全身，何必深山之中，蒿廬之下。"同一歌也，優孟之歌，從數節落下，以風韻出之，此則未免橫于胷中，格格不化。金馬門者，宦署門也，門旁有銅馬，故謂之曰"金馬門"。|

時會聚宮下博士諸先生，與議論①，共難之曰："蘇秦、張儀，一當萬乘之主，而都卿相之位，澤及後世。今子大夫修先王之術，慕聖人之義，諷誦《詩》《書》百家之言，不可勝數。

① 議論，中華書局本《史記》作"論議"。

著于竹帛,自以爲海内無雙,即可謂博文[①]辯智矣。然悉力盡忠,以事聖帝,曠日持久,積數十年,官不過侍郎,位不過執戟,意者尚有遺行邪?其故何也?"東方生曰:"是故非子之所能備也[②]。彼一時也,此一時也,豈可同哉!"時"字是主。夫張儀、蘇秦之時,周室大壞,諸侯不朝,力政爭權,相禽以兵,并爲十二國,未有雌雄,得士者彊,失士者亡,故説聽行通,身處尊位,澤及後世,子孫長榮。今非然也。聖帝在上,德流天下,諸侯賓服,威振四夷,連四海之外以爲席,安于覆盂,天下平均,合爲一家,動發舉事,猶如運之掌中。賢與不肖,何以異哉?方今以天下之大,士民之衆,竭精馳説,並進輻湊者,不可勝數。悉力慕義,困于衣食,或失門户。使張儀、蘇秦與僕並生於今之世,曾不能得掌故,安敢望常侍侍郎乎!傳曰:'天下無害菑,雖有聖人,無所施其才;上下和同,雖有賢者,無所立功。'忽用韻語,此處恰好。故曰時異則事異。應還時字,即側入修身一段。雖然,安可以不務修身乎?《詩》曰:'鼓鐘於宫,聲聞於外。鶴鳴九皋,聲聞于天。'。苟能修身,何患不榮!太公躬行仁義,七十二年,逢文王,得行其説,封于齊,七百歲而不絶。此士之所以日夜孜孜,修學行道,不敢止也。今世之處士,時雖不用,崛然獨立,塊然獨處,上觀許由,下察接輿,策同范蠡,忠合子胥,天下和平,與義相扶,寡偶少徒,固其常也。子何疑于余哉!"於是諸先生默然無以應也。|

---

① 文,中華書局本《史記》作"聞"。
② 中華書局本《史記》作"是固非子所能備也"。

建章宫後閣重櫟中有物出焉,其狀似麋。以聞,武帝往臨視之。問左右群臣,習事通經術者,莫能知。詔東方朔視之。朔曰:“臣知之,願賜美酒粱[①]飯,大餐臣,臣乃言。”詔曰:“可。”已餐,又曰:“某所有公田魚池,蒲葦數頃,陛下以賜臣,臣朔乃言。”詔曰:“可。”兩段總寫滑稽意。於是朔乃肯言,曰:“所謂騶牙者也。遠方當來歸義,而騶牙先見。其齒前後若一,齊等無牙,故謂之騶牙。”其後一歲所,匈奴混邪王,果將十萬衆來降漢。乃復賜東方生錢財甚多。|

至老,朔且死時,諫曰:“《詩》云‘營營青蠅,止于蕃。愷弟君子,無信讒言。讒言罔極,交亂四國’。願陛下遠巧佞,退讒言。”帝曰:“今顧東方朔多善言?”恠之。居無幾何,朔果病死。傳曰:“鳥之將死,其鳴也哀;人之將死,其言也善。”此之謂也。|引成語作結,悠然澹遠,是褚先生長伎。

武帝時,大將軍衛青者,衛后兄也,封爲長平侯。從軍擊匈奴,至於吾水上而還,斬首捕鹵有功,來歸,詔賜金千斤。將軍出宫門,齊人東郭先生以方士待詔公車,當道遮衛將軍車,拜謁曰:“願白事。”寫得有致。將軍止車前,東郭先生旁車言曰:“王夫人新得幸於上,家貧。今將軍得金千斤,誠以其半賜王夫人之親,人主聞之,必喜。此所謂奇策便計也。”衛將軍謝之曰:“先生幸告之以便計,請奉教。”於是衛將軍乃以五百金爲王夫人之親壽。王夫人以聞武帝。帝曰:“大將軍不知爲此。”問之,安所受計策,對曰:“受之待詔者東郭先

① 粱,底本作“梁”,據校本改。

生。"詔召東郭先生,拜以爲郡都尉。|東郭先生久待詔公車,貧困饑寒,衣敝,履不完。行雪中,履有上無下,足盡踐地。道中人笑之,東郭先生應之曰:"誰能履行雪中,令人視之,其上履也,其履下處乃似人足者乎?"詼諧語,亦瀍遠有致。及其拜爲二千石,佩青緺出宮門,行謝主人。故所以同官待詔者,等比祖道于都門外。榮華道路,立名當世。此所謂衣褐懷寶者也。當其貧困時,人莫省視;至其貴也,乃爭附之。諺曰:"相馬失之瘦,相士失之貧。"其此之謂邪?|成語瀍遠,與前一樣。

王夫人病甚,人主至自往問之,曰:"子當爲王,欲安所置之?"對曰:"願居洛陽。"人主曰:"不可。洛陽有武庫、敖倉,當關口,天下咽喉。自先帝以來,傳不爲置王。然關東國莫大於齊,可以爲齊王。"王夫人以手擊頭,呼"幸甚"。王夫人死,號曰"齊王太后薨"。|因王夫人事,又附此一段,然已見《三王世家》,此似無當。

昔者,齊王使淳于髡獻鵠于楚。出邑門,道飛其鵠,徒揭空籠,造詐成辭,四字有致。往見楚王曰:"齊王使臣來獻鵠,過于水上,不忍鵠之渴,出而飲之,去我飛亡。一轉。吾欲刺腹絞頸而死。恐人之議吾王以鳥獸之故,令士自傷殺也。二轉。鵠,毛物,多相類者,吾欲買而代之,是不信而欺吾王也。三轉。欲赴佗國奔亡,痛吾兩主使不通。故來服過叩頭,受罪大王。"此一段轉折勝。楚王曰:"善,齊王有信士若此哉!"厚賜之,財倍鵠在也。|

武帝時,徵北海太守詣行在所。有文學卒史王先生者,自請與太守俱,"吾有益于君",君許之。諸府掾功曹白云:

"王先生嗜酒,多言少實,恐不可與俱。"太守曰:"先生意欲行,不可逆。"遂與俱行。至宫下,待詔宫府門。王先生徒懷錢沽酒,與衛卒僕射飲,日醉,不視其太守。先作一颺,妙!太守入跪拜。王先生謂戶郎曰:"幸爲我呼吾君至門內遙語。"寫狂致如見。戶郎爲呼太守。太守來,望見王先生。王先生曰:"天子即問君何以治北海,令無盜賊,君對曰何哉?"對曰:"選擇賢才,各任之以其能,賞異等罰不肖。"王先生曰:"對如是,是自譽自伐功,不可也。願君對言,非臣之力,盡陛下神靈威武所變化也。"太守曰:"諾。"召入,至于殿下,有詔問之曰:"何以治北海,令盜賊不起?"叩頭對言:"非臣之力,盡陛下神靈威武之所變化也。"武帝大笑,曰:"於呼!安得長者之語,而稱之!安所受之?"對曰:"受之文學卒史。"帝曰:"今安在?"對曰:"在宫府門外。"有詔召拜王先生爲水衡丞,以北海太守爲水衡都尉。傳曰:"美言可以市,尊行可以加人。君子相送以言,小人相送以財。"|又以成語結,是褚先生所長。

魏文侯時,西門豹爲鄴令。豹往到鄴會長老,問之民所疾苦。長老曰:"苦爲河伯娶婦,以故貧。"先出一句,令人不知何故。豹問其故,對曰:"鄴三老、廷掾常歲,賦斂百姓,收取其錢,得數百萬,用其二三十萬,爲河伯娶婦,與祝巫共分其餘錢持歸。河伯娶婦是奇極不可解事,偏不即說明,又作一頓。當其時,巫行視人家女好者,云是當爲河伯婦,即聘取。洗沐之,爲治新繒綺縠衣,閒居齋戒;爲治齋宫河上,張緹絳帷,女居其中。爲具牛酒飯食,行十餘日。共粉飾之,如嫁女床席,令女居其上,浮之河中。始浮,行數十里乃沒。後有簪筆磬折一段,此先寫齋宫緹帷,閒閒引起。其人家有好女者,恐大巫祝爲河伯取之,以故多持女遠逃亡。以故城中益空,無人,又困貧,所從來久遠矣。民人俗語曰'即不爲河伯娶婦,水來漂沒,溺其人民'云。"數事一齊提序,似史公筆法。西門豹曰:"至爲河伯娶婦時,願三老、巫祝、父老,送女河上,幸來告語之,吾亦往送女。"一篇文字以爲至此結收,不意又作一飏,文心靈妙。皆曰:"諾。"

至其時,西門豹往會之河上。三老、官屬、豪長者、里父老皆會,先寫三老、官屬、豪長者、里父老。以人民往觀之者二三千人。再寫觀者。其巫,老女子也,已年七十。從弟子女十人所,皆衣繒單衣,立大巫後。又寫巫嫗弟子一會多少人,方不寂寞,爲後文一襯。西門豹曰:"呼河伯婦來,視其好醜。"即將女出帷中,來至前。豹視之,顧謂三老、巫祝、父老曰:"是女子不好,煩大巫嫗,爲入報河伯,得更求好女,後日送之。"諸山迤邐南來,以爲至此當就平坦,不意劈面又起奇峯。即使吏卒,共抱大巫嫗,投之河中。先完巫嫗。有頃,曰:"巫嫗何久也?弟子趣之!"復以弟子一人投河中。有頃,曰:"弟子何久也?復使一人趣之!"復投一弟子河中。凡投三弟子。次完弟子,三投,只一句,法變。西門豹曰:"巫嫗弟子,是女子也,不能白事,煩三老爲入白之。"又折出一峯。復投三老河中。次完三老。西門豹簪筆磬折,嚮河立待良久。先寫女子絳帷,再寫三老巫嫗,至此乃寫西門豹,寫其簪筆磬立,凝神赫鬼,極有神情,極有意味,千載下,尚如見之。長老、吏傍觀者皆驚恐。又從長老、吏傍觀者寫一筆,儼然如畫。西門豹顧曰:"巫嫗、三老不來還,奈之何?"欲復使廷掾與豪長者一人入趣之。皆叩頭,叩頭且破,額血流地,色如死灰。兩叩頭疊句妙,下形容語更妙。西門豹曰:"諾,且留,待之須

臾。"須臾,豹曰:"廷掾起矣。狀河伯留客之久,若皆罷去歸矣。"先列許多人,忽投巫嫗,忽投弟子,忽投三老,若一一投入河中,不惟無此事理,亦無此文情,故就西門寫一筆作一頓,又從廷掾豪長者寫一筆,作一頓,然後趁勢收拾,章法之妙。鄴吏民大驚恐,從是以後,不敢復言爲河伯娶婦。|完河伯娶婦事。

西門豹即發民鑿十二渠,引河水灌民田,田皆溉。應前水來漂沒句,蓋娶婦事虛,漂沒事實,娶婦禍小,漂沒禍大,故禁娶婦,不得不治渠,乃娶婦反詳,治渠反畧,是行文之法。當其時,民治渠,少煩苦,不欲也。豹曰:"民可以樂成,不可與慮始。今父老子弟,雖患苦我,然百歲後,期令父老子孫思我言。"只此住,妙有餘味。至今皆得水利,民人以給足富。十二渠經絕馳道,到漢之立,而長吏以爲十二渠,橋絕馳道,相比近,不可。欲合渠水,且至馳道,合三渠爲一橋。鄴民人父老不肯聽長吏,以爲西門君所爲也,賢君之法式,不可更也。長吏終聽置之。|此段是"百歲後思我言"註脚。故西門豹爲鄴令,名聞天下,澤流後世,無絕已時,幾可謂非賢大夫哉!

傳曰:"子產治鄭,民不能欺;子賤治單父,民不忍欺;西門豹治鄴,民不敢欺。"三子之才能,誰最賢哉?辯治者當能別之。忽請出子產、子賤陪之,更妙!

史公一書,上下千古,三代之禮樂、劉項之戰爭,以至律歷(曆)、天官、文詞、事業,無所不有。乃忽而撰出一調笑嘻戲之文,但見其齒牙伶俐,口角香艷,清新俊逸,另用一種筆意,亦取其意思所在而已,正不必論其事之有無也。而已開唐人小說傳奇之祖矣!○淳于髡一段,純用賦筆,句法奇秀。而優孟學孫叔敖一段,亦有珊珊來遲之致,讀之令人擊節。○褚先生文筆較之史公,雖稍曼弱,然外戚中金王孫一段,與此篇西門豹一段,序來楚楚如生,歷歷如畫,讀之如親見其事。若再加勁肆,當不失史公之後塵。

日者列傳

自古受命而王，王者之興，何嘗不以卜筮決于天命哉！其于周尤甚，數語，已括周以前事。及秦可見。代王之入，任于卜者。秦只一句。太卜之起，由漢興而有。| 漢事亦只一句，接入司馬季主，文法短俏。

司馬季主者，楚人也。卜於長安東市。序司馬季主亦只數語，頓住。

宋忠爲中大夫，賈誼爲博士，同日俱出洗沐，相從論議，誦易先王聖人之道術，究徧人情，相視而歎。先從宋、賈說起，寫宋、賈矯矯出塵，正反形季主也。賈誼曰："吾聞古之聖人，不居朝廷，必在卜醫之中。今吾已見三公九卿朝士大夫，皆可知矣。數語和平而有深刻。試之卜數中以觀采。"寫得其來無意，妙。二人即同輿而之市，游於卜肆中。天新雨，道少人，只六字中，覺天清氣朗，另是一番景色，欲寫奇人，先寫奇景，而季主已于六字中躍躍欲出矣。司馬季主閒坐，弟子三四人侍，先寫其儀度雍穆一堂，肅然可觀。方辯天地之道，日月之運，陰陽吉凶之本。次紀其詞，已藏却一篇大文。二大夫再拜謁。司馬季主視其狀貌，如類有知者，宋、賈二大夫，已人群表表者，一句推倒季主，又高出一層,則其人何如哉。即禮之,使弟子延之坐。坐定,司馬季主復理前語,分別天地之終始,日月星辰之紀,差次仁義之際,列吉凶之符,語數千言,莫不順理。初列數語,接出二大夫,廷坐既定,季主必與二大夫周旋辨論矣。偏又頓住,颺開,復理前語,"分別天地"三句,即前語也,昔從季主身上寫出,此從二大夫耳中聽出,是兩樣筆墨。

宋忠、賈誼瞿然而悟,獵纓正襟危坐,寫二大夫,至此方爾傾倒。曰:"吾望先生之狀,聽先生之辭,小子竊觀于世,未嘗見也。今何居之卑,何行之汙?"畧點後闡。

司馬季主捧腹大笑狀貌有知,二人已爲季主估定,故下此四字,以揶揄之耳。曰:"觀大夫類有道術者,今何言之陋也,何辭之野也!今夫子所賢者何也?所高者誰也?今何以卑汙長者?"反問兩句,跌落之妙。

二君曰:"尊官厚祿,世之所高也,賢才處之。今所處非其地,故謂之卑。言不信,行不驗,取不當,故謂之汙。前出二語,頓住;此出二語,又頓住,脫卸之妙。夫卜筮者,世俗之所賤簡也。世皆言曰:'夫卜者,多言誇嚴以得人情,虛高人祿命以說人志,擅言災禍以傷人心,矯言鬼神以盡人財,厚求拜謝以私于己。'此吾之所恥,故謂之卑汙也。"|"卑汙"二字,至此方說盡。

司馬季主曰:"公且安坐。公見夫披①髮童子乎?日月照之則行,不照則止,問之日月疵瑕吉凶,則不能理。由是觀之,能知別賢與不肖者寡矣。|第一段,先虛喝冒起。

"賢之行也,直道以正諫,三諫不聽則退。其譽人也不望其報,惡人也不顧其怨,以便國家利眾爲務。故官非其任不處也,祿

① 披,中華書局本《史記》作"被"。

非其功不受也；此應"尊官厚禄"三句。見人不正，雖貴不敬也；見人有汙，雖尊不下也；得不爲喜，去不爲恨；非其罪也，雖累辱而不愧也。|第二段，是古之賢者。

"今公所謂賢者，皆可謂羞矣。卑疵而前，孅趨而言；相引以勢，相導以利；比周賓正，以求尊譽，以受公奉；事私利，枉主法，獵農民；以官爲威，以法爲機，求利逆暴：譬無異于操白刃刼人者也。一節。初試官時，倍力爲巧詐，飾虚功，執空文，以誷主上，用居上爲右；試官不讓賢陳功，見僞增實，以無爲有，以少爲多，以求便勢尊位；食飲驅馳，從姬歌兒，不顧於親，犯法害民，虚公家：此夫爲盗不操矛弧者也，攻而不用弦刃者也，欺父母未有罪而弑君未伐者也。兩節。○第三段，是今之所謂賢者，一段兩節，前一節是服官，後之狼籍，後節是初試官時之巧詐，俱以一様句法住，前只一句，此三句四叠，法稍變。何以爲高賢才乎？一結。

"盗賊發不能禁，彝貊不服不能攝，姦邪起不能塞，官秏[①]亂不能治，四時不和不能調，歲穀不熟不能適。才賢不爲，是不忠也；才不賢而託官位，利上奉，妨賢者處，是竊位也；有人者進，有財者禮，是僞也。子獨不見鴟梟之與鳳凰[②]翔乎？蘭芷芎藭棄於廣野，蒿蕭成林，使君子退而不顯，衆公等是也。|第四段，頂上二段而暢言之，鴟鴞等句，法變化。

"述而不作，君子義也。今夫卜者，必法天地，象四時，順於仁義，分策定卦，旋式正棊，然後言天地之利害，事之成敗。昔先王之定國家，必先龜策日月，而後乃敢代；正時日，乃後入；家產子，

① 秏，中華書局本《史記》作"耗"。
② 鳳凰，中華書局本《史記》作"鳳皇"。下同。

必先占吉凶,後乃有之。句法妙。自伏羲作八卦,周文王演三百八十四爻,而天下治。越王句踐,倣文王八卦,以破敵國,霸天下。由是言之,卜筮有何負哉!|第五段,統論卜筮大槩,答世俗之所簡賤。

"且夫卜筮者,掃除設坐,正其冠帶,然後乃言事,此有禮也。答所處非其地。言而鬼神或以饗,忠臣以事其上,孝子以養其親,慈父以畜其子,此有德者也。而以義置數十百錢,病者或以愈,且死或以生,患或以免,事或以成,嫁子娶婦,或以養生:此之爲德,豈直數十百錢哉!此夫老子所謂'上德不德,是以有德'。今夫卜筮者,利大而謝少,老子之云,豈異於是乎?一節。○答取不當及擅言禍災,矯言鬼神等句。

"《莊子》曰:'君子內無饑寒之患,外無刼奪之憂,居上而敬,居下不爲害,君子之道也。'今夫卜筮者之爲業也,積之無委聚,藏之不用府庫,徙之不用輜車,負裝之不重,止而用之,無盡索之時。持不盡索之物,游于無窮之世,雖莊氏之行,未能增於是也,子何故而云不可卜哉?天不足西北,星辰西北移;地不足東南,以海爲池;日中必移,月滿必虧;先王之道,乍存乍亡。公責卜者言必信,不亦惑乎!一節。○答"言不信,行不驗"。

"公見夫談士辯人乎?慮事定計,必是人也,然不能以一言說人主意,故言必稱先王,語必道上古;慮事定計,飾先王之成功,語其敗害,以恐喜人主之志,以求其欲。多言誇嚴,莫大於此矣。然欲彊國成功,盡忠於上,非此不立。今夫卜者,導惑教愚也。夫愚惑之人,豈能以一言而知之哉!言不厭多。|三節,答"多言誇嚴"句。○第五段分三節反覆推言卜筮之道。

"故騏驥不能與罷驢爲駟,而鳳凰不與燕雀爲群,而賢者亦不與不肖者同列。故君子處卑隱以辟衆,自匿以辟倫,微見順德以除群害,以明天性,助上養下,多其功利,不求尊譽。答“行之卑”。公之等喁喁者也,何知長者之道乎!”第六段承上雙收。

宋忠、賈誼,忽而自失,芒乎無色,悵然噤口不能言。於是攝衣而起,再拜而辭。行洋洋也,出市門,僅能自上車,伏軾低頭,卒不能出氣。形容二大夫喪氣,至九句,正借爲季主出色,九句變法,不覺重疊故妙。

居三日,宋忠見賈誼於殿門外,乃相引屏語相謂自歎上九句,形容盡矣,偏一頓,又于三日之後,重寫一番,正見三日之前,二大夫之心盡氣絶,反覆思維者,不知如何也。曰:“道高益安,勢高益危。居赫赫之勢,失身且有日矣。夫卜而有不審,不見奪糈;爲人主計而不審,身無所處。此相去遠矣,猶天冠地屨也。此老子之所謂‘無名者,萬物之始’也。天地曠曠,物之熙熙,或安或危,莫知居之。我與若,何足預彼哉! 彼久而愈安,雖曾氏之義,未有以異也。”又因季主之言,增出居官事主,一番利害,以感歎作結,正見二大夫之類有知也,亦不放倒宋、賈,好。

久之,宋忠使匈奴,不至而還,抵罪。而賈誼爲梁懷王傅,王墮馬薨,誼不食,毒恨而死。此務華絶根者也。又即二大夫之事,以實証之,回想司馬季主,竟是天上人矣。

太史公曰:古者卜人,所以不載者,多不見于篇。及至司馬季主,余志而著之。篇中已詳,故贊語不著重季主,只此數語,有天外浮雲之意。

褚先生曰:臣爲郎時,遊觀長安中,見卜筮之賢大夫,觀其起居行步,坐起自動,誓正其衣冠而當鄉人也,有君子之風。見性好解,婦來卜,對之顔色嚴正,未嘗見齒而笑也。先贊後序。從古以來,賢者避世,有居止舞澤者,有居民間閉口不言,有隱居卜筮間,以全身者。三句,兩陪一正。夫司馬季主者,楚賢大夫,游學長安,通易經,術黄帝、老子,博聞遠見。觀其對二大夫貴人之談言,稱引古明王聖人道,固非淺聞小數之能。及卜筮立聲名千里者,各往往而在。傳曰:"富爲上,貴次之;既貴,各各學一伎能立其身。"季主事前已盡矣,故只點過,下乃就卜筮立名,另立一議,是避實擊虚,彊賓讓主之法。黄直,丈夫也;陳君夫,婦人也:以相馬立名天下。齊張仲、曲成侯以善擊刺,學用劍,立名天下。留長孺,以相彘立名。滎陽褚氏,以相牛立名。能以伎能立名者甚多,皆有高世絕人之風,何可勝言。立名一段,即用《貨殖傳》中句法,便覺懈而不腴。故曰:"非其地,樹之不生;非其意,教之不成。"夫家之教子孫,當視其所以好,好含苟生活之道,因而成之。故曰:"制宅命子,足以觀士;子有處所,可謂賢人。"因立名,復及教子一說,山外之山,去之益遠,然俱從崑崙而來。

臣爲郎時,與太卜待詔爲郎者同署,言曰:"孝武帝時,聚會占家,問之,某日可取婦乎?五行家曰,可;堪輿家曰,不可;建除家曰,不吉;叢辰家曰,大凶;歷(曆)家曰,小凶;天人家曰,小吉;太乙家曰,大吉。辯訟不決,以狀聞。制曰:'避諸死忌,以五行爲主。'"人取於五行者也。重翻出一段,若續若不續,然歸至卜筮,是本意也。

《史記》俱借事行文,此獨是司馬公憑空幻出一人,造出一篇文字,罵當日士大夫,故回環轉折,極爲盡意。〇此文全以賦體行文,故其中句法,俱組練錯繡,甚爲精采。而排處句句變,落處段段收,是《史記》中一篇虚空抑揚文字。〇褚先生之作,亦流麗動人,大是佳手,但置之《史記》中,便乏精采。所謂珠玉在前則形穢,高松之下無茂草也。兩篇並觀,則前係史公之筆何疑?

龜策列傳

褚先生補

太史公曰：自古聖王，將建國受命，興動事業，何嘗不寶卜筮以助善！先總提數語。唐虞以上，不可記已。自三代之興，各據禎祥。塗山之兆從，而夏啟世；飛燕之卜，順故殷興；百穀之筮吉，故周王。忽用風致語，開晉魏權輿。王者決定諸疑，參以卜筮，斷以蓍龜，不易之道也。|先總提三代作一案。

蠻夷氐羌，雖無君臣之序，亦有決疑之卜。或以金石，或以草木，國不同俗。然皆可以戰伐攻擊，推兵求勝，各信其神，以知來事。|外推之蠻夷氐羌，以見卜筮之用廣，因三代附見，不重。

畧聞夏殷欲卜者，乃取蓍龜，已則棄去之，以爲龜藏則不靈，蓍久則不神。至周室之卜官，常寶藏蓍龜；又其大小先後，各有所尚，要其歸等耳。|承上三代以自言之，然止約畧其詞，不實序。或以爲聖王遭事無不定，決疑無不見，其設稽神求問之道者，以爲後世衰微，愚不師智，人各自安，化分爲百室，道散而無垠，故推歸之至微，要潔於精神也。|又拓開一段，歸重于精神，雖實事，是客。或以爲昆蟲之所長，聖人不能與爭。其處吉凶，別然否，多中于人。|又挽轉一段，歸重于龜策，雖虛事是主。至高祖時，因秦太卜官。以下序漢事

又補，秦一筆，細微不漏。天下始定，兵革未息。及孝惠享國日少，吕后女主，孝文、孝景，因襲掌故，未遑講試，雖父子疇官，世世相傳，其精微深妙，多所遺失。丨畧開一段，以側起下文。至今上即位，博開藝能之路，悉延百端之學，用對語。通一伎之士，咸得自効，絶倫超奇者爲右，無所阿私，數年之間，太卜大集。會上欲擊匈奴，西攘大宛，南收百越，卜筮至預見表象，先圖其利。及猛將推鋒，執節獲勝於彼，而蓍龜時日，亦有力於此。即征伐歸功蓍龜，說得大，用對語，俊妙。上尤加意賞賜，至或數千萬。如丘子明之屬，富溢貴寵，傾于朝廷。至以卜筮射蠱道，巫蠱時，或頗中。素有眦睚不快，因公行誅，恣意所傷，以破俗滅門者，不可勝數。先揚之，後抑之。百僚蕩恐，皆曰龜策能言。奇語。後事覺姦窮，亦誅三族。丨序漢事完。

夫摓策定數，灼龜觀兆，俊語，駸駸六朝也。變化無窮，是以擇賢而用占焉，可謂聖人重事者乎！丨總結漢事，變化無窮，正見蓍龜有力，擇賢用占，正反龜策能言也，然即以起下。周公卜三龜，而武王有瘳。紂爲暴虐，而元龜不占。晉文將定襄王之位，卜得黄帝之兆，卒受彤弓之命。獻公貪驪姬之色，卜而兆有口象，其禍竟流五世。楚靈將背周室，卜而龜逆，終被乾溪之敗。兆應信誠於内，而時人明察見之於外，可不謂兩合者哉！丨引用周公等事，正頂上變化無窮，擇賢用占，聖人重事也，并以應前"塗山之兆"三句。君子謂夫輕卜筮，無神明者，悖；背人道，信禎祥者，鬼神不得其正。兩貶。故書建稽疑五謀，而卜筮居其二，五占從其多，明有而不專之道也。丨又側重蓍龜，下即借蓍龜所生作一餘波，閒閒點次，而意致無窮。

余至江南，觀其行事，問其長老云，龜千歲，乃游蓮葉之上，蓍百莖，共一根。又其所生，獸無虎狼，草無毒螫。江傍家人，常畜龜飲食之,以爲能道引致氣,有益于助衰養老,豈不信哉!著龜總收。

褚先生曰:臣以通經術,受業博士,治《春秋》,以高第爲郎,幸得宿衛,出入宫殿中,十有餘年。竊好《太史公傳》。先泛寫,若不爲龜策傳者。《太史公之傳》曰:"三王不同龜,四彝各異卜,然各以決吉凶,畧闚其要,故作《龜策列傳》。"方始入題。臣往來長安中,求《龜策列傳》不能得,故之大卜官,問掌故文學長老習事者,寫取龜策卜事,編于下方。丨論冒完。

聞古五帝、三王,發動舉事,必先決蓍龜。前一段,先序蓍龜,占策之事,以蓍龜所生結,此先序蓍龜所生以占策之事結。傳曰:此下說蓍。"下有伏靈,上有兔絲;上有檮蓍,下有神龜。"先總四語,因蓍及龜,蓍主龜客,又因蓍龜及伏靈客之客也,反注伏靈一段,行文之妙,瀟灑自如。所謂伏靈者,在兔絲之下,狀似飛鳥之形。新雨已,天清[1]靜無風,以夜捎兔絲主之,既以篝燭此地,燭之,火滅,即記其處,以新布四丈環置之,明即掘取之,入四尺,至七尺得矣,序得新楚娟好,另一種筆墨。過七尺,不可得。伏靈者,千歲松根也,食之不死。丨又註一句,完伏靈事。聞蓍生滿百莖者,其下必有神龜守之,又帶序龜。其上常有青雲覆之。傳曰:"天下和平,王道得,而蓍莖長丈,其叢生滿百莖。"方今世取蓍者,不能中古法度,不能得滿百莖長丈者,取八十莖已上,蓍長八尺,即難得也。人民好用卦者,取滿六十莖已上,長滿六尺者,既可用矣。丨序完蓍。記曰:此下說蓍。"能得名龜者,財物歸之,家必大富,至千萬。"一曰"北斗龜",二曰

---

① 清,底本作"法",疑誤,據校本改。

"南辰龜",三曰"五星龜",四曰"八風龜",五曰"二十八宿龜",六曰"日月龜",七曰"九州龜",八曰"玉龜":龜名奇甚。凡八名龜。龜圖各有文在腹下,文云云者,此某之龜也。龜有名,名在腹下,奇甚。畧記其大指,不寫其圖。取此龜,不必滿尺二寸,民人得長七八寸,可寶矣。又用尺寸序,與蓍照應。今夫珠玉寶器,雖有所深藏之,見其光①,必出其神明,其此之謂乎!故玉處於山而木潤,淵生珠而岸不枯者,潤澤之所加也。明月之珠,出於江海,藏於蚌中,蚗龍伏之。王者得之,長有天下,四彝賓服。引客作襯,序法亦脫變。能得百莖蓍,并得其下龜以卜者,又帶序蓍,蓍龜互序,法妙。百言百當,足以決吉凶。|

神龜出於江水中,"江水"二字,已伏下"江使神龜"一段奇文矣,文章之妙,夫豈易測,廬江郡常歲時生龜長尺二寸者二十枚,輸太卜官,太卜官因以吉日剔取其腹下甲。龜千歲,乃滿尺二寸。王者發軍行將,必鑽龜廟堂之上,以決吉凶。此漢時取龜之令甲也。今高廟中有龜室,藏內以爲神寶。|引證一句以實之。

傳曰:"取前足臑骨,穿佩之,取龜置室西北隅懸之,以入深山大林中,不惑。"|又引傳一段以神之。臣爲郎時,見《萬畢石朱方》,傳曰:"有神龜在江南嘉林中。先頓一句。嘉林者,獸無虎狼,鳥無鴟鴞,草無毒螫,野火不及,斧斤不至,是爲嘉林。因序龜事,反序嘉林,即上伏靈之法。龜在其中,常巢于芳蓮

① 此句中華書局本《史記》作"雖有所深藏,必見其光"。

之上。左脇書文曰:名文在腹,書文在左脇,奇事,相應。‘甲子重光,得我者匹夫爲人君,有土正,諸侯得我爲帝王。’求之於白蛇蟠杅林中者,齋戒以待,譺然,狀如有人來告之,因以醮酒佗髮求之,三宿而得。”由是觀之,豈不偉哉!故龜可不敬與?|又引傳一段,得我云者,隱隱先寫宋元王得龜一段,遙相引起,此作文馬跡蛛絲之妙也。

南方老人用龜支牀足,行二十餘歲,老人死,移牀,龜尚生不死。龜能行氣導引。又引傳記一段以錯落之。問者曰:“龜至神若此,然太卜官得生龜,何爲輒殺取其甲乎?”近世江上人,有得名龜,畜置之,家因大富。與人議,欲遣去。人教殺之,勿遣;遣之,破人家。龜見夢曰:“送我水中,無殺吾也。”其家終殺之。殺之後,身死,家不利。又引事一段,爲宋元王事作引。宋元王一事,凡作兩層引起。作文心苦,夫誰知之?人民與君王者異道。人民得名龜,其狀類不宜殺也。以往古故事言之,古明王聖主,皆殺而用之。

宋元王時得龜,亦殺而用之。乘便點一句,入正傳,反若借作引証者,妙!謹連其事於左方,令好事者觀擇其中焉。|

宋元王二年,江使神龜使于河,至于泉陽,漁者豫且舉綱,得而囚之。置之籠中。夜半,龜來見夢于宋元王曰:江河有使,使乃爲龜,龜既被囚,囚復見夢。一篇奇事於此起。○此下皆用古韻,當細細尋之。“我爲江使於河,而幕綱當吾路。韻。泉陽豫且得我,我不能去。韻。身在患中,莫可告語。韻。王有德義,故來告訴。韻。”元王惕然而悟。韻。乃召博士衛平而問之曰:“今寡人夢見一丈夫,延頸而長頭,衣玄繡之衣,而乘輜

車,來見夢於寡人曰:'我爲江使於河,而幕綱當吾路。泉陽豫且得我,我不能去。身在患中,莫可告語。王有德義,故來告訴。'直述不换。是何物也?"衛平乃援式而起,仰天而視月之光,用韻起。觀斗所指,定日處鄉。規矩爲輔,副以權衡。音杭,古韻,下同。四維已定,八卦相望。亡。視其吉凶,介蟲先見。故作奇語。乃對元王曰:"今昔壬子,宿在牽牛。怡。河水大會,鬼神相謀。迷。漢正南北,江河固期,南風新至,江使先來。釐。白雲壅漢,萬物盡留。閭。斗柄指日,使者當囚。徐。玄服而乘輜車,其名爲龜。拘。王急使人問而求之。"王曰:"善。"|

於是王乃使人馳而往問泉陽令曰:"漁者幾何家?名誰爲豫且?字法、句法新。豫且得龜,見夢於王,王故使我求之。"泉陽令乃使吏案籍視圖,用韻。水上漁者五十五家,孤。上流之廬,蘆。名爲豫且。租。泉陽令曰:"諾。"乃與使者馳而問豫且曰:"今昔汝漁何得?"豫且曰:"夜半時舉綱得龜。"使者曰:"今龜安在?"曰:"在籠中。"使者曰:"王知子得龜,故使我求之。"豫且曰:"諾。"即系龜而出之籠中,獻使者。|散序一段。

使者載行,出于泉陽之門。用韻。正晝無見,風雨晦冥。雲蓋其上,五采青黄;换韻。雷雨並起,風將而行。杭。入於端門,見於東箱。身如流水,潤澤有光。望見元王,延頸而前,三步而止,縮頸而却,復其故處。元王見而怪之,問衛平曰:"龜見寡人,延頸而前,以何望亡。也?縮頸而復,是何當也?"衛平對曰:"龜在患中,而終昔囚[①],王有德義,使人活之。今延頸而前,以當謝也,縮頸而却,欲亟去也。"又散序。元王曰:"善哉!神至如此乎,不可久留;閒。趣駕送龜,勿令失期。"丨先作一縱。

衛平對曰:"龜者,是天下之寶也,先得此龜者爲天子,突起一峯。且十言十當,十戰十勝。生於深淵,長於黄土。用韻。知天之道,明於上古。游三千歲,不出其域。亦。安平静正,動不用力。壽蔽天地,莫知其極。與物變化,四時變色。居而自匿,伏而不食。春蒼[②]夏黄,秋白冬黑。明於陰陽,審於刑德。先知利害,察於禍福,逼。以言而當,以戰而勝,王能寶之,諸侯盡服。勃。王勿遣也,以安社稷。"丨

元王曰:"龜甚神靈,降于上天,汀。陷于深淵。因。在患難中。以我爲賢。銀。德厚而忠信,故來告寡人。寡人若不遣也,是漁者也。漁者利其肉,寡人貪其力,下爲不仁,上爲無德。君臣無禮,何從有福?逼。寡人不忍,奈何勿遣!"丨又作一縱。

衛平對曰:"不然。又起一峯。臣聞盛德不報,重寄不歸;天與不受,天奪之寶。補。今龜周流天下,戶。還復其所,上至蒼天,下薄泥塗。杜。還徧九州,未嘗愧辱,無所稽留。閒。今至泉陽,漁者辱而囚徐。之。王雖遣之,江河必怒,務求報仇。奇。自以爲侵,因神與謀。迷。淫雨不霽,水不可治。遲。若爲枯旱,風而揚埃,衣。蝗蟲暴生,百姓失時。王行仁義,其

① 囚,底本作"因",疑誤,據校本改。
② 蒼,中華書局本《史記》作"倉"。

罰必來。釐。此無他故，其祟在龜。拘。後雖悔之，豈有及哉！資。王勿遣也。"

元王慨然而嘆曰："夫逆人之使，絕人之謀，是不暴乎？取人之有，以自爲寶，是不彊乎？寡人聞之，暴得者必暴亾，用韻。彊取者必後無功。光。桀紂暴彊，身死國亾。今我聽子，是無仁義之名，而有暴彊之道。豆。江河爲湯武，我爲桀紂。未見其利，恐離其咎。寡人狐疑，安事此寶，搮。趣駕送龜，拘。勿令久留。"|間。又作二縱。衛平對曰："不然，又起一峯。王其無患。還。天地之間，累石爲山。仙。高而不壞，地得爲安。烟。故云物或危而顧安，或輕而不可遷；人或忠信而不如誕謾，蠻。或醜惡而宜大官，涓。或美好佳麗而爲衆人患。還。非神聖人，莫能盡言。春秋冬夏，或暑或寒。賢。寒暑不和，賊氣相奸。同歲異節，其時使然。故令春生夏長，秋收冬藏。換韻。或爲仁義，或爲暴彊。暴彊有鄉，仁義有時。換韻。萬物盡然，不可勝治。遲。大王聽臣，臣請悉言之。天出五色，以辯白黑。蜜。換韻。地生五穀，以知善惡。人民莫知辯也，與禽獸相若。谷居而穴處，不知田作。天下禍亂，陰陽相錯。忽忽疾疾，通而不相擇。鐸。妖孽數見，傳爲單薄。聖人別其生，使無相獲。畫。禽獸有牝牡，置之山原；鳥有雌雄，布之林澤；鐸。有介之蟲，置之谿谷。却。故牧人民，爲之城郭，內經閭術，外爲阡陌。莫。夫妻男女，賦之田宅，鐸。列其室屋。換韻。爲之圖籍，別其名族。立官置吏，勸以爵祿。衣以桑麻，養以五穀。耕之耰之，鉏之耨之。口得所嗜，換韻。目得所美，米。身受其利。以是觀之，非彊不至。故曰田者不

彊,囷倉不盈;換韻。商賈不彊,不得其贏;婦女不彊,布帛不精;官御不彊,其勢不成;大將不彊,卒不使令;零。侯王不彊,沒世無名。故云彊者事之始換韻。也,分之理韻。也,物之紀韻。也。所求于彊,無不有以。也。王以爲不然,王獨不聞[①]玉櫝隻雉,出於昆山;明月之珠,出於四海;喜。換韻。鐫石拌蚌,傳賣於市;聖人得之,以爲大寶。大寶所在,乃爲天子。濟。今王自以爲暴,不如拌蚌於海也;自以爲彊,不過鐫石於昆山也。取者無咎,寶者無患。今龜使來抵網,而遭漁者得之,見夢自言,是國之寶也,王何憂焉。"|

元王曰:"不然。寡人聞之,諫者福逼。也,諛者賊也。人主聽諛,是愚惑也。雖然,禍不妄至,福不徒來。釐。換韻。天地合氣,以生百財。貲。陰陽有分,不離四時,十有二月,日至爲期。聖人徹焉,身乃無災。兹。明王用之,人莫敢欺。故云福之至也,人自生之;禍之至也,人自成之。禍與福同,刑與德雙。春換韻。聖人察之,以知吉凶。桀紂之時,與天爭功,擁遏鬼神,使不得通。是固已無道矣,諛臣有眾。終。桀有諛臣,名曰趙梁。換韻。教爲無道,勸以貪狼。繫湯夏臺,殺關龍逢。傍。左右恐死,偷諛於傍。國危于累卵,皆曰無傷。稱樂萬歲,或曰未央。蔽其耳目,與之詐狂。湯卒伐桀,身死國亾。聽其諛臣,身獨受殃。春秋著之,至今不忘。紂有諛臣,名爲左彊。誇而目巧,教爲象郎。將至於天,又有玉牀。犀玉之器,象箸而羹。郎。聖人剖其心,壯士斬其胻。

① 聞,底本作"問",疑誤,據校本改。

杭。箕子恐死，被髮佯狂。殺周太子歷，囚文王昌。投之石室，將以昔至明。芒。陰兢活之，與之俱亾。入於周地，得太公望。亡。興卒聚兵，與紂相攻。光。文王病死，載尸以行。杭。太子發代將，號爲武王。戰於牧野，破之華山之陽。紂不勝敗而還走，圍之象郎。自殺宣室，身死不葬。藏。頭懸車軫，四馬曳行。杭。寡人念其如此，腸如涫湯。是人皆富有天下，而貴至天子，然而大傲。鰲，換韻。欲無厭時，舉事而喜高，貪狼而驕。不用忠信，聽其諛臣，而爲天下笑。蕭。今寡人之邦，居諸侯之間，曾不如秋毫。舉事不當，又安亡逃！"｜又作一縱。

衛平對曰："不然。又起一峯。河雖神賢，不如崑崙之山；江之源理，不如四海，喜。而人尚奪取其寶，諸侯爭之，兵革爲起。小國見亾，大國危殆，殺人父兄，鹵人妻子，殘國滅廟，以爭此寶。戰攻分爭，是暴彊也。故云取之以暴彊，而治以文理，無逆四時，必親賢士；與陰陽化，鬼神爲使；通於天地，與之爲友。以。諸侯賓服，民衆殷喜。邦家安寧，與世更始。湯武行之，乃取天子；《春秋》著之，以爲經紀。王不自稱湯武，而自比桀紂。爲暴彊也，固以爲常。換韻①。桀爲瓦室，紂爲象郎。徵絲灼之，務以費民。芒。賦斂無度，殺戮無方。殺人六畜，以韋爲囊。囊盛其血，與人懸②而射之，與天帝爭彊。逆亂四時，先百鬼嘗。諫者輒死，諛者在傍。聖人伏匿，百姓莫行。杭。天數枯旱，國多妖祥。螟蟲歲生，五穀不成。常。

① 換韻，底本作"換"，疑誤，據校本補。
② 懸，中華書局本《史記》作"縣"。

民不安其處,鬼神不享。香。飄風日起,正晝晦冥。厖。日月並蝕,滅息無光。列星奔亂,皆絕紀綱。以是觀之,安得久長!雖無湯武,時固當亾。故湯伐桀,武王尅紂,其時使然。乃爲天子,換韻。子孫續世;終身無咎,後世稱之,至今不已。是皆當時而行,換韻。見事而彊,乃能成其帝王。今龜大寶也,爲聖人使,換韻。傳之賢士。不用手足,雷電將換韻。之;風雨送之,流水行杭。之。侯王有德,乃得當之。今王有德,而當此寶,恐不敢受;換韻。王若遣之,宋必有咎。後雖悔之,亦無及矣。"

元王大悅而喜。|至此歸結。於是元王向日而謝,再拜而受。擇日齋戒,甲乙最良。用韻。乃刑白雉,及與驪羊;以血灌龜,與①壇中央。以刀剝之,身全不傷。脯酒禮之,橫其腹腸。荊支卜之,必制其創。瘡。理達於理,文相錯迎。昂。使工占之,所言盡當。邦福重寶,聞於傍鄉。殺牛取革,被鄭之桐。唐。草木畢分,化爲甲兵。芒。戰勝攻取,莫如元王。元王之時,衛平相宋,宋國最彊,龜之力也。|一段如贊如頌,結完元王事。

故云,神至能見夢於元王,而不能自出漁者之籠。用韻。身能十言盡當,不能通使於河,還報於江,エ。賢能令人戰勝攻取,不能自解於刀鋒,免剝刺之患。聖能先知亟見,而不能令衛平無言。換韻。言事百全,至身而攣;當時不利,又焉事賢!賢者有恆常,士有適然。是故明有所不見,聽有所不聞;

① 與,中華書局本《史記》作"於"。

換韻。人雖賢，不能左畫方，右畫圓；日月之明，而時蔽於浮雲。因。羿名善射，不如雄渠、蠭門；禹名爲辯智，而不能勝鬼神。地柱折，天故無椽，換韻。奇語。又奈何責人於全？｜孔子聞之曰："神龜知吉凶，而骨直空枯。換韻。日爲德而君於天下，辱於三足之烏。月爲刑而相佐，見食於蝦蟇。模。蝟辱於鵲，騰蛇之神，而殆於即且。租。竹外有節理，中直空虛；松柏爲百木長，而守門閭。日神不全，故有孤虛。黄金有疵，白玉有瑕。事有所疾，亦有所徐。物有所拘，亦有所據。藘。罔有所數，亦有所疎。胥。人有所貴，亦有所不如。何可而適乎？物安可全乎？天尚不全，故世爲屋，不成三瓦而陳之，以應之天。天下有階，物不全乃生也。"

褚先生曰：漁者舉綱而得神龜，龜自見夢宋元王，元王召博士衛平，告以夢龜狀，平運式，定日月，分衡度，視吉凶，占龜與物色同，平諫王留神龜，以爲國重寶，美矣。古者筮必稱龜者，以其令名，所從來久矣。余述而爲傳。重序一段，作總結。

《龜策傳》，通篇是褚先生筆，不是太史公筆。蓋前用對語，俊妙風韻，已開魏晉之風，固非史公奇肆。○宋元王夢龜一段，是一篇奇處，凡作兩段，逐段引起，猶易辨也。乃于數葉之前，先伏"龜出江水"一句，以爲江使神龜之根，靈心妙筆，豈可言喻！○宋元王一段，通篇俱用古韻，蓋文字奇古，似子書；段落層疊，似《七發》。用韻之變化參差，與使事、行文相間，似東坡《赤壁》兩賦。此固諸家文字之祖也。○宋元王一段，逐節逐段，堆花簇錦，層見疊出，詩才賦手，可謂兼之，固是晉魏以前，一篇佳作。○後卜筮之法，間有奇句，則費解。餘則平衍重複，殊不足取。因于文章無當，故删之。

貨殖列傳

《老子》曰:"至治之極,鄰國相望,雞狗之聲相聞,民各甘其食,美其服,安其俗,樂其業,至老死不相往來。"必用此爲務,反起,蓋曰必用如此,則何所用貨殖哉! 輓近世塗民耳目,則幾無行矣。|蓋曰,輓近之世,不務至治,而塗民耳目,故民無行而入於貨殖耳,孰云史公崇勢利哉?

太史公曰:夫神農以前,吾不知已。頂至治之極。至若《詩》《書》所述,虞夏以來,耳目欲極聲色之好,口欲窮芻豢之味,身安逸樂,而心誇矜勢能之榮。使俗之漸民久矣,雖戶說以眇論,終不能化。民多嗜欲則不能至治矣。故善者因之,其次利道之,其次教誨之,其次整齊之,最下者與之爭。|"善者因之",是神農以前人;"利道",是太公一流;"教誨""整齊",是管仲一流;"最下與爭",則武帝之鹽鐵平準矣。史公其多感慨乎!

夫山西饒材、竹、穀、纑、旄、玉石;山東多魚、鹽、漆、絲、聲色;江南出柟、梓、薑、桂、金、錫、連、丹砂[①]、犀、瑇瑁、珠璣、齒革;龍門、碣石北多馬、牛、羊、旃裘、筋角;銅、鐵則千里往往山出棊置:

---

① 砂,中華書局本《史記》作"沙"。

忽變一倒句,猶言銅鐵處處皆有也。此其大校也。此節言貨并出,貨之地,後有關中、三河、三楚數大段,先出此作引。皆中國人民所喜好,謠俗被服飲食,奉生送死之具也。故待農而食之,虞而出之,工而成之,商而通之。農虞工商,是貨殖之人,前後脈絡。此寧有政教發徵期會哉?人各任其能,竭其力,以得所欲。故物賤之徵貴,貴之徵賤,貨殖盡此二語,是一篇主意。各勸其業,樂其事,若水之趨下,日夜無休時,不召而自來,不求而民出之。豈非道之所符,而自然之驗邪?丨正見使俗之漸民而貨殖之不可已也。

《周書》曰:"農不出則乏其食,工不出則乏其事,商不出則三寶絶,虞不出則財匱少。"財匱少而山澤不辟矣。農工虞商復點。此四者民所衣食之原也。原大則饒,原小則鮮。上則富國,下則富家。"富國""富家",上半篇主意。貧富之道,莫之奪予,而巧者有餘,拙者不足。此段就上文一反言,貨殖亦非易事,存乎其人,以引起太公、管仲等。故太公望封於營丘,地瀉鹵,人民寡,於是太公勸其女功,極技巧,通魚鹽,則人物歸之,繦至而輻湊。故齊冠帶衣履天下,海岱之間,斂袂而往朝焉。丨引太公、管仲,以爲貨殖之祖。其後齊中衰,管子修之,設輕重九府,則桓公以霸,九合諸侯,一匡天下;而管氏亦有三歸,位在陪臣,富於列國之君。是以齊富彊,至於威、宣也。丨太公、管仲是"富國"。

故曰:"倉廩實而知禮節,衣食足而知榮辱。"禮生於有而廢於無。故君子富,好行其德;小人富,以適其力。淵深而魚生之,山[①]深而獸往之,人富而仁義附焉。富者得勢益張,失勢則客無所之,

① 山,底本作"由",疑誤,據校本改。

以而不樂。彝翟益甚。諺曰:"千金之子,不死於市。"此非空言也。故曰:"天下熙熙,皆爲利來;天下壤壤,皆爲利往。"四句用韻,蓋古歌謠也。來,古韻音釐。夫千乘之王,萬家之侯,百室之君,尚有患貧,而況匹夫編戶之民乎!|"故曰",引管子語,插敘一段,見仁義禮節本於貨,勢力本於貨,即性命亦由於貨,天下事大抵如此,謀生亦急事,奈何輕貨殖哉!語多感慨。〇千乘數句,蓋史公見天下之權貨、列侯之酎金而爲之一歎乎。

昔者越王句踐,困於會稽之上,乃用范蠡、計然。計然曰:"知鬭則修備,時用則知物,二者形則萬貨之情可得而觀矣。故歲在金,句。穰;句。水,句。毀;句。木,句。饑;句。火,句。旱。句。旱則資舟,水則資車,物之理也。六歲穰,六歲旱,十二歲一大饑。奇文。夫糶,二十病農,九十病末。末病則財不出,農病則草不辟矣。上不過八十,下不減三十,則農末俱利,平糶齊物,關市不乏,治國之道也。|以上所云萬貨之情可得而觀也。積著之理,務完物,無息幣。完物,所積必好物,息,停也,即幣行如流水也。以物相貿易,腐敗而食之疑。貨弗①留,即無息幣也。無敢居貴。即"務完物"也。論其有餘不足,則知貴賤。貴上極則反賤,賤下極則反貴。即"徵貴""徵賤"語。貴出如糞土,賤取如珠玉。財幣欲其行如流水。"修之十年,國富厚賂戰士,士赴矢石,如渴得飲,遂報彊吳,觀兵中國,號稱"五霸"。|句踐、計然是"富國"。

范蠡既雪會稽之恥,乃喟然而歎曰:"計然之策七,越用其五而得意。既已施於國,吾欲用之家。"乃乘扁舟,浮於江湖,變名易姓,適齊,爲鴟夷子皮。之陶,爲朱公。朱公以爲陶,天下之中,諸

---

① 弗,中華書局本《史記》作"勿"。

侯四通,貨物所交易也。乃治產積居。與時逐而不責於人。即徵貴徵賤意。故善治生者,能擇人而任時。十九年之中,三致千金,再分散與貧交疏昆弟。三致而再散,留其一以與子孫也,下應。此所謂富好行其德者也。插一句,應前。後年衰老而聽子孫,子孫修業而息之,遂至巨萬。故言富者皆稱陶朱公。|范蠡是"富家"。

子贛既學於仲尼,退而仕於衛,廢著鬻財於曹、魯之間,廢即斥賣,著即居積也。七十子之徒,賜最爲饒益。原憲不厭糟糠,匿於窮巷。子貢結駟連騎,束帛之幣以聘享諸侯,所至國君,無不分庭與之抗禮。夫使孔子名布揚於天下者,子貢先後之也。子貢是"富家"。此所謂得勢而益彰者乎?|帶一句應前。○隨手拈來,頭頭是道,不拘照應而通體節靈,文章至此,微乎神乎!

白圭,周人也。當魏文侯時,李克務盡地力,客。而白圭樂觀時變,故人棄我取,人取我予。應"徵貴""徵賤"。夫歲熟取穀,予之絲漆;繭出取帛絮,與[①]之食。頂上即賤取貴出之說。太陰在卯,穰;明歲衰惡。至午旱;明歲美。至酉穰;明歲衰惡。至子,大旱;明歲美,有水。至卯,所云"觀時變"也。○"至卯"者,"至子"之後,復循環至卯也,他解恐未妥。積著率歲倍。欲長錢,取下穀;長石斗,取上種。能薄飲食,忍嗜欲,節衣服,與用事僮僕同苦樂,趨時若猛獸摯鳥之發。故曰:"吾治生產,猶伊尹、呂尚之謀,孫吳用兵,商鞅行法是也。是故其智不足與權變,勇不足以決斷,仁不能以取予,彊不能有所守,雖欲學吾術,終不告之矣。"蓋天下言治生祖白圭。白圭是富家。白圭其有所試矣,能試有所長,非苟而已也。|又拓數語,說貨殖自有一種力量,一種深心,非孟浪所能也。

---

① 與,中華書局本《史記》作"予"。

猗頓用盬鹽起。|只一句。而邯鄲郭縱,以鐵冶成業,與王者埒富。|

烏氏倮畜牧,及衆,斥賣,求奇繒物,間獻遺戎王。戎王什倍其償,與之畜,畜至用谷量馬牛。奇句。秦始皇帝令倮比封君,以時與列臣朝請。|而巴蜀寡婦清,其先得丹穴,而擅其利數世,家亦不訾。清,寡婦也,再點一句,深嘆美之。能守其業,用財自衛,不見侵犯。秦皇帝以爲貞婦而客之,爲築女懷清臺。|猗頓、郭縱、烏氏倮、寡婦清皆富家,〇前數段長再多序,便累墜,便排板,故此或畧或詳,節節變化,遂令眼前一新。夫倮鄙人牧長,清窮鄉寡婦,禮抗萬乘,名顯天下,豈非以富邪?|因秦始皇故,再拈倮清,以贊歎語作束,可見富足以抗天子,動天下,則貨之妙如此。尊顯卜式,風示天下,史公所以爲浩歎也乎。

漢興,以上諸人皆漢以前事,自此乃入漢以後諸事、漢以後諸人。海内爲一,開關梁,弛山澤之禁,是以富商大賈周流天下,交易之物,莫不通,得其所欲,而徙豪傑諸侯彊族於京師。以下序天下地理、人民風俗,是貨殖之地,故先總序一段。

關中第一節首關中,關中即漢京師也。自汧、雍西安。以東至河、華,華州。膏壤沃野千里,自虞夏之貢,以爲上田,而公劉適邠,邠州。大王、王季在岐,鳳翔。文王作豐,武王治鄗,故其民猶有先王之遺風,好稼穡,殖五穀,地重,重爲邪。言以地爲重,而不輕易爲邪也。及秦文、孝、繆居雍隙,隴蜀之貨物"隙"字,或連上,或連下,必連下爲是,然難解。而多賈。獻、孝公徙櫟邑,櫟陽。櫟邑北卻戎翟,東通三晉,亦多大賈。武、昭治咸陽,西安。因以漢都長安,西安。諸陵四方,輻湊並至而會,地小人衆,故其民益玩巧而事末也。|漢京師,今陝西,乃關中之第一段。南則巴蜀。四川。巴蜀亦沃野,地饒卮、

薑、丹砂、石、銅、鐵、竹、木之器。南御滇僰，僰僮。雲南。西近邛笮，邛州。笮馬、旄牛。然四塞，棧道千里，無所不通，唯褒斜綰轂其口，褒斜道狹，綰其谷口，如轂之湊也。以所多，易所鮮。丨巴蜀，今四川，乃關中之第二段。天水、鞏昌。隴西、臨洮。北地、慶陽。上郡延安。與關中同俗，然西有羌中之利，北有戎翟之畜，畜牧爲天下饒。然地亦窮險，唯京師要其道。丨天水等，是關中之第三段。故關中之地，於天下三分之一，而人衆不過什三；然量其富，十居其六。丨以周秦王國，漢之京師，四方輻湊也。○總序關中，另作一結。

昔唐人都河東，殷人都河内，周人都河南。夫三河在天下之中，若鼎足，王者所更居也，第二節是三河。建國各數百千歲，土地小狹，民人衆，都國諸侯所聚會，故其俗纖儉習事。總序三河。○關中，先列三段；而後總序，三河；先總序，而後列三段。楊、平懷慶。陽陳河南。西賈秦、翟，北賈種、代。種、蔚州。代，代州。石北也，石縣之北，注一句，下單論種、代。地邊胡，數被寇。人民矜，懻忮好氣，任俠爲奸，不事農商。然迫近北彝，師旅亟往，中國委輸，時有奇羨。其民羯羠不均，言戎翟雜處也。自全晉之時，固已患其剽悍，而武靈王益厲之，其謠俗猶有趙之風也。故楊平、陽陳掾其間，得所欲。丨此序楊平、陽陳也，而單論種、代，何哉？蓋因種、代爲都會，而楊平、陽陳，界在其間以得其所欲耳。論種、代，正爲楊平、陽陳也。○楊平、陽陳、河東地，乃三河之第一段，因河東，遂及種、代。溫、軹，西賈上黨，潞安。北賈趙、中山。真定下單論中山。中山地薄人衆，猶有沙丘紂淫地餘民，民俗懁急，仰機利而食。丈夫相聚游戲，悲歌慷慨，起則相隨椎剽，休則掘冢，作巧奸冶，多美物，爲倡優。女子則鼓鳴瑟，跕屣，游媚貴富，入後宮，徧諸侯。

然邯鄲趙都,今廣平。亦漳、河之間一都會也。北通燕順天。、涿涿州。,南有鄭、衛。鄭、衛俗與趙相類,然近梁、魯,微重而矜節。濮上濮州。之邑徙野王,野王好氣任俠,衛之風也。

夫燕順天。亦勃勃海、碣碣石。之間一都會也。南通齊、趙,東北邊胡。上谷宣府。至遼東,地踔遠,人民稀,數被寇,大與趙、代俗相類,而民雕悍①少慮,有魚鹽棗栗之饒。北鄰烏桓、夫餘,高麗地。東綰濊貊、朝鮮、真番俱高麗地。之利。|溫軹,河內地,乃三河之第二段。因河內遂及中山、趙、衛、鄭、燕。

洛陽開封。東賈齊、魯,南賈梁、楚。故泰山之陽則魯,其陰則齊。

齊青州。帶山海,膏壤千里,宜桑麻,人民多文綵,布帛魚鹽。臨菑亦海岱之間一都會也。其俗寬緩,闊達而足智,好議論,地重,難動搖,怯於眾鬬,勇於持刺,故多刼人者,大國之風也。其中具五民。

而鄒鄒縣。、魯兖州。濱洙、泗,猶有周公遺風,俗好儒,備於禮,故其民齪齪。頗有桑麻之業,無林澤之饒。地小人眾,儉嗇,畏罪遠邪。及其衰,好賈趨利,甚於周人。

夫自鴻溝以東,芒、碭以北,屬巨野,此梁、宋也。歸德。陶、睢陽亦一都會也。昔堯作游成陽,舜漁於雷澤,湯止於亳。其俗猶有先王遺風,重厚,多君子,好稼穡,雖無山川之饒,能惡衣食,致其蓄藏。|洛陽,河南地,乃三河之第三段,因河南遂及齊、鄒、魯、梁、宋。○三河序完。

---

① 悍,中華書局本《史記》作"捍"。

越、楚則有三俗。第三節,是三楚。夫自淮北沛沛縣、陳陳州、汝南汝寧、南郡南陽,此西楚也。其俗剽輕,易發怒,地薄,寡於積聚。|江陵荆州。故郢都,西通巫、巴,東有雲夢之饒。|陳在楚夏之交,通魚鹽之貨,其民多賈。|徐徐州、僮、取慮二縣在泗州,則清刻矜己諾。|西楚,今江南、湖廣,是三楚之第一段。

彭城徐州以東,東海海州、吳蘇州、廣陵揚州,此東楚也。其俗類徐、僮。朐海州、繒沂州以北,俗則齊。浙江南則越。紹興。|夫吳自闔閭、春申、王濞三人,招致天下之喜游子弟,東有海鹽之饒,章山之銅,三江、五湖之利,亦江東一都會也。|東楚,今江南、浙江,乃三楚之第二段。

衡山衡州、九江九江、江南宣州、豫章南昌、長沙長沙,是南楚也,其俗大類西楚。|郢之後徙壽春鳳陽,亦一都會也。而合肥廬州受南北潮,皮革、鮑、木輸會也。與閩中福建、於越浙東雜俗,故南楚好辭,巧說少信。|江南卑濕,丈夫早夭。多竹木。|豫章出黄金,長沙出連、錫,然堇堇物之所有,取之不足以更費。|言厪厪有之,不足償費取之難也。九疑、蒼梧廣西以南,至儋耳者儋州,與江南大同俗,而楊越多焉。|楊越之俗爲多。番禺廣東亦其一都會也,珠璣、犀、瑇瑁、果、布之湊。|南楚,今江西、湖廣,乃三楚之第三段。因南楚,遂及福建、浙東、廣東、廣西。〇三楚序完。

潁川、南陽,河南。夏人之居也。夏人政尚忠樸,猶有先王之遺風。潁川敦愿。秦末世,遷不軌之民於南陽。南陽西通武關、鄖關,東南受漢、江、淮。宛亦一都會也。俗雜,好事,業多賈。其任俠,交通潁川,故至今謂之“夏人”。|又補序河南一段。蓋三河者,王者所更居。前言唐、殷、周,今補出夏。

夫天下物所鮮所多，人民謠俗，疑是結上文，而或有脱簡。山東食海鹽，山西食鹽鹵，嶺南、沙北，固往往出鹽，大體如此矣。補出食鹽。鹽則天下所皆有也，故另序。

總之，楚越之地，地廣人希，飯稻羹魚，或火耕而水耨，果隋蠃蛤，不待賈而足，地勢饒食，無饑饉之患，以故呰窳偷生，無積聚而多貧。是故江淮以南，無凍餓之人，亦無千金之家。沂、泗水以北，宜五穀桑麻六畜，地小人衆，數被水旱之害，民好畜藏，故秦、夏、梁、魯，好農而重民。三河、宛、陳亦然，加以商賈。齊、趙設智巧，仰機利。燕、代田畜而事蠶。此一節，總收上三節十段，畧盡，如戶籍之總數奏本之貼黄，蓋前三節，長江大河，不可便住，故又委之於尾閭也。

由此觀之，四字直貫通篇。蓋世不至治，而使俗漸民，嗜欲既多，巧拙互競、仁義勢力、奉生送死，無事不出於貨，故上下愚智，沒溺而不出也。又序若干種人，照耀通篇，所謂熙熙攘攘，無非爲利，趨下若水，而眇論終不能化矣，不亦可哀也哉！〇以下數段，皆篇中所有，似應，似不應，而通篇神理，俱收於內。賢人深謀於廊廟，論議朝廷，守信死節，隱居巖穴之士，設爲名高者安歸乎？歸於富厚也。是以廉吏久，久更富，廉賈歸富。富者，人之情性，所不學而俱欲者也。插一段，總上起下。故壯士在軍，攻城先登，陷陣卻敵，斬將搴旗，前蒙矢石，不避湯火之難者，爲重賞使也。其在閭巷少年，攻剽椎埋，刼人作奸，掘冢鑄幣，任俠并兼，借交報讎，篡逐幽隱，不避法禁，走死地如騖者，其實皆爲財用耳。今夫趙女鄭姬，設形容，揳鳴琴，揄長袂，躡利屣，目挑心招，出不遠千里，不擇老少者，奔富厚也。游閒公子，飾冠劍，連車騎，亦爲富貴容也。弋射漁獵，犯晨夜，冒霜雪，馳阬谷，不避猛獸之害，爲得味也。博戲馳逐，鬭雞走狗，作色相矜，必爭勝者，重失負也。醫方諸食伎術之人，焦神極能，爲重糈也。吏士舞文弄

法,刻章僞書,不避刀鋸之誅者,沒於賂遺也。農工商賈畜長,固求富益貨也。凡九段,如風如雲,一氣滚下,而中多變化之妙。此有知盡能索耳,終不餘力而讓財矣。|總結上九項,説得天下之人,焦心勞思,俱爲財用,而財足以奔走天下如此駒隙光中,忙忙碌碌,半爲謀生所悮,人生亦何樂哉?史公句句感慨。

諺曰:"百里不販樵,千里不販糴。"居之一歲,種之以穀;十歲,樹之以木;百歲,來之以德。德者,人物之謂也。頂上言貨殖之急,故不可不度地,不可不趨時,然貨殖之中,恒產爲重,又爲詳言之也。今有無秩禄之奉,爵邑之入,而樂與之比者。命曰"素封"。封者,食租稅,歲率戶二百。千戶之君,則二十萬,朝覲聘享出其中。庶民農工商賈,又點。率亦歲萬,息二千户;百萬之家,則二十萬,而更猺租賦出其中。衣食之欲,恣所好美矣。故曰,陸地,牧馬二百蹄,牛蹄角千,千足羊;澤中,千足彘;水居,千石魚陂;山居,千章之材;安邑,千樹棗;燕、秦千樹栗;蜀、漢、江陵,千樹橘;淮北、常山已南,河濟之間,千樹荻;陳、夏,千畝漆;齊、魯,千畝桑麻;渭川,千畝竹;及名國萬家之城,帶郭千畝,畝鍾之田,若千畝卮茜,千畦薑韭:此其人皆與千戶侯等。歲可息二十萬也。然是富給之資也,凡序地三段,前後相應,然前二段是出貨與殖貨之地。此言土著之民,必有如是之產,而後富給與封君等也。不窺市井,不爲工賈。不行異邑,不爲商。坐而待收,身有處士之義,而取給焉。若至家貧親老,妻子軟弱,歲時無以祭祀,進醵,飲食,被服不足以自通,如此不慙恥,則無所比矣。一反。是以無材作力,少有鬬智,既饒爭時,此其大經也。又振一筆。今治生不待危身取給,則賢人勉焉。是故本富爲上,末富次之,奸富最下。下半篇本富、末富是主意。無巖處奇士之

行，而長貧賤，好語仁義，亦足羞也。|又反掉一筆，不但文法層折之妙，亦曲寫貧賤之爲時所輕也。

凡編戶之民，富相什則卑下之，伯則畏憚之，千則役，萬則僕，物之理也。夫用貧求富，農不如工，工不如商，農、工、商又點。刺繡文，不如倚市門，此言末業，貧者之資也。上言恒產所入，富給之資，固也。無奈貧無恒產者，不得不爭末業，而爲工商耳。上本富，此下末富也。通邑大都，即一都一邑，總算歲用若干而積著之家爲之消息。上乃定數，此乃用數也。酤，一歲千釀，"一歲"二字，直貫至末。醯醬千瓨，醬千甔，屠牛羊彘千皮，販穀糶千鍾，薪藁千車，船長千丈，木千章，竹竿萬個，其軺車百乘，牛車千兩，木器髤者千枚，銅器千鈞，素木鐵器若卮茜千石，若，及也。馬蹄躈千，牛千足，羊彘千雙，僮手指千，筋角丹砂千斤，其帛絮細布千鈞，文綵千匹，榻布皮革千石，榻布，粗布，故與皮革同。漆千斗，糵麯[①]鹽豉千荅，鮐鮆千斤，鯫千石，鮑千鈞，棗栗千石者三之，三千石也。狐貂裘千皮，羔羊裘千石，旃席千具，他果菜千鍾，子貸金錢千貫，節駔儈，駔儈，會算之人也。節取一歲之數，而爲之積著，爲之斥賣也。貪賈三之，廉賈五之，貪者多失時，故三之；廉者無息幣，故五之也。此亦比千乘之家，其大率也。佗雜業不中什二，則非吾財也。|不能三五，而至於二，則財不羸矣。

請畧道當世千里之中，賢人所以富者，令後世得以觀擇焉。議論已完，又入序事，此下皆漢以後諸人。

蜀卓氏之先，趙人也，用鐵冶富。秦破趙，遷卓氏。卓氏見鹵畧，獨夫妻推輦，行詣遷處。諸遷鹵少有餘財，爭與吏，求近處，處葭萌。唯卓氏曰："此地狹薄。吾聞汶山之下，沃野，下有蹲鴟，至

---

① 麯，中華書局本《史記》作"麴"。

死不饑。民工於市,易賈。"乃求遠遷。致之臨卭,大喜,即鐵山鼓鑄,運籌策,傾滇蜀之民,富至僮千人。田池射獵之樂,擬於人君。|必有恒產取給,不入市井,不行異邑,而比於封君者,乃爲本富。蜀卓氏以下,皆所謂以末致財,用本守之者也。○以下序法有詳畧變化之妙。

程鄭,山東遷虜也,亦冶鑄,賈椎髻之民,富埒卓氏,俱居臨卭。|程鄭接卓氏畧序。

宛孔氏之先,梁人也,用鐵冶爲業。秦伐魏,遷孔氏南陽。大鼓鑄,規陂池,連車騎,游諸侯,因通商賈之利,有游閒公子之賜與名。然其贏得過當,愈於纖嗇,家致富數千金,故南陽行賈,盡法孔氏之雍容。|

魯人族[①]儉嗇,而曹邴氏尤甚,以鐵冶起,富至巨萬。然家自父兄子孫約,俛有拾,仰有取,貰貸行賈徧郡國。鄒、魯以其故多去文學而趨利者,以曹邴氏也。|

齊俗賤奴虜,而刁閒獨愛貴之。桀黠奴,人之所患也,唯刁閒收取,使之逐漁鹽商賈之利,或連車騎,交守相,然愈益任之。作三層寫,方詳盡。終得其力,起富數千萬。故曰"寧爵毋刁",不明,諸解俱與下文不合。言其能使豪奴自饒而盡其力。|

周人既纖,而師史尤甚,轉轂以百數,賈郡國,無所不至。洛陽街居在齊秦楚趙之中,貧人學事富家,相矜以久賈,數過邑不入門,設任此等,故師史能致七千萬。|

宣曲任氏之先,爲督道倉吏。秦之敗也,豪傑皆爭取金玉,而任氏獨窖倉粟。楚漢相距滎陽也,民不得耕種,米石至萬,而豪傑金玉,盡歸任氏,任氏以此起富。富人爭奢侈,而任氏折節爲儉,

① 族,中華書局本《史記》作"俗"。

力田畜。田畜人爭取賤賈,任氏獨取貴善。富者數世。然任公家約,非田畜所出弗衣食,公事不畢,則身不得飲酒食肉。以此爲閭里率,故富而主上重之。|

塞之斥也,唯橋姚已致馬千匹,牛倍之,羊萬頭,粟以萬鍾計。|橋姚畧。

吳楚七國兵起時,長安中列侯封君,行從軍旅,齎貸子錢,子錢家以爲侯邑國在關東,關東成敗未決,莫肯與。唯無鹽氏出捐千金貸,其息什之。三月,吳楚平,一歲之中,則無鹽氏之息什倍,用此富埒關中。|

關中富商大賈,大抵盡諸田,田嗇、田蘭。韋家,栗氏,安陵杜,杜氏,亦巨萬。此其章章尤異者也。|

皆非有爵邑奉祿弄法犯奸而富,盡椎埋去就,與時俯仰,獲其贏利,以末致財,用本守之,以武一切,用文持之,變化有槩,故足術也。|總結以上諸人。

若至力農畜,工虞商賈,農工虞商應前。爲權利以成富,大者傾郡,中者傾縣,下者傾鄉里者,不可勝數。

夫纖嗇筋力,治生之正道也,而富者必用奇勝。田農拙業,而秦揚以蓋一州。掘冢,奸事也,而田叔以起。博戲,惡業也,而桓發用之富。行賈,丈夫賤行也,而雍樂成以饒。販脂,辱處也,而雍伯千金。賣漿,小業也,而張氏千萬。灑削,薄伎也,而郅氏鼎食。胃脯,簡微耳,濁氏連騎。馬醫,淺方,張里擊鍾。此皆誠壹之所致。秦陽以下是奸富。○前列太公、句踐,整序五段,復列猗頓、郭縱散序一段;此列卓氏、程鄭,整序九段,復列秦陽、曲叔,散序一段,前後出一機軸。由是觀之,總結通篇,以贊歎語作收。富無經業,則貨無常主,

能者輻湊,不肖者瓦解。|應前“巧者有餘,拙者不足”。千金之家,比一都之君巨萬者,乃與王者同樂。豈所謂“素封”者邪?非也?應封君事,趁勢一掉,氣已收盡,而意則無窮。

《史記》序事之文,間以議論副之。此則純以諸公事實,佐我議論,故先出若干人,後出若干人,不過借爲文中照應引証。而文之奇妙,業已獨絶千古矣!〇此文分兩半篇,前半是富國、富家,後半是本富、末富、奸富。前半序漢以前事,後半則序漢以後事。〇此文又分數截。前總論,是一截。太公諸傳,是一截。漢興以下,序天下人民土俗,是一截。“由是觀之”以下,是一截。卓氏諸傳,是一截。一段換一樣文法,一樣筆力,豈非神伎!〇關中一段,是貨殖之地,前後皆殖貨之人。其中若瑣碎,頭緒多,其實則分三節,關中是第一節,三河是一節,三楚是一節,明如畫石。〇其局調之排蕩、起伏之層疊、句法之古峭變化,又其剩伎也。

太史公自序

昔在顓頊,命南正重以司天,北正黎以司地。唐虞之際,紹重黎之後,使復典之,至於夏商,故重黎氏世序天地。其在周,程伯休甫其後也。丨先序世系,分三節,第一節,顓項至夏商。當周宣王時,失其守,而爲司馬氏。司馬氏世典周史。惠襄之間,司馬氏去周適晉。晉中軍隨會奔秦,而司馬氏入少梁。

自司馬氏去周適晉,分散,或在衛或在趙,或在秦。其在衛者,相中山。在趙者,以傳劍論顯,蒯聵其後也。丨第二節在周。在秦者名錯,與張儀爭論,於是惠王使錯將伐蜀,遂拔,因而守之。錯孫靳,事武安君白起。而少梁更名曰夏陽。靳與武安君阬趙長平軍,還而與之俱賜死杜郵葬於華池。靳孫昌,昌爲秦主鐵官,當始皇之時。蒯聵玄孫卬爲武信君將,而徇朝歌。諸侯之相王,王卬於殷。漢之伐楚,卬歸漢,以其地爲河内郡。丨三節在秦總序,後半段又分三節。昌生無澤,無澤爲漢市長。無澤生喜,喜爲五大夫,卒,皆葬高門。喜生談,丨一段世系,下乃入談傳。談爲太史公。

太史公學天官於唐都,受《易》於揚何,習道論於黄子。三總句,黄老是主。太史公仕於建元元封之間,愍學者之不達其意而師悖，乃論六家之要指曰：

《易大傳》："天下一致而百慮，同歸而殊塗。"先從《易》起，頂受《易》來。夫陰陽、儒、墨，名、法、道德，此務爲治者也，直所從言之異路，有省不省耳。丨先點六家名目作一段。嘗竊觀陰陽之術，大祥而衆忌諱，使人拘而多所畏；然其序四時之大順，不可失也。儒者博而寡要，勞而少功，是以其事難盡從；然其序君臣父子之禮，列夫婦長幼之別，不可易也。丨墨者儉而難遵，是以其事不可徧循；然其彊本節用，不可廢也。丨法家嚴而少恩；然其正君臣上下之分，不可改矣。丨獨換一"矣"字。名家使人儉而善失真；然其正名實，不可不察也。道家使人精神尚一，動合無形，贍足萬物。其爲術也，因陰陽之大順，采儒墨之善，撮名法之要，又總貫點六家。與時遷移，應物變化，立俗施事，無所不宜，指約而易操，事少而功多。儒者則不然。以爲人主天下之儀表也，主倡而臣和，主先而臣隨。如此則主勞而臣逸。至於大道之要，去健羨，絀聰明，釋此而任術。夫神大用則竭，形大勞則敝。形神騷動，欲與天地長久，非所聞也。丨先畧序六家大指作一段，又提出儒家一節，變。

夫陰陽四時、八位、十二度、二十四節，各有教令，順之者昌，逆之者不死則亾，未必然也，故曰"使人拘而多畏"。夫春生夏長，秋收冬藏，此天道之大經也，弗順則無以爲天下綱紀，故曰"四時之大順，不可失也"。

夫儒者以六藝爲法。六藝經傳以千萬數，累世不能通其學，當年不能究其禮，故曰"博而寡要，勞而少功"。若夫列君臣父子之禮，序夫婦長幼之別，雖百家弗能易也。

墨者亦尚堯舜道，言其德行，曰："堂高三尺，土階三等，茅茨不翦，采椽不刮。食土簋，啜土刑，糲粱之食，藜藿之羹。夏日葛衣，冬日鹿裘。"其送死，桐棺三寸，舉音不盡其哀。教喪禮，必以此爲萬民之率。使天下法，若此則尊卑無别也。夫世異時移，事業不必同，故曰"儉而難遵"。要曰彊本節用，則人給家足之道也。此墨子之所長，雖百家弗能廢也。

法家不别親疏，不殊貴賤，一斷於法，則親親尊尊之恩絶矣。可以行一時之計，而不可長用也，故曰"嚴而少恩"。若尊主卑臣，明分職，不得相踰越，雖百家弗能改也。

名家苛察繳繞，使人不得反其意，專決於名而失人情，故曰"使人儉而善失真"。若夫控名責實，參伍不失，此不可不察也。|又排六家作一段，前段由正而反，故用"然其"轉，此段由反而正，故用"故曰"接。

道家無爲，又曰無不爲，其實易行，其辭難知。其術以虚無爲本，以因循爲用。無成勢，無常形，故能究萬物之情。不爲物先，不爲物後，故能爲萬物主。有法無法，因時爲業；有度無度，因物與合。故曰"聖人不朽，時變是守。虚者道之常也，因者君之綱"也。群臣並至，使各自明也。其實中其聲者謂之端，實不中其聲者謂之窾。窾言不聽，姦乃不生，賢不肖自分，白黑乃形。在所欲用耳，何事不成。乃合大道，混混冥冥。光耀天下，復反無名。凡人所生者神也，所託者形也。神大用則竭，形大勞則敝，形神離則死。死者不可復生，離者不可復反，故聖人重之。正與前段應。由是觀之，神者生之本也，形者生之具也。不先定其神，而曰"我有以治天下"，何由哉？丨論六家作三層排序，妙！

太史公既掌天官，不治民。前點《易》、天官、黄老，《易》與黄老說過，此歸到天官結。〇談傳終，下乃入遷傳。有子曰遷。

遷生龍門，耕牧河山之陽。年十歲，則誦古文。二十而南游江、淮，上會稽，探禹穴，闚九疑，浮於沅、湘；北涉汶、泗，講業齊、魯之都，觀孔子之遺風，鄉射鄒、嶧；戹困鄱、薛、彭城，過梁、楚以歸。一段散序，句句換法。於是遷仕爲郎中，奉使西征巴、蜀以南，南畧邛、筰、昆明，前句法餘波。還報命。

是歲天子始建漢家之封，而太史公留滯周南，不得與從事，故發憤且卒。而子遷適使反，見父於河洛之間。接湊得緊。太史公執遷手而泣曰："余先周室之太史也。自上世常①顯功名於虞夏，典天官事。後世中衰，絶於予乎？一轉。汝復爲太史，則續吾祖矣。二轉。今天子接千歲之統，封泰山，而予②不得從行，是命也夫，命也夫！三轉。余死，汝必爲太史；爲太史，無忘吾所欲論著矣。四轉。句句轉折，字字淒咽，斷斷續續，一絲兩氣。寫臨終語，藹然淒然。且夫孝始於事親，中於事君，終於立身。揚名於後世，以顯父母，此孝之大者。夫天下稱誦周公，言其能論歌文武之德，宣周召之風，達太王王季之思慮，爰及公劉，以尊后稷也。幽厲之後，王道缺，禮樂衰，孔子修舊起廢，論《詩》《書》，作《春秋》，則學者至今則之。自獲麟以來，四百有餘歲，而諸侯相兼，史記放絶。今漢興，海內一統，明主賢君忠臣死義之士，余爲太史而弗論載，廢天下之史文，余甚懼焉，汝其念哉！"此段方論著書本意，歸到孔子《春秋》，究竟

① 常，中華書局本《史記》作"嘗"。

② 予，中華書局本《史記》作"余"。

是儒家事,乃知史公所譏,乃後世之儒,而非孔子之道也。遷俯首流涕曰:"小子不敏,請悉論先人所次舊聞,弗敢闕。"|一結。下入壺遂問答,一篇另起。

卒三歲,而遷爲太史令,紬史記石室金匱之書。五年而當太初元年,十一月甲子朔旦冬至,天歷(曆)始改,建於明堂,諸神受紀。

太史公曰:"先人有言:'自周公卒五百歲而有孔子。接上,脈絡不亂。孔子卒後,至於今五百歲,有能紹明世,正《易傳》,繼《春秋》,本《詩》《書》《禮》《樂》之際?'前六家論,先點明序目,後作三段序,歸到黄老,此亦先點明《易傳》《詩》《書》《禮》《樂》,後亦作三段序,歸到《春秋》,一樣章法。意在斯乎!意在斯乎!小子何敢讓焉。"|應"弗敢闕"。

上大夫壺遂曰:"昔孔子何爲而作《春秋》哉?"先單提《春秋》,法變。太史公曰:"余聞董生曰:'周道衰廢,孔子爲魯司寇,諸侯害之,大夫壅之。孔子知言之不用,道之不行也,是非二百四十二年之中,以爲天下儀表,貶天子,退諸侯討大夫,以達王事而已矣。'子曰:'我欲載之空言,不如見之於行事之深切著明也。'夫《春秋》,上明三王之道,下辯[1]人事之紀,別嫌疑,明是非,定猶豫,善善,惡惡,賢賢,賤不肖,存亾國,繼絕世,補敝起廢,王道之大者也。|《易》著天地陰陽,四時五行,故長於變;《禮》經紀人倫,故長於行;《書》記先王之事,故長於政;《詩》記山川[2]谿谷,禽獸草木,牝牡雌雄,故長於風;《樂》樂所以立,故長於和;《春秋》辯是

① 辯,中華書局本《史記》作"辨"。
② 川,底本作"用",疑誤,據校本改。

非,故長於治人。是故《禮》以節人,《樂》以發和,《書》以道事,《詩》以達意,《易》以道化,《春秋》以道義。|前平排六家歸到黄老,此先提《春秋》,以六經組織於中更覺華燦。撥亂世,反之正,莫近於《春秋》。又歸到《春秋》,《春秋》,文成數萬,其指數千。萬物之散聚,皆在《春秋》。《春秋》之中,弑君三十六,亾國五十二,諸侯奔走,不得保其社稷者,不可勝數。察其所以,皆失其本矣[①]。故《易》曰'失之毫[②]釐,差以千里'。故曰'臣弑君,子弑父,非一旦一夕之故也,其漸久矣'。故有國者不可以不知《春秋》,前有讒而弗見,後有賊而不知。爲人臣者不可以不知《春秋》,守經事而不知其宜,遭變事而不知其權。爲人君父而不通於《春秋》之義者,必蒙首惡之名。爲人臣子而不通於《春秋》之義者,必陷簒弑之誅,死罪之名。其實皆以爲善,爲之不知其義,被之空言而不敢辭。文勢如風檣陳馬,不可逼視。夫不通禮義之旨,至於君不君,臣不臣,父不父,子不子。君不君則犯,臣不臣則誅,父不父則無道,子不子則不孝。總結一束。此四行者,天下之大過也。以天下之大過予之,則受而弗敢辭。故《春秋》者,禮義之大宗也。夫禮禁未然之前,法施已然之後;法之所爲用者易見,而禮之所爲禁者難知。"|又提出《禮》,作陪説。

壺遂曰:"孔子之時,上無明君,下不得任用,故作《春秋》,垂空文以斷禮義,當一王之法。今夫子上遇明天子,下得守職,萬事既具,咸各序其宜,夫子所論,欲以何明?"

太史公曰:"唯唯,否否,不然。余聞之先人曰:'伏羲至純厚,

---

① 矣,中華書局本《史記》作"已"。
② 毫,中華書局本《史記》作"豪"。

作《易》《八卦》。堯舜之盛,《尚書》載之,禮樂作焉。湯武之隆,詩人歌之。又錯序六經作第三段。《春秋》采善貶惡,推三代之德,褒周室,非獨刺譏而已也。’歸到《春秋》。漢興以來至明天子,獲符瑞,建封禪,改正朔,易服色,受命於穆清,澤流罔極,海外殊俗,重譯欵塞,請來獻見者,不可勝道。臣下百官,力誦聖德,猶不能宣盡其意。且士賢能而不用,有國者之恥;主上明聖,而德不布聞,有司之過也。且余嘗掌其官,廢明聖盛德不載,滅功臣世家賢大夫之業不述,墮先人所言,罪莫大焉。應前。余所謂述故事,整齊其世傳,非所謂作也,而君比之於《春秋》,謬矣。”丨壺遂問答一篇完。

於是論次其文。七年五年、七年,作兩段序,好!而太史公遭李陵之禍,幽於縲絏。乃喟然而歎曰:“是余之罪也夫!是余之罪也夫!應前“命也夫”兩句。身毁不用矣。”退而深惟曰:“夫《詩》《書》隱約者,欲遂其志之思也。昔西伯拘羑里,演《周易》;孔子戹陳蔡,作《春秋》;屈原放逐,著《離騷》;左丘失明,厥有《國語》;孫子臏腳,而論兵法;不韋遷蜀,世傳《呂覽》;韓非囚秦,《説難》《孤憤》;又組織六經作餘波,而添出《離騷》《國語》等作陪,更妙!《詩》三百篇,大抵賢聖發憤之所爲作也。此人皆意有所鬱結,不得通其道也,又借《詩》作結,文法更變化。故述往事,思來者。”於是卒述陶唐以來,至於麟止,終以《春秋》自比,作結。自黄帝始。丨一段借六經餘波,結上起下,下始序《史記》篇目。

維昔黄帝,法天則地,四聖遵序,各成法度;唐堯遜位,虞舜不台;厥美帝功,萬世載之。作《五帝本紀》第一。

維禹之功,九州攸同,光唐虞際,德流苗裔;夏桀淫驕,乃放鳴條。作《夏本紀》第二。

維契作商,爰及成湯;太甲居桐,德盛阿衡;武丁得說,乃稱高宗;帝辛湛湎,諸侯不享。作《殷本紀》第三。

維棄作稷,德盛西伯;武王牧野,實撫天下;幽厲昏亂,既喪豊鎬;陵遲至赧;洛邑不祀。作《周本紀》第四。

維秦之先,伯翳佐禹;穆公思義,悼豪之旅;以人爲殉,詩歌黄鳥;昭襄業帝。作《秦本紀》第五。

始皇既立,并兼六國,銷鋒鑄鐻,維偃干革,尊號稱帝,矜武任力;二世受運,子嬰降虜。作《始皇本紀》第六。

秦失其道,豪傑並擾;項梁業之,子羽接之;殺慶救趙,諸侯立之;誅嬰背懷,天下非之。作《項羽本紀》第七。

子羽暴虐,漢行功德;憤發蜀漢,還定三秦;誅籍業帝,天下惟寧,改制易俗。作《高祖本紀》第八。

惠之早霣,諸吕不台;崇彊禄、産,諸侯謀之;殺隱幽友,大臣洞疑,遂及宗禍。作《吕太后本紀》第九。

漢既初興,繼嗣不明,迎[①]王踐祚,天下歸心;蠲除肉刑,開通關梁,廣恩博施,厥稱太宗。作《孝文本紀》第十。

諸侯驕恣,吴首爲亂,京師行誅,七國伏辜,天下翕然,大安殷富。作《孝景本紀》第十一。

漢興五世,隆在建元,外攘夷翟,内修法度,建封禪,改正朔,易服色。作《今上本紀》第十二。

維三代尚矣,年紀不可考,蓋取之譜諜,舊聞本於茲,於是畧推,作《三代世表》第一。

---

① 迎,底本作"遇",疑誤,據校本改。

幽厲之後,周室衰微,諸侯耑政,《春秋》有所不紀;而譜牒經畧,五霸更盛衰,欲睹周世相先後之意,作《十二諸侯年表》第二[1]。

春秋之後,陪臣秉政,彊國相王;以至于秦,卒并諸夏,滅封地,擅其號。作《六國年表》第三。

秦既暴虐,楚人發難,項氏遂亂,漢乃扶義征伐;八年之間,天下三擅[2],事繁變眾,故詳著《秦楚之際月表》第四。

漢興以[3]來,至于太初百年,諸侯廢立分削,譜紀不明,有司靡踵,彊弱之原云以世。作《漢興以來諸侯年表》第五。

維高祖元功,輔臣股肱,剖符而爵,澤流苗裔,忘其昭穆,或殺身隕國。作《高祖功臣侯者年表》第六。

惠景之間,維申功臣,宗族爵邑,作《惠景間侯者年表》第七。

北討彊胡,南誅勁越,征伐夷蠻,武功爰列。作《建元以來侯者年表》第八。

諸侯既彊,七國爲從,子弟眾多,無爵封邑,推恩行義,其勢銷弱,德歸京師。作《王子侯者年表》第九。

國有賢相良將,民之師表也。維見漢興以來,將相名臣年表,賢者記其治,不賢者彰其事。作《漢興以來將相名臣年表》第十。

維三代之禮,所損益各殊務,然要以近情性,通王道,故禮因人質,爲之節文,畧協古今之變。作《禮書》第一。

樂者,所以移風易俗也。自雅頌聲興,則已好鄭衛之音,鄭衛之音,所從來久矣。人情之所感,遠俗則懷。比樂書以述來古,作

---

① 二,底本作“三”,疑誤,據校本改。

② 擅,中華書局本《史記》作“嬗”。

③ 以,中華書局本《史記》作“已”。下同

《樂書》第二。

非兵不彊,非德不昌,黄帝、湯、武以興,桀、紂二世以崩,可不慎歟?司馬法所從來尚矣,太公、孫、吳、王子,能紹而明之,切近世,極人變。作《律書》第三。

律居陰而治陽,歷(曆)居陽而治陰,律歷(曆)更相治,間不容翲忽。五家之文怫異,維太初之元論。作《歷(曆)書》第四。

星氣之書,多雜機祥,不經;推其文,考其應,不殊。比集論其行事,驗於軌度,以次,作《天官書》第五。

受命而王,封禪之符罕用,用則萬靈罔不禋祀。追本諸神名山大川禮,作《封禪書》第六。

維禹浚川,九州攸寧;爰及宣防,決瀆通溝。作《河渠書》第七。

維幣之行,以通農商;其極則玩巧,并兼茲殖,爭於機利,去本趨末。作《平準書》以觀事變,第八。

太伯避歷,江蠻是適;文武攸興,古公王跡。闔廬弒僚,賓服荊楚;夫差克齊,子胥鴟夷;信嚭親越,吳國既滅。嘉伯之讓,作《吳世家》第一。

申、呂肖矣,尚父側微,卒歸西伯,文武是師;功冠群公,繆權于幽;番番黄髮,爰饗營丘。不背柯盟,桓公以昌,九合諸侯,霸功顯彰。田闞爭寵,姜姓解亾。嘉父之謀,作《齊太公世家》第二。

依之違之,周公綏之;憤發文德,天下和之;輔翼成王,諸侯宗周。隱桓之際,是獨何哉?三桓爭彊,魯乃不昌。嘉旦金縢,作《周公世家》第三。

武王克紂,天下未協而崩。成王既幼,管蔡疑之,淮彝叛之,於是召公率德，安集王室，以寧東土。燕易之禪，乃成禍亂。嘉《甘棠》之詩，作《燕世家》第四。

管蔡相武庚，將寧舊商；及旦攝政，二叔不饗；殺鮮放度，周公爲盟；大任十子，周以宗彊。嘉仲悔過，作《管蔡世家》第五。

王後不絕，舜禹是說；維德休明，苗裔蒙烈。百世享祀，爰周陳杞，楚實滅之。齊田既起，舜何人哉？作《陳杞世家》第六。

收殷餘民，叔封始邑，申以商亂，酒材是告，及朔之生，衛傾不寧；南子惡蒯聵，子父易名。周德卑微，戰國既彊，衛以小弱，角獨後亾。嘉彼《康誥》，作《衛世家》第七。

嗟箕子乎！嗟箕子乎！正言不用，乃反爲奴。武庚既死，周封微子。襄公傷於泓，君子孰稱。景公謙德，熒惑退行。剔成暴虐，宋乃滅亾。嘉微子問太師，作《宋世家》第八。

武王既崩，叔虞邑唐。君子譏名，卒滅武公。驪姬之愛，亂者五世；重耳不得意，乃能成霸。六卿專權，晉國以耗。嘉文公錫珪鬯，作《晉世家》第九。

重黎業之，吴回接之；殷之季世，粥子牒之。周用熊繹，熊渠是續。莊王之賢，乃復國陳；既赦鄭伯，班師華元。懷王客死，蘭咎屈原；好腴[①]信讒，楚并於秦。嘉莊王之義，作《楚世家》第十。

少康之子，實賓南海，文身斷髮，黿鱓與處，既守封禺，奉禹之祀。句踐困彼，乃用種、蠡。嘉句踐夷蠻，能修其德，滅彊吴以尊周室，作《越王句踐世家》第十一。

桓公之東，太史是庸。及侵周禾，王人是議。祭仲要盟，鄭久

① 腴，中華書局本《史記》作"諛"。

不昌。子產之仁,紹世稱賢。三晉侵伐,鄭納於韓。嘉厲公納惠王,作《鄭世家》第十二。

維驥騄耳,乃章造父。趙夙事獻,衰續厥緒。佐文尊王,卒爲晉輔。襄子困辱,乃禽智伯。主父生縛,餓死探爵。王遷辟淫,良將是斥。嘉鞅討周亂,作《趙世家》第十三。

畢萬爵魏,卜人知之。及絳戮干,戎翟和之。文侯慕義,子夏師之。惠王自矜,齊秦攻之。既疑信陵,諸侯罷之。卒亾大梁,王假廝之。嘉武佐晉文申霸道,作《魏世家》第十四。

韓厥陰德,趙武攸興。紹絕立廢,晉人宗之。昭侯顯列,申子庸之。疑非不信,秦人襲之。嘉厥輔晉,匡周天子之賦,作《韓世家》第十五。

完子避難,適齊爲援,陰施五世,齊人歌之。成子得政,田和爲侯。王建動心,乃遷於共。嘉威、宣能撥濁世而獨宗周,作《田敬仲完世家》第十六。

周室既衰,諸侯恣行。仲尼悼禮廢樂崩,追修經術,以達王道,匡亂世反之於正,見其文辭,爲天下制儀法,垂六藝之統紀於後世。作《孔子世家》第十七。

桀、紂失其道,而湯、武作,周失其道而《春秋》作。秦失其政,而陳涉發迹,諸侯作難,風起雲蒸,卒亾秦族。天下之端,自涉發難。作《陳涉世家》第十八。

成皋之臺,薄氏始基。詘意適代,厥崇諸竇。栗姬偩貴,王氏乃遂。陳后太驕,卒尊子夫。嘉夫德若斯,作《外戚世家》第十九。

漢既譎謀,禽信於陳;越荊剽輕,乃封弟交爲楚王,爰都彭城,以彊淮泗,爲漢宗藩。戊溺於邪,禮復紹之。嘉游輔祖,作《楚元王世家》第二十。

維祖師旅，劉賈是與；爲布所襲，喪其荊、吳。營陵激呂，乃王琅邪；怵午信齊，往而不歸，遂西入關，遭立孝文，獲復王燕。天下未集[①]，賈、澤以族，爲漢藩輔。作《荊燕世家》第二十一。

天下已平，親屬既寡；悼惠先壯，實鎮東土。哀王擅興，發怒諸呂，駟鈞暴戾，京師弗許。厲之内淫，禍成主父。嘉肥股肱，作《齊悼惠王世家》第二十二。

楚人圍我滎陽，相守三年；蕭何填撫山西，推計踵兵，給糧食不絶，使百姓愛漢，不樂爲楚。作《蕭相國世家》第二十三。

與信定魏，破趙拔齊，遂弱楚人。續何相國，不變不革，黎庶攸寧。嘉參不伐功矜能，作《曹相國世家》第二十四。

運籌帷幄之中，制勝於無形，子房計謀其事，無知名，無勇功，圖難於易，爲大於細。作《留侯世家》第二十五。

六奇既用，諸侯賓從於漢；呂氏之事，平爲本謀，終安宗廟，定社稷。作《陳丞相世家》第二十六。

諸呂爲從，謀弱京師，而勃反經合於權；吳楚之兵，亞夫駐於昌邑，以戹齊趙，而出委以梁。作《絳侯世家》第二十七。

七國叛逆，蕃屏京師，唯梁爲扞；偩愛矜功，幾獲於禍。嘉其能距吳楚，作《梁孝王世家》第二十八。

五宗既王，親屬洽和，諸侯大小爲藩，爰得其宜，僭擬之事稍衰貶矣。作《五宗世家》第二十九。

三子之王，文辭可觀。作《三王世家》第三十。

---

① 集，底本作"焦"，疑誤，據校本改。

末世爭利，維彼奔義；讓國餓死，天下稱之。作《伯夷列傳》第一。

晏子儉矣，夷吾則奢；齊桓以霸，景公以治。作《管晏列傳》第二。

李耳無爲自化，清淨自正；韓非揣事情，循勢理。作《老子韓非列傳》第三。

自古王者而有司馬法，穰苴能申明之。作《司馬穰苴列傳》第四。

非信廉仁勇，不能傳兵論劍，與道同符，內可以治身，外可以應變，君子比德焉。作《孫子吳起列傳》第五。

維建遇讒，爰及子奢，尚既匡父，伍員奔吳。作《伍子胥列傳》第六。

孔子述文，弟子興業，咸爲師傅，崇仁厲義。作《仲尼弟子列傳》第七。

鞅去衛適秦，能明其術，彊霸孝公，後世遵其法。作《商君列傳》第八。

天下患衡秦毋饜，而蘇子能存諸侯，約從以抑貪彊。作《蘇秦列傳》第九。

六國既從親，而張儀能明其說，復散解諸侯。作《張儀列傳》第十。

秦所以東攘雄諸侯，樗里、甘茂之策。作《樗里甘茂列傳》第十一。

苞河山，圍大梁，使諸侯斂手而事秦者，魏冉之功。作《穰侯列傳》第十二。

南拔鄢郢,北摧長平,遂圍邯鄲,武安爲率;破荊滅趙,王翦之計。作《白起王翦列傳》第十三。

獵儒墨之遺文,明禮義之統紀,絕惠王利端,列往世興衰。作《孟子荀卿列傳》第十四。

好客喜士,士歸于薛,爲齊扞楚魏。作《孟嘗君列傳》第十五。

爭馮亭以權,如楚以救邯鄲之圍,使其君復稱於諸侯。作《平原君虞卿列傳》第十六。

能以富貴下貧賤,賢能詘於不肖,唯信陵君爲能行之。作《魏公子列傳》第十七。

以身殉[①]君,遂脱彊秦,使馳說之士,南鄉走楚者,黄歇之義。作《春申君列傳》第十八。

能忍詢於魏齊,而信威於彊秦,推賢讓位,二子有之。作《范雎蔡澤列傳》第十九。

率行其謀,連五國兵,爲弱燕報彊齊之讎,雪其先君之恥。作《樂毅列傳》第二十。

能信意彊秦,而屈體廉子,用狗其君,俱重於諸侯。作《廉頗藺相如列傳》第二十一。

湣王既失臨淄而奔莒,唯田單用即墨,破走騎劫,遂存齊社稷。作《田單列傳》第二十二。

能設詭說,解患於圍城,輕爵祿,樂肆志。作《魯仲連鄒陽列傳》第二十三。

作辭以諷諫,連類以爭義,離騷有之。作《屈原賈生列傳》第

① 殉,中華書局本《史記》作"徇"。

二十四。

結子楚親，使諸侯之士，斐然爭入事秦。作《呂不韋列傳》第二十五。

曹子匕首，魯獲其田，齊明其信；豫讓義不爲二心。作《刺客列傳》第二十六。

能明其畫，因時推秦，遂得意於海內，斯爲謀首。作《李斯列傳》第二十七。

爲秦開地益眾，北靡匈奴，據河爲塞，因山爲固，建榆中。作《蒙恬列傳》第二十八。

填趙，塞常山，以廣河山[①]，弱楚權，明漢王之信於天下。作《張耳陳餘列傳》第二十九。

收西河、上黨之兵，從至彭城；越之侵掠梁地，以苦項羽。作《魏豹彭越列傳》第三十。

以淮南叛楚歸漢，漢用得大司馬殷，卒破子羽於垓下。作《黥布列傳》第三十一。

楚人迫我京索，而信拔魏趙，定燕齊，使漢三分天下有其二，以滅項籍。作《淮陰侯列傳》第三十二。

楚漢相距鞏洛，而韓信爲填潁川，盧綰絕籍糧餉。作《韓王信[②]盧綰列傳》第三十三。

諸侯叛[③]項王，唯齊連子羽城陽，漢得以間，遂入彭城。作《田儋列傳》第三十四。

---

① 山，中華書局本《史記》作“內”。

② 韓王信，中華書局本《史記》作“韓信”。

③ 叛，中華書局本《史記》作“畔”。

攻城野戰，獲功歸報，噲、商有力焉，非獨鞭策，又與之脱難。作《樊酈列傳》第三十五。

漢既初定，又[①]理未明，蒼爲主計，整齊度量，序歷(曆)律。作《張丞相列傳》第三十六。

結言通使，約懷諸侯；諸侯咸親，歸漢爲藩輔。作《酈生陸賈列傳》第三十七。

欲詳知秦楚之事，維周緤常從高祖，平定諸侯。作《傅靳蒯成列傳》第三十八。

徙彊族，都關中，和約匈奴；明朝廷禮，次宗廟儀法。作《劉敬叔孫通列傳》第三十九。

能摧剛作柔，卒爲列臣；欒公不劫於勢而倍死。作《季布欒布列傳》第四十。

敢犯顔色，以達主義，不顧其身，爲國家樹長畫。作《袁盎鼂錯列傳》第四十一。

守法不失大理，言古賢人，增主之明。作《張釋之馮唐列傳》第四十二。

敦厚慈孝，訥於言，敏於行，務在鞠躬，君子長者。作《萬石張叔列傳》第四十三。

守節切直，義足以言廉，行足以厲賢，任重權，不可以非理撓。作《田叔列傳》第四十四。

扁鵲言醫，爲方者宗，守數精明；後世修序，弗能易也，而倉公可謂近之矣。作《扁鵲倉公列傳》第四十五。

---

① 又，中華書局本《史記》作“文”。

維仲之省,厥濞王吳,遭漢初定,以填撫江淮之間。作《吳王濞列傳》第四十六。

吳楚爲亂,宗屬唯嬰,賢而喜士,士鄉之,率師抗山東滎陽。作《魏其武安列傳》第四十七。

智足以應近世之變,寬足用得人。作《韓長孺列傳》第四十八。

勇於當敵,仁愛士卒,號令不煩,師徒鄉之。作《李將軍列傳》第四十九。

自三代以來,匈奴常爲中國患害;欲知彊弱之時,設備征討,作《匈奴列傳》第五十。

直曲塞,廣河南,破祈連,通西國,靡北胡。作《衛將軍驃騎列傳》第五十一。

大臣宗室,以侈靡相高,唯弘用節衣食,爲百吏先。作《平津侯列傳》第五十二。

漢既平中國,而佗能集楊越,以保南藩,納貢職。作《南越列傳》第五十三。

吳之叛逆,甌人斬濞,葆守封禺爲臣。作《東越列傳》第五十四。

燕丹散亂遼間,滿收其亾民,厥聚海東,以集真藩,葆塞爲外臣。作《朝鮮列傳》第五十五。

唐蒙使畧通夜郎,而卭笮之君,請爲內臣,受吏。作《西南彝列傳》第五十六。

子虛之事,大人賦說,靡麗多誇,然其指風諫,歸於無爲。作《司馬相如列傳》第五十七。

黥布叛逆，子長國之，以填江淮之南，安剽楚庶民。作《淮南衡山列傳》第五十八。

奉法循理之吏，不伐功矜能，百姓無稱，亦無過行。作《循吏列傳》第五十九。

正衣冠，立於朝廷，而群臣莫敢言浮說，長孺矜焉；好薦人，稱長者，壯有溉。作《汲鄭列傳》第六十。

自孔子卒，京師莫崇庠序，唯建元元狩之間，文辭粲如也。作《儒林列傳》第六十一。

民倍本，多巧姦，軌弄法，善人不能化，唯一切嚴削，爲能齊之。作《酷吏列傳》第六十二。

漢既通使大夏，而西極遠蠻，引領內鄉，欲觀中國。作《大宛列傳》第六十三。

救人於戹，振人不贍，仁者有乎；不既信，不倍言，義者有取焉。作《游俠列傳》第六十四。

夫事人君，能說主耳目，和主顏色，而獲親近，非獨色愛，能亦各有所長。作《佞幸列傳》第六十五。

不流世俗，不爭勢利，上下無所凝滯，人莫之害，以道之用。作《滑稽列傳》第六十六。

齊、楚、秦、趙爲日者，各有俗所用。欲循觀其大旨，作《日者列傳》第六十七。

三王不同龜，四彝各異卜，然各以決吉凶。略闚其要，作《龜策列傳》第六十八。

布衣匹夫之人，不害于政，不妨百姓，取與以時，而息財富，智者有采焉。作《貨殖列傳》第六十九。一部大文，于此結穴，凡排作一百三十段,層層叠叠,一段有一段章法,一句有一句句法,似贊似序,各極其妙。○此是第一層收束。

維我漢繼五帝末流,接三代統業。周道廢,秦撥去古文,焚滅《詩》《書》,故明堂石室,金匱玉版,圖籍散亂。於是漢興,蕭何次律令,韓信申軍法,張蒼爲章程,叔孫通定禮儀,則文學彬彬稍進,《詩》《書》往往間出矣。自曹參薦蓋公言黄老,而賈生、晁錯明申、商,公孫弘以儒顯,借律令、軍法、章程、禮儀,諸家仍歸到黄老與儒,應前六家指要一篇。百年之間,天下遺文古事,靡不畢集太史公。太史公仍父子相續,纂其職。曰:"於戲! 余維先人嘗掌斯事,顯于唐虞,至于周,復典之,故司馬氏世主天官。至于余乎,欽念哉! 欽念哉!"罔羅天下放失舊聞,王迹所興,原始察終,見盛觀衰,論考之行事,畧推三代,録秦漢,上記軒轅,下至於兹,著十二本紀,既科條之矣。並時異世,年差不明,作十表。禮樂損益,律歷(曆)改易,兵權山川,鬼神天人之際,承敝通變,作八書。二十八宿環北辰,三十輻共一轂,運行無窮,輔拂股肱之臣配焉,忠信行道,以奉主上,作三十世家。扶義俶儻,不令己失時,立功名于天下,作七十列傳。凡百三十篇,五十二萬六千五百字。爲《太史公書》序。畧以拾遺補藝,成一家之言,厥協六經異傳,整齊百家雜語,藏之名山,副在京師,俟後世聖人君子。第七十。又提出自序一段,另作一篇,總序一百三十篇,另作一結。○此是第二層收束。

太史公曰:余述歷黄帝以來至太初而訖,百三十篇。|又總序一筆,收盡無餘,力量完足。○此是第三層收束。

海爲谷王,衆流奔湊,以其下也。故九年之水,不知其溢;七年之旱,不知其減。惟下故大,惟大故無所不容。此篇滔滔漭漭,收束無餘,亦文之海矣,安得不望洋而歎觀止哉! ○《史記》自黄帝本紀起,一百三十,合而論之,總是一篇。篇終必須收束得盡,承載得起,方無虎頭鼠尾之病。此篇以自序世系,逐層卸下。而中載兩論,氣勢已極崇隆。後乃排出一百三十段,行行列列,整整齊齊。而中間復错綜變化,作一層。後又提自序一段,總序一百三十篇總目,作一層。後又總結一句,作一層。無往不收,無微不盡。作書至此,無遺憾矣。